Ye 12

Rom

Le Rommant De La Rose commencé par Guillaume de Lorys & achevé quarante ans après par Clopinet dit Jehan de Mehun cy après fol. 27 p[ages] & 24 v[er]to Guillaume de Lorys vivoit du temps de St Louys qui mourut en 1270 & Jehan de Mehun du temps de Philippes le bel qui commença a regner en 1287 vy en 1296 Don Pierre de Remuald et biquet.

Ce présent livre appartiens
à Mr Bon

Le Rommant De La Rose commencé par guillaume De Loreys & et achevé quarante ans apres par clopinet dit Jehan de Mehun

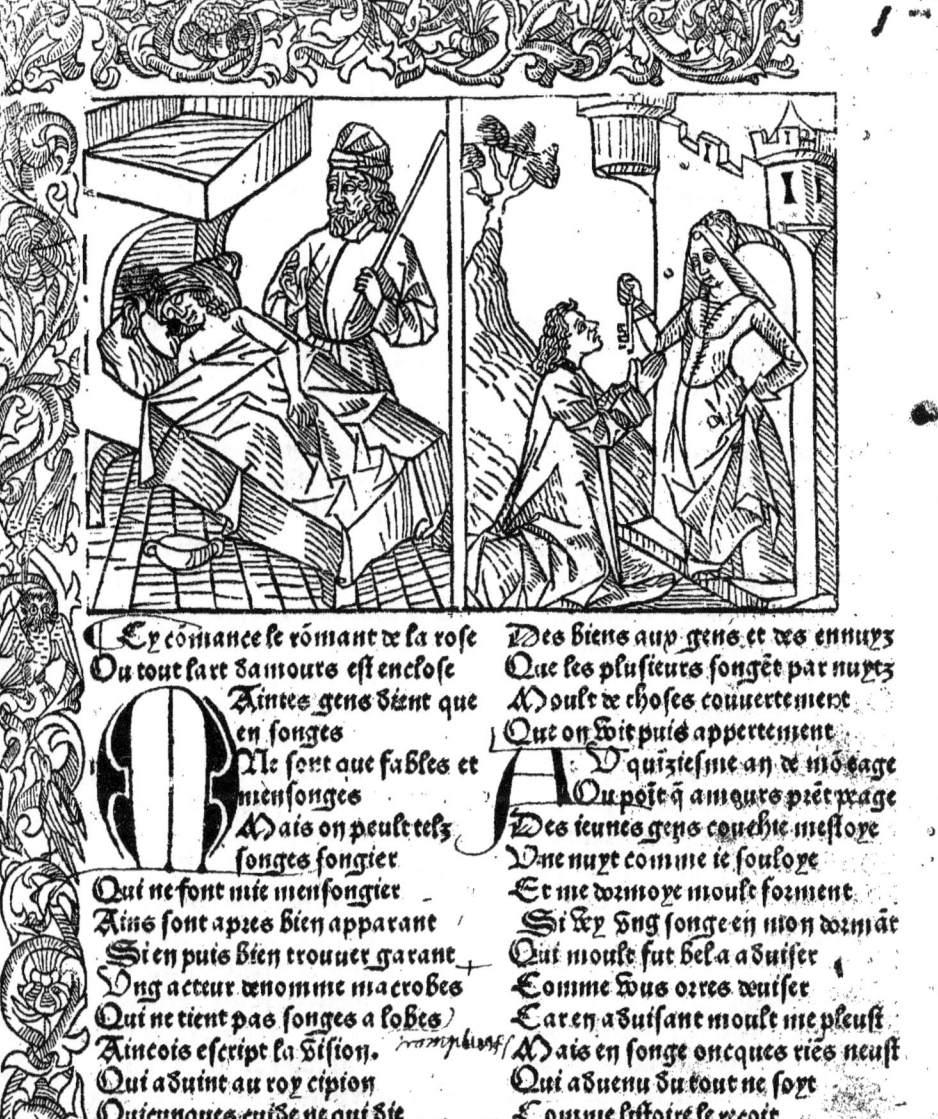

Cy commance le romant de la rose
Ou tout lart damours est enclose
           Aintes gens dient que
           en songes
           Ne sont que fables et
           mensonges
           Mais on peult telz
           songes songier
Qui ne font mie mensongier
Ains sont apres bien apparant
Si en puis bien trouver garant
Ung acteur renomme macrobes
Qui ne tient pas songes a lobes
Aincois escript la vision
Qui aduint au roy cipion
Quiconques cuide ne qui die
Que ce soit une musardie
De croire que songe aduienne
Et qui vouldra pour fol men tienne
Car endroit moy ay ie fiance
Que songe soit signifiance

Des biens aux gens et des ennuyz
Que les plusieurs songent par nuytz
Moult de choses couuertement
Que on voit puis appertement
Ou quiziesme an de mon eage
Ou point q amours prent raige
Des ieunes gens couchie mestoye
Une nuyt comme ie souloye
Et me dormoye moult forment
Si vey ung songe en mon dormant
Qui moult fut bel a auiser
Comme vous orres deuiser
Car en aduisant moult me pleust
Mais en songe oncques riens neust
Qui aduenu du tout ne soit
Comme listoire le recoit
Or vueil ce songe rimoyer
Pour voz cueurs plus fort esgayer
Amours le me prie et commande
Et se nulz ou nulle demande
Comment ie vueil que ce romans

Soit appelle que ie commans
Que cest le rommant de la rose
Ou lart damours est toute enclose
La matiere en est bonne et briefue
Or doint dieu que en gre la recoyue
Celle pour qui ie ley empris
Cest une dame de hault pris
Et tant est digne destre amee
Quelle doit rose estre clamee

APuis mestoit a ceste foys
Bien ya .v. ans et .v. moys
Que ou moys de may ie songoye
Ou temps amoureup plein de ioye
Quil nia ne buissons ne haye
Que en celluy temps ne selgaye
Et en may parer ne se vueille
Et couurir de nouuelle fueille
Les bois recouurent leur verdure
Qui sont secz tant que liuer dure
La terre mesmes sen orgueille
Pour la rosee qui la moille
Et oublie la pourete
Ou elle a tout liuer este
Lors deuient la terre sigobe glorieuse
Quelle ueult auoir neuue robe
Si scet si coincte robe fayre
Que de couleurs ya cent paire
Derbes et de fleurs autenticques
Parees de couleurs tres riches
Est la robe que ie deuise
Pourquoy la terre mieulx se prise
Les oyseaulx qui tant se sont teuz
Pour liuer quilz ont tous sentuz
Et pour le froit et diuers temps
Sont en may et par le prin temps
Si ioyeulx quil montent en chant
Car leur cueur a de ioye tant
Quil leur conuient chanter par force
Le rossignol adonc sefforce
De chanter et faire ioye
Lors sesuertue et resioye

Le papegault et la calendre
Si conuient iunes gens entendre
A estre beaulx et amoureulx
Pour le temps bel et doulcereup
Moult a dur cueur q̃ en may nayme
Quant il oit chanter sur la rame
Aux oyseaulx les doulx chãtz piteup
En celluy temps delicieup
Ou toute riens damer sesioye
Songeay une nuyt que ie
Me fut aduis en mon dormant
Quil estoit matin purement
De mon lit tantost me leuay
Me vesty et mes mains lauay
Lors prins une aguille dargent
Dung aguillier mignotet gent
Et cuidant la sguille enfiler
Hors de uille eux talent daller
Pour oyr des oyseaulx les sons
Qui chantoient par les buissons
En la dicte saison nouuelle
Cousant mes manches a vindelle
Alay lors tout seul esbatant
Et les oysillons escoutant
Qui de chanter moult sangoissoient
Par les iardins qui fleurissoyent
Iolis et gaiz pleins de liesse
Vers une riuiere madresse
Que ie ouys pres diler bruire
Et ne me sceuz ailleurs deduire
Hors que dessus ceste riuiere
Qui dung tertre pres et derriere
Descendoit leaue courant et roide
Fresche bruiant et aussi froide
Comme puis ou comme fontaine
Si estoit peu moindre que saine
Mais elle estoit plus espandue
Quonques mais ie ne lauoye ueue
Celle eaue qui si bien seoit
Si men bellissoit et seoit
En regardant le lieu plaisant

De leaue belle et reluisant
Mon vis refreschy et laue
Si vy tout couuert et paue
Le fons de leaue de grauelle
Et la prarie grande et belle
Au pie de ce tertre batoit
Clere serie et belle estoit
La matinee et temperee
Lors men alay par my la pree
Tout contre val esbanoiant
Le beau riuage costoiant
Quant ie feuz peu auant ale
Si vy ung vergier grant et le
Enclos dung hault mur bastillie
Pourtrait dehors et entaillie
De maintes riches empraintures
Les ymages et les paintures
Du mur vlunttiers rimeray
Comme maintenant vous diray
De ces ymages la samblance
Ainsi que ien ay remenbrance

Et femme de mauluais couraige
Sembloit bien estre cest ymage
Si nestoit pas bien aornee
Mais sembloit femme forcenee
Rechinee estoit et froncee
Auoit le nez et rebourcee
Hideuse estoit et soillee
Et sa teste entortillie
Tres ordement dune touaille
Qui moult estoit horrible taille

Felonnye

Vne aultre ymage eut assise
Pourtraite dune palle guise
Et estoit au senestre delle
Son nom qui trop estoit rebelle
Appellee estoit felonnye
Et de ceste pas ie ne nye
Quen bien ne fust a sa droiture
Pourtraicte selon sa nature
Car felonnement estoit faite
Bien sembloit ymage deffaicte

Villenye

Hayne

Au milieu ie apperceu hayne
Qui de grant courroup et dataine
Sembloit bien estre tenceresse
Pleine dire et gengleresse

Vne aultre ymage pas ne nye
Elle fut nommee Villenie
Ceste cy estoit deuers destre
Et estoit presque de tel estre

Comme laultre et de tel figure
Bien sembloit male creature
Et mesdisante et ramponneuse
Si sembloit femme oultrageuse
Molt sauoit bien paindre et portraire
Cil qui tel ymage sceut faire
Qui sembloit bien chose villaine
De despit et de doleur pleine
Et femme qui bien petit seust
Honneur et tout ce quelle eust.

De prendre et de riens donner
Et des grans auoir amener
Cest celle qui baille a vsure
Et preste par la grant ardure
Dauoir conquerre et arrapfer
Cest celle qui semont dambler
Rober tolir et barater
Et par faulcete mesconter
Cest celle aussi qui les tricheries
Fait et cause des barateurs
Qui maintesfois par leurs flaueles
Ont aux varlets et aux pucelles
Leurs droites heritez tollues
Car molt croubes et molt crochues
Auoit les mains ycelle ymage
Il est droit que tousiours enrage
Couuoytise de laultruy prendre
Couuoytise ne sceet entendre
Fors que laultruy trop acrochier
Couuoytise a laultruy trop chier

Couuoytise

Apres fut painte couuoytise
Cest celle qui les gens atise

Auarice

Une aultre ymage y eut assise
Coste a coste de couuoytise
Auarice estoit appellee
Laide estoit sale et soillee
Et si estoit maigre et chetiue

Et aussi verde comme chiue
Tant estoit fort descoulouree
Si apparoit enlangozee
Chose sembloit morte de faim
Qui ne squist seulement de pain
En lessiue pestris tres aygre
Et auec ce quelle estoit maigre
Elle estoit pourement vestue
Cotte auoit vieille et derompue
Comme celle fust demouree
Aux chiens qui leussent desciree
Mais pleine estoit de palleteaux
Pres delle pandoit vng manteaux
A vne perche moult greslette
Et vne cotte de brunette
Au manteau nauoit penne faire
Trop fut viel et de pouure affaire
Mais daigneaux noirs plus pesans
Bien auoit sa robe sept ans
Mais auarice sans mentir
Celle robbe nosoit vestir
Car sachiez que moult luy pesoit
Quant celle vieille robe vsoit
Selle fut vsee et mauluayse
Auarice eust eu mesaise
De robe neufue eut grant disette
Auant quelle en eust aultre faicte
Auarice en sa main tenoyt
Sa bourse et la soustenoyt
Et la nouoit si fermement
Quon demourast tropt longuement
Auant que on en puist riens trayre
Car elle nen auoit que faire

Apres y fut pourtraicte enuie
Qui ne rist oncques en sa vie
Oncques de riens ne sesioit
Selle ne veit ou selle noyt
Aulcun grant dommage retraire
Nulle riens ne luy peust tant plaire
Comme mal et mesauenture
Quant elle voyt desconfiture

Enuye

Sur aulcun preudomme cheoir
Cela luy plaist moult a veoir
Est ioyeuse en son courage
Quant elle voyt aulcun lignage
Decheoir et aler a honte
Et quant aulcun a honneur monte
Par son sens et par sa proesse
Cest chose qui tresfort la blesse
Car sachiez que moult la conuient
Estre yree quant bien aduient
A nulle personne du monde
Car pechie trop en elle habonde
Et est de telle cruaulte
Quelle ne porte loyaulte
A compaignon ne a compaigne
Ne na parent tant luy ataigne
Quelle ne soit seur ennemye
Certes elle ne voulsdroit mye
Que bien vint a son propre pere
Tel nen peut mais qui trop compere
Sa malice moult asprement
Elle est en vng tres grant torment
Et a tel dueil quant gens bien font
Que par vng peu quelle ne font
Par felon cueur qui la detranche
Entiere na coste ne hanche

a iiii

Car enuie ne fault nulle heure
A aulcun blasme mettre seure
Au plus preudomme quelle cuide
Qui a bien faire met estude
Ie croy que selle cognoissoit
Tout le plus preudomme qui soit
Ne deca mer ne de la mer
Si le vouldroit elle blasmer
Et sil estoit si bien apris
Quelle ne peust du tout son pris
Abatre ne luy desprisier
Si vouldroit elle amenuyser
Sa proesse ou son honneur
Par parolle faire mineur

Lors vy enuie en la painture
Auoit tropt layde regardure
Car celle ne regardast neant
Que de trauers en lorgnoient
Elle auoit trop mauluais visage
Car ne pouoit de son visage
Regarder tout de plain a plain
Mais clooit vng oeil par desdain
Et fondoit dire et si ardoit
Quant aulcun quelle regardoit
Estoit ou preup ou bel ou gent
Ou aymé ou loué de gent

Pres de nuye estoit tristesse
Painte et garnie dangoisse
Car bien paroit a sa couleur
Quelle auoit au cueur grant doleur
Et sembloit auoir la iaunice
La ny faisoit riens auarice
De palisseur ne de maigresse
Car le trauail et la destresse
Et la pensee et les ennuys
Quelle auoit es iours et es nuys
Lauoient faicte ainsi iaunie
Pale et maigre deuenir
Oncques nul neust autel martire
Ne fut garny de si grant yre
Comme il sembloit quelle fust
Et si cuidoit que nul ne sceust
Faire riens qui a elle peust plaire
Ce si ne vouloit soy retrayre
Ne reconforter nullement
Du dueil quelle auoit follement
Trop auoit son cueur courrouce
Et son dueil parfont commance
Moult sembloit bien estre dolente
Car elle nauoit pas este lente
Desgratigner toute sa chiere
Sa robe ne luy estoit chiere
En mains lieulx lauoit dessiree
Comme celle qui fut yree
Ses cheueulx destrompuz estoient
Qui au tour de son col pendoient
Elle les auoit tous desroup
De maltalent et de courroup
Si sachiez bien certainement
Quelle plouroit moult tendrement
Nul nest si ioieulx ne haitie
Sil la vist quil nen eust pitié
Elle se rompoit et batoit
Et ses mains ensemble hurtoyt
Moult estoit au dueil ententiue
La douloureuse la chetiue
De ioye en riens ne luy chaloit

Tristesse

Ne iamais rire ne vouloit
Car elle a le cueur si doulent
Quelle na desir ne talent
De danser ne de iouer
Ne ne se peult amolier
Que dueil elle peult ioye faire
Car ioye et dueil sont en contraire

Vieillesse

Vieillesse fut apres pourtraite
Qui estoit bien ung pie retraire
De celle quelle souloit estre
Et a peine se pouoit paistre
Tant estoit vieille radotee
Sa beaute fut toute gastee
Moult estoit laide deuenue
Toute sa teste estoit chanue
Et blanche et toute fleurie
Ce ne fut pas trop grant morie
Selle moruten grant pechie
Car tout son corps estoit seche
De vieillesse et aneanti
Moult estoit ia son vis flatri
Qui iadis fut souef et plains
Si auoit poit de chair aux mains
Les oreilles auoit moussues
Et toutes les dens si perdues

Qua grant paine deux en auoit
Et tant que mengier ne scauoit
Et nalast mye la montance
De quatre toises sans potence
Le temps qui sen va nuit et iour
Sans repos prendre sans seiour
Et qui de nous se part et emble
Si celeement qui nous semble
Quil nous soit tousiours en ung poit
Et il ne si arreste point
Ains ne fine de trespasser
Si que on ne pourroit penser
Lequel temps cest qui est present
Se le demande au clerc lisant
Aincoys que leusse pourpensez
Seroit il ia troys ans passez
Le temps qui ne peut retourner
Mais va tousiours sans seiourner
Comme leaue qui sauale toute
Qui nen retourne arriere goute
Le temps sen va et riens ne dure
Ne ferme chose tant soit dure
Car il gaste tout et transmue
Cest celluy qui les choses mue
Qui tout fait croistre et tout mourir
Et qui tout vse et fait pourrir
Le temps est par trop rigoreux
Denuieillir roys et empereur
Et qui tous nous enuieillira
Ou la mort ieunes nous prendra
Le temps qui toute a enuieillie
Nature humaine et rauieillie
Si surement qua mon cuyder
Elle ne se peut plus ayder
Mais retournoit ia en enfance
Perdu auoit toute puissance
Et si neust ne force ne sens
Ne plus quelenfant de deux ans
Non pourtant come puis cognoistre
Auoit este tres sage maistre
Quant elle fut en son droit eage

Mais croy quelle nestoit pas sage
Ains estoit toute radotee
Elle eut dune chappe fourree
Se bien de ce ie me recors
Affuble et vestu son corps
Bien fut vestue chaudement
Car elle eut eu froit aultrement
Les vieilles gens ont tost froidure
Vous sauez que cest leur nature

En sa main vng psaultier tenoyt
Et sachiez que moult se penoit
De faire a dieu prieres faintes
Et appeller et sainctz et sainctes
Point ne fut gaye ne iolyue
Mais estoit comme ententiue
A toutes bonnes oeuures faire
Et auoit vestue la haire
Sachiez quelle nestoit pas grasse
Mais estoit descharnee et lasse
Et auoit couleur passe et morte
A elle et aux siens est la porte
De nyee de paradis
Car telles gens si font leurs dis
Amaygri ce dit leuuangile
Pour auoir loz parmy la ville
Et pour vng peu de gloire vayne
Ont ilz perdu dieu et son regne

Papelardye

Apres fut vne ymage escripte
Qui bien sembloit estre ypocrite
Papelardie est appellee
Cest celle qui en recellee
Quant nul ne sen peut prendre garde
De nul mal faire ne se tarde
Et fait dehors le marmiteux
Si a le vis pasle et piteux
Et semble doulce creature
Mais dessoubz na masse aduêture
Quelle ne pense en son couraige
Moult la resemble bien limage
Qui faicte fut a sa semblance
Qui fut de simple contenance
Et si fut chaussee et vestue
Ainsi comme femme rendue

Pouurete

Pouurete fut au derrenier
Pourtraite q vng seul denier
Neust pas se elle se deust pendre
Tant sceut elle sa robe vendre
Et estoit nue comme vers
Se le temps feust vng peu diuers
Elle eut endure grant froit

Et nauoit qung biel sac estroyt
Tout plein de menuz passeteaux
Estoit sa cotte et ses manteaux
Et si nauoit plus quaffubler
Bonne estoit a feoir trembler
Des aultres fut vng peu loinguet
Comme pouure chose en quignet
  Sacrupoit et sacapissoit
Que pouure chose paressoit
Et tousiours honteuse et despite
Leure puisse estre mauldicte
Quonques poure homs fut conceu
Il ne sera ia bien receu
Ne bien vestu ne bien chausse
Ne nest prise ne auance
  Es ymages quay auise
  Comme ie vous ay deuise
  ffurent en or et en azur
De toutes pars paintes au mur
Et si y eust plante dargent
Qui a veoir fut bel et gent
Hault fut le mur et tout quarre
Et si estoit clos et barre
En lieu de hayes vng vergier
Ou oncques neust entre bergier
Ce vergier en moult beau lieu sist
Qui dedans mener me voulsist
Ou par eschielle ou par degre
Je luy en eusse sceu bon gre
Car telle ioye ne tel deduit
Ne fit nul homme iour ne nuyt
Comme il estoit en ce vergier
Car les lieux doyseaulx herbergier
Nestoit ne dangereux ne chiche
Mais nestoit lieu qui fust si riche
Darbres et doysillons chantans
Car il y eust doyseaulx tres tans
Quen tout le royaulme de france
Moult fut belle leur ordonnance
Deleurs tres ioieulx chans oyr

Tout chascun sen deust resioyr
Je endroit moy men esioy
Par tel façon quant les ouy
Que ie nen prinsse pas cent liures
Se le passage fust deliures
Que nentrasse leans et isse
Lassemblee que dieu beneisse
Des oyseaulx qui leans estoient
Qui en leurs chant sesioissoient
Et chantoyent damours les notes
Plaisans courtoises et mignotes
  Quant ie oy les oyseaulx chater
  fforment me prins a guermeter
  Par quel art et par ql engin
Je peusse entrer en ce iardin
Car fort ie mis en mon couraige
Ou pourroye trouuer passage
Et sachiez que ie ne sauoye
Se pertuis y auoyt ou haye
Ne lieu par ou on y entrast
Ne nulluy qui me le montrast
Illec endroit estoie tout seulx
Moult destroit et fort angoisseux
Tantquant derrier il me souuint
Quoncques en nul temps il nauint
Que en si beau vergier neust vng huis
Eschielle ou quelque pertuys
Lors me parti a grant aleure
Tout alentour de la closture
De la cloison du mur quarre
Tant qung huys illec bien barre
Trouuay moult petit et estroyt
Par aultre lieu nulluy nentroit
Aluys commencay a ferir
Sans plus a nulluy nenquerir
  Comment dame oyseuse
  ouurit la porte a lamant
  SSez y fery et huttay
  Et maintesfois ie escoutay
Se ie orroye leans nulle ame

Le guichet qui estoit de charme
Me ouurit une pucellette
Qui assez estoye cointe et nette
Cheueulx eut blos comme ung bassin
La char plus tendre qung poussin
Front reluisant sourciz uoultis
Lentreoeil si nestoit pas petis
Ains fut assez grans par mesure
Le nez eut bien fait a droicture
Les yeulx eut uers comme faulcons
Pour faire enuie a tous homs
Doulce alaine eust et sauouree
La face blanche et coulouree
La bouche petite et grossette
Et au menton une fossette
Le col fut de bonne moyson
Gros assez et long par rayson
Si nauoit tache ne malan
Ni eust iusques en iherusalem
Femme qui si beau col portast
Poli estoit samblant au tast
La gorge auoit aussi blanche
Comme est la noif dessus la branche
Quant il a freschement negie
Si eust le corps fel et rengie
Ne conuenoit en nulle terre
Nul plus beau corps de femme querre
Dor fraiz eut ung chappel mignot
Quonques nulle pucelle not
Plus cointe ne plus desguisee
Ne lauroye ia demandee
Ung chappel de roses tout frays
Eut dessus le chappel dor frays
En sa main tenoyt ung mirouer
Et si fut dung riche tressouer
Son chief pare moult richement
Belet bien et estroictement
De fil dor eut cousues ses manches
et pour mieulx garder ses mains blanches
De hasler elle eut ung gans blans
Cotte eut dung riche uert luisante

Cousue a soye tout au tour
Il paroit bien a son atour
Quelle estoit peu em besongnee
Quant elle cestoit bien pignee
Et bien paree et aozonnee
Si estoit faicte sa iournee
Moult auoit bon temps et bon may
Quant nauoit soucy ne esmay
De nulle riens fors seullement
Penser a son aornement
Quant elle meut luis defferme
Ou la pucelle au beau corps forme
Ie len merciay humblement
Et si luy demanday comment
Nom auoit et qui elle estoit
Encontre moy fierte nauoyt
De respondre ne dangereuse
Je me fais appeller oyseuse
Dist elle a tous mes cognoissans
Je suis riche dame puissans
Et dune chose iay bon temps
Car a nulle riens ie ne tens
Qua moy iouer et solacier
Et mon chief pigner et tresser
Priuee suis et moult acointe
De deduit le mignot et cointe
Cest cil a qui est le iardin
Qui de la terre alexandrin
Fist cy les arbres apporter
Quil fist en ce uergier planter
Quant les arbres furent tous creuz
Les murs que uous auez ueuz
Feist lors deduit tout au tour faire
Et si fist au dehors pourtraire
Les ymages qui y sont paintes
Qui ne sont ne belles ne cointes
Mais sont dolo reuses et tristes
Ainsi comme ores les ueystes
Maintesfois pour esbanoyer
Se uient en ce lieu umbroyer
Deduit et ses gens qui le suyuent

Qui en ioye et en solas viuent
Encores est illeans sans doubte
La ou il entent et escoute
Chanter ces doulx rossignoletz
Les mauuis et aultres oyseletz
Il sesbat illec et solace
Auec ses gens en my la place
Ne plus beau lieu pour soy iouer
Ne pourroyt il mie trouuer
Ne plus belles gens ce saichiez
Que iamais en nul lieu serchiez
Et tous ses compaignons deduit
Auecques luy maine et conduit
Quant oyseuse meust tout cõpte
Et ce quelle dist escoute
Ie luy dis adõc dame oiseuse
Ia de ce ne soyes doubteuse
Puis que deduit le bel et gent
Est orendroit auec sa gent
En ce vergier ceste assemblee
Ne me doit pas estre nyee
Que ne la voye encor ennuyt
Si vous prie ne soye esconduit
De veoir ceste compaignie
Tant courtoise et bien enseignee
Lors entray ens sans dire mot
Apres que oyseuse ouuert mot
Le vergier et quant ie le vey
Ie fuz de ioye tout rauy
Et sachiez que ie cuidoye estre
De vray en paradis terrestre
Tant estoit le lieu delectable
Que cestoit chose merueillable
Car comme lors me fut aduis
Il ne fait en nul paradis
Si bon estre comme il faisoit
Au vergier qui tant me plaisoit
Oyseaulx chantans y eut assez
Par tout le vergier amassez
En vng lieu auoit rossignaulx
Et puis en laustre papegaulx

Si auoit ailleurs grans flageoles
Destourneaulx et de torterelles
De chardonnereaulx darondelles
Daloettes et de lardelles
De pincons et daultres oysillons
Faisans darbres leurs pauillons
Calendres y eust amassees
En vng aultre lieu qui lassees
Nestoient de chanter a deuis
Merles y auoit et mauuis
Qui tendoyent a surmonter
Les aultres oyseaulx de chanter
Maintz aultres oyseaulx y estoiët
Qui a chanter se deportoient
Et se delectoient es bois
De leurs melodieuses voix
Les oyseaulx que ie vous deuise
Chantans en moult diuerse guise
Leur chant estoit tant doulx et bel
Comme si fut espirituel
Sachiez de vray quant ie loy
Tres grandement men resioy
Aussi si doulce melodie
Ne fut oncques dõme ouye
Leurs chãtz estoiët si doulx et beaulx
Qui ne sambloiet estre doyseaulx
Mais se pouoit on estimer
Au chant des seraines de mer
Car par les voix quelles ont seines
Et series ont nom seraines
Si en decoiuent bien souuent
Ceulx qui en mer courent par vent
A chanter furent ententis
Les oyseaulx non comme aprentis
Ne aussi comme non sachans
Et sachiez quant iouy leurs chans
Et ie vey le lieu verdoier
Ie commancay a mesgayer
Car ie nauoie esté oncques
Si gay comme ie feuz adoncques
Pour la grant delectablete

Quelle eulx de la nouuellete
Et lors cogneu ie bien et vey
Que oyseuse mauoyt bien serui
Qui mauoit en tel deduit mis
Bien deuoye estre ses amis
Quant elle mauoyt desferme
Le guichet du vergier rame

Ais ores comme ie sauray
Je vous compteray et diray
Premier de quoy deduit seruoit
Et quelle compagnie auoit
Sans longue fable vous vueil dire
Et le vergier du tout rescripre
La facon vous en compteray
De riens ne vous en mentiray
Mais le reciteray par ordre
Que nul ny sache que remordre
Hault chant delectable et plaisant
Chascun oysel aloit faisant
Laiz damours et sons tres courtoys
Chantoit chascun en son patoys
Les vngs en bas les aultres hault
Par ordre sans aulcun deffault
Les vngs hault et les aultres bas
Ainsi menoient leurs esbas
La doulceur et la melodie
Me mist au cueur tel musardie
Que quant iouy leur contenir
Je ne me puz onques tenir
Que leur deduit veoir nalasse
Et du lieu le long et lespasse
Son contenement et son estre
Lors men alay tout droit a destre
Par my vne petite sente
Plaine de fenoul et de mente
Mais illec pres trouuay deduit
Tout coiement en vng reduit
Si entray la ou il estoit
Ou ioieusement se bastoit
Il auoit en sa compagnie
Gens de toute beaulte garnie

Je mesbahis dont ilz pouoient
Estre venuz tant beaulx estoient
Anges sembloient empennez
Si beaulx nauoit veu homme nez
Cy parle lacteur sans friuolle
De deduit et de sa carolle

Este gent dont ie vous parole
Sestoient prins a la carolle
Et vne dame leur chantoyt
Qui liesse appellee estoit
Bien sceut chanter et plaisamment
Plus que nulle et mignotement
Son bel refrain moult bien luy sist
Car de chanter merueilles fist
Elle auoit la voix clere et saine
La quelle nestoit pas villaine
Tres bien se sauoit de briser
Ferir du pie et renuoiser
Les gens la tenoient moult chiere
Pource quelle estoit la premiere
De belle face et planiere
Courtoise estoit et non pas fiere
De ioyeusete fut garnie
Et aussi de solas fournie

Ois vissies carolles aler
Et gens danser et caroler
Et faire mainte belle tresche

Et mait beau tour sur lerbe fresche
La estoient herpeurs fleuteurs
Et de moult dinstrumes Jougleurs
Les vngs disoyent chancõs faictes
Les aultres notes nouuellettes
Damoyselles y eust mignotes
Qui estoient en pure cottes
Et tressees a menu tresse
Faisans deduit par grant noblesse
Et parmy la dance baler
Mais de ce ne fait a parler
Comment venoyent cointement
Lune venoit tout bellement
Contre lautre et quant ilz estoient
Puis apres si sentregettoient
Les bouches et vous fut aduis
Quil sentrebaisoyent es vis
Tres bien sauoyent diuiser
Et leurs corps en dansant briser
Mais a nul iour ne me queisse
Remuer tant que les veisse
Chascun de sa part efforcer
De caroller et de danser
Ainsi par long temps bie ioyeux
Regarday q̃ dãsoit le mieulx
Mais chascun endroit soy fit tant
Que de plus daser fut content
Adonc vint vers moy courtoisie
Qui ma personne auoit choisie
Celle dame si mapella
Et me dist que faites vous la
Je vous prye que cy venez
Et auecques nous vous prenez
Et venez danser sil vous plaist
A nul de nous il ne desplaist
Adonc a la danse me prins
Sans estre de honte surprins
Car adonc moult me agrea
Quant courtoisie me pria
En moy disant que ie dansasse

Plus tost leusse fait ie iosasse
Mais iestoie meu et surpris
A veoir ces dames de hault pris
Leur corps leur facon et leur chiere
Leurs semblãce et leurs maniere
Et tous ceulx qui illec dansoyent
Je vous diray qui Ilz estoyent
Les noms de ceulx q̃ carologent
Deduit fut bel et long et droit
Et compasse tres bien adroit
Plus que iamais on ne vyt hõme
La face auoit comme vne pomme
Blanche et vermeille tout entour
Certes il fut de bel atour
Les yeux eust vers la bouche gente
Le nez fut fait par grant entente
Cheueulx eust blons et crespelez
Et nestoit pas son chief pelez
Des espaules fut bien forme
De cela suis bien informe
Gresle estoit par le faulx du corps
Et tres bien fait dont me recors
Moult legier fut isnel et vistes
Plus habille hõme vous ne vistes
Et si nauoit barbe au menton
Sinon petit poil folletõ
Il estoit ieune damoyseaux
Son baudrier fut pourtrait doyseaux
Qui tout estoit a or batu
Tres richement estoit vestu
Dune robbe moult desguisee
Qui fut en maint lieu incisee
Et decoppee par cointise
Elfut chaussee par mignotise
Dungz souliers decoppez a las
Car ioye usee et solas
Et samie luy fit chappeau
De roses gracieux et beau
Sçauez vo[us] qui fut samye
Liesse qui ne hayoit mye

deduit

Description
dun beau
garlon

Liesse

La ioyeuse la bien chantans
Et en son eage de dix ans
De son amour luy fit octroy
Deduit la tenoit par le doy
A la danse sont elle et luy
Empeschement nont de nulluy
Il estoit beau et elle belle
Bien resembloit rose nouuelle
De la couleur et sa char tendre
On la luy peut trencher et fendre
Auec vne petite ronce
Le front eust bel poly sans fronce
Les soureilz blons et bien tretiz
Et les yeulx doulces et fetiz
Qui rioyent tousiours auant
Que la bouche le plus souuent
Je ne vous scay du nez que dire
On ne leust pas mieulx fait de cire
Elle eust la bouche tres doulcette
Plaisante mignote et bien faite
Le chief eust blont et reluisant
Que vous roye ie deuisant
Belle fut et bien a tournee
Dung fil dor estoit galonnee
Et vng chappeau dor frais eust neuf
Le plus beau fut de dix et neuf
Jamais nul iour veu ie nauoye
Chappeau si bien ouure de soye
Dune ſainture moult diree
Fut elle sur son corps paree
Et son amy eust la pareille
Qui riche fut a grant merueille
Ouy se tint de laultre part
Le dieu damours est q depart
Amourettes tant est propice
Et fait des amoureux iustice
Et qui abat lorgueil des gens
Et fait des grans seigneurs sergens
Et les dames moult fort rabaisse
Quant il les trouue trop en gresse
Le dieu damours de sa facon
Ne resemble pas vng garson

De beaulte fut moult a priser
Mais de sa robbe deuiser
Crains mallement que encombre soye
Il nauoit pas robbe de soye
Ains auoit robbe de fleurettes
Faictes par fines amourettes
A losenges et a oyseaulx
Et a beaulx petis leonceaulx
A aultres bestes et lyepars
Eust la robbe de toutes pars
Pourtraite couuerte de fleurs
Par diuersite de couleurs
Fleurs y auoit de mainte guise
Illecques mises par diuises
Nulle fleur en este il nest
Qui ny soit ne fleur de genest
Ne violette ne paruanche
Ne fleur ynde iaune ne blanche
Par lieux y eust entremeslees
Fueilles de roses grans et lees
Il eust au chief vng chappellet
De roses bel et nettelet
Les rossignolz entour chantoient
Qui doulcement se delectoyent
Il estoit tout couuert doyseaulx
Reluisans tres plaisans et beaulx
Maunis y eust aussi mesange
Il sembloit que ce fust vng ange
Qui venist droitement du ciel
Amours auoit vng iouuencel
Qui faisoit estre illec delez
Doulx regars estoit appellez
Et ce bachelier regardoit
Les oyseaux et aussi gardoit
au dieu damours deux arcs turquois
Et lung des arcs estoit de bois
Tout cornu et mal aplane
Tout plain de neudz et mal tourne
Et estoit dessoubz et dessure
Come ie xy plus noir que meure
Laultre des arcs fut dung plancon

Longuet et de gente facon
Si fut bien fait et bien dolé
Et aussi fut bien piolé
Des dames y eust toutes paintes
Et ieunes filz mignoz et coites
Et ses deux arcs tint dulx regard
Apres il tenoit daultre part
Jusque six des flechez son maistre
Il en tint cincq en sa main dextre
Mais mõlt eurẽt celles cicq fleches
Les penons bien fais et les coches
Bien faictes furẽt a or paintes
Fortz et trenchãs furent les pointes
Et agues pour bien percier
Mais il nieut ne fer nacier
Il ny eut riens qui dor ne fust
Fors que les penons et le fust
Les pointes furent appellees
Saiettes dor am barbelees
La meilleure et la plus ysnelle
De ces fleches et la plus belle
Celle qui eut le meilleur penon
Et de toute beaulte eut nom
Une de celle qui moins blesse
Eut nom se mest a suis simplesse
Une aultre y eust appellee
Franchise qui fut empenee
De valeur et de courtoysie
La quarte eust a nom compaignie
En celle eut trop pesant feste
Elle nestoit daler loing preste
Mais que pres en voulsist trayre
Il en peust assez de mal faire
La quinte eust a nom beau semblãt
Qui fut toute la moins greuant
Non pourtant fait elle grant playe
A celluy qui son cop essaye
Qui de ceste fleche est playe
Il en doit moins estre esmaye
Car il peult tost sante attendre
Sa douleur en doit estre mendre

Les aultres cincq flechés sont laides
Mal rabotees et mal faietes
Les fustz estoient et les fers
Plus noires que les dyables derfers
Orgueil auoit nom la premiere
Des aultres portoit la baniere
La seconde fut villenie
Pleine de moult grant felonnie
La tierce fut honte nonimee
Entre gens souuent renommee
Et la quarte fut couuoitise
Qui les gens a mal faire atise
La quinte fut desesperance
Pour mal faire fut sans doubtance
Appellee la derniere
Ces cincq flesches dune maniere
Furent et toutes ressemblables
Et moult leur estoit conuenables
Lung des deux arcs qui fut boiteux
Bossu tortu et plein de neux
Telles fleches deuoient bien traire
Qui des aultres sont au contraire
Je ne vous diray pas leur force
Car apresent ne men efforce
Vous aurez la signifiance
Sans y obmettre diligence
Et vous diray que tout ce monte
Aincois que ie fine mon compte
Reuiendray a ma parolle
Des nobles gẽs de la carole
Me fault dire les cõtenãces
Et les facons et les semblances
Le dieu damours si se fust pris
A vne dame de hault pris
Pres se tenoit de son coste
Celle dame eust nom beaulte
Ainsi comme vne des cincq fleches
En elle eust toutes bonnes taches
Point ne fut obscure ne brune
Mais fut clere comme la lune
Enuers que les aultres estoilles

Qui semblent petites chandelles
Tendre eust la chair comme rosee
Simple fut comme une espousee
Et blanche comme fleur du lis
Visaige eust bel douly et alis
Elle estoit gresle et alignee
Nestoit fardee ne guignee
Car elle nauoit pas mestier
De soy farder et affaictier
Les cheueulx eust blons et si longz
Qui luy batoient aux talons
Elle eut bien faitz nez yeulx et bouche
Moult grãt doleur au cuer me touche
Quant de sa beaulte me remembre
De la façon de chascun membre
Si belle femme neust au monde
Jeune fut et de grant faconde
Sage plaisant ioyeuse et cointe
Gresse[te] gente frisque et cointe
Pres de beaulte se tint richesse
Une dame de grãt haultesse
De grant priz et de grant affaire
Qui a luy et aux siens meffaire
Osast ne par faytz ne par ditz
Il fust repute pour hardiz
Qui luy peust nuyre et aydier
Ce nest mye ne duy ne dier
Que riches gens ont grãt puissance
De faire aide et greuance
Tous les plus grãs et les mineurs
Portoient a richesses honneurs
Chascun si la clamoit sa dame
Et craignoit comme riche femme
Tous se mettent en son dangier
Et la veult chascun calengier
Maint traitre et maint enuieux
Souuenteffois sont bien ioyeux
De despriser ou de blasmer
Tous ceulx qui sont mieulx a aimer
Par deuant comme mocquerie
Louent les gens en flaterie

Et par doulces parolles oygnent
Mais aps de leurs flesches poignent
Par derriere iusques a los
Et abaissent des bons le los
Et desfloent les aloez
Maint preudonime ont desaloez
Les losengeurs par leurs losenges
Et fait tenir de court estranges
Ceulx qui deussent estre priuez
Mal puissent ilz estre arriuez
Telz losengeurs tous plains deuie
Car nulz preudõs naymet leur vie
De porpre fut le vestement
A richesse si noblement
Que tout le monde neust plus bel
Mieulx fait ne aussi plus nouuel
Pourtraites y furent deffrois
Histoyres dempereurs et roys
Et encores y auoit il
Ung ouuraige noble et soubtil
A noyaux dor au col fermoit
Et a bendes dazur tenoit
Noblement eut le chief pare
De riches pierres decore
Qui gettoient moult grant clarte
Tout y estoit bien assorte
Puis eut une riche sainture
Sainte par dessus sa vesture
La boucle dune pierre fu
Grosse et de moult grant vertu
Cellup qui sur soy la portoit
De tous venins garde estoit
De richesse sauoit grant somme
Car si belle nauoit nul homme
Daultre pierre fut le mordans
Qui garissoit du mal des dens
Ceste pierre portoit bon eur
Qui lauoit pouoit estre asseur
De sa sante et de sa veue
Quant a iung il lauoit veue
Les cloux furent dor repure

Mais dessus le tissu dor
Qui estoyent grans et pesans
En chascun auoit deux besans
Si eust auecques ce richesse
Vng cedre dor mys sur la tresse
Si riche si plaisant si bel
Quoncques on nexeyt le pareil
De pierres estoit fort garny
Precieuses et aplany
Qui bien en vouldroit deuiser
On ne les pourroit pas priser
Rubis y eust saphirs iagonces
Esmeraudes plus de cent onces
Mais deuãt eut par grãt maistrise
Vne escharboncle bien assise
Et la pierre si clere estoit
Cil quil deuant luy la mettoit
Si en pouoit veoir au besoing
A soy conduire vne lieue loing
Telle clarte si en yssoit
Que richesse en resplendissoit
Par tout le corps et par sa face
1120 Aussi santour delle la place

Richesse tint par my la main
Vng iouuecel de beaulte plein
Cest son amy toliuete
Vng homme qui au temps deste
Maintenir moult se delictoit
Il se chaussoit bien et vestoit
Si auoit les cheuaulx de pris
Bien eust cuide estre repris
De murtre ou de larrecin
Sen son estable neust roucin
Pource auoit il la cointance
De richesse et la bien sueillance
Et auoit tousiours en pourpens
De maintenir les grans despens
Il les pouoit bien maintenir
Car il les pouoit bien fortenir
Richesse luy liuroit deniers
1134 A mesures et a sestieres

Pres ce fut largesse assise
Qui fut bien duite et bien aprise
De faire honeur et tout despendre
Du lignage fut Alexandre
Sil nauoit tel plaisir de rien
Que quant elle donnoit du sien
Mais auarice la chetiue
Nest pas songueuse et ententiue
Comme largesse de donner
Pource luy fist dieu foisonner
Tous ses biens quelle ne sauoit
Tant donner quelle plus auoit
Moult eust largesse pris et loz
Elle eust les sages et les folz
Communement a son bandon
Tãt auoit fait par son beau don
Que say lcun fust qui la hayst
Elle tantost de ceulx la feist
Ses amis par son beau seruice
Et pour cellny estoit propice
Lamour des poures et des riches
Folz sont les auers et les chiches
Riches ne peuēt pas auoir vice
Tãt les greuans comme auarice
Tant homme auers ne peut conqrre
Ne seigneurie ne grant terre
Dont il face sa voulente
Car il na pas damis plante
Mais q amis vouldra auoir
Si nait mye chier son auoir
Ains par beaulx dons amis acqere
Car cest tout en telle maniere
Comme la pierre dayment
Le fer atrait soubtiuement
Ainsi atrait le cueur des gens
1174 Qui a donner est diligens

Largesse eut robe bone et belle
Dune couleur toute nouuelle
Visaige eut bel et bien forme
Nul membre nauoit difforme
Largesse la vaillante et sage

Tint ung cheualier du lignage
Au bon roy artus de bretaigne
Ce fut cil qui porta lenseigne
De haleur et le gonfanon
Cestuy a qui moult grant renom
Encores tient on de luy conte
Et deuant ront deuant conte
Ce cheualier nouuellement
Fut tenu dung tournoyement
Ou il auoit fait pour samye
Mainte iouste et cheualerie
Et prins par force et abatu
Maint cheualier et combatu
Apres to' ceulx estoit franchise
Qui ne fut ne brune ne bise
Ains fut come la nege blanche
Courtoise estoit ioyeuse et franche
Le nez auoit long et tretis
yeulx tres rians sourcilz faitis
Les cheuulx eut tres blōs et longz
Simple fut comme les coulons
Le cueur eut doulx et debonnaire
Elle nosast dire ne faire
Nulle riens que faire ne deust
Et selle ung homme cogneust
Qui souffrist pour son amitie
Tantost en eust elle pitie
Car elle eut le cueur piteable
Tres franc tres doulx et amiable
 Son habit fut en surquanye
Honneste et sans villenie
Mais elle ne fut de bourras
 Si belle neust iusques arras
Et si fut bien cueillie et iointe
Qui ny eut une seulle pointe
Qui a son droit ne fust assise
Moult fut bien vestue francise
Car nulle robe nest si belle
A dame ne a damoyselle
Femme est plus coite et pl9 mignotte
En surquanye que en cotte

La surquanye qui fut blanche
La signifioit doulce et franche
Et pres delle qui la vestoit
Ung iouuencel qui la estoit
Fut qui moult estoit renomme
Ne say comme il estoit nomme
Bel fut gent et de bel arroy
Il sembloit estre filz de roy
Pres se tenoit courtoisie
Qui moult estoit de tous p̄sie
Ne fut orguilleuse ne foule
Cest celle qui a la carole
La sienne mercy mappella
Oncques ne sceut quant ie uins la
Elle ne fut nice ne umbrage
Mais sage et sans nul oultrage
Les beaulx respōs et les beaulx ditz
Furent souuēt par elles ditz
A nulluy ne porta rancune
Elle fut clere comme lune
Le visage eut bel et luysant
Ie ne scay femme si plaisant
Elle est en toutes cours bien digne
Soit dempereurs roys ou royne
A luy se tint ung iouuncel
A cointable tres gent et bel
Bien fist honneur a toute gent
De ce faire estoit diligent
Et en armes estoit instruit
Tres bien apris et tres bien duit
De samye fut bien ayme
Comme tres bel et bien forme
Qui dassez pres si le suyuoit
Et voluntiers le poursuyuoit
De celle vous ay dit sans faille
Toute la fasson et la taille
Ia plus ne vous en est compte
Car cest celle qui la bonte
Me fist quant mouurit le vergier
Combien que ie fusse estrangier
Apres fut comme bien seant

Jeunesse au visage riant
Qui nauoit encore dassez
Comme ie croy douze ans passes
Nicette fut et ne pensoit
A nul malengin quel quil soit
Mais moult estoit ioyeuse et gaye
Car ieune chose ne sesmaye
Fors de iours comme vous sauez
Son amy fut de luy priuez
En maniere qui laplantoit
Et tout seruice luy faisoit
Duant tous ceulx de la carole
Et mesmes qui tenist parole
Deulx il ne fussent ia honteulx
Mais les apperceussiez tous deux
Baisier comme deux columbeaux
Le iouuencel fut ieune et beaux
Et si estoit daultelle eage
Comme samye et de couraige
Ainsi caroloyent illecques
Tous ses gens et daultres auecqs
Qui estoient de leur mesgnee
Bonne gent et bien enseignee
Et gens de bel gouuernement
Estoyent tous communement

Comet le dieu damours suyuat
va ou iardin en espiant
Lamant tant quil yssoit a point
Que de ses cincq flleches soit point

Quant ieuz regarde la semblace
De ceulx q menoient la dance
Ainsi comme iay dit deuant
Jeuz desir dater plus auant
Et vulente de moy bouger
Pour visiter ce bel vergier
Les pins les cedres qui y furent
Et les beaux arbres quiy crurent
Les caroles ia deffailloient
Et plusieurs des gens sen aloient
Auec leurs amies umbroyer
Soubz les arbres sans foruoyer

La menoient ioyeuse vie
De tous delices assouuie
Qui telle vie auoir pourroit
De meilleure se souffreroit
Il nest nul moindre paradis
Quauoir amye a son deuis
Dilecques me party a tant
Si men alay seul escoutant
Parmy le vergier ca et la
Et le dieu damours appella
Tout par deuant luy doulx regart
A nul nauoit il plus regart
Son arc dore sans plus attendre
Luy a fors commande a tendre
Et celluy tantost le tendit
Et tretout tendu luy rendit
Et si luy bailla cincq saiectes
Fortes grandes daler soing prestes
Le dieu damours tantost de loing
Se print a suiuir larc ou poing
Or me gard dieu de mortel playe
Sil poursuit tant q̃ a moy traye
Il me greueroit malement
Qui ne men doubte nullement
Par le vergier alay deliure
Et celluy pensa de moy suiure
Mais en nul lieu nay arreste

b iii

Tant que ieuz par tous lieux este
Ce bel vergier par compasseur
Si estoit tout dune quarreur
Il fut autant long comme large
De fruit fut tout plein le ramage
Se nest au mions ou ung ou deux
Ou quelque nral arbre hydeux
Es pommiers y eut au vergier
Bien me souuient pour abregier
Qui portoient pommes grenades
Prossitans au cas des malades
De noyers y eust grant foison
Qui portoyent en la sayson
Tel fruit comme les noys muscades
Qui ne sont ameres ne fades
Des amendiers y eust plantez
Et aussi au vergier antez
Et maint figuier et maint datier
y trouuast qui en eust mestier
Si y eut mainte bonne espice
Cloux de giroffle et rigalice
Graine de paradis nouuelle
Citail anys aussi et canelle
Et mainte espice delictable
Moult fut celluy lieu delicable
Au vergier eust arbres non seiches
Qui portoyent et coingz et pesches
Chataignes des pommes et poyres
Nessles prunes blanches et noyres
Cerises fresches nouuellettes
Cormes alises et noysettes
De haultz loriers et de haulx pins
Estoit tout peuple ce iardins
Et doliuiers et de cypres
Dont il nen a guieres cy pres
Ormes y eust gros et branchuz
Et auec ce chesnes fourchuz
Que vous yroye ie plus contant
De diuers arbres y eust tant
Ce meseroit bien grant eucombre
De les vous declarer par nombre

Mais sachiez que les arbres furet
Si loing a loing come estre deurent
Lung fut de laultre loing assis
De cincq toises vyre et six
Mais molt furet fueilliez et haulx
Pour garder de leste les chaulx
Et siespes par dessus furent
Que chaleurs percer ne se peurent
Ne ne pouoient bas descendre
Ne faire mal a lerbe tendre
Ou vergier eust daiz et escureulx
Et aussi beaucop descureux
Qui par dessus arbres sailloyent
Conins y auoit qui yssoyent
Bien souuent hors de leurs tanieres
En moult de diuerses manieres
Par lieux y eust cleres fontaines
Sans barbelotes et sans raines
Qui des arbres estoient vmbrez
Par moy ne vous seront nombrez
Et petis ruisseaux que dedint
y auoit trouuez par conduit
Leaue aloit aual en faisant
Son melodieux et plaisant
Aux bortz des ruisseaux et des riues
Des fontaines cleres et viues
Poignoit lerbe drue et plaisant
Grant solas et plaisir faisant
Amy pouoit auec sa mye
Soy de porter ne doubtez mye
Et par les ruisseletz venoit
Tant deaue comme il conuenoit
En tres beau lieu et delectable
Plaisant ioyeulx et agreable
Estoient tousiours a plante
Des fleurs en yuer et este
Violette si y fut moult belle
Et aussi paruache nouuelle
Fleurs y eust blanches et vermeilles
On ne pourroit trouuer pareilles
De toutes diuerses couleurs

De hault pris et de grans valeurs
Siestoyent soefflirans
Et reflagrans et odorans
Ne vous feray pas longue fable
Du lieu plaisant et delectable
Mais men couuient de present taire
Et de vous dire et retrayre
Du vergier toute la beaulte
Et la grant delectablete
Ma langue ne pourroit souffire
A le vous reciter et dire
Tant alay a destre et a senestre
Que ie vey tout laffaire et lestre
De ce bel vergier assouuy
Mais le dieu damours ma suiuy
Et de loing mestoit costoiant
Me regardant et espiant
Comme le veneur fait la beste
Pour me ferir de sa saiette
En vng tresbeau lieu arriuay
Ou au dernier ie me trouuay
Fontaine y auoit soubz vng pin
Mais puis le temps du roy pepin
Nauoit esse tel arbre veu
Il estoit moult hault et parcreu
En ce vergier auoit tel arbre
Dedans vne pierre de marbre
Eut nature par grant maistrise
Soubz le pin la fontaine mise
Si eut dedans la pierre escriptz
Au bout damont lectres petitz
Et disoyent que illecques dessus
Se morut le beau narcissus
Narcisus fut vng damoyseau
Qua amours tindrent en leur roseau
Et tant le fit amours destraindre
Et tant plorer et tant complaindre
Quil luy conuint rendre son ame
Car cequo vne haulte dame
Lauoit plus ayme que riens nee
Et samour luy auoit donnee

Et luy dist quil luy donneroit
Son amour ou celle mourroit
Mais il fut par sa grant beaulte
Plein de desdaing et de fierte
Et ne luy vulut octroyer
Tant sen sceut elle bien prier
Quant elle vyt son escondire
Si en eut tel dueil et tel yre
Qui luy conuinepar ce despit
En souffrir mort sans nul respit
Mais au deuant quelle morust
Pria a dieu quencores fust
Narcisus au felon couraige
Qui au cueur luy donna la rage
Dont elle morut villainement
Que de brief et mauluaisement
Fust narcisus sans nul seiour
Eschauffe dune telle amour
Et dont il ne peult ioye actedre
Si pourroit sauoir et entedre
Quel dueil souffrent les amoureux
Par refus dur et rigoreux
La priere fut receuable
De dieu et par luy acceptable
Car narcisus par auenture
A la fontaine necte et pure
Sen vint soubz le pin vmbroyer
Vng iour quil venoit de chassier
Ou il eut souffert grant trauail
De courir a mont et aual
Tant quil eut soif par grant opresse
Du chault aussi par sa lissesse
Presques eut perdue la laxne
Quant arriua a la fontaine
Que le pin de rame couuroit
Il pensa lors que il beuuroit
A la fontaine tout a dens
Se mist lors pour boire dedans
Comment narcisus se mira
A la fontaine et souspira
Par amour tant quil fist partir

Same du corps sans departir

Il vit en leaue clere et nette
Son dis son nez et sa bouchette
Et il maintenant sesbay
Car son umbre si leut trahy
Qui cuida voir la figure
Dung enfant bel a desmesure
Adonc se vult amours vengier
Du grant orgueil et du dangier
Que narcisus luy eut mene
Lors il luy fut bien guerdonne
Car tant musa a la fontaine
Que trop ayma son umbre vayne
Et en morut a la parfin
De ceste amour en fut la fin
Et quant il veyt quil ne pourroit
Acomplir ce quil desiroit
Et quil estoit si prins par force
Quil ne pouoit auoir conforte
En nulle heure ne en nul temps
Ire fut et si mal contens
Que de grant dueil apres morut
Par ce la dame vengee fut
De luy qui lauoit esconduite
Et receut illec son merite

1517.

Mais cest exemple aprenez
Qui vers voz amis mesprenez
Car se vous les laissez mourir
Dieu le vous scaura bien merir
Quant lescript si meust fait sauoir
Que cestoit en ce lieu pour voir
La fontaine au beau narcisus
Ie me tiray ung peu en sus
Quant de narcisus me souuint
A qui massement mesaduint
Si commencay a couarder
Ne dedans nosay regarder
Et puis ie me pensay que asseur
Sans point de paour ne de maleur
A la fontaine aler pouoye
Par folye men eslognoye
Si maprouchay de la fontaine
Pour voir leaue tres clere et saine
Et la grauelle belle et nette
Qui ou fons estoit tres parfaicte
Et plus luysante que argent fin
De la fontaine cest la fin
Quen tout le monde neust si belle
Leaue sur tres fresche et nouuelle
Qui nuit et iour sault a gras undes
Par deux fosses creuses parfondes
Dont entour croist lerbe menue
Qui par leaue vint fresche et drue
Et en yuer ne peut tarir
Ne leaue faillir ne point mourir
Au font de la fontaine aural
Auoit deux pierres de cristal
Que ie regarday a merueilles
Veu nauoye oncques les pareilles
De ces pierres ie vous vueil dire
Car bon vuloir sans courroux nire
Quant le soleil qui tout aguette
Ses rays en la fontaine gette
Et sa clarte du ciel descend
Lors prent de couleurs plus de cent
Ou cristal qui par le soleil

Deuient inde iaune et vermeille
Les cristaulx sont tres merueilleux
Et telle force ont chascun deulx
Arbres fleurs et toute verdure
Appert a cil qui y mect cure
Et pour faire la chose entendre
Vne raison vous vueil aprendre
Ainsi comme vng miroir monstre
Les choses qui sont alencontre
Et quon y voyt sans couuerture
Et la facon et a figure
Tout ainsi vous dis ie pour voir
Que le cristal sans receuoir
Tout lestre du vergier accuse
A celluy qui dedans leaue muse
Car tousiours quelque par quil soit
Lune moitie du vergier voit
Et si le cerne maintenant
Peult tout voir se remenant
Si ny a si petite chose
Tant mussee ne tant enclose
Dont demonstrance ne soit faicte
Comme elle est ou vergier pourtraicte
Est le miroir perilleux
Ou narcisus tres orguilleux
Veyt sa face et ses yeulx vers
Dont il cheut puis mort tout enuers
Qui en tel miroir se mire
Ne peult auoir besoing de mire
Nul nest que de ses yeulx le voye
Qui samer ne soit mis en voye
Maint vaillant homme y a mis gaige
Ou miroir car le plus saige
Le plus preux et plus affaictte
y a este prins et guette
Illec sur tres mauluaise rage
Car trop tost change le couraige
Ny ont besoing sens ne mesure
Car dame y est voulente pure
La ne se scet conseiller nulz
Car cupido filz de venus

Sema illec damours la graine
Qui toute encombre la fontaine
Et fist ses las enuiron tendre
Et ses engins y mist pour prendre
Damoyselles et damoyseaulx
Amours ne veult aultres oyseaulx
Pour la graine qui fut semee
Fut ceste fontaine nommee
La fontaine damours par droit
Dot plusieurs ont en maint endroit
Parle en rommant et en liure
mais iamais nozres mieulx descripre
La verite de la matiere
Quant dit vous aura la maniere
Maintenant me plaist demourer
A la fontaine et remirer
Les cristaulx qui la demonstroient
Mille choses qui la estoient
De malle heure my suys mire
Ien ay depuis moult souspire
Ce bel miroir ma fort deceu
Mais se ieusse a deuant sceu
De sa force et de sa vertu
Ne my fusse pas embatu
Car fort me trouuay esbay
Quant malement ee fus cheu
Au miroir entre mille choses
Choisi rosiers chargiez de roses
Qui estoient en vng destour
Enuironne deaue tout entour
Lors me print il tres grant enuie
Que ne lessasse pour pauie
Ne pour paris que ny alasse
Qu ie choisi la plus grant masse
Quant celle rose meust surpris
Dont maint aultre a este espris
Vers le rosier tantost me treitz
Et bien sachiez quant ie fu pres
Lodeur de la plus sauoree
Rose mentra en la couree
Si ne cuidasse estre blasme

Vitupere ou diffame
Tres voulentiers delles cueillisse
Au moins vne que ie tenisse
En ma main pour lo deur sentir
Mais paour euz du repentir
Car il en eust peu de legier
Peser au seigneur du vergier
De roses y eut a monceaulx
Rosiers ne vitz oncques si beaulx
Boutons y eut petis et clos
Daultres furet vng peu plus gros
Si en y eut daultre moyson
Qui tendoient a leur saison
Et saprestoient respanir
Et a perfection venir
Les roses ouuertes et lees
Sont en vng iour toutes alees
Mais les boutons duret tous frois
Atoutle moins deux iours ou troys
Iceulx boutons tres fort me pleurent
Car oncques plus beaulx veuz ne furet
Qui en pourroit vng a crochier
Il le deuroit tenir moult chier
Se vng chappelet en peusse auoir
Mieulx laymasse que nul auoir
Entre tous ces boutons ien eslay
Vng si tres bel que enuers cestuy
Nul des aultres riens ne prisay
Quant sa grant beaulte auisay
Car vne couleur lenlumine
Qui est vermeille et si fine
Comme nature le sceut faire
Des fueilles y eut quatre paire
Que nature par ses maistrises
y auoit mises et assises
La queue eut droiete come vng ion
Et par dessus siet le bouton
Si ne senclinene nopent
Lo deur de luy par tout sesent
La soefuete qui en yst
Toute la place en remplanist

Quant ie leuz sentu au flairer
Ailleurs ne voulu repairer
Se ie y osasse la main tendre
Et moy aproucher pour le prendre
Le fisse mais chardons poignans
Men faisoyent moult esloignans
Espines trenchans et agues
Orties et ronces crochues
Ne me laissoyent auant traire
Car ie craignoie a moy malfaire
Commēt amours ou bel iardin
Traita lamant qui de cueur fin
Ama le Bouton tellement
Que puis en en tempeschemēt

Le dieu damour q larc tendu
Auoit toute iour attendu
A moy poursuiure et espier
Si sarresta soubz vng figuier
Et quant il eut bien apperceu
Que iauoye si bien esleu
Le bouton qui plus me a pleu
Il a tantost prinse vne fleche
En la corde la mist en coche
Si lentesa iusques a loreille
Larc qui estoit fort a merueille
Et tira a moy par tel guise
Que par loye ma la fleche mise

Iusques au cueur par grāt roideur
Et lors me print vne froideur
Dont ie dessoubz chault pestisson
Senti au cueur mainte frisson
Quant ieuz este ainsi berse
A terre fuz tantost verse
Cueur me faillit sueur me vint
Pasmer par force me conuint
Et quant ie vins de pasmoison
Et ieuz mon sens et ma raison
Je fu moult sain et ay cuide
Beaucop de sang auoit vuide
Mais la saiette qui neust point
De mon sang sine tira point
Ains fut la playe toute seche
Je prins lors a deux mains la fleche
Et la commancay a tirer
Et en la tirant sospirer
Et tant tiray qua y amene
A moy le fust tout empenne
Mais la saiecte barbelee
Qui beaulte estoit appellee
Fut dedans mon cueur si fichee
Quelle nen peut estre arrachee
Mais demoura en mō corps toute
Sans en saillir de mō sang goute
Angoisseux fu et moult trouble
Pour le peril qui fut double
Ne sceu que faire ne que dire
Ne pour ma playe trouuer mire
Ne par herbe ne par racine
Je ne peuz trouuer medicine
Vers le bouton se flechissoit
Mon cueur qui ailleurs ne pensoit
Se ie leusse eu a mon plaisir
Sante meust rendu a plaisir
Le veoir sans plus et lodeur
Si m aletoient ma douleur
Je me commancay a retraire
Vers le bouton a mon contraire
Amours auoit ia recouuree
Vne aultre flesche a or ouuree

Simplesse eyt nom c est la seconde
Que maint hōme par my le mōde
Et mainte femine si baymer
Quant amours me vit aprimer
Il trait a moy sans menacier
La fleche ou n eust fer ne acier
Si que par loeil ou corps m entra
La saiette qui n en istra
Iamais ne croy par homme ne
Car au tirer en ay mene
Le fust auec moy sans contans
Le fer est demoure dedans
Or sachiez bien de verite
Que se ia y ope deuant este
Du bouton bien entalente
Plus grande fut ma vulente
Et quant le mal plus men goissoit
Tant plus ma vulente croyssoit
D aler tousiours a la rosette
Que bien mieulx valoyt que rosette
Bien men vulsisse excuser
Mais ie ne le puis reffuser
Car tousiours mon cueur si tēdoit
A la chose quil demandoit
Aler my conuenoit par force
Et d aultre part la chies s efforce
Et a moy greuer n ioust se peine
Ne me laira aler sans peine
Si m a fait pour mieulx m assoler
La tierce flesche ou corps vouler
Qui courtoise est appellee
La playe fut grande et lee
Si me conuint cheoir pasme
Dessoubz vng oliuier rame
Grant piece y fu sans remuer
Quant ie me peux esuertuer
Je prins la fleche et scay oste
Tantost le fust de mon coste
Mais ie ne peux pas le fer traire
Pour chose que ie peusse faire
A moy seant me suis rassis
Molt āgoisseux et mōlt pēsis

Moult me destraint ycelle playe
Et me semont que ie me traye
Vers le bouton qui matalente
Et larchier si me represente
La quarte fleche au pennon dor
Qui le cueur menuironna dor
Icelle fleche eust nom franchise
Il la me tira a sa guise
Or me dois bien espouenter
Eschauffe dit chaleur doubter
Mais ie ny sauoye plouuoir
Car se lisse illec plouuoit
Quarreaux et pierres par mesllee
Aussi espes comme greslee
Si conuenoit que ie y allasse
Amours qui toutes chose passe
Me donnoit cueur et hardement
De faire son commandement
Ie me suis lors du pie dresce
Foyble sain et comme blece
Si me chauffay molt de marchier
Ne differe pas pour larchier
Vers le rosier ou mon cueur tent
Mais des espines auoit tant
Des ronces et chardons aguz
Et pource ie ne fu confuz
Que au rosiers ne vulsisse attaindre
Et les espines tost enfraindre
Qui le rosier enuironnoyent
Et de toutes pars me poignoient
Mais si bien me vint que iestoye
Si pres du bouton que sentoye
La doulce odeur qui en yssoit
Qui tout mon mal adoulcissoit
Et que le voye a bandon
De ce me venoyt tel gardon
Que tous mes maulx entroublioye
Pour le delit ou me voye
Adonc fu gary et bien ayse
Car riens nestoit qui tant me plaise
Comme destre illec a seiour
Partir nen vuloye nul iour

Quant illec ay este grant piece
Le dieu damours q tout despiece
Mon cueur dont il fit lersault
Bailla nouuel et fier assault
Et me tira pour mon meschief
La quinte fleche de rechief
Iusqs au cueur soubz la mamelle
Dont la grant douleur renouuelle
De mes playes en sus tenant
Me pasmay troys foys maintenant
Au reuenir plains et souspire
Car ma douleur croist et empire
Si fort que ne scay esperance
De garison ne alegence
Mieulx voulsioye estre mort q vis
Car en la fin par mon aduis
Fera amours de moy martir
Par aultre lieu nen puis partir
La siptiesme fleche a il prinse
Cest elle que tres fort ie prise
Et si la tiens a moult pesant
Cest beau semblant qui en vsant
A nul amant qui se repente
De bien seruir quel mal quil sente
Elle est aguea bien percier
Trenchant comme rasoir dacier
Mais amour a moult bie la pointe
Dung precieulx oygnement ointe
Affin quelle ne me peust nuyre
Amours ne veult que pas ie muyre
Mais veult que iaye alegement
Par la force de loingnement
Qui tout est de reconfort plain
Et ien sus dedans le corps sain
Cest pour amans reconforter
et pour leurs maulx mieulx suporter
Celle fleche fut a moy traicte
Qui ma ou cueur grant playe faicte
Mais loignement si sespandit
Par mes playes et me rendit
Le cueur qui mestoit tout failli
La mort meust de brief a cueilli

Se le dulp oygnement ne fuſt
Je tiray hors a moy le fuſt
Mais le fer dedans demoura
Mon cueur par chaleur deuoura
Sip fleches y furent crochees
Qui ia nen ſeront arrachees
Et longuement moult me ſalut
Toutesuoyes moult me dulut
Ma playe ſi que ma douleur
Me faiſoit muer la couleur
En ceſte fleſche par couſtume
Eſtoit doulceur et amertume
Jay bien cogneu par ſa puiſſance
Son appet et ſa nuyſance
Grant trou y eut par la pointure
Mais moult maſſouaga lointure
Dune part moint dauſtre me cuiſt
Ainſi maide ainſi me nuiſt
Commet amours ſans pl' attedre
Ala toſt courant lamant prendre
En luy diſant quil ſe rendiſt
A luy et que plus nattendiſt

Et dieu damours eſt deſcedu
Et eſt incontinant venu
Amoy puis tantoſt meſcrie
Vaſſal prins eſtes riens nya
Deleffoꝛcer ne du deffendre
Ne faiz pas dangier de toy rendre

Tant plus volũtiers te rendras
Et plus toſt a mercy viendras
Il eſt fol qui maine dangier
Vers celluy qui doit caſengier
Et quil luy conuient ſupplier
Tu ne pourras mieulp employer
Ta peine et pour toy auancer
Tu ne te vulz vers moy foꝛcer
Ta foꝛce te ſeroit contraire
Et te nuyroit en ton affaire
Et ſi te vueil bien enſeigner
Que tu ne pourras riens gaigner
En folie et en oꝛgueil
Mays res toy prins car ie le vueil
En paip et debonnayrement
Et ie reſpondi ſimplement

Sire volentiers me rendray
Ja vers vo⁹ ne me deffendray
A dieu ne plaiſe que ie penſe
Defaire contre vous offence
Car ce neſt pas raiſon ne droit
Auſſi mon cuer ne le vouldroit
Vous me pouez prendre et tuer
Bien ſcay que ne vous puis muer
Car ma vie eſt en voſtre main
Ne puis viure iuſques a vemain
Se neſt par voſtre voulente
Jatens par vous ioye et ſante
Car ia par aultre ne laure
Se voſtre main qui ma naure
Ne me donne la gariſon
Et ſe de moy voſtre priſon
Voulez faire ou vous daignez
Je ne me tiens pas engignez
Et ſachiez que ie nay point dire
Tant ay de vous oy bien dire
Que mettre me vueil par deuiſe
Cueur et corps a voſtre ſeruiſe
Car ſe ie fais voſtre vouloir
Ne men puis pas de rien douloir
Et eſpere que aulcun temps
Auray la mercy que iatens

Adont me suis agenouillie
Et vouloye baisier son pie
Mais il ma la dextre main prise
Et dist ie te ayme bien et prise
Quant tu mas respondu ainsi
Oncques tel responce nyssi
Domme villain malenseigne
Et par ce point tu as gaigne
Que ie vueil pour ton auantaige
Qua present nie faces homage
Si me baiseras en la bouche
A qui nul villain homs ne touche
Ie ny laisse nye a toucher
Chascun villain chascun boucher
Mais doit estre courtois et frans
Celluy du quel homage prens
Mais toutesfois celluy a peine
Qui a moy bien seruir se peine
Honneur en aura si doit estre
Ioyeulx de seruir si bon maystre
Et si hault seigneur de renom
Damours porte le gonfanon
De courtoisie la baniere
Et ftest de telle maniere
Si doulx si franc et si gentil
Que quil est si sage et subtil
De le seruir et honnourer
Dedans luy ne peut demourer
Villenie ne mesprison
Ne faulcete ne traison

Amours parle
Amis dist il iay mais homages
Et duns et daultres gens receu
Dont iay este moult tost deceu
Les felons pleins de faulcete
Mont par maintesfois barate
Deulx ay soufferte mainte noise
Mais il sauroit comme il me poise
Se ie les puis a mon droit prendre
Ie leur vouldray chierement vendre
Et pource que ie suis ton maistre
Vueil ie bien de toy certain estre
Et te vueil si a moy lier
Que tu ne me puisses nyer
Defaire riens dicy en auant
Tiens moy vne loyal conuenant
Pechie seroit se tu trichoyes
Moult me semble que loyal soyes

Lamant respons
Sire dist il or mentedez
Ne say pourquoy vo? demandez
Pleiges de moy ne seurete
Vous scauez bien la verite
Que mon cueur si tolu maues
Et si pris comme le sauez
Quil ne peut riens faire pour moy
Si ne lauoit de vostre ottroy

Comment apres ce tel langage
Lamant humblement fist homage
Par ieunesse qui la recoit
Au dieu damours qui la recoit

Ion hõe feuz ie les mains iointes
Et sachez q mõlt me fis coites
Quãt sa bouche toucha la moye
Ce fut ce dont ieuz au cueur ioye
Il ma lors demande ostages

Le cueur est vostre non pas mien
Car il conuient soit mal ou bien
Quil face tout vostre plaisir
Nul ne vous en peut dessaisie
La garnison y auez mise
Qui le guerroye a vostre guise
Et se de cela vous doubtez
Faictes y clef et lemportez
Et la clef soit en lieu dotage
℣ Amours
Par mon chief ce nest mye oultrage
Respont amours ie my accors
Il est assez seigneur du corps
Qui a le cueur en sa commande
Oultrageulx est qui plus demande

Comment amours tresbien souef
ferma dune petite clef
Le cueur de lamant par tel guise
Quil nenta mia point la chemise

Donc a de sa bourse traicte
Vne petite clef bien faicte
Qui fut de fin or esmere
Soubz celle demoura serre
Ton cueur qui sera seurement
Contraint ne sera aultrement
Plus est de mon petit doy mendre

Ames amis la vueil bien tendre
Elle est de moult grant poeste
℣ Lamant parle
Lors la matacha au coste
Et ferma mon cueur si souef
Qua grant peine senti la clef
Ainsi fist sa voulete toute
Et quant ie seuz mis hors de doubte
Luy dis ie suis entalente
De faire vostre voulente
Mais mon seruice receuez
En gre et ne me deceuez
Ne le dy comme recreant
De vo' seruir suis agreant
Mais celluy en vain se trauaille
De faire seruice qui vaille
Quant le seruice natalente
A cila qui on le presente
℣ Amours parle
Amours respont ne te spouente
Quant tu consens a mon entente
Ton seruice prendray en gre
Et te mettray au hault degre
Se mauluaistie ne ten retrait
Mais si tost ne peut estre fait
Grant bien sient pas en peu deure
Il y conuient peine et demeure
Attens et seuffre la destresse
Qui maintenant te nuyst et blesse
Car ie scay bien par quel rayson
Tu seras mis a garison
Je te donneray eaure
Se tu te tiens a loyaulte
Qui tes playes te garira
Quant ie sauray et mapperra
Se tu de bon cueur seruiras
Et comment tu epploiteras
Nuyt et iour mes commandemens
Que ie commande aux vrays amas
℣ Lamant parle
Sire di ie pour dieu mercy

Adont me suis agenouillie
Et vouloye baisier son pie
Mais il m'a la dextre main prise
Et dit ie te ayme bien et prise
Quant tu m'as respondu ainsi
Oncques tel responce n'yssi
Dom me villain mal enseigne
Et par ce point tu as gaigne
Que ie vueil pour ton auantaige
Qu'a present me faces homage
Si me baiseras en la bouche
A qui nul villain homs ne touche
Ie n'y laisse mye a toucher
Chascun villain chascun boucher
Mais doit estre courtois et frans
Celluy du quel homage prens
Mais touteffois celluy a peine
Qui a moy bien seruir se peine
Honneur en aura si doit estre
Joyeulx de seruir si bon maystre
Et si hault seigneur de renom
D'amours porte le gonfanon
De courtoisie la baniere
Et si'est de telle maniere
Si doulz si franc et si gentil
Que quil est si sage et subtil
De le seruir et honnourer
Dedans luy ne peut demourer
Villenie ne mesprison
Ne faulcete ne traison

Comment apres tel langage
L'amant humblement fist homage
Par ieunesse qui la decoit
Au dieu d'amours qui la recoit

On hoc seur ie les mains ioinctes
Et sachez q̃ molt me fis coites
Quãt sa bouche toucha la moye
Et fut ce dont ieux au cueur ioye
Il m'a lors demande ostages

Amours parle
Amis dist il i'ay mains homages
Et d'uns et d'aultres gens receu
Dont i'ay este moult tost deceu
Les felons pleins de faulcete
M'ont par maintes fois barate
D'eulx ay soufferte mainte noise
Mais il sauroit comme il me poise
Se ie les puis a mon droit prendre
Je leur vouldray chierement vendre
Et pource que ie suis ton maistre
Vueil ie bien de toy certain estre
Et te vueil si a moy lier
Que tu ne me puisses nyer
De faire riens doresenauant
Tiens moy doncq loyal conuenant
Pechie seroit se tu trichoyes
Moult me semble que loyal soyes

L'amant respons
Tres bis ie or mentedez
Ne say pourquoy vo' demadez
Pleiges de moy ne seurete
Vous scauez bien la verite
Que mon cueur si tolu m'auez
Et si prins comme le sauez
Qu'il ne peut riens faire pour moy
Sine venoit de vostre ottroy

Le cueur est vostre non pas mien
Car il conuient soit mal ou bien
Quil face tout vostre plaisir
Nul ne vous en peut dessaisir
La garnison y auez mise
Qui le guerroye a vostre guise
Et se de cela vous doubtez
Faictes y clef et lemportez
Et la clef soit en lieu sauuage
    Amours
Par mon chief ce nest mye oultrage
Respont amours ie my accors
Jlest assez seigneur du corps
Qui a le cueur en sa commande
Oultrageulx est qui plus demande

Comment amours tresbien souef
ferma dune petite clef
Le cueur de lamant par tel guise
Quil nenta ma point la chemise

Donc a de sa bourse traicte
Vne petite clef bien faicte
Qui fut de fin or esmere
Soubz celle demoura serre
Ton cueur qui sera seurement
Contraint ne sera aultrement
Plus est de mon petit doy mendre

A mes amis la vueil bien tendre
Elle est de moult grant poeste
    Lamant parle
Lors la matacha au coste
Et ferma mon cueur si souef
Qua grant peine senti la clef
Ainsi fist sa vulete toute
Et quant ie feuz mis hors de doubte
Luy dis ie suis entalente
De faire vostre vulente
Mais mon seruice receuez
En gre et ne me deceuez
Ne le dy comme recreant
De vo seruir suis agreant
Mais cestuy en vain se trauaille
De faire seruice qui vaille
Quant le seruice natalente
A cila qui on se presente
    Amours parle
Amours respont ne tespouente
Quant tu consens a mon entente
Ton seruice prendray en gre
Et ie mettray au haulte degre
Se mauluaistie ne ten retrait
Mais si tost ne peut estre fait
Grant bien ne vient pas en peu deure
Jl y conuient peine et demeure
Attens et seuffre la destresse
Qui maintenant te nuyst et blesse
Car ie scay bien par quel rayson
Tu seras mis a garison
Je te donneray de aure
Se tu te tiens a loyaulte
Qui tes playes te garira
Quant ie sauray et mapperra
Se tu de bon cueur seruiras
Et comment tu exploiteras
Nuyt et iour mes commandemens
Que ie commande aux vrays amis
    Lamant parle
Sire di ie pour dieu mercy

Auant que vous partes dicy
Voz commandemens mē chargiez
Je suis de faire encouraigiez
Car espoir se neles sauoye
Tost pourroye yssir de la voye
Pource ie les desire aprendre
Affin q̄ ne me puisse mespre n dre
    Amours
Amours respont tu dis tres bien
Si les entens et les retien
Le maistre pert sa peine toute
Quant le disciple qui escoute
Ne met tel soing a retenir
Quil luy en puisse souuenir
    Lamant

Le dieu damours lors men charga
Tout ainsi que vous orrez ia
Mot a mot ses commandemens
Comment le dient les rommans
Qui aymer veult si y entende
Ainsi comme amours le commāde
Car Il les fait bon escouter
Qui son entente y veult bouter
Pource que sa fin en est belle
Et que cest matiere nouuelle
Qui du songe la fin orra
Je vous dy bien quil y pourra
Des ieulx damours assez aprendre
Pourueu que bien y vueille entendre
Et bien conceuoir la substance
Du songe et la signifiance
La verite qui est couuerte
Vous en sera lors toute apperte
Quant declarer morrez le songe
Ou ny a fable ne mensonge

 Coment le dieu damours ēseigne
Lamant et dit qui face et tieigne
Les regles qui baille a lamant
Escriptes en ce bel rommant

Villenie premierement
Ce dit amours vueil et cōmāt
Que tu delaissez sās reprendre
Se tu ne vulx vers moy mespradre
Si maulzdis et excommunie
Tous ceulx qui ayment villenie
Villenie le villain fait
Je ne layme nen dit nen fait
Villain est fel et sans pitie
Sans seruice et sans amytie
Apres te garde de retraire
Chose des gens qui face a traire
Nest pas prouesse de mesdire
En caans le seneschal te mire
Qui fut par mesdire iadis
Mal renomme de tous maulzdis
De tant que gauuain eust le pris
Comme courtoys et bien apris
Autant eust caās de villenie
Par mesdire et par felonnie
Des mocqueurs lestandart portoit
En mocquer tant se delictoit
 Soyez sage et raisonnable
En parler doulx et conuenable
Aux grans personnes et menues
Et quant tu yras par les rues
Garde que soyes coustumier

De saluer les gens premier
Et si aulcun auant te salue
Si naye pas la langue mue
Ains te garniz du salut rendre
Sans demoure et sans attendre
Apres garde que tu ne dies
Ces lais moz et ces ribaudies
Ja pour nommer villaine chose
Ne doit ta bouche estre desclose
Je ne tiens pas a courtois homme
Qui orde chose et laide nomme
Toutes femmes sers et honnoure
Eeulx ayder peine et laboure
Et se tu oys nul mesdisant
Qui les femmes soit desprisant
Blasme le et faiz quil se taise
Fay se tu peuz chose qui plaise
Aux dames et aux damoiselles
Si quilz ayent bonnes nouuelles
De toy dire et raconter
Par ce pourras en pris monter
Apres tout ce dorgueil te garde
Par qui entes bien et regarde
Orgueil est folie et pechie
Et qui dorgueil est entachie
Il ne peut son cueur employer
A seruir ne a supployer
Orguilleulx fait tout le contraire
De ce que vray amant doit faire
Mais qui damours se veult pener
Il se doit cointement mener
Qui est cointe na pas orgueil
Mais en est moult plaisant a loeil
Quant il nest pas oultrecuyde
De ce doit il estre huyde
De vestement et de chaussure
Selon ta rente ta mesure
Bien te dy que bel vestement
A homme siet honnestement
Et si fois ton habit bailler
A tel quil le saiche tailler

Et faire bien seans les pointes
Et les manches droictes et cointes
Souliers a las aussi houseaulx
Ayes souuent fres et nouueaulx
Et quilz soient beaulx et fetis
Ne trop larges ne trop petis
De gans et de bourse de soye
Et de saincture te cointoye
Et si tu nas si grant richesse
Que faire ne puisse largesse
Tout au plus bel te dois conduire
Que tu pourras sans toy destruire
Chappel de fleurs qui molt peu coste
Ou de roses de penthecoste
Peuz tu bien sur ton chief auoir
Il ny conuient pas grant auoir
Ne seuffre sur toy nulle ordure
Laue tes mains et tes dens cure
Se en tes ongles a point de noir
Ne luy laisse pas remanoir
Tiens toy bien net tes cheueulx pigne
Mais ne te farde ne te guigne
Telles choses ne font sinon
Gens folz et de mauluais renom
Qui amours par male auenture
Ont trouue encontre nature
Apres te doit il souuenir
De ioyeusete maintenir
A ioye et a deduit tatourne
Amours na cure domme mourne
La melodie est moult courtoise
Ou siet Joyeusete sans noyse
Amans sentent les maulx damier
Vne foys doulx et laultre amer
Mal daimer est moult oultrageux
Tantost est lamant en ses ieux
Tost se complaint tost se demente
Vne heure pleure et laultre chante
Se tu scez nul beau deduit faire
Par quoy tu puisses aux gens plaire
Je tordonne que tu le faces

Chascun doit faire en toutes places
Ce quil scet que mieulx luy auient
Car loz et pris et grace en vient
Se tu te sens iuste et legier
Ne pas faiz dassaillir dangier
Et se tu es bien a cheual
Tu soiez prent te amont et aual
Et se tu sces lances briser
Tu ten peuz moult faire priser
Se aux armes es asseure
De tant plus seras honnoure
Se tu as clere et saine voix
Tu ne dois pas querir foruois
De chanter se len ten semont
Car beau chanter embellit moult
Aussi dinstrumens de musique
Te fault auoir quelque pratique
Et pareillement de dancer
Ce te pourra moult auancer
Ne te faiz tenir pour auer
Car ce te pourroit molt greuer
Car cest bien rayson que laymant
Donne du sien plus largement
Que les villains pleins dauarice
Ausquelz amours nest ia propice
A qui il ne plaist de donner
Dauoir amours ne doit pener
Mais qui en veult auoir la grace
Dauarice tost se efface
Car cil qui par regart plaisant
Ou par doulce chiere faisant
A luy ou par vng ris serin
Donne son cueur tout enterin
Doit bien apres si riche don
Donner lauoir tout a bandon
Maintenant te vueil recorder
A mes ditz te dois accorder
Car la parolle est tant moins griefue
A retenir quant elle est briefue
Qui damours veult faire so maistre
Saiges et sans orgueil doit estre

De cointise soit bien garny
Gaillart de largesse fourny
Apres tenioings par penitence
Que iour et nuyt sans repentance
En bien aymer soit ton penser
Tousiours y pense sans cesser
Et te pense de la doulce heure
Dont la ioye tant te demeure
Et pource que fin amant soyes
Je te commande que tu ayes
En vng seul lieu ton cueur assis
Ferme constant et bien assis
Sans barat ne sans tricherie
Fraude ne nulle tromperie
Qui en mais lieux son cueur depart
Par tout en a petite part
Mais deceluy pas ne me doubte
Qui tient en vng lieu samour toute
Pource vueil que vng lieu la mettes
Et quen autre lieu ne la prestes
Car se se tu lauoyes prestee
Elle seroit tost degastee
Mais donne la en don tout quitte
Tu en auras plus grant merite
Car bonte de chose prestee
Est tost rendue et acquitee
Mais de chose donnee en don
Doit estre moult grant le guerdon
Donne la dont tout quittement
Et le faiz de bonnairement
Car on a la chose plus chiere
Qui donnee est a belle chiere
Peu doit estre ou neant guerdonnee
La chose par regret donnee
Quant tu auras ton cueur donne
Ainsi que ie tay sermonne
Lors te viendront les auentures
Qui aux amans sont fors et dures
Souuent quant il te souuiendra
De tes amours te conuiendra
Partir des ieux faisant deuoir

Que nul ne puisse apparceuoir
Le mal que tu seuffre et langoisse
A vne par tout seul ta dresse
En plusieurs manieres seras
Trauaille grant mal sentiras
Vne heure chault et lautre froit
Passer te fault par ce destroit
Vermeil vne heure lautre palle
Tu neuz onques fieure si male
Ne cotidiane ne quartes
Et bien auras ains que tu partes
Les douleurs damours essayees
Tes forces y seront ployees
Tant quen pensant ten troubleras
Et vne grant piece seras
Ainsi comme vne ymage mue
Qui ne se crosle ne ne mue
Sas piez sas mais sas dis crosler
Sans yeulx mouuoir ne sas baler
Au chief de piece reuiendras
En ta memoire et tressaulbras
Frayeur auras au reuenir
De paour ne te pourras tenir
Souspirs auras de cueur parfont
Et sachiez bien que ainsi le font
Ceulx qui les maulx ont essayez
Dont tu seras lors esmayez
Apres est droit quil te souuienne
De ta mye celle est loingtainne
Lors maleureux te iugeras
Quant pres delle tu ne seras
Et conuiendra que ton cueur soit
En ce que ton oeil napperçoit
Disant mes yeulx vueillenuoyer
Apres pour le cueur conuoyer
Doyuent ilz Jey arrester
Nenny mais visent visiter
Ce sont de cueur a tel talent
Je me puis bien tenir pour lent
Quãt de mõ cueur si loingtain suis
Pour fol bien tenir ie me puis

Si Jray plus ne laisseray
Ja a mon ayse ne seray
Deuant q̃ aulcune enseigne naye
Adonc te mectras en la voye
Et yras soubz vng tel couuent
Qua ton esme fauldras souuent
Et gasteras en vaines pas
Ce que tu quiers ne verras pas
Si conuiendra que tu retournes
Sãs riens faire pẽsif et mournes
Lors seras en moult grant meschief
Et te viendront tost de rechief
Souspir et plaintes et frissons
Plus poignantes que herissons
Qui ne le scet si le demant
A cil qui est loyal amant
Ton cueur ne pourras appaiser
Mais souldras encores viser
Se tu verras par aduenture
Ce dont tu es en si grant cure
Et se tu te peux tant pener
Que veoir puisse et assener
Tu vuldras tres ententif estre
A tes yeulx souler et repaistre
Grant ioye a ton cueur dementras
De la beaulte que tu verras
Et sachez que du regarder
Feras ton cueur frire et larder
Et tout ades en regardant *aussi ton*
Auiueras le feu ardant
Quil ce quil ayme plus regarde
Plus enflame son cueur et larde
Cil art alume et fait flamer
Le feu qui fait les gens aymer
Chascũ amãt suyt par coustume
Le feu q̃ lart et q̃ lalume   Nõ
Quant le feu de plus pres sent
Et il sen va plus opressant
Le feu art celluy qui regarde
Samye sil ne si prent garde
Car de tãt plus pres Il sen tient

c ij

En aymer plus fort se maintient
Ce sauent bien saige et musart
Qui plus est pres du feu plus art
Tant que tamye ainsi verras
Jamais partir ne ten pourras
Et quant partir te conuiendra
Par tout le iour te souuiendra
De celle que tu auras veu
Et si te tiendras a deceu
Dune chose trop malement
Cest que couraige et hardement
Nas eu delle arraysonner
Ains as este sans mot sonner
Pres delle confuz et empris
Bien cuidoyes auoir mespris
Que tu nas la belle appellee
Auantquelle sen fust alee
Tourner te doit a grant cōtraire
Car se tu nen eusse peu traire
Fors seulement vng beau salut
Plus de cent marcs dor te valut
Lors te prendras tu deualer
Et querras occasion daler
Tout de rechief hors en la rue
Ou tu auoyes celle veue
Que tu nosas mectre a raison
Moult yroyes en sa maison
Voulentiers si occasion auoyes
Il est droit que toutes tes voyes
Et tes allees et ton tour
Sen reuiennent par la entour
Deuers les gens tresbien te celle
Et quier aultre occasion que celle
Qui celle part te fait aler
Car cest grant sens de soy celer
Et sil est chose que tu voyes
Tamye apoint que tu la voyes
Arraysonner ne saluer
Lors te conuient couleur muer
Et tout le sang te fremira
Parolle et sens tout te fauldra

Quant tu cuideras commencer
Et se tant te vuly auancer
Que ta rayson commancer oses
Quant tu deuras dire troys choses
Tu nen diras mie les deux
Tant seras adonc vergondeux
Il ny a nul si apensez
Qui en ce point nouhlie assez
Sil nest tel que de gueulle serue
Car fauly amās cōptēt leur verue
Sās paour ainsi cōme ilz vullēt
Car de mentir point ne se veullent
Ilz dient lung a laultre pensent
En riant il semblent quilz te sent
Quant ta rayson sera finie
Sans y auoir dit villenie
Moult desplaisant au cueur seras
Se riens oublie tu auras
Qui te fut auenant a dire
Adonc seras en grant martire
Cest la bataille cest lardure
Cest le contens que tousiours dure
Ja fin ne prendra ceste guerre
Tant que ien vueille la paix querre
Dant les nuys venues seront
Mille desplaisirs te verront
Tu te coucheras en ton lit
Ou tu auras peu de delit
Car quant tu cuideras dormir
Tu commanceras a fremir
A tressaillir a demener
Dung coste sur laultre tourner
Vne heure enuers et laultre a dens
Comme cil qui a mal aux dens
Lors te viendra a remambrance
Et sa facon et sa semblance
A qui nulluy ne sappareille
Si te diray moult grant merueille
Telle foys te sera aduis
Que tu tiendras celle au cler vis
Entre tes bras et toute nue

Comme celle fust deuenue
Du tout tamye et ta compaigne
Lors feras chasteaulx en espaigne
Et si auras ioye de neant
Pour le temps que sera beant
En la pensee delectable
Ou nest fors que mensonge et fable
Mais peu y pourras demeurer
Lors commanceras a pleurer
Et diras dieu ay ie songie
Suis ie remue ou bougie
Ceste pensee dont me vint
Certes le iour dix fois ou vingt
Vouldroye quelle reuenist
Toute me plaist et replenist
De ioye et de bonne aduenture
Mais ceste facon peu me dure
Dieu verray ie point que ie soye
En tel point comme ie songoye
La mort ne me greueroit mye
Se ie mouroye es bras mamye
Molt me griefue amours et tormente
Souuent me plaingz et me demente
Mais se tant fait amours que iaye
De mamye entiere ioye
Bien seroit mon mal rachete
Las chose sueil de grant chierte
Ie ne me tiens mye pour saige
Quant ie demande tel oultraige
Car qui demande musardie   Non
Cest bien droit que on les condie
Ne say comment ie lo say dire
Plus fort que moy et plus grant sire
De moy auroit tresgrant honneur
En ung loyer asses mineur
Mais se sas plus dung doulx baisier
La belle me souloit aisier
Moult auroye riche desserte
De la peine que iay soufferte
Mais forte chose est auenir
Ie me puis bien pour fol tenir

Quant iay en tel lieu mon cueur mis
Dont a nul preu ne suis submis
Si dy comme fol ennuieulx
Car ung regard delle vaulx mieulx
Que daultres les dedens entiers
Ie la baisse moult voulentiers
Tout a ceste heure se dieu meist
Gary seroit il cil qui la feyst
Dieu quant sera il a iourne
Iay en ce lieu trop seiourne
Ie nayme mye tel desir
Quant ie nay ce dont iay desir
Desir est ennuieuse chose
Quant on ne dort ne ne repose
Moult me nuye certes et griefue
Quant maintenant laube ne creue
Et que la nuyt tost ne trespasse
Car cil fust iour ie men alasse
A soleil pour dieu haste toy
Ne fay seiour apresse toy
Fay departir la nuyt obscure
Et son ennuy qui trop me dure
La nuyt ainsi te contendras
Et de repos point ne prendras
Tant seras de desir garny
Et quant tu ne pourras lannuy
Souffrir en ton lit de veiller
Lors te fauldra appareiller
Vestir chausser et atourner
Ains que tu voyes aiourner
Lors ten yras en recelee
Soit par pluye ou par gelee
Tout droit vers lostel de tamye
Qui sera tres bien endormye
Et a toy ne pensera guiere
Une heure yras a luys derriere
Sauoir sil est en riens ouuert
Et guetteras a descouuert
Tout seul a la pluye et au vent
Et puis iras a luys deuant
Sauoir sil y a ouuerture

c iii

Et se tu y trouue faulteure
Oreilleras parmy la fente
Se de leuer nul se demante
Et se la belle sans plus vueille
Si te dy bien et te conseille
Quelle toye bien so oser
Pour congnoistre que reposer
Ne peuz en lit pour samitie
Mieulx ten aymera la moitie
Quant en ce point ouy tara
En amours se consentira
Et aura vers toy amytie
Bien soit dame auscune pitie
Auoir de celluy qui endure
Tel mal pour luy se molt nest dure
Si te diray que tu dois faire
Pour lamour de la debonnaire
De qui tu ne peuz auoir ayse
Au departir la porte baise
Et affin que on ne te voye
Deuant la mayson ne en la voye
Garde que soyes retourne
Ains quil soit gaires aiourne
Iceulx venirs Iceulx alers
Iceulx pensers Iceulx parlers
font aux anxis soubz leurs drapeaux
Rudement amegrir leurs peaux
Tu le pourras par toy sauoir
Se de bien aymer fais deuoir
Et bien saiches quamours ne laisse
Sur fin amant couleur ne gresse
De ce ne sont apparissans
Ceulx qui dames sont trayssans
Et dient pour eulx losengier
Quilz ont perdu boyre et mengier
Et Je les voy comme gengleurs
Plus gras quabbez ne que prieurs
Encores te comande et charge
Que tenir te faces pour large
A la seruante de lostel
Ung garnement luy donne tel

Quelle die que tu es vaillans
Tamye et tous ses biens vueillans
Dois honnourer et chier tenir
Grant bien te peut par eulx venir
Car cil qui est delle priue
Luy comptera quil ta trouue
Preux et courtoys bien afaitie
Mieulx ten priesera la moytie
Du pays gaires ne tesloingne
Et se tu as si grant besongne
Qui te conuiegne eslonger
Garde toy de ton cueur changer
En aultre quen la creature
On est ta pensee et ta cure
Et pense de tost retourner
Tu ne dois gaires seiourner
Fay semblant que veoir te tarde
Celle qui a ton cueur en garde
Se tay dit comme et en quel guise
Amant doit faire son seruise
Or le fay donc sur toute chose
Se fruit veulx auoir de la rose

Lamant parle

Quant amours ma ce comande
Je luy ay adonc demande
Sur en quelle guise et comment
Peult endurer le vray amant
Les maulx que vous mauez compte
Vous mauez toute espouente
Comment dit home et comment dure
En telle peine en telle ardure
En dueil en souspirs et en larmes
Et en tous poins et en tous termes
Et en soucy et en esueil
Certainement molt men merueil
Comment homme sil nest de fer
Peut viure ung moys en tel enfer
Le dieu damours sans nulle amende
Respondit lors a ma demande

Amours parle

Beaux amis par lame mon pere

Nul na bien sil ne la compere
Si ayme len mieulx la chate
Quant on la bien chier achate
Et en plus grant gre sont receuz
Les biens que on a a grief receuz
Que ceulx que len a euz pour neant
Car trop les va len violant
Il nest homme se dieu mamant
Qui saiche le mal de lamant
Nul ne pourroit le mal damer
Ne qui pourroit espuiser mer
Compter de rommant ne en liure
Et toutesfois conuient il viure
Les amans il en est mestier
Chascun suit de mort le sentier
Cellui q on met en chartre obscure
En la vermine et en lordure
Qui na ne pain dorge ou dauine
Ne se meurt mye pour la peine
Esperace confort luy liure
Quil se cuide trouuer deliure
Encor par quelque cheuissance
Tout ainsi et en tel balance
Et cil qua mours tient en prison
Il cuide auoir sa garison
Ceste esperance le conforte
Et cueur et talent luy apporte
De son corps a martire offrir
Esperance luy fait souffrir
Les maulx dont on ne scet le compte
Pour la ioye qui cent tans monte
Esperance ainsi par souffrir
Et fait lamant a viure offrir
O benoiste soyt esperance
Qui ainsi les amans auance
Moult est esperance courtoise
Qui ne lairra ia vne toise
Nul vaillant homme iusque au chief
Ne pour peril ne pour meschief
Et au larron quon maine pendre
Luy fayt elle mercy attendre

Esperance te gardera
Ne ia de toy ne partira
Quelle ne garde ta personne
Au besoing et oultre te donne
Trois aultres biens qui grāt solas
Font a ceulx qui sont en mes las
Premieremēt qui bien soulasse
Cellui q mal damer enlasse
A qui esperance saccorde
Cest doulx penser que len recorde
Car quant lamāt plaint et souspire
Et est en dueil et en martire
Doulx penser vient a chief de piece
Qui lire et le courroux despiece
Et a lamant en son venir
Fait de la ioye souuenir
Et esperance luy promet
Et apres au deuant luy met
Les yeulx rians le nez tretis
Qui nest trop grāt ne trop petis
Et la bouchette coloree
La laine soefue et odoree
Si luy plaist mōlt quāt se remēbre
De la beaute de chascun membre
Amours va ses soulas doubtant
Quāt dung ris ou dung beau sēblāt
Luy souuient ou de belle chiere
Que fait luy a s'amye chiere
Doulx penser ainsi assouage
Les douleurs damours et la rage
Cestuy dueil ie que tu ayes
Et se toy laultre reffusoyes
Qui nest mye nom doulcereux
Tu seroyes bien dangereux
LE second bien cest doulx parler
Qui donne a maint bacheler
Et a maintes dames secours
Car chascun qui de ses amours
Oyt parler moult sen esbaudit
Si me semble que pource dit
Vne dame qui damer sot

e iiii

En sa chanson ung courtoys mot
Moult suis dit elle en bonne escole
Quant de mon amy oy parolle
Se maist dieu celluy m'a garie
Qui m'en parle quoy que m'en die
Celle le doulx penser sauoit
Et du penser ce quil estoit
En sauoit toute la maniere
Si te dis et vueil que tu quiere
Ung compaignon saige et celant
Au quel diras tout ton talent
Et descouueras ton couraige
Il te fera grant auantaige
Quant tes maulx t'angoysserôt fort
Si iras a luy par confort
Et parleres lors deux ensemble
De la belle qui ton cueur emble
De sa beaulte de sa semblance
Et de sa simple contenance
Comment tu pourras chose faire
Qui a t'amye puisse plaire
Se cil qui sera tes amys
A en bien aymer son cueur mys
Mieulx en vauldra la compaignie
Si sera rayson quil te die
Se s'amye est pucelle ou non
Ses amis ses parens son nom
Si auras paour quil s'amuse
A ta mye ne quil s'en ruse
Mais vous entreporterez foy
Et toy a luy et luy a toy
Saches que c'est moult belle chose
Quant on a homme a qui l'en ose
Son conseil dire et son gre
Le deduit prendras en bon gre
Et t'en tiendras a bien paye
Puys que tu l'auras essaye
Lettres bien vient de regarder
C'est doulx regard q̃ seul tar-
A ceulx q̃ ot amours loigtaines de
Pource te dis que tu te tiennes

Pres de luy metz toyen sa garde
Son solas aukunesfois tarde
Mais Il est aux fins amoureux
Deduisant et fort sauoureux
Moult ont au matin bon encontre
Les yeulx quât dame dieux leur mô-
Le saintuaire precieux   stre
De quoy il sont si curieux
Le iour que le peuent veoir
Ne leur doit mie meschoir
Ne doubtent ne pluye ne vent
Ne nulle aultre chose viuant
Et quant les yeulx ont leurs deduis
Il sont si aprins et si duis
Quilz seulx si sneissent auoir ioye
Mais fault que le cueur se resioye
Et sont les maulx assouagier
Car comme loyal messagier
Incontinent au cueur enuoient
Nouuelles de tout ce quilz voyent
Et pour la ioye qui les lye
Le cueur ses douleurs entroublie
Et sa destresse malle et fiere
Car tout ainsi que la lumiere
Les tenebres deuant soy chace
Tout ainsi doulx regars efface
Les tenebres ou le cueur gist
Qui nuyt et iour damour languist
Car le cueur de riens ne se deult
Quant loeil regarde ce quil veult
Or tay ie cy tout declare
Le dont ie te vi esgare
Car ie t'ay compte sans mentir
Les biens qui peuent garentir
Les amans et garder de mort
Si scez qui te fera confort
Au moins auras tu esperance
Doulx penser auras sans doubtâce
Puis doulx parler et doulx regard
Ie vueil que chascû doulx te gard
Iusques q̃ mieulx puisses attendre

Aultre bien qui ne sera mendre
Lequel tu auras ça auant
Mais dauantage en as autant

Comēt lamant dit ey quamo ur
Le laissa en ses grans douleurs

Ncōtinēt quamours meust dit
Son plaisir ne fut contredit
Mais quant il fut esuanoy
Adonc sus ie bien esbahy
Car ie ne vis pres moy nulluy
De mes playes moult doly
Et sceu que garir ne pourroye
Fors par le bouton ou iauoye
Tout mon cueur mis et ma science
Et nauoye en nulluy fiance
Fors au dieu damours de lauoir
Car ie scauoye bien de voir
Que de lauoir riens ne mestoit
Samours ne sen entremettoit
Les rosiers dune claye furent
Cloz a lenuiron comme Ilz deurēt
Mais ie passasse la cloyson
Moult voulentiers pour loccasion
Du bouton flairāt comme basme
Se ie neusse craintise ou blasme
Mais assez tost eust peu sembler
Que les roses voulsisse embler
Laquelle chose ne penseray
Ne iamais nul iour ne feray

Commēt bel acueil humblement
Offrit a lamant doulcement
A passer pour voir les roses
Quil desiroit sur toutes choses

Insi que ie me pourpensoye
Se oultre la haye passeroye.
Ie vis vers moy tout droit venant
Vng varlet bel et auenant
En qui il neust riens a blasmer
Bel acueil se faisoit nommer

Filz de courtoisie la sage
Si mabandonna le passage
De la haye moult doulcement
Et me dist amiablement

Bel acueil parle

Bel amy chier si bien vous plaist
Passez la haye sans arrest
Pour lodeur des roses sentir
Je vous y puis bien garantir
Ny aures mal ne villenie
Mais que vous gardes de folie
Si de riens vous y puis ayder
Ie ne me quiers faire prier
Car de faire vostre plaisir
En tout honneur iay le desir

Lamant respons

Sire dis ie a bel acueil
Ceste promesse en gre recueil
Si vous rens graces et merites
De la bonte que vous me dites
Car mōlt vo' stes plat franchise
Et quant vous plaist en ceste guise
Suis prest de passer voulentiers
Par ronces et par esglantiers
Dont en la haye auoit assez
Suis maintenant oultre passez
Vers le bouton men vois errant

Des roses le mieulx odorant
Et bel acueil me conuoya
De son bien qui moult magrea
Et si pres alay sans me faindre
Que ie leusse bien peu attaindre
Bel acueil moult bien me seruy
Quant le bouton de sy pres vy
Mais ung villain qui riens nauoit
Pres dilecques musse estoit
Dangier eust nom si fut closiers
Et garde de tous les rosiers
En ung destour fut le peruers
Derbes et de fueilles couuers
Pour ceulx espier et deffendre
Qui sont aux roses les mains tendre
Et fut de troys acompaignie
Le villain lourt maleugrongnie
Deux femes et ung langart home
Comme malle bouche se nomme
Le faulx traitre iangleur qui fut
Auec luy honte et paour eut
La mieulx vaillant deux si fut hôte
Et sachiez que qui a droit compte
Sa parente et son linaige
Fille fut de rayson la saige
Et son pere eust a nom malfayt
Qui fut sy hideux contrefait
Quoncques auec rayson ne geut
Mais de veoir honte conceut
Qui puis enfanta chastete
Qui a guerre yuer et este
Quant dieu eust fait de honte naistre
Chastete qui dame doit estre
Et des rosiers et des boutons
Fut assaillie des gloutons
Si quelle auoit le soing daie
Car venus lauoit assaillie
Qui nuyt et iour souuent luy emble
Boutons et roses tout ensemble
Lors requist raison comme fille
Chastete que venus epille

Desconseillee moult estoit
De prier raison se hastoit
Si luy presta a sa requeste
Honte qui est simple et honneste
Qui tousiours tire simplement
A faire son commandement
Or sont aux roses garder quatre
Qui se lairoyent auant batre
Que nulle rose ou bouton emport
Ie fusse arriue a bon port
Se par eulx ne fusse guette
Car le franc le bien apointe
Bel acueil se penoit de faire
Ce quil sauoit quil me deust plaire
Souuent me semont zaproucher
Vers le bouton et datoucher
Au rosier qui auoit chargie
De ce me donnoit il congie
Pource quil cuide que ien vueille
Cueillir vne verde fueille
Pres du bouton quil ma donne
Pource que pres eust este ne
De la fueille me fiz moult coite
Et quant ie me senty acointe
De bel acueil et si priue
Ie cuyday bien estre arriue
Lors ay prins cueur et hardiment
De dire a bel acueil comment
Amours mauoit prins et naure
Sire dis ie iamais naure
Aide se nest par vne chose
Que iay dedans mon cueur enclose
Cest vne pesant maladie
Ne scay comment ie la vous die
Car ie vous crains a couroucer
Mieulx vouldroie acousteaulx dacier
Piece a piece estre despece
Que vous en fussiez couroucie
      Belacueil
Dites moy donc vostre vouloir
Que ia ne me verres douloir

De chose que me vueillez dire
        L'amant
Lors luy ay dit sachiez beau sire
Quamours durement me tormente
Ne cuidez pas que ie vous mente
Il ma au cueur cincq playes faictes
Ia ses douleurs nen seront traictes
Se le bouton ne me baillez
Qui est des aultres mieulx taillez
Car cest ma mort et est ma vie
De nulle riens nay plus enuie
Lors cest bel acueil effrayez
Et me dist
        Bel acueil
Frere vous bayez
A ce qui ne peut auenir
Comment me voulez vous honnir
Vous me ariez bien assotte
Se le bouton mauies oste
Du rosier car ce nest droiture
Quon loste de sa norriture
Villain estes du demander
Laissiez le croistre et amander
Ne le souldroye deserte
Du rosier qui la apporte
Pour nulle riens tant le tiens chier
        L'acteur
Atant saillit villain dangier
De la ou il estoit mucie
Grant fut noir et tout hericie
Sot les yeulx rouges comme feup
Le vis froncie le nez hyseup
Et seseria tout forcenez
        Dangier
Bel acueil pourquoy amenez
Entour ses rosiers ce vassault
Vous faittes mal se dieu me saulx
Il tant a vostre auillement
Mal ait il sans vous seulement
Qui en ce vergier lamena
Et dedens si droit lassena

¶ Comment dangier villainement
Bouta hors despiteusement
L'amant dauecques bel acueil
Dont il eust en son cueur grant dueil

Fuiez vassal fuiez dicy
A peu que ie ne vous occy
Bel acueil mal vous cognoissoit
Qui de vous seruir sengoissoit
Vous le vouliez cy aflier
Mauluais se fait en vous fier
Car de present est esprouuee
La trayson quauez trouuee
        L'amant
Nosay illec plus remanoir
Pour le villain hideup et noir
Qui menasse a assaillir
La haye ma faicte saillir
A grant paour et a grant haste
Et le villain crolle la teste
Et dit se iamais y retour
Quil me fera prendre ung mal tour
Lors sen est bel acueil fouy
Ie demouray moult esbahy
Honteup et mat si me repens
Quonques ie luy dis mon pourpens
De ma folie ay ie recors
Si voy que liure est mon corps

A dueil a peine et a martire
Mais de ce ay Je plus grant Jre
Que ie nosay passer la haye
Nul na mal que amours nessaye
Ne cuides pas que nul congnoisse
Si na ayme quest grant angoisse
Amour vers moy tresbien saquitte
De la peine quil mauoit ditte
Car cueur ne pourroit pas penser
Ne bouche domme recenser / raconte
De ma douleur la quarte part
A peu que le cueur ne me part / fend
Quant de la rose me souuient
Que si esloingnier me conuient
    ¶ Comment rayson de dieu aymee
    Est ius de sa tour deualee
    Qui lamant chastie et reprent
    De ce que folle amour emprent

Ne fut trop haulte ne trop basse
Les yeulx qui en son chief estoyent
Comme deux estoilles luysoyent
Ou chief auoit vne couronne
Bien resembloit haulte personne
A son semblant et a son vis / visage
Appareoit fait en paradis
Car nature ne sauoit pas
Oeuure faire de tel compas
Sachiez se la lettre ne ment
Que dieu la fit nommeement
A sa semblance a son ymage
Et luy donna tel auantaige
Quelle a pouoir et seigneurie
De garder homme de folie
Mais quil soit tel que bien la croye
Ainsi comme me dementoye
A moy rayson parler commance
    ¶ Raison parle a lamant

Ence point grant piece arreste
Tant que me vis comme mate
La dame de la haulte garde
Qui de sa tour aual regarde
Rayson fut la dame appellee
Si est de sa tour deualee
Et sen est droit vers moy venue
Ne fut ne vielle ne chanue / blanchi
Ne fut trop maigre ne trop grasse

Eaulx a mis folie et enfance
Tont mis en peine et en esmay
Mal visas au bel temps de may
Qui fit ton cueur trop esgayer
Mal alas oncques umbroyer
Ou vergier dont oyseuse porte
La clef dont elle ouuryt la porte
Fol est qui sacointe doyseuse
Son acointance est trop perilleuse
Bien ta trahy bien ta deceu
Car amours ne teust en riens veu
Se oyseuse ne teust conduit
Ou beau vergier ou est deduit
Qui daffoler gens a lusage
Mais folleur nest pas saffelage
Se tu as follement ouure
Si faiz tant quil soit recouure
Car la folie mo ult empire
Celluy qui tost ne sen retire Nota
Garde donc bien que tu ne croyes
Le conseil par qui tu souloyes
Beau foloye qui se chastie

Et quant jeune homme fait folie
On ne sen doit esmerueiller
Si te viens dire et conseiller
Que lamour mettes en obly
Dont je te voy si assoibly
Si conquis et si tormente
Je ne voy mye ta sante
Ne ta garison mesmement
Car moult desire mallement
Dangier se seet toy guerroyer
Tu ny as pas a essayer
Encor dangier riens ne me monte
Enuers ma belle fille honte
Qui les roses deffent et garde
Comme celle qui nest musarde
Et a sa compaignie paour
Si en dois auoir grant freour
Auecques eulx est malle bouche
Qui ne seuffre que nul y touche
Auant que la chose soit faicte
La a il en cent lieulx retraite
Moult as afaire a malle gent
Regarde lequel est plus gent   agreable
Ou de laissier ou de poursuiure
Ce qui te fait en douleur viure
Cest le mal q amours a nom   Non
Ou il nya si felon nom
Folie se doit chascun croyre
Homs qui ayme ne peult bien faire
Na nul preu de ce monde entendre
Sil est clerc il pert son aprendre sa science
Et puis sil fait aultre mestier
Il nen peult gaires epploicter
Ainsi a cellu y plus de poine
Que nont hermites ne blac moine
La poine en est desmesuree
Et la ioye a courte duree
Qui joye en a petit luy dure
Et de lauoir est aduenture
Car ie voy que mains y trauaillent
Qui en la fin du tout y faillent

Oncques mon conseil nentendis
Quant au dieu damours te rendis
Le cueur que tu as trop volage
Te fit comprendre tel folage
Vne folie est tost emprise
Mais den yssir est la maistrise
Si metz lamour en non chaloir
Qui peut nuyre et non valoir
Car folie est trop acourant
Quant on ne luy court au deuant
Pren hardiment aux dens le frain
Et dompte ton cueur et refrain
Tu dois mettre forte deffense
Encontre ce que ton cueur pense
Qui tousiours son couraige croit
Ne peut estre quil ne foloyt
  Cy respond lamant a rebours
A rayson qui luy blasme amours
Quant je iouy ce chastiment
Je respondi freement   en colere
Dame je vus sueil moult prier
Que me laissiez de chastier
Vous me dictes que ie refraigne
Mo cueur quamours ne le retiegne
Cuidez vus quamours se consete
Que ie refraigne et que dexiente
Le cueur quiest a soy tout quittes
Ce ne peut estre que vus dittes
Amours a si mon cueur dompte
Quil nest plus a ma voulente
Il a vng mestier si forment
Quilluy a faicte clef fermant
Pource laissiez m en du tout faire
Vous pourries gaster tout laffaire
Et feriez vostre francoys
Mieulx vouldroye mourir aincois plus tost
Quamours si meust de faulcete
Ne de rayson la arreste
Il me veult loer ou blasmer
Au derrenier des maulx dayner
Si mennuye qui me chastie

Atant cest rayson departie
Qui voit bien q̃ pour sermonner
Ne me pourroit de ce tourner
Demeuray seul dire plein
Esouuent pleure et souuent me plain
Car de moy ne sceu cheuissance
Tant quil me vint en remanbrance
Quamours me dist lors que ie ysse
Vng compaignon a qui ie disse
Mon conseil tout entierement
Si mosteroit de grant torment
Adonc pourpensay que iauoye
Vng compaignon que ie sauoye
Bon et loyal amis eust nom
Onques neuz si bon compaignon

Coment par le conseil damours
Lamant vint faire ses clamours
A amis a qui tout compta
Lequel moult le reconforta

Amis sire par grant aseure
Si luy dis toute lenclœure
Dont ie me sentoye enclos
Si comme amours mauoit loe
A luy me plaigny de dangier
Qui me voult ainsi ledangier
Et bel acueil en fist aler
Quant il me veyt a luy parler
Du bouton a qui ie tendoye
Et me dist que le comparroye
Et ia par nulle occasion
Ne voit passer la cloison
Quant amis sceut la verite
Il ne ma pas espouente
Coment amis moult dulcement
Donne reconfort a lamant

Mais me dist compains or soyez
Seur et ne vus esmayez
Ie congnois de pieca dangier
Pres a mal dire et ledangier
A mesdire et a menacer
Ceulx qui ayment a coumancer
Ie lay de pieca esprouue
Se vous lauez felon trouue
Tout aultre sera au derrenier
Ie le congnois comme vng denier
Il se sceet bien amolier adoucir
Par prier et par supplier
Car iay esprouue que len vainct
Felon et par souffrir restraint
Si vous diray que vous ferez
Ie vueil que vous le requerez
Quil vous pardot sa mal vueillance
Par amours et par accordance
Et luy mectez bien en couuant
Que iamais de lors en auant
Ne ferez riens quil luy desplaise
Mais toute chose qui luy plaise
Car il veult bien quon le blandist

Lamant
Tant parla amis et tant dist
Quil ma presque reconforte
Le hardement ma apporte
De mon cueur daler essayer
Se dangier pourray arrayer
Coment lamant vint a dangier
Luy prier que plus ledangier
Ne le voulsist et par ainsi
Humblement luy crioit mercy

A Dangier suis venu honteux
De ma paix faire couuoiteux
Mais la haye ne passay pas
Pource quil meust nyé le pas
Je le trouuay en piez drece
Fel par semblant et courrouce
En sa main ung baston despine
Je tins vers luy la teste encline
Et luy dis sire Je suis cy
Venu pour vous crier mercy
Moult me desplaist amerement
Que vous fiz ire nullement
Mais je suis prest de lamander
Comme me vouldres commander
Certes amours le me fit faire
Dont je ne puis mō cueur retrayre
Mais Je nauray iamais plaisāce
A riens dont vous ayez pesance
Jayme mieulx souffrir ma mesaise
Que faire riens qui vous desplaise
Si vous requier que vous ayes
Pitie de moy et appaisies
Vostre Jre qui fort mespouante
Et Je vous jure en creante
Que vers vous si me contendray
Que ja de riens ne mesprendray
Pource vueilliez moy octroyer

Et que ne me deuez nier
Vueillez que iayme seulement
Aultre chose ne vous demant
Toutes voz aultres voulentez
Feray se ce me consentez
Si ne me pouez destourber
Je ne vous quier de ce lober
Car Jaymeray puis quil me plaist
A qui quil soit bel ou desplaist
Mais ne vouldroye pour finance
Quil fust a vostre desplaisance
Moult trouuay dāgier dur et set
De pardōner sen maltalant
Et si le ma il pardonne
En la fin tant lay sermonne
Et me dist par sentence briefue
Dangier
Ta parolle riens ne me griefue
Si ne te vueil pas escondire
Certes ie nay vers toy point dire
Et se tu ayme que me chault
Ce ne me fait ne froit ne chault
Assez ayme mais que tu soyes
Loing de mes roses toutesuoyes
Tu nauras mal paour nen aye
Se tu passes iamais lehaye
Lamant
Ainsi moctroya ma requeste
Et ie kalay compter en haste
A amis qui sen estoit
Comme courant quant il oyt
Amis
Or sa bien dit il vostre affaire
Encor vous sera debonnaire
Dangier qui fait a maint torment
Quāt vers eulx se courrouce formāt
Silestoit prins en bonne saine
Pitie auroit de vostre peine
Si deuez souffrir et attendre
Tāt quen bō point le puissiez prēdre
Car maint felon cueur est vaincu

Par souffrit souuent et menu
Car ie lay maintesfois trouue
En felons et bien esprouue
                    Lamant

Oult me conforta doulcement
Amis qui mon auancement
Voulsist aussi bien comme moy
De luy prins congie sans esmay
A la haye que dangier garde
Suis retourne car mot me tarde
Que le bouton encor renoye
Puis quauoir ne puis aultre ioye
Dangier se prent garde souuent
Se ie luy tiens bien mon couuent   ma promesse
Mais na garde que luy mefface
Car trop redoubte sa menasse
Si me suis pene longuement
De faire son commandement
Pour la cointer et pour latraire
Mais ce me tourne a grant contraire
Que sa mercy trop me demeure
Si voit il souuent que ie pleure
Et que ie me plains et souspir
Pource quil me fait trop cropir   attendre
Delez la haye que ie nose
Passer pour aler a la rose
Tant fist quil a certainement
Congneu a mon contenement
Quamours mallement me maistrise
Et qui ny a point de faintise
En moy ne de desloyaulte
Mais Il est de tel cruaulte
Qui ne se daigne encor refraindre
Tant me voye pleurer et plaindre

Comment pitie auec franchise
Allerent par tres belle guise
A dangier parler pour lamant
Qui estoit damer en torment
Omme iestoie en ceste peine
Enuers moy vit que dieu mamaine

Franchise auec elle pitie
Ny eust oncques riens respite
A dangier allerent tout droit
Car lune et laultre me vouldroit
Bien aider et tres voulentiers
Attendu quil en feust mestiers   besoin
La parolle a premier prise
Sienne mercy dame franchise
Et dist a dangier fermement
                    Franchise
Vous auez tort de cest amant
Qui par vous est si mal menez
Dont trop vous en auillenez
Car il na pas encor apris
Quil ait vers vous de riens mespris
Samours le fait parforce aymer
Le deuez vous pource blasmer
Plus il pert il que vous ne faictes
Quil en a maintes peines traictes
Mais amours ne veult consentir
Quil sen vueille en riens repentir
Qui le deuroit tout vif larder
Ne sen pourroit il pas garder
Mais beau sire que vous auance
De luy faire peine et greuance
Auez vous guerre a luy emprise
Pource que tant vous ayme et prise

Aussi quil est de voz subgietz
Samours le tret prins en ses gietz
Et le fait a luy obeyr
Le deuez vous pource hayr
Non mais le deussiez espargner
Plus que lorguilleux pautonnier
Courtoisie est que len sequeure
Celluy dont ont est au dessure Nō
Moult a dur cueur qui na mollie
Quant il trouue qui le supplie
     Pitie
Pitie dit cest bien verite
En griefte Saincte humilite
Et quant trop dure la griefte
Cest folie et grant iniquitaitie
Dangier pource vous vueil reqrre
Que v⁹ ne maintenez plus guerre
Vers cest amant qui languist la
Qui oncques amours nauilla
Auis mest que vous le greuez
Assez plus que vous ne deuez
Il eust trop male penitence
Des lors enca que la cointance
Bel acueil luy auez sortraite
Car cest la riens quil plus couuoite
Il fut assez deuant trouble
Mais ores en son mal double
Comme de mort est assailly
Quant bel acueil luy est failly
Pour quoy luy faictes tel contraire
trop grāt mal luy fait amour traire
Car il en soustient tant quil neust
Besoing dauoir pis sil vous pleust
Si ne lalez contrariant
En la fin nen seres riant
Souffrez que bel acueil luy face
Desormais quelque bien et grace
A pecheur fault misericorde
Puis que franchise si accorde
Je vous en prie et admonneste
Ne reffusez pas sa requeste

Moult est cil fol et despitaire
Qui pour no⁹ deux ne veult riēs faire
Lors ne peut plus dangier durer
Ains le conuient a mesurer
    Dangier
Dames dist il ie ne vous ose
Escondire de ceste chose
Car trop seroit grant villenie
Je vueil quil ait la compaignie
De bel acueil puis quil vous plaist
Je ny meetray iamais arrest
    Lacteur
Lors est a bel acueil alee
Franchise la bien emparee
Et luy a dit courtoisement
    Franchise
Trop vous estes de cest amant
Bel acueil grāt piece esslongnez
Que regarder ne le daignez
Moult a este pensif et tristes
Depuis le temps que ne le veystes
Or pensez de luy conioyr
Se de mamour voulez ioyr
Et de faire sa voulente
Sachiez que nous auons dompte
Moy et pitie tresbien dangier
Qui vous en faisoit le dangier
    Bel acueil
Je feray tout vostre plaisir
Dames ainsi le vueil choisir
Puis que dangier la octroye
    Lamant
Lors le ma franchise enuoye
Bel acueil au commancement
Me salua moult doulcement
Sil eust este de moy tire
Arriere nen fut empire
Mais me monstra plus bel semblāt
Quil nauoit fait oncque deuant
Il a donc ma par la main pris
Pour mener dedans le pourpris

Que dangier mauoit en sengit
Et eulx daler par tout congie

¶ Comment bel acueil doulcement
Maine lamant ioyeusement
Ou vergier pour veoir la rose
Quil luy fut doulcereuse chose

Ce fu venu ce mest aduis
De grant enfer en paradis
Car bel acueil par tout me maine
Qui de faire mon gre se peine
Comme ieuz la rose approuchee
Vng peu la trouuay angrossee
Et congneu quelle estoit plus creue
Que quant au premier ie leuz veue
Et auec ce seslargissoit
Par dessus si menbellissoit
De ce que nestoit si ouuerte
Que la graine fut descouuerte
Aincois estoit encores close
Entre les fueilles de la rose
Qui amont droittes se leuoyent
Et la place dedans employent
Si ne pouoit paroir la graine
Pour la place qui estoit pleine
Elle fut lors dieu la benye

Assez plus belle quespanie
Plus gracieuse et plus vermeille
Moult mesbahyz de la merueille
De tant comme estoit embellie
Pource amours plus fort me lie
Et de tant plus estraint ses las
Comme ie y prens plus de soulas
Grant piece ay illec demoure
Et bel acueil en amoure
Ou ie trouuay grant compaignie
Et quant iay veu quil ne me nye
Ne son solas ne son seruise
Vne chose luy ay requise
Qui bien fait a ramenteuoir
Sire dis ie sachiez de voir
Que ie suis moult fort enuieux
Dauoir vng baysier sauoureux
De la rose qui soef flaire
Et si ne vous deuoit desplaire
Ie le vous requerroye en don
Pour dieu sire dictes le don
Se iauray du baisier lottroy
Tres doulx amy dites le moy
Tost sil vous plaist que ie la baise
Ce ne sera quil tant vous plaise

Bel acueil
Amis dist il se dieu mayst
Se chastete ne me hayst
Ia ne vous fust par moy nye
Mays ie nose pour chastete
Vers qui ne vouldroye mesprendre
Elle me seult tousiours deffendre
Que du baisier congie ne donne
A nul amant qui men sermonne
Car qui a baisier peut ataindre
A peine peut a tant remaindre Nō
Et sachiez a qui len octroye
Le baisier il a de la proye
Le mieulx et le plus auenant
Et auec ce le remenant

Lamant

Quant ie loy ainsi respondre
Plus ne le volz de ce semondre
Car ie le doubtay courrecer
Len ne doit pas homme presser
Oultre son gre ne prier trop
Vo' sauez bien que au premier cop
Ne coppe len pas bien vng chesne
Ne on na pas le fin de lesne
Tant quil soit estraint et pressez
Loctroy si me tarda assez
Du baisier que ie desiroye
Mais Venus q̃ tousiours guerroye
Chastete me vint au secours
Cest la mere au grãt dieu damours
Qui a secouru maint amant
Elle tint vng brandon flammant
En sa main destre sont la flamme
A eschauffee mainte dame
Elle fut cointe et bien siffee
Elle sembloit deesse ou fee
Du grant atour que elle auoit
Bien peut congnoistre qui la voit
Que point nest de religion
Ne feray pas cy mencion
De son habit tant decore
Ne de son bel tissu dore
Ne du fermail ne de courroye
Pource que trop y demouroye
Mais bien sachiez certainement
Que vestue fut cointement
Se si neust point en luy dorgueil
Venus se trait vers bel acueil
Et luy a commance a dire
          Venus
Pourquoy v' faites v' beau sire
Vers cest amant si dangereux
Dauoir vng baisier amoureux
Ne luy deust estre refusez
Car vous scauez bien et veez
Quil sert et ayme en loyaulte
Et en luy a assez beaulte

Par quoy est digne destre ayme
Veez comme il est bien forme
Comme il est bel comme il est gent
Franc et courtois a toute gent
Et auec ce il nest pas vieulx
Mais est ieune dõt il vault mieulx
Il nest dame ne chastellayne
Que ie ne tenisse a villaine
Selle faisoit de luy dangier
Son corps ne faisoit pas chãgier
Dont le baisier luy octroyez
Moult est en luy bien employez
Je cuide quil a doulce alaine
Et sa bouche nest pas villaine
Ne faicte pour a nulluy nuire
Mais pour solacier et desduire
Car les leures sont vermeillettes
Les dans a si blanches et nettes
Quil ny a tache ne ordure
Bien est se mest a duis droicture
Qung baisier luy soit octroye
Il luy sera bien employe
Car tant plus que vous attendrez
Tant ce sachiez de temps perdrez

Comment lardant brãdon Venus
Ayda a lamant plus que nulz
Tant que la rose a la baisier
Pour mieulx son amour appaisier

Bel acueil qui sentit lodeur
Du brãdon Venus et lardeur
Moctroya vng baisier en don
Tant fist Venus par son brandon
Si ne fut guieres demoure
Vng baisier doulx et sauoure
Ay de la belle rose pris
Dont de ioye fu moult surpris
Car vne odeur mentra ou corps
Qui en a trait la douleur hors
Et adoulcy le mal daymer

D ii

Qui long tẽps meust semble daimer
Je ne fus oncques si tres ayse
Bien est gary qui tel fleur baise
Qui tant est doulce et redolent
Je ne seray ia si dolent
  Sil men souuient que ie ne soye
Tout plein de soulas et de ioye
Mais nõ pourtãt iay mais ennuys
Souffers et maintes males nuys
Puis que ieuz la rose baisee
La mer nest ia si appaisee
Quelle ne trouble a peu de vent
Amours si se change souuent
  Mais il est droit que ie v⁹ cõpte
Comment ie fu messe a honte
Par qui ie fu puis moult greue
Et comment le mur fut leue
Et le chasteau riches et fort
Quamours prit puis par son effort
Toute listoire vueil poursuiure
Et declarer tout a deliure
Affin quelle retiengne et plaise
A la belle que dieu tiengne ayse
Qui le guerdon bien men rendra
Mieulx que quant nulle luy plaira
Malle bouche qui la conuine
De maint amant pense et diuine
Et tout le mal quil scet retrait
Se print garde du bel attrait
Que bel acueil me daigna faire
Et tant quil ne sen veust plus taire
Il fut filz dune vielle preuse
La langue auoit moult perilleuse
Et moult puante et moult amere
Bien en ressembloit a sa mere
  Malle bouche des lors enca
A noys accuser commanca
Et si dist quil mectroit son oeil
Se entre moy et bel acueil
Nauoit mauluais acointement
Tant parla le glout follement

De moyet du filz courtoysie
Quil fist esueiller ialousie
Qui se leua par grant freeur
Quant elle eust ouy le iengleur
Puis quant elle se fut leue
Elle courut comme derue
Vers bel acueil qui aymast mieulx
Estre rauy iusques aux cieulx
         mold sans
¶ Cõmẽt par la dip malle bouche
Qui des bons souuent dit reprouche
Ialousie moult doulcement
Tense bel acueil pour lamant

¶ Lors par parolles lassailly
Gars pourquoy as le cueur failly
Qui bien veulx estre du garson
Dont iay mauluaise suspesson
Biẽ pert que tu croys losengers ─ flateurs
De legier garsons estrangers
Ne me vueil plus en toy fier
Certes ie te feray lier
Et enferrer en vne tour
Car ie ny voy aultre retour
Trop sest de toy honte eslongnee
Et si ne sest pas bien soignee

De toy ne ne tenir la court
Si mest aduis quelle secourt
Moult mauluaysement chastete
Quant sung garson mal arreste
Laisse en nostre pourpris venir
Pour elle et moy auillenir

Lamant

Bel acueil ne sceut que respondre
Aincoys se fut ale escondre
Que ne fust illecques trouue
Et prins auec moy tout prouue
Mais quant ie vey venir la griue
Qui contre moy tense et estriue
Si fu tantost trouue en fuie
Pour la riotte qui mennuye
Honte sest dehors auant traicte
Qui moult se cuide estre meffaicte
Moult humiliant et tressimple
Elle eust ung wille en lieu de guiple
Ainsi comme nonnain desbaye
Et pource que fut esbaye
Commanca a parler embas

Honte parle a ialousie

Pour dieu dame ne croyes pas
Malle Bouche le losengier (flateur)
Est homme pour nous le dangier
Car maint preudomme a amuse
Il a bel acueil accuse
Mais ce nest mie le premier
Malle Bouche est bien coustumier
De raconter faulsees nouuelles
Des damoyseaulx et damoyselles
Sans faulte ce nest pas mesonge
Bel acueil en son faict ne songe
On luy a souffert a atraire
Telz gens sont il nauoit que faire
Mais certes ie nay pas creance

Qui leust oncques nulle sciëce
De mauluaitie ne de folie
Mais il est vray que courtoisie
Qui est sa mere luy enseigne
Que dacointer gens ne se faigne
Oncques nayma quen bone guise
Par courtoisie et sans faintise
En son amour na aul᷑re chose
Si non ioyeusete enclose
Et quaulx gens sesbatet parolle
Sans faille iay este trop molle
De le garder et et chastier
Si vus en Hueil mercy crier
Se iay este ung peu trop lente
De bien fayre ien suis doulente
De ma folie ie me repens
Mais ie mettray tout mon pourpens
Desor en bel acueil garder
Jamais ne men quier retarder

Jalousie parle a honte

Adonc respondit ialousie
Honte iay paour destre trahie
Car lecherie est tant montee
Que trop pourroit estre a hontee
Nest merueille que ie men doubt
Car luxure regne par tout
Son pouoir ne fine de croistre
En abbaye et en cloistre
Nest iamais chastete asseur
Pource feray de nouuel mur
Clor̃e les rosiers et les roses
Ne les lairray ainsi descloses
En vostre garde peu me fie
Car ie congnois ie vous affie
Quen trop meilleur garde pert lan
Ia ne verroye passer lan
Que on me tiendroit pour musarde
Se ie ne men prenoye garde
Besoing est que ie men pouruoye
Certes ie clorray fort la haye

d iii

A ceulx qui pour moy conchier
Viennent les roses espier
Il ne me sera ia paresse
Que ne face vne forteresse
Qui les roses clorraau tour
Ou milieu aura vne tour
Pour acueil mectre en prison
Car iay grant paour de rayson
Je croy si bien garder son corps
Qui naura pouoir dissir hors
Ne aussi compagnie tenir
Aux garsons qui pour luy honnir
De parolles le vont huant
Trop sont trouue nice et truant
ffol et legier a deceuoir
Mais se ie vifz sachiez de voir
Malleur fit oncques bel semblant

Lacteur

A ce mot vint paour tremblant
Mais elle fut si esbahye
Quant elle eust oy ialousie
Oncques ne luy osa mot dire
Pource que la sentoit en yre
Mais se tira en aultre part
Et ialousie a tant sa part
Paour et honte laisse ensemble
Tout le maigre du cul leur tramble
Paour qui tint la teste encline
Parla a honte sa cousine

Paour

Honte dist elle moult me poise
Dont il nous couiet oyr noyse
Oncques nauons eu nul diffame
Aulcun reprouche ne aulcun blasme
Or nous dange ialousie
Qui nous mescroit de villenie
Alons a dangier hardiment
Et luy demonstrons clerement
Quil a faicte lache entreprise
Quant il na plus grant peine mise
A bien garder cestuy vergier

Et luy disons pour abregier
Que trop a de lacueil souffert
A faire son gre en apert
Et quil se gouuerne aultrement
Ou quil sache certainement
Que fuir luy fault ceste terre
Car porter ne pourroit la guerre
De ialousie ne lataynе
Sil la cueilloit en sa hayne

Commen honte et paour aussi
Vindrent a dangier par soucy
De la rose la le dangier
Que bien ne gardoit le vergier

A ce conseil se sont tenues
Puis sen sont a dagier venues
Si ont trouue le mal plaisant
Dessoubz vng aubepin gisant
Il eut en lieu de cheuecel
Soubz son chief derbe vng grat moncel
Si commancoit a sommeiller
Mais honte la fait esueiller
Quil laydoye et luy court seure

Honte

Commet dormez vous a ceste heure

Dangier par tres male auenture
Fol est cil qui en vous sasseure
De garder rose ne bouton
Ne quen la queue dung mouton
Vous estes lasche comme mouche
Qui deussiez estre fort farouche
Et tout le mõde escouter
Folye vous a fait bouter
En ce vergier par grant meffait
Bel acueil qui blasmer nous fait
Quant vous dormez nous en auõs
La noise que mes nen pouons
Vous estes vous ores couchiez
Or vous leuez tost si bouchiez
Tous les pertuis de ceste haye
Faictes que chascun si vous haye
Car il naffiert a voustre nom
Que vous facies se ennuy non
Se franc et doulx est bel acueil
Deuez estre fier plein dorgueil
Et de mocquerie et doultrage
Villain qui est courtois est rage
Jay oy ce nest huy ne dyer
Dire quon ne peult espruier
En nul temps faire dung buisart
Tous ceulx ẘ tienẽt pour musart
Qui vous ont trouue debonnaire
Voulez vous dõcq̃ a ulx gẽs plaire
Et faire seruice et bonte
Ce vus vient de grant lachete
Si auez los de toute gent
Destre lache et negligent
Et que vous creez ienglerie
Puis luy dist paour sans mocq̃rie
      Paour
Certes dangier moult me merueil
Que nestes en plus grant esueil
De garder ce que vous deuez
Tost en pourriez estre greuez
Se lire ialousie engraigne
Elle est môlt fiere et môlt grifaigne

Et de tenser appareillie
Elle en a fort honte assaillie
Et chassie par sa grant menace
Bel acueil hors de ceste place
Et iure quil ne quiert durer
Si vif ne le fait emmurer
Cest tout par vostre mauluaitie
Car vous nauez pas bien guettie
Et croy que cueur vous est failly
Mais mal en seres acueilly
Et feute cent foys mauldirez
Que ialousie congneu aurez
      Lacteur
LE villain leua son aumuce
Et roceles yeulx ses des ne muce
Et fut plein dire et de rouille
Le nez fronce les yeulx rouille
Quant il se vit si mal mener
      Dangier
Je puis dit il si forcener
Quant vous me tenez pour vaincu
Certes or ay ie trop vescu
Se cest pourpris ne puis garder
Tout vif me puisse len larder
Se iamais homs viuãnt y entre
Trop pres suis ou cueur du ventre
Quant oncques nul y mist le pie
Mieulx aymasse dung roide espie
Estre feru parmi le corps
Je fis que fol bien men recors
Si me manderay par lor deux
Jamais ne seray paresseux
De ceste pourprise deffendre
Se ie y puis nulluy entreprendre
Mieulx luy vaulsist estre a paute
Jamais en nul iour de ma vie
Ne men tendres pour recreant
Nul ny sera tant soit bruyant
      Lamant
LOrs sest dangier en piez dresse
Semblant fait destre courouce

En sa main a ung baston pris
Et va cerchant tout le pourpris
Sil trouuera pertuis ne trace
Ne fante qua estouper face
Desormais mest changie le vers
Car daggier se mest plus diuers
Et plus fier quil ne souloit estre
Mort ma qui pire le fait estre
Car ie nauray iamais loysir
De veoir ce que ie desir
Moult ay le cueur du ventre pre
Dont iay bel acueil a dire
Et bien sachiez que tout le membre
Me fremist quant ie me remembre
De la rose que ie souloye
Veoir de pres quant ie vouloye
Et quant du baisier suis recors
Qui me mist vne odeur ou corps
Assez plus doulce que de basme
Par vng peu que ie ne me pasme
Car encor ay ou cueur enclose
La soulee saueur de la rose
Et sachiez quant il me souuiet
Quainsi esslongnier me conuient
Et quauoir ne puis mon deuis
Mieulx vouldroye estre mort q̄ vis
Mal touchay la rose ama bouche
Samours ne seuffre que ia touche
Vne aultre fois arriere a elle
Ien ay trouue la saueur telle
Tant est grande la couuoitise
Qui esprant mon cueur et atise
Mōlt me viēdrōt pleurs et souspirs
Longues pensees cours dormirs
Frissōs et plaintes et complaintes
De telz douleurs auray ie maintes
Or suis ie cheu en telle peine
Par male bouche la haultaine
Sa langue desloyalle et faulce
Ma pourchassee ceste faulse
¶ Comment par enuieux a tour

Jalousie fit vne tour
Faire ou milieu du pourpris
Bel acueil le tresdoulx enfant
Pour enfermer et tenir prins
Pource quauoit baisie lamant
Maintenant est droit q̄ v⁹ dye
La contenance la ialousie
Qui est male suspection
Il ny eust ou pais macon
Ne pionnier quelle ne mande
Sileur fait faire et commande
Entre les rosiers des fossez
Qui cousteront deniers assez
Car ilz sont larges et profons
Dessus les bors sont les macons
Vng mur de quarreaux bien tailliez
Bien appointez et habillez
Dont le fondement par mesure
Est assis sur roche tresdure
Jusque au pie du fosse descent
Et vient amont en estressent
Loeuure en est plus forte dassez
Les murs furent si compassez
Qui sont dune mesme quarreure
Chascun despans cent toyse dure
Si sont autant longz comme lez
Les tournelles sont lez a lez
Qui sont richement entaillees
Et faictes de pierres taillees
Aux quatre coings en ya quatre
Qui seroient fort a abatre
Et si ya quatre portaulx
Dont les murs sont espes et haulx
Il en ya vng au deuant
Bien deffensable et ensuyuant
Deux decoste et vng derriere
Qui ne doubte cop quon luy fiere
Si a bonnes portes coulans
Pour faire ceulx dehors doulans
Et pour eulx prendre et retenir
Silz osoyent auant venir

Et au millieu de la pourprise
Font une tour de grant duise
Faite fut Jouurier et de maistre
Nulle plus belle ne peult estre
Elle fut forte large et haulte
Le mur ncy doit pas faire faulte
Pour engin quon sache getter
Car on destrampa le mortier
De fort vin aigre et de chaulx viue
La pierre est de roche naiue
Dont on a fait le fondement
Si est dure comme ayment
Celle tour la fut toute ronde
Plus belle neust en tout le monde
Ne par dedans mieulx ordonnee
Elle est dehors enuironnee
Dunes lices qui sont entour
Entres les lices et la tour
Sont les rosiers espes plantez
Ou sont roses a grant plantez
Dedans ceste tour a pierrieres
Et engins de maintes manieres

Vous puissiez bien les maçonneaulp
Veoir par dessus les carneaulp
Et aulp archieres de la tour
Sont arbelestes tout entour
Que la murure ne peust tenir
Qui pres des murs vouldroit venir
Il pourroit bien faire que nices
Dehors des murs a unes lices
De bon mur fort a carneaulp bas
Si que cheuaulp si ne peuent pas
Venir aulp fossez dune alee
Que il ny eust auant meslee
Jalousie a garnison mise
Ou chasteau que ie vo9 duise
Si mest aduis que dangier porte
La clef de la premiere porte
Qui euure deuers orient
Auec elle en mon essient
A.ppp.sergens tout par compte
Et laultre porte garde honte
Qui euure par deuers midy
Elle fut moult saige et tous sy

Quelle eust sergens a grant plante
Prest de faire sa voulente
Paour eut grant connestablie
Et fut a garder establie
Laultre porte qui fut assise
A maiz senestre contre bise
Paour si ne sera ia seure
Selle nest enclose a serrure
Et si ne sceure pas souuent
Car quant elle oyt bruyre le vent
Ou petite souris saillir
Elle commance a tressalir
Male bouche que dieu manldie
Eust soudoyers de normandie
Si gardent la porte de troys
Et si saichiez bien quaultres troys
Vont et viennent quant il eschiet
Quil doit faire par nuyt le guet
Il monte le soir aux creneaulx
Et atrempe ses chalemeaulx
Et ses buisines et ses cors   *trompettes*
                                       villains
Vne heure dit chant de discors
Et sons nouueaulx de contretaysse
Aux chalumeaulx de cornouaysse
Et aultres foys dit a la fleuste
Quonques femme ne trouua iuste
Il nest nulle quil ne se rie
Selle oyt parler de lecherie
Ceste est pute ceste se farde
Et laultre follement regarde
Ceste est villaine et ceste est folle
Et ceste cy a trop parolle
Male bouche qui riens nespargne
Sur chascun trouue sa flacargne
Ialousie que dieu confonde
Si a garnie la tour ronde
Et sachiez bien quelle y a mis
Des plus priuez de ses amis
Tant quil y a grant garnison
Et bel acueil est en prison
Amont en la tour enserre

Dont luys est si tres fort barre
Quil na puissance quil en ysse
Vne vielle que dieu honnisse
A mis a luis pour le guettier
Qui ne fait nul aultre mestier
Que despier tant seulement
Quil ne se maine follement
Nul ne la pourroit engigner
Ne pour seigner ne pour guigner
Il nest barat quelle ne cognoisse *fraude*
Elle eut des biens et de langoysse
Quamours a ses sergens depart
En ieunesse moult bien sappart
Bel acueil se taist et escoute
Pour la vielle que trop redoubte
Il nest si hardy quil se meuue
Que la vielle en luy ne treuue
Auleune folle contenance
Car la vielle scet toute dance
Tout maintenant que ialousie
Si fut de bel acueil saysie
Et elle leust fait emmurer
Elle se print a asseurer
Son chastel quelle tient si fort
Luy a donne grant reconfort
Elle na garde que gloutons
Luy emblent roses ne boutons
Trop sont les rosiers cloz formant
Et en veillant et en dormant
Peust elle tres bien estre asseur
                Lamant
Mais ie qui fuz dehors le mur
Suis liure a mort et a peine
Qui scauroit quel vie ie maine
Luy en deuroit grant pitie prendre
Amours me scet ores bien vendre
Les grans biens quil mauoit prestez
Que cuydoye auoir achattez
Si les me vent trop de rechief
Car ie suis en plus grant meschief
Pour la ioye que iay perdue

Que se ie ne leusse onecques eue
Que vous proye devisant
Je ressemble le paisant
Qui gette en terre sa semance
Si a grant ioye quant commance
A estre belle et drue en herbe
Mais aincois quil en cueille gerbe
Lempire degaste et moult greue
Une male nyeule qui leue
Et fait le grain dedans mourir
Quant les espitz viuent fleurir
Lesperance luy est tollue
Laquelle trop tost auoit eue
Ainsi crains ie que ne vous mente
Perdre lesperance et la tante
Quamours mauoit tant auance
Et que iauoye commance
A dire ma grant priuete
A bel acueil qui apreste
Estoit de receuoir mes ieux
Mais amours est si courageux
Quil me tollit tout en vne heure
Quant ie cuidoye estre au dessure
Cest ainsi comme de fortune
Qui met es cueurs des gens rancune
Aultre fois les flate et les hue
En trop petit de temps se mue
Une heure ryt et laultre est mourne
Elle a vne roe qui tourne
Celluy quelle veult elle met
Du plus bas amont au sommet
Et celluy qui est sur la roe
Reuerse a vng tour en la boe
Je suis celluy qui est verse
Mal ey s le mur et le fosse
Que ie nose passer ne puis
Je neuz bien ne ioye onecques puis
Que bel acueil fut en prison
Car ma ioye et ma garison
Qui est dedans le mur enclose
Est toute en luy et en la rose

De la coutiendra il quil ysse
Se amours veult que ie garisse
Car ia dailleurs ne quier que iaye
Honneur sante ne bien ne ioye
Bel acueil beau doulx amis
Se vous estes en prison mis
Gardez moy au moins vostre cueur
Et ne souffres pas pour fureur
Que ialousie la saluage
Mette vostre cueur en seruage
Ainsi comme elle a fait le corps
Et selle vous chastie dehors
Ayez dedans cueur dayment
Encontre son chastiement
Se le corps en prison est mis
Gardez que le corps soit submis
Franc car cueur ne laisse a aymer
Pour batre ne pour diffamer
Si ialousie est vers vous dure
Et vous fait ennuy et laidure
Faites luy du grief a lencontre
Et du dangier quelle vous monstre
Vous vegiez au moins en pensant
Quant vous ne pouez aultrement
Se vous en ce point le faisiez
Je me tiendroye bien aisiez
Mais ie suis en moult grant soucy
Que vous ne faciez pas ainsi
Car espoir que vous me scauez
Malgre de ce que vous auez
Este pour moy mis en prison
Si nest ce pas pour mesprison
Que iaye encores vers vous faicte
Oncques par moy ne fut retraicte
Nulle chose que a celer feist
Mais il me poise ainsi dieu meist
Plus que a vous de la mescheance
Car ien souffre la penitence
Plus grant que nul ne pourroit dire
A peu que ie ne confons dire
Quant il me souuient de ma perte

Qui est si grande et si apperte
Say paour que grant desconfort
Ne me donne tantost la mort
Quant ie congnois et scay de voir
Que les losengeur enuieux
Sont de moy nuyre curieux
Ha tel acueil ie scay de voir
Il tendent a tous deceuoir
Et faire tant par leur flauelle
Qui vous trayent a leur cordelle
Espoir quilz ont ainsi la fait
La verite nen scay de fait
Mais mallement suis esmayez
Que entroublie ne mayez
Se ie pers vostre bien vueillance
Iamais nauray ailleurs fiance
Et si lay ie perdue espoir
A peu que ne men desespoir

Cy endroit trespassa guillaume
De lorris et nen fit plus pseaulme
Mais apres plus de quarente ans
Parfit ce clopinel rommans
Qui a bien faire sefforta
Et cy son œuure commenca

Desespoir pas ce ne feray

Ia ne me desespereray
Sesperance mest deffaillant
Ie ne seroye pas vaillant
En luy me dois reconforter
Amours pour mieulx mes maulx por-ter
Me dist quil me garantiroit
Et quauec moy partout yroit
Mais que ay ie ores de faire
Selle est courtoise et debonnaire
Selle nest pas de riens certaine
Et met les amans en grant peine
Et se fait deulx dame et maistresse
Mains en decoit par sa promesse
Si est peril se dieu maiment
Car destre aymez maint bon amant
Par luy se tiennent et riens ront
Qui ia nul iour ny aduiendront
Len ne sen sceit a quoy tenir
Quon ne scet quest a aduenir
Pource est fol quant sen aprime
Car quant on fait bon silogisme
Si doit on auoir grant paour
Que on ne conclue le pieour
Quaulcunefois la ley bien veu
Et maint en a este deceu
Et non pourtant si vul droit este
Que le meilleur de la querelle
Eust celluy qui la tient o soy
Si fus fol quant blasmer lo say
Et que me reuault son vouloir
Puis que ne me fait desdouloir
Trop a qui ne peult conseil mettre
Fors seulement que de promectre
Promesse sans don ne vault gueres
Quant tant me laisse auoir contraires
Que nul nen peult sauoir le nombre
Dangier honte et paour mencombre
Et ialousie et male bouche
Qui nayme q mauluais reprouche
Car par ma mauuaise bouche blasme
Par sa contreuue et son diffame

Tous ceulx dont il fait sa matiere
Par langue ses liure a matiere
Cil tient en prison bel acueil
Quen trestous mes pensers acueil
Et scay que sauoir ne le puis
En brief temps ia ne ciuray puis
Sur tous aultres me nuyt et tue
Lorde vielle puant massue
Qui de si pres le doit garder
Quil nose nulluy regarder
Mes or mon dueil enforcera
Quant le dieu damours cõfera
O moy troys dons sienne mercy
Me donna mais teles pers cy
Doulx penser qui point ne maise
Doulx parler me deffault dayde
Le tiers auoit nom doulx regard
Perduz les ay se dieu me gard
Sans faille beau don me fist mais
Il ne me reuiendront iamais
Se bel acueil nyst de prison
Quon tient sans nulle mesprison
Pour luy mourray car mest aduis
Quil nen ystra ce croy ie dis
ystra non voir par quel proesse
ystroit il de telle forteresse
Par moy voir ne sera ce mye
De sens nay goute ne demye
Ains fis grant folie et grant rage
Quãt au dieu damours fis hõmage
Dame oyseuse me le fist faire
Honnie soit et son affaire
Qui me fist ou ioly vergier
Par ma priere herbergier
Car selle eust beaucoup de bien sceu
Elle ne meust de chose creu
Len ne doit pas croire folhõe Nõ
De la value dune pomme
Blasmer le doit on et reprendre
Ains quon luy laist folie emprẽdre
Et ie fu fol et si me creut

Onc par elle bien ne me creut
Elle acomplyt trop mon vuloir
Dont me conuient pleidre et vuloir
Bien le mauoit rayson note
Tenir men puis pour asote
Quant deslors daymer ne recreuz
Et le conseil rayson me creuz
Or eust raysõ de moy blasmer
Quant oncq mẽtremis daimer
Trop grief mal men conuint sentir
Ie men vueil ce croy repentir
Repentir las et que feroye
Faulx traitre renie seroye
Dyables mauroyent enuahy
Iauroye mon seigneur trahy
Bel acueil seroit trahy
Doit il estre par moy hay
Sil pour moy faire courtoisie
Languist en la tour ialousie
Courtoisie me fist il dire
Si grãt que nul ne pourroit croire
Quant il voulut que trespassasse
La haye et la rose baisasse
Ne luy en dis mal gre sauoir
Ne ne luy en scaura ia voir
Ia se dieu plaist du dieu damours
Ne de luy plaintes ne clamours
Ne desperance ne doyseuse
Qui tant ma este gracieuse
Ne feray plus car tort auroye
Se de leur bien fait me plaignoye
Dont ny a mieulx que de souffrir
Et mon corps a martire offrir
Et datendre en bonne esperance
Tant quamours menuoye allegence
Attendre mercy me conuient
Car il me dist bien men souuient
Ton seruice prendray en gre
Et te mettray en hault degre
Se mauluaitie ne se te tost
Mais espoir ne sara pas tost

Grant bien ne vient pas en peu deure
Et il conuiet peine et demeure   Nõ
Ce sont les ditz quamours formoit
Bien pert que tendrement mamoit
Si entendray a la seruir
Pour bien sa grace desseruir
Car en moy seroit le deffault
Ou dieu damours na pas deffault
Par foy que dieu ne faillit oncques
Certes il ne fault en moy doucques
Si ne scay ie pas dont ce vient
Ne ia ne scauray se deuient
Or vise comme aler pourra
Face amours tout ce quil vouldra
Ou descapper ou de courir
Si veult si me face mourir
Nen viendroye iamais achief
Si suis ie mort si ne lachief
Ou aultre que moy ne sacheue
Mais samours q si fort me griefue
Pour moy se vouloit acheuer
Nul mal ne me pourroit greuer
Qui mauenist de son seruise
Or soit du tout a sa deuise
Mette il conseil sil luy veult mettre
Ie ne men scay plus entremettre
Mais commēt que de moy auienne
Ie luy supply quil luy souuienne
De bel acueil apres mamort
Qui sans moy mal faire ma mort
Et touteffois pour luy desuire
A vous amours ains que ie muire
Puis que ne puis porter le fais
Sans repentir me fais confais
Comme fait le loyal amant
Et vueil faire mon testament
Au departir mon cueur luy laisse
Aultre chose ne luy delaisse
   Cest la tresbelle raison
Qui est preste en toute saison
De donner bon conseil a ceulx

Qui veulx sauuer sont paresseux

Tout ainsi que me dementoye
Des grãs douleurs q ie setoye
Ne ne scauoye trouuer mire
De ma douleur et de mon Ire
Lors vis a moy tout droit venant
Rayson la belle et auenant
Qui de sa tour ius descendit
Quant mes complaintes entendit
Car selon ce quelle pourroit
Moult voulentiers me secourroit
                     Rayson
Beaulx amis dist raisõ la belle
Comment se porte ta querelle
Seras tu ia damours lassez
Nas tu pas eu des maulx assez
Que te semble du mal daymer
Est il trop doulx ou trop amer
En scez tu le moyen eslire
Qui te puisse aider et souffire
As tu donc bon seigneur serui
Qui si ta prins et asserui
Et te tourmente sans seiour
Il te mescheyt bien le iour
Quonecques hommage tu luy feis
Bien fol fus quant a ce te mys
Mais sans faille tu ne scauoyes

A quel seigneur a faire auoyes
Car se tres bien tu le congneusses
Oncques son homme este neusses
Ou se son homme eusses este
  Seruy ne leusses vng este
Non pas du iour vne seule heure
Mais croy q̃ sãs poit de demeure
Son hommaige luy renuasses
Ne iamais par amour naymasses
Le cougnoys tu point
               Lamant
Oy dame
               Rayson
Non fais
               Lamant
Si fais
               Rayson
Dequoy par tame
               Lamant
De tant quil me dist tu dois estre
Moult ioyeulx que as si bõ maistre
Et seigneur de si hault renom
               Raison
Le congnois tu de plus
               Lamant
Je non
Fors tant quil me bailla sa regle
Puis sen fuit plus tost q̃ vng aigle
Et ie demouray en balance
               Rayson
Certes cest pouve congnoissance
Mais ie vueil que tu le cognoisses
Qui tant en as eu dangoisses
Que tout en es deffigure
Nud las chetif et maleure
Ne peuz faire emprendre greygneur
Bon fait congnoistre son seigneur
Et se cestuy bien congnoissoyes
Legierement yssir pourroyes
De la prison ou tant empires
               Lamant

Dame dire puisquil est mes sires
Et ie son homme lige entiers
Moult y tendisse vulentiers
Mon cueur et plus fort en aprint
Sil fust qui lesson luy aprint
               Raison
Par mon chief la te dueil apprendre
Puis q̃ ton cueur y veult entendre
Et te demonstreray sans fable
Chose qui nest point demonstrable
Si sauras bien tout sans science
Et congnoistras sans congnoissãce
Ce qui ia ne peut estre sceu
Ne point demonstre ne cogneu
Quant a ce que ia plus en sache
Nul homs qui son cueur y atache
Ne qui ia pource moins sen vueille
Sil nest tel que suyr le vueille
Lors tauray le neu desnoe
Que tousiours trouueras noe
Or y metz ton entencion
Et verras la description
Amours si est paix haineuse
Amours est hayne amoureuse
Cest loyaulte la desloyalle
Cest la desloyaulte loyalle
Cest la paour toute asseuree
Esperance desesperee
Cest raison toute forcenable
Cest forcenerie raysonnable
Cest doulx peril a soy noyer
Soyf sans legier a paumoyer
Cest caribdis la perilleuse
Desagreable et gracieuse
Cest la langueur toute sans tine
Cest sante toute maladine
Cest fain saoule en habondance
Cest couuoitise suffissance
Cest la soyf qui tousiours est yure
yuresse qui de soif senyure
Cest faulx delit cest tristeur lye

Cest tristesse sa courroucte
Doulx mal doulceur malicieuse
Doulce saueur mal sauoureuse
Entachiez de pardon pechiez
De pechiez pardon entachiez *souillez*
Cest peine qui trop est ioyeuse
Cest felonnie la piteuse
Cest le ieu qui nest pas estable
Estat estable et trop muable
Force enfermee et fors
Qui tout esmeut par ses effors
Cest fol sens cest sage folie
Prosperite triste et iolie
Cest ris plein de pleurs et de larmes
Repos trauaillant en tous termes
Cest enfer le tres doulcereux
Cest paradis le doulereux
Charite qui prison soulage
Printemps plein de grãt yuernage
Cest taigne qui riens ne refuse
Les pourpres et les Bureaux vse
Car aussi bien sont amourettes
Soubz bureaux cõme soubz brunettes
Car nul nen trouue len si saige
Ne de si hault puissant lignage
Ne de force tant esprouue
Ne si hardy na len trouue
Ne qui ait moult daultres bontes
Que par amours ne soit domptez
Tout le monde va ceste voye
Cest le dieu qui tout les desuoye
Se ne sont ceulx de male vie
Quengenieux encommunie
Pource qui sont tort a nature
Ne pourtant se ie nay deulx cure
Ne vueil ie pas q les gens aymene
De ceste amour dont ilz se clamene
En la fin las cherifz doulans
Tant les va amours affollans
Mais se tu veulx bien escheuer
Qua mours ne te puisse greuer

Et veulx garir de ceste rage
Ne peuz boire si Bon breuuage
Comme penser de luy fuyr
Tu nen peuz aultrement ioyr
Se tu le suis il te suyra
Se tu le fuis il sen fuira
Lamant
Quant ieuz raison bien entẽdue
Qui pour neãt sestoit debatue
Dame dis ie de ce nie tant
Je nen scay pas plus que deuant
A ce que men puisse retraire
Et ma lesson a tant contraire
Que ne la puis pas bien entendre
Si la scay ie bien par cueur rendre
Que mon cueur riens nen oublya
Et entens bien ce quil y a
Pour dire a tous communement
Ne mais a moy tant seullement
mais puis qmours mauez descripte
Et tant loee et tant despite
Prier vous vueil du diffinir
Si que men puisse mieulx venir
Car ne louy diffinir oncques
Rayson
Voulentiers or y entens doncques
Amours se bien suis appensee
Est maladie de pensee
Entre deux personnes anneye
Franches entre eulx de diuers sexe
Venant aux gens par ardeur nee
De vision desordonnee
Par acoler et par baisier
Pour eulx charnellement aysier
Amours aultre chose nentant
Ains sert et se delite en tant
Que de fruit auoir ne fait force
En deliter sans plus sefforce
Si sont aulcuns de tel maniere
Que ceste amour nont mie chiere
Toutesuoyes fins amans faignent

Mais par amour aimer ne daignent
Et se gabent ainsi des dames
Et leur promettent corps et ames
Ilz iurent mensonges et fables
A ceulx qui trouuent deceuables
Tant quil ayent leurs delitz eux
Mais ceulx la sont les moins deceuz
car tousiour sault il mieulx tel mal
Deceuoir que rien deceu estre
Et mesmement en ceste guerre
Quant le moyen en sauent querre
Mais ien ay bien pas ne vuin
Continue lestre vuin
A son vouloir et pouoir eust
Quiconques auec femmes geust
Soy bien garder a son samblable
Pource que tout est corrompable
Si que ia par succession
Ne fausist generacion
Car puis que pere et mere faillent
Nature veult que les filz saillent
Pour recontinuer ceste oeuure
Si que par lung laultre recoeuure
Pource y mist nature delit
Quelle veult que lon si delit
Et que ses ouuriers ne fuissent
Et que cest oeuure ne laississent
Car mains ny trayeroyent ia trait
Nestoit delit qui quiles atrait
Ainsi nature y soutiua
Sachiez que nul a droit ny va
Ne na pas intencion droicte
Qui sans plus delit y conuoite
Car cil qui sa delit querant
Sauez quil se fait il se rent
Comme serf et chetif et nices
Au prince de trestous les vices
Car cest de tout mal la racine
Comme tulles le determine
Ou leure qui fist de vieillesse
Qui loue plus quil ne fait ieunesse

Car ieunesse boute homme et feme
En tout peril de corps et dame
Cest trop fort chose a passer
Sans mortou sans membre casser
Ou sans faire honte et dommage
Soit a soy ou son lignage
Par ieunesse sen va ly homs
A toutes dissolucions
Et suit les males compagnies
Et les deshordonees vies
Et mue son propoz souuent
Ou se rent en aulcun couuent
Et ne scet garder la franchise
Que nature auoit en luy mise
Et cuide ou ciel prendre la grue
Quant il se met leans en mue
Et si tient tant quil soit profais
Et puis sil sent trop grief le fais
Il sen repent et puis sen yst
Ou sa vie espoir y finist
Quil ne sen ose reuenir
Pour honte qui luy fait tenir
Et contre son gre y demeure
La vit en grant misere et pleure
La franchise quil a perdue
Qui ne luy peut estre rendue
Se nest que dieu grace luy face
Qui sa mesaise luy efface
Et le tienne en obedience
Par la vertu de pacience
Ieunesse met les hommes es folies
Es bourdes et es ribaudies
Es luxures et es oultrages
Es mutacions de courages
Et fait commancer les meslees
Qui puis sont enuys desmeslees
En tel peril les met ieunesse
Qui leurs cueurs a delit adresse
Ainsi delit atrait et maine
Les cueurs et la pensee humaine
Par ieunesse sa chamberiere

e

Qui de malfaire est coustumiere
Et des gens a delit atraire
Ja ne querroit aultre oeuure faire
Mais vieillesse les en rechasse
Que ne le sceut si le prouchasse
Et se demande aux anciens
Que ieunesse eust en ses liens
Qui leur remembre encore assez
Des grans perilz quilz ont passez
Et des folies quilz ont faictes
Dont leurs forces leur sont retraictes
Auec les folles voulentes
Dont souloyent estre temptes
Vieillesse qui les acompaigne
Qui moult leur est bonne compaigne
Et les ramene a droicte voye
Et iusques a la fin les conuoye
Mais mal employe son seruise
Que nul ne layme ne la prise
Aumoins iusque ce tant en sçay
Qui la vulsist auoir en soy
Car nul ne veult viel deuenir
Ne ieune sa vie finir
Mais nature ne peult souffrir
Que nul viue sans enuieillir
Si se sbahissent et merueillent
Quant en leur remembrance veillent
Que des folies leur souuient
Comme souuenir leur conuient
Comment ilz firent telle besoingne
Sans receuoir honte et vergoingne
Et se honte et dommage y eurent
Comment encor eschapper peurent
De tel chose sans perte auoir
Ou dame ou de corps ou dauoir
Et seez tu ou ieunesse maint
Que tant passet maintes et maintz
Delit la tient en sa maison
Tant comme il est en sa saison
Et veult que ieunesse le serue
Pour neant fut elle sa serue

Et elle le fait voulentiers
Tant que trace par tous sentiers
Et son corps abandon luy liure
Ne point ne vouldroit sans luy viure
Et vieillesse seez ou demeure
Dire le te vueil sans demeure
Car la te conuiendra aller
Se mort ne te fait deualer
Ou temps de ieunesse en sa caue
Qui moult est tenebreuse et haue
Trauail et douleur la herbergent
Mais il la lient et enfargent
Et tant la batent et tormentent
Que mort prochaine luy presentent
Et talent de soy repentir
Tant luy font de fleaux sentir
Adonc luy vient en remembrance
En ceste tardiue presence
Quant elle se voit si chanue
Et que malement la deceue
Ieunesse qui tout a gecte
Son preterit en vanite
Et quelle a son ame perdue
Se du futeur nest secourue
Qui la soustienne en penitence
Des pechiez qui fit en enfance
Et par bien faire en ceste peine
Au souuerain bien la remaine
Dont ieunesse la deceuoit
Qui de vanitez labreuuoit
Car le present si peu luy dure
Quil ny a compte ne mesure
Mais conuient q la besoingne aylle
Qui damours veult ioyr sans faille
Fruit y doit querre cil ou celle
Quelle ne soit dame ou ancelle
Jasoit ce que du deliter
Ne viuent pas leur part quicter
Mais ie sçay bien qlz en sont maintes
Qui ne vueillent estre enceintes
Et se elles sont il leur en poise

Si nen sont ilz ne plait ne noise
Se nest aulcune folle ou nyce
Ou bonte na point de iustice
Briefment tous a delit sacordent
Ceulx qui a ceste oeuure samordent
Se ne sont ges qui gaires vaillēt
Qui pour deniers villemēt se baillēt
Qui ne sont pas de loyp lyees
Par leurs ordes vies souillees
Mais certes ia nest femme bonne
Qui pour dons prendre sabandōne
Nulz hōms ne se deuroit ia prendre
A femme qui sa char veult vendre
Pense il q̄ femme ait son corps chier
Qui tout vif le veult escorchier
Bien est chetifz et desoule
Cil qui si villement est boule
Sil cuyde que tel femme laime
Pource que son amy le clame
Quelle luy rit et fait la feste
Certainement nulle tel beste
Ne doit estre amie clamee
Ne nest pas digne destre amee
On ne doit riens priser moullier
Qui homme tent a despouiller
Je ne dy pas que bien ne porte
Et par soulas en sa main porte
Vng iouelet se ses amis
Luy auoit donne ou promis
Mais quelle pas ne le demant
Elle le prendroit laidement
Et des siens aussi luy redoigne
Se faire le peult sans vergongne
Ainsi leurs cueurs ioignēt ensāble
Lung de laultre lamour assamble
Ne cuidez pas que les departe
Mais sentrament par grāt desserte
Et facent ce quilz doiuent faire
Comme courtois et debonnaire
Mais de la folle amour se gardent
Dons les cueurs espreuuēt et ardēt

Et soit lamour sans couuoitise
Qui les faulx cueurs de prendre atise
Bōne amour doit de fin cueur naistre
Donc ne doiuent pas estre maistre
Des quilz sont corporel soulas
Mais lamour qui te tient en las
Charnel desir te represente
Si que tu nas ailleurs entente
Pource veulx tu la rose auoir
Tu ny chasses nul aultre auoir
Mais tu nen es pas a deux dois
Cest ce qui lapestemegroys
Et qui toute vertu te oste
Moult as receu du loureup hoste
Quant oncques amours hostellas
Mauluais hoste en ton hostel as
Pource te dy que hors le boutes
Il te tost les pensees toutes
Qui te doiuent a preu tourner
Ne luy laisse plus seiourner
Trop sont a grant meschief liurez
Cueur qui damours sont eniurez
En la fin encor le sauras
Quant ton temps perdu y auras
Et degastee ta iouuente
En ceste leesse doulente
Se tu peux encores tant viure
Que damours te voyes deliure
Le temps qua auras perdu ploureras
Mais recourer ne le pourras
Encor se partent en eshappes
Car en lamour ou tu techappes
Mains y perdent bien dire los
Sēs teps chastel corps ame et loz
Lamant
Ainsi rayson si me preschoit
Mais amours trestout mēpechoit
Que riens a oeuure nen mectoye
Ia soit ce que bien entendoye
Mot a mot toute la matiere
Mais amours si formant matiere

e ii

Que parmy tous mes pêsers passe
Com cil qui partout a sa chasse
Et tousiours tiēt mō cueur soubz celle
Hors de ma teste a vne pelle
Tout ce sermon iecte en la rue
Par lune des oreilles rue
Quanque rayson en lautre boute
Si quelle pert sa peine toute
Et mēple de couroup et dire
Lors tout pre luy prins a dire
Dame bien me voulez trahir
Dois ie donques les gens hair
Donc hairoye toutes personnes
puis quamours ne me sōt pas bōnes
Jamais naymeray damours fines
Ains viuray tousiours en haines
Et lors seray mortel pecherres
Voire certes pire quūg lierres
A ce ne puis ie pas faillir
Par lung me conuient il saillir
Ou ie aymeray ou ie hairay
Mais espoir que ie comparay
Plus la hayne le dernier
Tout ne vaille amours vng denier
Bon conseil mauez cy donne
Qui tousiours mauez sermonne
Que ie doye damours recroyre
Si est fol qui ne vous veult croire
Aussi mauez vous ramenteue
Vne aultre amour que nay cōgneue
Que point ne vous ouy blasmer
Dont gens se peuent entraymer
Se la me voulez diffinir
Pour fol me pourroye tenir
Se voulentiers ne lescoutoye
Pour sauoir au moins se pourroye
Les natures damours aprendre
Sil vous y plaisoit a entendre
   Rayson
Certes beaulx amis foles tu
Car tu ne prises vng festu

Ce que pour ton bien te sermon
Jen vueil faire encor vng sermon
Car de tout mon pouoir suis preste
Dacomplir ta bonne requeste
Mais ne scay sil te vauldra gaires
Amours sōt de plusieurs manieres
Sans celle qui ta si mue
Et de ton droit sens remue
De malle heure fuz son acointe
Garde que plus tu ne lacointe
Amitie est denommee lune
Cest bonne vulente commune
De gens entre eulx sans discordāce
Selon la dieu beniuolence
Et soit en eulx communite
De tous leurs biens en charite
Si que par nulle entencion
Ne puisse auoir exception
Ne soit lung aider laultre lent
Comme homme fort et mōlt vaillāt
Et loyaulx car rien ny vauldroit
Le sens ou loyaulte faulxdroit
Que ce que cil ose penser
Puisse a son amy recenser
Comme a soy seul tout seurement
Sans suspection dacusement
Telz murs doiuent auoir et veullēt
Ceulx qui loyaulmēt aymer seulēt
Ne peut estre homme amiable
Sinest si ferme et siestable
Que pour fortune ne se meuue Nō
Et que vng poit tousiours se treuue
Ou riche ou pouure ses amis
Qui tout son cueur a en luy mis
En sa pouurete luy doit rendre
Il ne doit mie tant attendre
Que sil faide luy requiere
Car se bonte fait par priere
Nest pas courtoisie qui vaille
Pourquoy amours de cueur y faille
Ains est mallement chier vēdue

A cueurs qui sont de grant salue

Cy est le souffreteux venant
Son vray amy en requerant
Quil luy aide a son besoing
Et son auoir luy met au poing

Moult a faillit hōs grāt vergōgne
Quāt dō requerir sem besongne
Moult y pense moult se soucye
Moult a mesaise aincois quil prie
Grant honte a de dire son dit
Et si redoubte lescondit
Mais quant vng tel en a trouue
Quil a bien aincoys esprouue
Quil est bien certain de samour
Faire luy sa plainte et clamour
De tous les cas que penser ose
Sans honte auoir de nulle chose
Car comment en auroit il honte
Se laultre est tel que ie te compte
Quant son secret dit luy aura
Jamais le tiers ne le scaura
Ne du reproucher na il garde
Car sages homs et langue garde
Ce ne scauroit mie sol faire
Nul fol ne scet sa langue taire

Plus fera quil le secoura
Du tout en tant comme il pourra
Plus liez du faire a dire vit
Que nest laultre de receuoir
Et sil ne luy fait sa requeste
Il nen na pas moins de moleste
Que cil qui la luy a requist
Tant est damour grant la maistrise
Et de son dueil la moitie porte
De tant quil peult le reconforte
Et de la ioye a sa partie
Si lamour est a droit partie
Par la loy de ceste amitie
Dit tules en vng sien ditie
Que bien deuons faire requeste
A noz amis qui soit honneste
Et leur requeste raisoñ
Selle contient droit et rayson
Ne doit pas estre aultrement faicte
Fors en deux cas quil en excepte
Son les vouloit a mort liurer
Penser deuons de deliurer
Si len assault leur renommee
Gardons que ne soit diffamee
En ces deux cas leur loyt deffendre
Sans iamais la raison actendre
Tant comme amour peult excuser
Ce ne doit nul homs reffuser
Ceste amour que cy te propos
Nest pas contraire a mon propos
Ceste cy vueil bien que tu suiues
Et vueil que laultre amour eschiues
Ceste a toute vertu samort
Mais laultre met les gens amort
Que aultre amour te vueil retraire
Qui est a bonne amour contraire
Et forment refait a blasmer
Cest fainte voulente damer
En cueur malade du meshaing
De grant couuoitise et de gaing
Ceste amour est en tel balance

e iii

Si tost comme pert lesperance
Du proffit quelle veult atain$re
Faillir luy conuient et esta in$re
Car ne pourroit estre amoureux
Cueur q̃ nayme les gens pour eulx
Ains se faint et les va flatant
Pour le prouffit quil en atant
Ceste amour vient de fortune
Qui seselipse comme la lune
Que la terre obnuble et enombre
Quant la clarte chiet en son vmbre
  Sa tant de sa clarte perdue
Comme du soleil pert la veue
Et quant elle a sombre passee
Si reuient toute enluminee
Des rayz que le soleil luy monstre
Qui $aultre part reluit encontre
Ceste amour est de tel nature
Car tost est clere et puis obscure
Si tost que pouurete lafful̃e
De son hideux mantel obnuble
Car ne vois mais richesse luire
Obscurir la conuient et fuire
Et quant richesses luy reluysent
Toute clere la reconduisent
Elle fuit quant richesses faillent
Et sault si tost comme elles saillent
De lamour q̃ cy te nomme
Et bien aime chascun riche hõe
Et espectalement lauer
Qui ne veult pas son cueur lauer
De la grant ardeur et du vice
A la couuoitise auarice
Plus est cornu que cerf rame
Riches homs qui cuide estre ayme
Nest ce mie grant cornardie
Il est certain qui nayme mie
Et comment cuide il que on layme
  Si en ce pour fol ne se clame
En ce cas nest il mie sage
Ne q̃ est vng grãt veau tresauluage

Certes cil doit estre amiables
Qui desire amis veritables
Cil nayme pas prouuer le puis
Qui sert grant richesse a puis
  Ses pouures amis il regard$
Et deuant eulx les tient et garde
Et tousiours garder les propose
Tant que la bouche luy soit close
Et que malle mort le creuant
Car il se laisseroit auant
Le corps des membres despartir
Quil les souffrist de luy partir
Si que point ne leur en depart
Donc ne cy point en moy depart
Et comment seroit amitie
En cueur qui na point de pitie
Certain en est quant il se fait
Car chascun scet son propre fait
Certes moult doit estre blasme
Homme q̃ ayme et nest ayme
Puis qua fortune venons
Et de samour sermon tenons
Dire ten vueil fiere merueille
None ce croy noys sa pareille
Ne scay se tu le pourras croyre
Toutesfoys est ce chose voire
Et si la trouue len escripte
que mieulx vault aux gẽs et proffite
Fortune aduerse et contraire
Que la molle et la debonnaire
Et se ce te samble doubtable
Cest bien peu argument prouuable
Que la debonnaire et la molle
Leur ment et les blesse et affolle
Et les alecte comme mere
Qui ne samble pas estre amere
Samblant leur fait destre loyaux
Quant leur depart de ses ioyaux
Comme des deniers et richesses
De dignitez et de noblesses
Et leur promet establete

En lestat damiablete
Et tous les paist de gloire vaine
En la beneurte mondaine
Quant sur la roe les fait estre
Lors cuident estre si grant maistre
Et leur estat si fort stoir
Quilz ne puissent iamais cheoir
Et quant en tel point les amis
Croire leur fait quilz ont damis
Tant quilz ne les sauent nombrer
Ne il ne sen peuent descombrer
Quilz naissent entour eulx et viennent
Et que pour seigneur ne les tiennent
Et leur promectent leurs seruises
Iusques despendre leurs chemises
Voire iusque au sang espandre
Pour eulx garentir et deffendre
Prestz dobeir et eulx ensuiure
A tous les tours quil ont a viure
Et ceulx qui telz parolles oyent
Sen glorifient et les croyent
Comme ce se fust euangille
Et tout est flaterie et guille
Comme bien apres le sauroient
St tous leurs biens perduz auoyent
Et quilz neussent ou recourrer
Adonc verriez amis ourrer
Car de cent amis apparens
Soyent compaignons ou parens
Sung leur en pouoit demourer
Dieu en deuroit adorer
Ceste fortune que iay dite
Quant auec les hommes habite
Elle trouble leur congnoissance
Et les nourist en ignorance
Mais la contraire et la peruerse
Quant de leur grant estat les verse
Et les tumbe au tour de sa roe
Dont les met enuers en la boue
Et leur assiet comme marastre
Au cureur ung doulereux emplastre

Destrampe non pas de vin aigre
Mais de pouurete lasse et maygre
Ceste monstre que bien est vraye
Et que nul fier ne se doye
En la beneurte de fortune
Car il ny a seurte nesune
Ceste fait congnoistre et sauoir
Des quilz ont perdu leur auoir
De quel amour ceulx les amoyent
Qui leurs amis deuant estoient
Car ceulx a qui beneurte donne
Maleurte moult fort lestonne
Et deuiennent comme ennemy
Ne nen demeure ung ne demy
Mais sen fuient et les renoyent
Si tost comme poures les voyent
Nencores a tant ne se tiennent
Mais par tous les lieulx ou il tiennent
Blasmant les vont et diffamant
Et folz maleureux clamant
Ceulx mesmes a qui plus bien firent
Quant en leurs grans estas les virent
Vont tesmoingnant a vix folie
Que bien leur pert de leur folie
Ne treuuent nul quilz les sequeure
Mais le vray amis si demeure
Qui naime pas pour les richesses
Tant a le cueur plein de noblesses
Ne pour nul bien quil en actant
Tel les sequeurt et les deffant
Car fortune en tel rien na mis
Tousiours aime qui est amis   No
Qui sur amy trairoit espee
Nauroit il pas lamour coppee
Fors en ce cas que ie vueil dire
Len se peult par orgueil par yre
Par reprouche et par reueler
Les secretz qui sont a celer
Et par la plaie doulereuse
De traction et enuimeuse
Amis en ce pas sen fuiroyent

e iiii

Nulle aultre chose ny nuiroit
Mais telles gẽs mõlt biẽ se preuuẽt
Silz entre nul ung seur en treuuẽt
Tant est lamour du monde vaine
Dingratitude toute pleine
Et pource que nulle richesse
A valeur damyne sadresse
Car iamais si tres hault ne monte
Que bien damy ne la surmonte
tousiours vault mieulx amis auoye
Que ne font deniers en courroye
Et fortune la mescheans
Quant sur les hommes est cheans
Si les fait par son mescheoir
Trestous si clerement veoir
Que leur fait telz amis trouuer
Et par experiment prouuer
Quilz vallent mieulx que nul auoir
Quilz puissent en ce monde auoir
Dont leur proffite aduersite
Plus que ne fait prosperite
Car par ceste ont ilz ignorance
Et par aduersite science
Et le pouure qui par tel prouue
Les vray amis des faulx espreuue
Les congnoist et bien les auise
Quant il estoit riche a deuise
Que vulsist il acheter lores
Sil sceut adonc ce qui seet ores
Certes trop moins fut il deceu
Si sen fut deslors apparceu
Donc luy fait plus grant auentage
Puis que dung fol a fait ung sage
La grant pouurete quil recoit
Que richesse qui le decoit
Car richesse ne fait pas riche   Nõ
Celluy qui en tresor la fiche
Mais souffisance seulement
Fait homme viure richement
Car tel na vaillant une miche
Qui est plus aise et plus riche

Que tel a cent muis de forment
Si te puis bien dire comment
Car espoir en est il marchant
Et son cueur en est si meschant
Que en fut souffreteux assez
Ains que lauoir fut amassez
Ne ne cesse de soucier
Dacroistre et de multiplier
Ne iamais assez nen aura
Ia tant acquerir ne scaura
Mais laultre que point ne se fie
Ne iamais quil ait au iour vie
Et luy suffit de ce quil gaigne
Quant il peult viure de sa gaigne
Ne ne cuide que riens luy faille
Tant nayt il vaillant une maille
Mais espoire quil gaignera
Pour menger quant mestier sera
Aussi pour recouurer chaussure
Et puis conuenable vesture
Et sil aduient quil soit malade
Et trouue la viande fade
Si se repent il toutesuoyes
De soy getter de males voyes
Et pour yssir hors de dangier
Quil naura mestier de mengier
Que de bien petite vita ille
Si passera comment quil aille
Ou se a lostel dieu est porte
Il sera bien reconforte
Ou espoir quil ne pense point
Quil puist la venir en tel point
Ou sil croit que ce luy aduienne
Pense il ains que le mal le tienne
Que tout a temps espargnera
Pour luy cheuir quant temps sera
Ou se despargner ne luy chault
Mais laisse venir froit et chault
Ou la fin qui mourir le face
Pense il lespoir et se solace
Que quant plus tost deffinera

Plus tost en paradis yra
Quil croit que dieu le luy present
Quant laissera lepil present
Pythagoras te dit et liure
  Se tu as iamais leu son liure
Que on appelle Ars dorez
Pour les ditz du liure honnourez
Quant tu du corps departiras
Tout droit tu au ciel en yras
Et laisseras lumanite
Viuant en pure deite
Moult est chetif et fol neys
Qui croyt que cy soit son pais
Nostre pais nest pas en terre
Ce peut on bien des clercz enquerre
Qui de boece de confort lisent
Et les sentences qui y gisent
Dot grãt bien aux gens lays seroit
Qui bien le leur translateroit
Et sil est tel qui sache viure
  De ce que sa rente luy liure
Il ne desire aultre fierte
Ains cuide estre sans pouurete
Car ainsi que dit le bon maistre
Nul nest chetif sil ne cuide estre
  Soit roy cheualier ou ribaulx
Mais ribaulx ont les cueurs si baulx
Portans sacz de charbon en greue
Que la peine point ne leur greue
Ceulx en pacience trauaillent
Aultres batent trippent et saillent
Et vont a saint marcel aux tripes
Ne ne prisét tresor deux pipes
Mais despendent en la tauerne
Tout leur gaigne et leur espargne
Et puis vont les fardeaulx porter
Par plaisir pour eulx deporter
Et loyaulment leur vie gaignent
Car embler ne tollir ne daignent
Puis vont au tounel et boiuent
Et viuent comment viure doiuent

Cestluy est riche en habondance
Qui bien cuide auoir suffisance
Plus ce scet dieu le droicturier
Que sil estoit fort vsurier
Car vsurier bien le tassiche
Ne pourroit en riens estre riche
mais tousiours poure et suffreteux
Tant est auers et couoiteux
Aussi est vray qui quen desplaise
Nul marchent ne vit pas a aise
Car son cueur a mis en tel guerre
Quil art tousiours pour pl'aquerre
Ne ia naura assez acquis
Si craint perdre lauoir acquis
Et craint perdre le remenant
Dont ia ne se verra tenant
Car de riens desir il na tel
Que dacquerir aultruy chastel
Emprinse a merueilleuse peine
Il bee a boire toute saine
Dont ia tant boire ne scaura
Que tousiours plus en y aura
Cest la destresse cest lardure
Cest langoisse qui tousiours dure
Cest la douleur cest la bataille
Qui luy detranche la coraille
Et le destraint en tel deffault
Qui plus acquiert et pl' luy fault
Aduocas et phisiciens
  Sont tous liez de telz liens
Ceulx pour deniers science vendent
Trestous a ceste hart se pendent
Tant ont le gaing et doulx et sade
Que cil vouldroit pour vng malade
Qui est quil en fust bien cinquante
Et cil pour vne cause trante
Voire deux cens voire deux mille
Tant les art couuoitise et guille
Si font deuins qui vont par terre
Quant il preschét pour los acquerre
Honeurs ou graces ou richesses

Ilz ont les cueurs en telle destresse
Ceulx ne viuent pas loyaulment
Mais sur tous especialement
Ceulx q̄ pour vaine gloire preschent
La mort de leur ames prouchassent
Ilz est moult de telz deceueurs
Et si sachiez quo telz prescheurs
Combien quaux aultres soit proffit
A eulx ne sont ilz nulz proffit
Car bonne predicacion
Vient bien de male entancion
Qui na riens a celluy salu
Tant face il aux aultres salu
Car il prenent bon exemple
Et cil vaine gloire semble
Mais or laissons de telz prescheurs
Et si parlons des entasseurs
Certes dieu naymēt ne ne doubtēt
Quant telz deniers en tresor boutent
Et plus qui nest besoing les gardēt
Quāt les pouures dehors regardent
De froit trembler de faim perir
Dieu le leur scaura bien merir
Troys grādes meschances auiennēt
A ceulx qui telz biens maintiennent
Par grāt trauail quierent richesses
Paour les tient en grant destresses
Et tousiours du garder ne cessent
En la fin a douleur les laissent
A tel torment viuront et viuent
Ceulx qui les grās richesses suiuēt
Ne ce nest fors par le deffault
Damours qui par le mōde fault
Car ceulx qui richesses amassent
Son les aimast et ilz aymassent
Et bonne amour par tout regnast
Que mauluaitie ne la cernast
Mais plus dōnast cil qui plus eust
A ceulx qui besongneux il sceust
Ou prestast non pas a vsure
Mais par charite necte et pure

Par quoy ceulx a bien entendissent
Et doffence se deffendissent
En ce monde nul pouure neust
Ne nul auoir il ny en peult
Mais tant est le monde endables
Quamours y sont faites vendables
Nul naime fors pour son preu faire
Pour dons ou pour seruice actraire
Mesmes femmes se veulent vēdre
Mau chief peut telle vente prendre

Ainsi barat a tout honny
Par qui le bien iadis vny
Estoit aux gens appropriez
Dauarice sont tant liez
Quilz ont leur naturel franchise
A ville seruitude submise
Car tous sont serfz a leurs deniers
Quilz tienēt enclos en leurs greniers
Tiennent mais certes sont tenuz
Quant a tel meschief sont venuz
De leur auoir ont fait leur maistre
Les chetifz boutereaux terrestre
Lauoir nest preux fors pour despēdre
Ce ne sceuent ilz pas entandre
Mais veulent tous a ce respondre
Que lauoir nest preux qua rescondre
Nest pas vray mais cacher le seulēt
Nen despendent ne donner veulent
Mais son ne les a tous pendu
Quelque iour sera despendu
Car a la fin quant mors seront
A qui que soit le laisseront
Qui lyement le despendra
Ne ia nul preu ne leur rendra
Et si ne sont pas seurs encores
Si le garderont iusques a ores
Car tel y pourroit mectre main
Qui tout emporteroit demain

Aux richesses fōt grāt laidures
Quāt ilz leur ostēt leurs natures

Leur nature est quilz viuent courre
Pour les gens aider et secourre
Sans estre a dsures prestees
A ce les a dieu aprestees
Si les ont en prison repostes
Mais les richesses de telz hostes
Que mieulx selon leur destinees
Deussent estre par tout trainees
Sen vengent honnourablement
Car apres eulx honteusement
Les trainent et deboutent et harcēt
De troys glaiues les cueurs leur per/
Le p̄mier est trauail daquerre cēt
Le second qui le cueur leur serre
Si est quaucung ne leur emble
Quant ilz les ont mises ensemble
Dont sesbahissent sans cesser
Le tiers est douleur du laissier
Comme ie tay dit cy deuant
Mallement sen vont deceuant
Ainsi pecune se reuenche
Comme dame tresnoble et franche
Des serfz qui la tiennēt enclose
En paix se tient et se repose
Et fait les malheureux veiller
Et soucier et trauailler
Soubz pié si court les tiēt et dōpte
Quelle a honneur et eulx la honte
Et le torment et le dommaige
Qui les angoisse en ton seruage
Preu nest pas de faire tel garde
Au moins a celluy qui la garde
Mais sans faille elle demourra
A qui que soit quant il mourra
Qui ne losoit pas assaillir
Ne faire courre ne saillir
Mais les vaillis hōmes lassaillēt
Et la cheuauchent et poursaillent
Et tant a esperons la batent
Quilz sen deduisent et esbatent
Par le cueur q̄lz ont large emple

A dedalus prennent exēmple
Qui fit esles a ycarus
Quant par art et non pas par dē
Tindrent par mer voye commune
Tout ainsi fault ceulx a pecune
Qui luy font esles pour vuler
Auant se larroyent a foler
Quilz nen eussent et loz et pris
Ne vulent pas estre repris
De la grant ardeur et du vice
A la couuoitise auarice
Ains en font les grans courtoisies
Dont leurs prouesses sont prisees
Et celebrees par le monde
Et leur vertu en surhabonde
Que dieu a pour mieulx agreable
pour leur cueur large et honourable
Car tant comme auarice put
Au dieu qui de ses biens reput
Le monde quant il eust forgie
Ce ne ta nul a prins fors ie
Tant luy est largesse puissant
La courtoise la bien faisant
Dieu hait auers les villais nasc̄es
Et les tient tous pour ydolatres
Les chetifz folz desmesurez
Paoureux couars et maleurez
Si cuident et par tout dray dient
Quilz aux richesses ne se fient
Fors que pour estre en grant seurté
Aussi pour viure en bieneurté
Ha doulces richesses mortelles
Dites dont saillites vous telles
Que vous faciez bieneurees
Les gens qui vous ont emmurees
Car tant plus vous assembleront
Et plus de grant paour trambleront
Et comment seroit en bon eur
Homme qui nest en estat seur
Bieneurté donc luy fauldroit
Puis que seurté luy deffauldroit

Ais aulcũ qui ce mocroit dire
Pour mõ dit du tout cõtredire
Des troys me pourroit opposer
Qui pour leur noblesse aloser
Comme le menu peuple cuide
Fierement meettent leur estude
A faire entour eulx armer gens
Cincq cens et six mille sergens
Et dit len tout communement
Qui leur vient de grant hardement
Mais dieu scet bien tout le cõtraire
Car cest paour qui leur fait faire
Qui tousiours les tormente et griefue
mieulx pourroit ung ribaut de greue
  Seulet et seur par tout aler
Et deuant les larrons baler
Sans doubter eulx et leur affaire
Que le roy ou sa penne faire
Et pourtast auec luy grant masse
Du tresor que si grant amasse
Dor et de precieuses pierres
Sapart en predroit chascun lerres
Ce quil porteroit luy tolzroient
Et espoir tuer le vouldroient
Si seroit il se croy tue
Ains que dillec fut renue
Car les larrons si doubteroient
Se vif eschapper le laissoyent
Qui ne les fist ou que soit prendre
Et par sa force mener pendre
Par sa force mais par ses hommes
Car sa force ne vault deux pommes
Contre la force dung ribault
Qui sen yroit au cueur si bault
Par ses hommes par foy ie ment
Ou ie ne dis pas proprement
Vrayement seurs ne sont il mye
Tant ait il en eulx seigneurie
Seigneurie non mais seruise
Qui les voit garder en franchise
Ains est leur cas quant il vouldront

Leurs aides au roy fauldront
Et le roy tout seul demourra
Si tost que le peuple vouldra
Car leur bonte ne leur prouesse
Leur corps leur force leur sagesse
Ne sont pas siennes riens ny a
Nature bien les luy nya
Ne fortune ne peut pas faire
Tant soit aux hommes debonnayre
Que nulles des choses leur soyent
Comment que conquises les ayent
Dont nature les fait estranges
  Lamant
Ha dame pour le roy des anges
Aprenez moy donc toutesuoyes
Quelles choses peuent estre moyes
Et se mien propre puis auoir
Cecy sueil bien de vous sauoir
  Rayson
Ouy se respondit raison
Mais nentens pas chãp ne maison
Ne robes ne telz garnemens
Ne nulz terriens tenemens
Ne membre ne quelque maniere
Trop as meilleur chose et plus chiere
Tous les biẽs que dedans toy sens
Dont tu es certain congnoissans
Quilz te demourent sans cesser
Si que ne te puissent laissier
Pour faire a aultre autel seruise
Ces biens sont tiens en droite guise
Aux aultres biens qui sont forains
Nas tu pas vaillant deux lorains
Ne toy ne nul homme qui viue
Ny auez vaillant vne ciue
Car sachiez que toutes voz choses
Sont dedãs vous mesmes encloses
Tous aultres biens sont de fortune
Qui les esparpille et adune
Et tost et donne a son vouloir
Dont les folz fait rire et douloir

Mais riens que fortune feroit
Nulz sages homs ne priseroit
Ne seroit ioyeulx ne dulent
Le tour de sa roe voulent
car tout ses fais sont trop doubtables
Pource quilz ne sont pas estables
Pource nest bonne lamour delle
None a preudomme ne fut belle
Ni nest pas droit quelle embellisse
Quant pour si peu chiet et esclipse
Et pource vueil que tu le saches
Que pour riens ton cueur ny ataches
Si nen es tu pas entachie
Mais ce te seroit grant pechie
Se ca auant ten entachoyes
Et se vers les gens tant pechoyes
Que pour leur amy te clamasses
Et leur auoir sans plus amasses
Ou le bien qui deux te viendroit
Nul preudoms a bien ne tiendroit
Ceste amour que ie tay cy dite
Fuy la comme ville et despite
Et daymer par amours recroy
Et soyes sages et me croy
Mais dune chose te vy nice
Quant tu mas mis en ta malice
Pource que haine te conmant
Or dy quant en quel lieu conmant
   Lamant
Vous ne finastes huy de dire
Que ie doy mon seigneur despire
Pource ne scay qlle amour sauuage
Qui sercheroit iusque en cartaige
Et dorient en occident
Et sesquit tant que tous ses dens
Luy fussent tumbees par viellesse
Et couruft touslours sans paresse
Les pains noez a sa sainture
Tant que cestuy monde si dure
Faisant sa visitacion
Par midy par septentrion

Tant quil eust tout bien a plein Veu
Nauroit il mie bien congneu
Lamour dont cy parle auez
Bien en fut le monde lauez
Des lors que les dieux sen fuyrent
Quant les gens les assaillirent
Et droitz et chastetez et foys
Sen fuyrent a ceste foys
Ceste amour fut si esperdue
Quel sen fuit si est perdue
Et iustice la plus presente
Et fut la derreniere fuiante
Si laisserent eulx tous les terres
Car ne veurent souffrir les guerres
Ou ciel firent leur habitacle
None puis se ne fust par miracle
Ne vouldrent ca ius deualer
Barat les en fit tous aler
Qui tient en terre leritaige
Par sa force et par son oultraige
Mesmes tules q mist grāt cure
A sercher secretz descripture
Ne peult tant son engin debatre
Quen pl⁹ de troys paire ou de quatre
De tous les ciecles trespassez
Puis que monde fut comt passez
Que fines amours ne trouuast
Je croy que mains en esprouuast
De ceulx qui en son temps viuoyet
Qui ses amis de bouche estoyent
Nencores nay ie en nul lieu leu
Quil en aie nul tel eu
Et suis ie plus sage que tules
Bien seroie fol et entules
Se telles amours vouloye querre
Puis quon en a nulles en terre
Telle amour dont ou la querroye
Quant si bas ne la trouueroye
Puis ie voler auec les grues
Voire saillir dessus les nues
Comme le saige socrates

N'en quier ouyr parler iamais
Ne suis pas de si fol espoir
Les dieux cuideroyent espoir
Que iassaillisse paradis
Com firent les geans iadis
Bien pourroye estre fouldriez
Ne scay pas se vous le vouldriez
  Si n'en doy ie pas estre en doubte
Rayson
Beaup amis dist elle or escoute
  Se a ceste amour ne peuz ataindre
Aussi bien peut tout ce remaindre
Par ton deffault que par l'aultruy
Je te enseigneray d'aultre huy
D'aultres et non pas ce mesmes
Dont chascun peut estre a mesmes
Mais quil preñe lentendement
D'amours ung peu plus largemẽt
Quil ayme en generalite
Et laisse especialite
Ne face ia communoté
De grant participacion
Tu peux aymer generalement
Touz ceulx du monde loyaulment
Ayme les tous autant comme ung
Au moins de lamour du commun
Garde que tel enuers tous soyes
Com tous euers toy les vouldroyes
Ne fay a nul ne ne pourchasse
Fors ce que tu vulz quon te face
Et se ainsi vouldoyes aymer
On te deuroit quite clamer
Ceste amour es tenu a suyure
Sans ceste ne doit nulluy viure
E pource q ceste amour laissent
  Ceulx q de malfaire sangressẽt
Sont en terre establis les iuges
Pour estre deffence et reffuges
A ceulx a qui maluuais forfait
Pour faire amander le meffait
Et ceux pugnir et chastier

Qui pour cest amour renier
Les gens murtrissent et afollent
Et leurs biens rauissent et tollent
Ou blasment par detraction
Ou par faulce accusacion
Ou par aultres mesauentures
Soyent appertes ou obscures
  Si conuient que l'en les iustice
L'amant
Ha dame pour dieu de iustice
Dont iadis fut si grant renom
Tendis que parolle en tenon
Et denseigner moy vous penez
S'il v⁹ plaist ung mot maprenez
Rayson
Dy quel
L'amant
Voulentiers te demant
  Que me faciez ung iugement
D'amour et de iustice ensemble
Lequel vault mieulx côe vous sãble
Rayson
De quelle amour dis tu
L'amant
De ceste
Ou vous voules que ie me miette
Car celle qui cest en moy mise
Ne lee pas a mettre en mise
Rayson
Certes fol bien le fais a croyre
Mais se tu quier sentence voyre
La bonne amour vault mieulx
L'amant
Prouuez
Rayson
Tres voulentier quãt vous trouuez
Deux choses qui sont conuenables
Necessaires et proffitables
Celle qui plus est necessaire
Vault mieux
L'amant

Dame ceste chose est vraye
  Rayson
Or te prens bien ez donecques garde
La nature des deux regarde
Ces deux choses ou quilz habitent
Sont necessaires et proffitent
  Lamant
Vray est
  Rayson
Doncques ay ia tant
Que mieulx vault la plꝰ proffitant
  Lamant
Dame bien my puis accorder
  Rayson
Ne ten vueilz donc plus recorder
Mais plus tient grant necessite
Amours qui vient de charite
Que iustice ne fait dassez
  Lamant
Prouuez dame ais quoultre passez
  Rayson
Voulentiers bien te dy sans faindre
Que plus est necessaire et craindre
Le bien qui par soy peult suffire
Par quoy fait trop mieulx a eslire
Que cil qui a besoing daye
Ce ne contrediras tu mie
  Lamant
Dame faites le moy entendre
Sauoir sil y a que reprendre
Ung exemple ouyr en vouldroie
Sauoir saccorder my pourroye
  Rayson
Certes quant dexemple me charges
Et de prouuer ce sont grans charges
Touteffoys exemple en auras
Puis que par ce mieulx le sauras
Saulcun peult bien vne nef traire
Sans auoir daultre aide a faire
Qui ia par toy bien ne trairoyes
Trait il mieulx que tu ne feroyes

  Lamant
Ouy dame au moins au chable
  Rayson
Or prens donc yci ton semblable
Se iustice est tousiours gisant
Si seroit amours souffisant
Amener belle vie et bonne
Sans iusticier nulle persoyne
Mais sans amours iustice non
  Lamant
Prouuez moy donc ceste rayson
  Rayson
Ie le feray moult voulentiers
Or te tays donc en dementiers
Iustice qui iadis regnoit
Et saturne regne tenoit
Cui iupiter coppa les couilles
Son filz com se fussent en doubles
Moult eust le cueur dur et amer
Puis les geeta dedans la mer
Dont venus la deesse yssy
Car le liure le dit ainsi
Se sur terre estoit reuenue
Et fut aussi tresbien tenue
Auiourduy comme elle fut lors
Se seroit il mestier encor
Aux gens estre eulx qͥlz sentramassét
Combien que iustice gardassent
car puis quamours sen vouldroit fui
Iustice en vouldroit trop destruire
Mais se les gens bien sentramoyét
Iamais ne sentremefferoyent
Et puis que meffait sen yroit
Iustice de quoy seruiroit
  Lamant
Dame ie ne scay pas de quoy
  Rayson
Bien ten croy se paysible et coy
Tous ceulx de ce monde viuoyent
Iamais roy ne prince nauroyent
Ne seroit baillif ne preuost

Tant iuroit le peuple deuot
Jamais iuge norroit clamour
Dont dis ie q̃ mieulx vauult amour
Simplement que ne fait iustice
Tant aisle esle contre malice
Qui fut mere des seigneuries
Dont les franchises sont peries
Car se ne fust mal et pechie
Dont le monde est entachie
On neust onceques auleun roy veu
Ne iuge en terre congneu
Si se prenent ilz malement
Car ilz eussent premierement
En eulx mesmes iustifier
Puis que on se veult en eulx fier
Et loyaulx estre et diligens
Non pas laches et negligens
Ne couuoiteux faulx et faintiz
Pour faire droiture au plaintiz
Mais or stendront les iugemens
Et destournent les erremens
Ilz taillent et cousent et rayent
Et les menues gens tout payent
Tous sefforcent de lautruy prẽdre
Ce iuge fait les larrons pendre
Qui de droit deust estre pendu
Se iugement luy fust rendu
Des rapines et des tors fais
Quil a par son pouoir forfais
Et dieu en qui tout bien habonde
Sçet que maintz en a en ce monde
Qui ont bien desserui sa mort
Du gibet qui ne leur fait tort

Comment virginius plaida
Deuant apius qui iugea
Que sa fille a tout bien taillee
Fust tost a claudius baillee

Ce fist bien apius aprendre
Qui fit a son sergent emprendre
Qui claudius estoit nomme

Et de mal faire renomme
Par faulx tesmoings faulce q̃relle
Contre virgine la pucelle
Qui fut fille virginius
Tout ce dit titus liuius
Qui bien sçet leur cas racompter
Pource quil ne pouoit dompter
La pucelle qui nauoit cure
Ne de luy ne de sa luxure
Le ribault dist en audience
Sire iuge donnez sentence
Pour moy car la pucelle est moye
Pour ma serue la prouueroye
Contre tous ceulx qui sont en vie
Car ou quelle ait este nourrie
De mon hostel me fut emblee
Par rap des lors quelle fut nee
Et baillee a virginius
Si vous requiers sire apius
Que vous me deliurez ma serue
Car il est droit quelle me serue
Non pas celle qui la nourrie
Et se virginius le nye
Tout ce suis ie prest de prouuer
Car bõs tesmoingz en puis trouuer
Ainsi parloit le mauluais traicte
Du faulx iuge estoit ministre

Comme le plait ainsi alast
Ains que Virginius parlast
Qui estoit tout prest de respondre
Pour ses aduersaires confondre
Jugea par hastiue sentence
Apius que sans differance
Fust la pucelle au serf rendue
Et quant la chose a entendue
Le bon preudoms deuant nomme
Bon cheualier bien renomme
Cestassauoir Virginius
Qui bien vit que vers apius
Ne peult pas sa fille deffendre
Ains la conuient par force rendre
Et son corps liurer a hontaige
Si changea honte pour dommaige
Par merueilleux apensement
Se titus liuius ne ment

¶ Comment apres le iugement
Virginius hastiuement
A sa fille le chief coppa
Dont de la mort point ne schappa
Et mieulx ainsi le voulut faire
Que la liurer a pute affaire
Puis le chief presenta au iuge
Qui en encheut en grant deluge

Ar par amour et sans hayne
A sa belle fille Virgine
Tantost a la teste coppee
Et puis au iuge presentee
Deuant tous en plein consistoire
Et le iuge selon listoire
Le commanda tantost a prendre
Pour le mener noyer ou pendre
Mais ne noya ne ne pendit
Car le peuple le deffendit
Qui fut de molt grant pitie meu
Si tost comme le fait fut sceu
Pnis fut pour ceste mesprison
Apius mis en la prison
Et soccist la hastiuement
Ains le iour de son iugement
Et claudius traitre et faulx
En souffrist mort par ses deffaulx
Se de ce ne seust respitie
Virgine par sa grant pitie
Qui tant voult le peuple prier
Quen epille fit enuoier
Et tous ceulx condampnez morurēt
Qui tesmoings de la cause furent
Briefmēt iuges sont trop soultrages
Lucan ce dit quil fut moult sages
Quonques vertu et grant paour
Ne vit nulz ensemble nul iour
Et sachiez que silz ne samendēt
Et ce quilz ont mal prins ne rendent
Le puissant iuge pardurable
En enfer auecques le dyable
Leur en mettra es cloz les las
Je nen metz hors roys ne prelas
Ne iuge de quelconque guise
Soit seculier ou soit desglise
Car les honneurs nont pour ce faire
Sans loyer donnent a chief traire
Les querelles quon leur apporte
Et aux pleintifz ouurir la porte
Et oyr en propres personnes

f

Les querelles faulces et bonnes
Ilz nont pas les honneurs pour neāt
Ne sen voyse ia gogoyant
Car tous sont serfz au menu peuple
Qui le pays acroist et peuple
Et luy sont sermens et luy iurent
De faire droit tant comme ilz durēt
Par eulx doiuent eulx en paix viure
Et tous les malfaiteurs poursuiure
Et de leurs mains les larrōs pēdre
Sil nestoit quil voulsist emprēdre
Pour leurs personnes tel office
Puis quilz doiuent faire iustice
La doiuent mettre leurs ententes
Pource leurs baille len les rentes
Ainsi au peuple le promirent
Ceulx qui premiers les honneurs prindrēt
Si tay si bien las entendu
Ce que tu mas requis rendu
Et les raisons as tu veues
Qui bien me semblent a ce meues
  Lamant
DAme certes bien me contente
De vostre sentence apparente
Comme cil qui vous en mercy
Mais nommer vous ay oy cy
Comme me semble vne parolle
Si esbaulture et si folle
Que qui vouldroit ce croy muser
A vous emprendre en excuser
On ny pourroit trouuer deffenses
  Rayson
Je congnois bien aquoy tu penses
Vne aultre fois quant tu vourras
Excusacion en orras
Silte plaist a ramanteuoir
  Lamant
Dont la ramanteuray ie voir
Comme bien remembrant y vistes
Par la maniere que me distes
Si ma mon maistre deffendu

Car ie lay moult bien entendu
Que ia mot nysse de ma bouche
Qui de ribauldie sapprouche
Mais puis que ie nen suis faiseur
Jen puis bien estre reciteur
Si nommeray le mot tout oultre
Bien fait qui la folie monstre
A celluy quil vit folier Nō
De tant vous puis ie chastier
Si apparceures vostre oultraige
Qui vous faignes estre si saige
  Rayson
VEuil ie biē dōcqs entendre
Mais aussi me couiēt deffēdre
Quant tu de hayne mopposes
Merueilles ay que dire choses
Ne scez tu quil ne sensuit mye
Se laissier vueil vne folie
Que faire doye cautelle ou craindre
Ne pource se ie vueil estaindre
La folle amour aquoy tu brees
Ne commande ie que tu hees
Ne te souuient il pas doraces
Qui tant eut de bien et dosaces
Oraces dit qui ne fut nices
Quant les folz eschieuent les vices
Ilz se tournent a leur contraire
si nen vault pas mieulx leur affaire
Amour ne vueil ie pas deffendre
Que len ny puisse bien entendre
Fors celle qui les gens si blesse
Pourtant se ie deffens yuresse
Ne vueil ie deffendre le boire
Ce ne vauldroit pas vne poire
Se folle largesse veue
Len me tiendroit bien pour derue
Se ie commandoye auarice
Car lune et laultre si est vice
Je ne fais pas telz arguméz
  Lamant
Si faictes voir

Rayson
Certes tu mens
Ja ne te quier de ce flater
Tu nas pas bien pour moy mater
Serchez les liures des anciens
Tu nes pas bon logiciens
Ne ne lis pas damours ainsi
Onneques de ma bouche nyssy
Que nulle riens doyons hayr
Ou y peut bien moyen choisir
Cest lamour que jay chiere et prise
Que je tay pour aymer aprise
Altre amour naturelle y a
Que nature es bestes crea
Parquoy de leurs faons cheuissent
Et les alectent et nourrissent
De lamour dont je tiens cy compte
Se tu veulx que je te racompte
Quel est le diffinissement
Cest naturel inclinement
De vouloir garder son semblable
Par ent*n*cion conuenable
Soit par vye dengendreure
Ou par cure de nourriture
A ceste amour sont prestz et prestes
Aussi les hommes que les bestes
Ceste amour combien que proffite
Na loz ne blasme ne merite
Ne sont a blasmer ne loer
Nature les y fait ver
Force leur fait cest chose voire
Ne na sur eulx vice victoire
Mais se ainsi ne le faisoyent
Blasme receupoir en duroyent
Ainsi comme hos quant il mengue
Quelle louenge luy est deue
Mais il fornitroit le mengier
Len le vouroit bien ledengier
Je scay bien que tu nentens pas
A ceste amour par nul compas
Moult as empzins plus folle empzise

De lamour que tu as empzinse
Si la te vaulsist mieulx laisser
Quen elle ton preu abaissier
Nonobstant ce ne vueil je mie
Que tu demeures sans amye
Et sil te plaist a moy entendre
Ne suis je belle dame et tendre
Digne de seruir ung preudôme
Et fust il empereur de romme
Sil vueil tamye deuenir
Et se te vulx a moy tenir
Scez tu que mamour te vauldra
Tant que jamais ne te fauldra
Nulle chose quil te conuienne
Pour mescheance quil tauienne
Lors deuiendras si grât seigneur
Onc noys parler de greigneur
Je feray ce que tu vouldras
Ja si hault vouloir ne pourras
Mais q sus pl⁹ faces mes oeuures
Ja ne côuient qualtremêt oeuures
Et auras aussi dauantage
Amye de si hault parage
Qui nest nulle qui si compere
Fille de dieu souuerain pere
Qui telle me fit et forma
Regarde quel forme cy a
Et te mire en mon cler visaige
Nonceques pucelle de parage
Neust daymer tel bandon que jay
Car jay de mon pere congie
De faire amy et destre aymee
Ja nen seray de luy blasmee
Ne de blasme nauras tu garde
Ains taura mon pere en sa garde
Et nourrira nos deux ensemble
Dis le biê respons que te semble
Le dieu qui te fait foloyer
Scet il ses gens si bien payer
Leur appareille si bon gaiges
Aux foulz dont il prêt les homages
f ii

Pour dieu gart que ne refuses
Trop sont doulentes et confuses
Pucelles qui sont refusees
Quant de prier ne sont ysees
Si come toy mesmes le preslues
Par equo sans qrre aultre preuues

Lamant

Or me dites doncques aincois
Non en latin mais en francois
De quoy vulez que ie vous serue

Rayson

Seuffre que ie soye ta serue
Et toy le mien loyal amys
Le dieu larras que ainsi ta mis
Et ne priseras vne prune
Toute la roe de fortune
A socrates seras semblable
Qui tant fut fermes et estable
Joye neust des prosperitez
Ne tristesse dadversitez
Tout mectoit en vne balance
Bonne auenture et meschance
Et en faisoit esgal peser
Sans esiouir et sans peser
Car de chose quelle que fut
Nauoit ioye ne sen doulut
Celluy fut bien le dit solin
Qui par le respons apolin
Fut iuge de tous le plus saige
Ce fut cil a qui le visaige
De tout ce quil luy auenoit
Tousiours en vng estat tenoit
Nonc ceulx mue ne le trouuerent
Qui par enuie le tuerent
Pource que plusieurs dieux nyoit
Et en vng seul dieu se fioit
Et si preschoit quilz se gardassent
Que par plusieurs dieux ne iurassent
Raclitus et Drogenes
Furct de purs cueurs et fines
Que pour pourete ne destresse

Ne furent oncques en tristesse
Fermes en vng propos se tindrent
Tous les meschiefz q leur auindrent
Soustindrent tres paciemment
Sans eulx courroucer nullement
Ainsi feras tu seulement
Ne me sers iamais aultrement
Gard que fortune ne tabate
Combien que te tormente et bate
Celluy nest bon luiteur ne fort
Quant fortune fait son effort
Et le vueil desconfire et batre
Qui ne se scet a luy combatre
Len ne si doit pas laisser prendre
Mais vigoreusement deffendre
Si scet elle peu de la luitte
Que chascun qui contre elle luitte
Soit en pailler soit en fumier
La peut abatre au tour premier
Nest pas hardy qui riens la doubte
Car qui scauroit sa force toute
Et qui le congnoistroit sans doubte
Nul qui de gre ius ne se boute
Ne peut a son iambet cheoir
Si est grande honte a veoir
Domme qui bien se peut deffendre
Quant Il se laisse mener pendre
Tort auroit qui le vuldroit plaindre
Quant par paresse se veult faindre
Garde donc q Ja riens ne prise
Ne ses honneurs ne ses emprises

Comet rayson monstre a lamat fortune la roe tournant

Et luy dit que tout son pouoir
Si vult ne le fera vuloir
Laisse luy sa roe tourner
Qui tourne sas poit seiourner
Et siet au millieu comme aueugle
Les vngz de grant richesse aueugle
Et donneurs et de dignitez
Aux aultres donne pourretez

Aincois se transmue et forme
Et se deguise et rechange
Tousiours se est de forme estrange
Car quant ainsi appert par air
Les florettes fait apparoir
Et comme estoilles flamboyans
Et les herbettes verdoyans.
Zephirus quant sur mer cheuauche
Et quant bise ressouffle il fauche
Les fleurettes et la verdure
Auec l'espee de froidure
Si que la fleur y pert son estre
Si tost quelle commance acroistre
La roche porte ung boys doubtable
Dont les arbres sont merueillable
Lune est brehaigne riens ne porte
Laultre en fruit si se deporte
Laultre de verdir ne fine
Laultre de feuilles orphenine
Et quant lune en sa verdeur dure
Les plusieurs y sont sans verdure
Et quaut se prent lune a fleurir
A plusieurs sont les fleurs mourir
Lune se haulce et ses voisines
Se tiennent a la terre enclines
Et quant bourgons a lune vient
Laultre flaitrit celle se tient
La sont les genes grans geans
Et pins et cedres nains seans
Chascun arbre ainsi se difforme
Et prent lung de laultre la forme
La tient la feuille toute flaitre
Le loyer qui vert deuroit estre
Et seiche y deuient fouiue
Qui doit estre empreignant et viue
Les saulx qui brehains estre viuēt
y fleurissent et fruit reçoiuent
Contre la vigne estriue fourme
Et luy tolt du rasin la fourme
Le rossignol a tart y chante
Mais moult y brait et se demente

Et quant luy plaist tout en reporte
Moult fol est qui sen desconforte
Et qui de riens ioyeup en soit
Puis que deffence y apperçoit
Et se il la peut certainement
Mais quille vueille seulement
Daultre part est chose expresse
Vous faictes fortune deesse
Et iusques au ciel la leuez
Ce que pas faire ne deuez
Ne il nest mie droit ne rayson
Quelle ait en paradis maison
Elle nest pas si bien eureuse
Ains a maison trop perilleuse

Une roche est en mer seans
Bien parfont ou millieu de leās
Qui sur la mer en hault se lance
Contre qui la mer gronce et tence
Les folz la hurtent et debatent
Qui tousiours a luy se combatent
Et mainteffois tant y cotissent
Que toute en mer lenseuelissent
Aulcuneffois se redespouille
De leaue qui toute la mouille
Comme se flo arrier se tire
Dont sault en laire et se repire
Mais elle ne retient nulle forme

fiii

Le cheuant a sa grant heure
Prophete de male auenture
Hyseup messaige de douleur
En sa vip en forme et couleur
Par sa soit esse soit puers
  Sencourent neuf fleuues diuers
Sourdans de diuerses fontaines
Qui viennent de diuerses vaines
Lung rent eaues si doulcereuses
Si sauoureuses si mielleuses
Quil nest nul qui de lung ne boiue
Voire beaucop plus quil ne diue
Qui sa soif en veust estanchier
Tant est ce boire doulx et chier
Car ceulx qui plus en vont beuuant
Ardent plus de soif que deuant
Ne nul nen boit qui ne soit pure
Mais de nul soif ne se deliure
Car la doulceur si fort se boulle
Qui est nul qui tant en engoulle
Quil nen vueille plus engouller
Tant les scet la douleur bouller
Car lecherie si les pique
Quilz en sont trestous ydropique
  Le fleuue court iolieement
  Et mene tel grondissement
Quil resonne tabour et tymbre
Plus soef que tabour ne tymbre
Nil nest nul qui celle part vise
Que tout le cueur ne luy renuoyse
Maintz sont q dentrer ens se hastet
Qui tous a lentree sarrestent
Nilz nont pouoir daler auant
A peine y vont leurs piez lauant
Enuis les doulces eaues touchent
Combien que du fleuue sapprouchet
Ung bien petit sans plus en boiuent
Et quant la doulceur appercoiuent
Voulentiers si parfont yroyent
Que tous dedans se plungeroient
Les aultres passent si auant

Quilz se vont en plain tour lauant
Et de laise quilz ont se loent
Dont ainsi se baignent et noent
Puis vient vne ondette legiere
Qui les gette a la riue arriere
Et les remet a terre seiche
Dont tout le cueur leur art et seiche
  Ie diray delaultre fleuue
  En quelle maniere on le treuue
Les eaues en sont en souffrees
Tenebreuses mal sauourees
Comme cheminees fumans
Toutes de pueur escumans
Nil ne court mie doulcement
Ains descent si hideusement
Quil tempeste lair en son erre
Plus que nul horrible tonnerre
Sur ce fleuue que ie ne mente
zephirus nulle fois ne vente
Ne ne luy recrespit ses ondes
Qui moult sont laides et parfondes
Mais le doulereup vent de bise
A contre luy bataille emprise
Quil luy conuient ce est tout voir
Toutes ses ondes esmouuoir
Et luy fait ses floz et ses plaignes
Saillir en guise de montaignes
Et les fait entre eulx batailler
Tant veult le fleuue trauailler
Plusieurs a la riue demeurent
Qui tant souspirent et tant pleuret
Sas mettre en leurs pleurs fis ter-
Que tous se plugent en leurs lar- mes
Et ne se cessent desmayer   mes
Que leans ne les faille nayer
Maint home en cestuy fleuue entre
Non pas seullement iusquau ventre
Mais y sont tous enseuely
Tant se plungent es floz de luy
La sont pressez et deboutez
Du hyseup fleuue redoubtez

Mains assorbist leaue et affonde
Mains sont hors reflatis par londe
Et ces floz mains en assorbissent
Et si tres parfont les flatissent
Quilz ne sceuent trace tenir
Par ou sen puissent reuenir
Ains les y conuient seiourner
Sans iamais amont retourner
Ce fleuue ha tant tournoyant
Partant de destroys desuoyant
A tout son venin soulereup
Qui sentre ou fleuue doulcereup
Et luy transmue sa nature
Par sa pueur et grant froydurt.
Et luy de part sa pestilence
Pleine de male mescheance
Et le fait estre amer et trouble
Tant lenuenime et tant le trouble
Et luy tost sa trempee saleur
Par sa desatrempee chaleur.
Sa bonne odeur toute luy oste
Tant rent de pueur a son hoste
En hault ou chief de la montaigne
Ou pedant non pas en la plaigne
Massees sont et trebuchantes
Prestes de receuoir meschantes
La descent la mayson fortune.
Si nest rage de vant nesune
Ne tourment que nul puisse offrir
Qui ne luy conuiegne souffrir
La recoit de toutes tempestes
Et les assaulx et les molestes
Zephirus le doulp vent sans per
Y vient a tart pour atremper
Des durs vens les assaultz horribles
Par ses souffles molz et paysibles
Lune partie de sa sale
Va contre mont et laultre auale
Si semble quelle doye cheoir
Tant le peut on pendant veoir
Done si desguisee mayson

Ne vyt ee croy onc ques mais hom
Moult reluit dune part car gent
Y sont le murs dor et dargent
Si est toute la couuerture
De celle semblance facture
Ardant de pierres precieuses
Moult cleres et moult vertueuses
Chascun a merueilles la loe
Daultre part sont les murs de boe
Qui nont pas espes pleine paume
Dautre part couuerte est de chaume
Dung coste se tient orguilleuse
Pour sa grant beaulte merueilleuse
Daultre tremble toute effraee
Tant se sent foyble et vertuee
Et pourfandue de creuaces
En plus de cincq cent mille places
Puis est chose qui nest estable
Comme flottoyant et muable
Ne certaine habitation
Fortune ha a sa mayson
Et quant elle vult estre honoree
Si se trait en la part doree
De sa maison et la seiourne
Lors pare son corps et atourne
Et se vest comme vne royne
De vne robe qui luy trayne
De toutes diuerses couleurs
De moult deguisees couleurs
Qui sont en soyes ou en laynes
Selon les herbes et les graines
Et selon aultres choses maintes
Dont les draperies sont taintes
Dont toutes riches gés se vestent
Qui pour honneur auoir sapresteyt
Ainsi fortune se deguise
Mais ie dy moy quelle ne prise
Trestous ceulp du monde vng festu
Quant vyt son corps ainsi vestu
Ains est tant orguilleuse et fiere
Quil nest orgueil qui ne se fiere

f iiii

Quant elle voit ses grans richesses
Ses grās hōneurs et ses noblesses
De si grande folie habonde
Quel ne croit pas quil soit ou mōde
Homme ne femme q̄ la vaille
Comment que sa chose apres aille
Puis va tant roant par sa salle
Quelle entre en la partie male
De sa maison et la seiourne
En orde partie et se tourne
Forble decreue et croulant
A toute sa rōe volant
La va tastant et ens se bout
Ainsi comme se ne veit goute
Et quant illec se voit cheue
Sa chiere et son habit remue
Et tant se desnue et desrobe
Quelle est orpheline de robe
Et semble que riens naie vaillant
Tant luy vont tous biens deffaillāt
Et quant elle voit sa meschaance
Si quiert honteuse cheuissance
Et sen va au bourdel courir
Pleine de dueil et de souffrir
La pleure a larmes espandues
Les grans douleurs quelle a eues
Et les delitz ou elle estoit
Quant des grans robes se vestoit
Et pource que est si peruerse
Que les bons en la boe enuerse
Et les deshonnoure et les griefue
Et les mauluais en hault esleue
Et leur donne en grande habōdāce
Dignite honneur et puissance
et puis quāt luy plaist tout leur ēble
Ne ne scet quelle veult ce semble
Pource les yeux bandez luy furent
Des anciens qui la cogneurent

Comment le mauluais ēpreur
Neron par sa grande fureur
Fist deuant luy ouurir sa mere
Et la liurer a mort amere
Pource que veoir il vouloit
Le lieu ou quel conceu lauoit

Et que fortune ainsi le face
Que les bons aualle et efface
Et les mauluais en hōneur tienne
Car ie vueil bien quil ten souuiēne
Iacoitce que deuant dit taye
De socrates qui tant aymoye
Et le vaillant homs tant mamoyt
Que tous ces faiz me reclamoit
Maīs exemples en puis trouuer
Et le peut len tantost prouuer
Par seneeque et par neron
Dont la parolle tost layron
Pour la longueur de la matiere
Car ie mectroye trop a dire
Les faiz neron le cruel homme
Comment il mist le feu a romme
Et fit les senateurs occire
Cil eut cueur plus amer que mire
Quant il fist occire son frere
Et si fit demanbrer sa mere
Affin que par luy fust tost veu
Le lieu ou quel il fut conceu

Et puis quilla xyt de mambree
Selon listoire remambree
La beaulte des mambres iugea
Ha dieu que cy felon iuge a
Noncques du faulx larme nyssi
Car lystoire se dit ainsi
Mais ainsi quil iugeoit des mãbres
Commanda il que de ses chambres
Luy fist len le vin apporter
Et but pour son corps cõforter
Mais il eust au deuant congneue
Sa propre seur quil eut eue
Puis la bailla a vng aultre hõme
Le desloyal que ie cy nomme

Senecque mist il a martire
Sõ bõ maistre et luy fist eslire
De quelle mort mourir vouldroit
Cil veit que sechapper ne pourroit
Tant estoit puissant les mauffez
Dõcques dist il vng baing chauffez
Puis dedans me faites baigner
Et apres me faictes seigner
Tant que ie meure en leaue chaulde
Si que mame ioyeuse et baulde
A dieu qui la crea ie rende
Et daultres tormens la deffande

Comment senecque le preudõme
Maistre de lempereur de rommie
Fut mis en vng baig pour mourir
Neron le fit ainsi perir

Apres ces motz sans arrester
Fit verõ vng baing apprester
Et fit ens le preudomme mectre
Et puis seigner ce dit la lettre
Et tant luy fit de sang espandre
Qui luy conuint son ame rendre
Ne nulle cause ny scauoit
Fors tant de coustume auoit
Neron que tousiours des senfance

Luy souloit porter reuerance
Comme disciple a leur maistre
Mais ce ne dit dist il pas estre
Ne nest pas droit en nulle place
Que reuerance a homme face
Nul depuis quil est emperiere
Tant fut son maistre ou son pere
Et pource que tropt luy greuoit
Quant encontre luy se leuoit
Et son maistre veoit venir
Nil ne sen pouoit pas tenir
Quil ne luy portast reuerance
Par la force dacoustumance
Ainsi fit mourir le preudomme
Si tint il lempire de rommie
Le desloyal que Ie te dy
Et dorient et de mydy
Doccident de septentrion
Tint il la Iurisdicion

Et se tu me seez bien entendre
Par ses parolles peuz aprendre
Que richesses et reuerances
Dignitez honneurs et puissances
Ne nulle grace de fortune
Car ie nen excepte nesune
De si grant force pas ne sont

Quilz facent bons ceulx qui les ont
Ne signes dauoir les richesses
Ne les honneurs ne les haultesses
Mais sil ont en eulx les griefuetez
Orgueil ou quelques mauuaistiez
Le grant estat ou ilz seseloent
Plus tost le monstrent et deseloent
Que ce bien petit estat eussent
Par quoy ainsi nuyre ne peussent
Car quant de leur puissance vsent
Le fait les soulentes accusent
Qui demonstra ces sont et signes
Quilz ne sont pas ne bõs ne dignes
Des richesses des dignitez
Des honneurs et des poetez
Et ce dit len vne parolle
Communement qui est moult folle
Et la tiennent aulcuns a vraye
Par leur fol sens q̃ les desuoye
Que les hõneurs les meurs remuẽt
Mais ceulx mauluaisemẽt arguent
Car honneurs ne font pas muance
Ains sont signe et demonstrance
Quelz meurs en eulx deuant auoyẽt
Quantes petiz estas estoyent
Ceulx ont les fins chemins tenuz
Par quoy sont es hõneurs venuz
Car ceulx sont folz et orguilleux
Despiteux et mal sõmilleux
Puis quilz sont hõneurs receuant
Sachiez telz fussent ilz deuant
Comme tu les peux apres voir
Silz en eussent eu le pouoir
Si napelle ie pas puissance
Scauoir mal ne desordonnance
Car lescripture si dit bien
Que toute puissance est bien
Ou nul a bien fayre ne fault
Fors par foiblesse ou par deffault
Et qui seroit bien cler voyant
Il verroit que mal est neant

Car ainsi le dit lescripture
Et se dauctorite nas cure
Car tu ne veulx pas espoir croyre
Que toute auctorite soit voyre
Preste suis que rayson en ysse
Car il nest riens que dieu ne puisse
Mais qui le vray en veult retraire
Dieu na puissance de mal faire
Et se tu es bien cognoissant
Et vois que dieu est tout puissant
Qui de mal faire na pouoir
Donc peuz tu clerement voir
Que qui lestre des choses nombre
Mal ne met nulle chose en nombre
Mais sicomme lombre se pose
Et loir obscur na nulle chose
Fors deffaillance de lumiere
Trestout en cautelle maniere
En creature ou bien deffault
Mal ny met riens fors par deffault
De bonte ne plus ny peut mettre
Et dit encores plus la lettre
Qui des mauluais cõprẽt les sõmes
Que les mauluais ne sõt pas hõmes
Et viues raysons y amaine
Mais ne vuelut pas mettre peine
A tout ce que iay de prouuer
Quant en escript le puis prouuer
Mais non obstant sil ne te griefue
Bien ten puis par parolle briefue
Des raysons amener aulcune
Cest qui laissent la fin commune
A quoy tendent et tẽdre soyuent
Les choses qui estre receuent
Cest de tous biens le souuerain
Quilz appellent le premerain
Aultre rayson y a beau maistre
pourquoy les mauluais nõt pas estre
Qui bien entent la consequance
Quilz ne sont pas en ordonnance
En quoy tout leur estre mys ont

Trestoutes les choses quilz sont
Dont il sensuit a cler veant
Que les mauluais sont pour neant
☞ Vois comment fortune sert
Ca ius en ce monde desert
Et comme elle fait a despire
Qui des mauluais esleut le pire
Et sur tous hommes le fit estre
De ce monde sire et maistre
Et fist seneque ainsi destruire
Donecques fait bien sa grace a fuire
Quant nul tãt soit de bien bon eur
Ne la peut point tenir asseur
Pource Sueil que tu la desprises
Et que sa trace riens ne prises
Claudius mesmes sen souloit
Merueiller et blasmer Souloit
Les dieux de ce quilz consentoyent
Que les mauluais ainsi montoyent
Es grans hõneurs et es haultesses
Es grans pouoirs et es richesses
Mais luy mesmes a ce respont
Et la cause nous en espont
Comme cil qui de raison Vse
Et les dieux absolt et excuse.
Et dit que pource le consentent
Que plus pres les en tormentent
Pour estre plus forment greuez
Car pource sont en hault leuez
Que len les puisse pres Veoir
De hault trebucher et cheoir
☞ Se tu me fais ce seruise
Que ie cy tesmoing et deuise
Jamais nul tour ne trouueras
Plus riches homs que tu seras
Ne iamais ne seras yre
Tant soit son estat en empire
De corps ne dame ne sauoir
Mais Vuldras patience auoir
Et tantost auoir le pourras
Quant mon amy estre Vuldras

Et en tristesse ne demeures
Je Voy mainteffoys que tu pleures
Com ladit fit sur la blutel
Lon te verroit en Vng putel
Touiller comme grãt Viel panufle
Certes ie tiendroye a grant trufle
Qui diroit que tu fusse bon
Quonques homme en nulle saison
Pour quil Vsast dentendement
Nayma dueil ne marriement
Le Vif dyable et le mauffe
Ont ton cueur si fort eschauffe
Quil ten conuient tant larmoyer
Qui de nulle riens esmayer
· Qui tauenist ne te deusses
Se point dentendement eusses
Ce fait le dieu qui cy ta mis
Tes bons maistres et tes amis
Cest amour qui souffle et atise
La breze qui ta ou cueur mise
Qui fait aux yeulx les larmes rẽdre
Chier te Vult sacointance Vendre
Mais ce napartient pas a homme
Que sens et proesse renomme
Certes mallement ten diffames
Laisse plourer enfans et femmes
Bestes foibles et Variables
Et tu soyes fort et estables
Quant fortune Verras Venir
Veulx tu sa roe retenir
Qui ne peut estre retenue
Ne par grant gent ne par menue.
Le grant emperiere mesmes
Neron dont exemple mesmes
Qui fut de tout le monde sire
Tant sestandoit loing son empire
Ne la peust onques arrester
Tant peust il honneurs conquester
Car il se listoire ne ment.
Receupt puis mort moult laide mẽt
De tout son peuple fut hays

Dont il doubtoit estre enuays
Si manda ses priuez amys
Mais onc les messaigiers trasmis
Ne trouuerent quoy quilz deissent
Nul ceulx q̃ les huys leur ouurissẽt
Adonc y vint poucement
Neron moult paaureusement
Et hurta de ses propres mains
Ne nen firent ne plus ne moins
Car quant chascun plus appella
Plus senclost chascun et cela
Ne nul ne luy voult mot responde
Lors le conuint aler escondre

Comment lemperiere nerons
Se tua deuant deux garcons
En vng iardin ou se bouta
Pource que son peuple doubta

Il se mist pour soy herbergier
Deux siẽs serfz en vng vergier
Et la par tout plusieurs aloyent
Qui pour occire le queroient
Et crioient neron neron
Qui le scet ou le trouueron
Si que luy mesmes les oyoit
Mais conseil mettre ny pouoit

Et fut si formẽt esbay
Que luy mesmes sest enhay
Et quant il se vyt en ce point
Quil neust mais desperance point
Aux serfz pria quil le tuassent
Ou que a soy tuer laidassent
Si soeit mais ains fist requeste
Que ia nul ne trouua sa teste
Pource que point ne fut congneu
Se son corps fut apres veu
Et pria que son corps ardissent
Si tost comme ardoir le puissent
Et ce dit le liure anciens
Dit des douze cesariens
Ou sa mort trouuons en escript
Comme suetones lescript
Qui la loy crestienne appelle
Faulce religion nouuelle
Et mal faisant ainsi la nomme
Cest vng mot de desloyal homme
Car en neron fut deffinee
Des cesariens la lignee
Cil par ses fais tant pourchassa
Que sa lignee deffassa
Non obstant fut il coustumiers
De bien faire es cinq ans premiers
Onc si bien ne gouuerna terre
Nul prince quon sceut aler querre
Tant sembloit loyal et pitieux
Le desloyal le despiteux
Et dist en audience a romme
Quãt il pour condãpner vng hõme
Fut requis de la mort escripre
Ne neust pas honte de ce dire
Quil voulsist mieulx nõ sauoir lettre
Que sa main pour escripre mettre
Si tint ce vult leure dire
En tour dix sept ans lempire
Et trente deux dura sa vie
Mais son orgueil sa felonnie
Si formẽt leurent enuay

Que de si hault si bas cheyt
Comme en m'as oy compter
Tant le fit fortune monter
Quautant le fit apres descendre
Comme tu as cy peu entendre
Oncques ne la peut tenir cresus
Que ne le tournast ius et sus
Qui estoit roy de toute lyde
Puis luy mist len ou col la bride
Et fut pour ardre ou feu liure
Quant par pluye fut deliure
Qui le grant feu fit tost estaindre
Oncques nul nosa la remaindre
Tous sen fuyrent pour la pluye
Cresus se mist tantost en fuye
Quant il se veyt seul en la place
Sans encombrement et sans chasse
Puis fut il seigneur de sa terre
Et puis reuint nouuelle guerre
Puis fut il prins et puis pendu
Quant le songe luy fut rendu
Des deux dieux qui luy apparoyet
Qui sur larbre hault le seruoyent
Jupiter ce dit le lauoit
Et phebus la touaille auoyt
Qui se penoyt de lessuyer
Mal se doult au songe apuyer
Ou si grant fiance acueilly
Quil come fol senorgueilly
Bien luy dist phanye sa fille
Qui tant estoyt saige et subtille
Qui bien sauoyt songes espondre
Et sans flater luy soult respondre

Comment phanye dist au roy
Son pere que par son desroy
Il seroyt au gibet pendu
Et la par son songe entendu
Beau pere dist la damoyselle
Cy a douloureuse nouuelle
Vostre orgueil ne vault vne coque

Sachiez que fortune vo[us] mocque
Par ce songe pouez entendre
Qui vo[us] veult faire au gibet pedre
Et quant serez pendu au vent
Sans couuerture et sans auuant
Sur vo[us] plouura beau sire roys
Et le bel soleil de ses rays
Vous essuyera corps et face
Fortune en ceste fin vous chasse
Qui tolt et donne les honneurs
Et fait souuant des grds mineurs
Et des mineurs refait greigneurs
Et seigneurie sur les seigneurs
Que vous en proye ie flatant
Fortune au gibet vous atant
Et quant au gibet vous tiendra
La hart au col si reprendra
La belle coronne doree
Dont vostre teste est coronnee
Vng aultre en sera coronnez
De qui garde ne vous prenez
Et affin que ie vous enseigne
Plus appertemēt la besongne
Jupiter qui leaue donne
Cest lair qui pleut et vente et tonne
Et phebus qui tient la touaille
Cest le soleil sans nulle faille

Labre pour le gibet sans glose
Je ny puis entendre aultre chose
Passer vous conuient ceste plache
Fortune le peuple reuanche
Du boban que vous demenez
Comme orgueilleup et forcenez
  Si destruit elle maint preudomme
Car elle ne prise vne pomme
Tricherie ne loyaulte
Ne vil estat ne royaulte
Aincois sen ieue a la pelote
Comme pucelle nice et sotte
Et gette a grans desordonnances
Richesses honneurs reuerances
Dignitez et puissances donne
Ne ne prent garde a quel personne
Car ses graces si les despent
Quen despendant toutes espent
Et les gette en lieu de putties
Par putteaup et par praeries
Ne ne prise tout vne bille
Fors que gentillesse sa fille
Cousine est prochaine cheance
Tant la tient fortune en balance
Mais de celle est il vray sans faille
Que fortune a nul ne baille
Comment quil soit du retollir
  Sil ne scet si son cueur pollir
Quil soit courtois preup et vaillant
Car nul nest si bien bataillant
Et de villenie sapresse
Que gentillesse ne le laysse
  Gentillesse est noble et si a ain
Quel nestre pas en cueur villain
Pource vous pry mon treschier pere
Que villanie en vous napere
Ne soyez orgueilleup ne chiches
Ayes pour enseigner les riches
Large cueur et et courtois et gent
Et piteup a la poure gent
Ainsi le doit chascung roy faire

Large courtois et debonnayre
Ait le cueur et plein de pitie
Querant du peuple lamitie
Sans qui roy en nulle saison
Ne peut ne cung bien simple hom
Ainsi le chastioit phanye
Mais fol ne voit en sa folye
Fors que sans et rayson ensemble
Si come en son fol cueur luy semble
Cresus qui point ne sumilie
Tout plein dorgueil et de folie
En tous ses fais se cuide saiges
Combien quil feist de grans oultraiges
  Cresus respond a sa fille
Ille dist il de courtoysie
Ne de sans ne maprenez mye
Plus en see que vous ne scauez
Qui si chastie men auez
Et que par vous fol propose
Mauez si mon songe expose
  Serui mauez de grant mensonge
Car sachiez que ce noble songe
Ou faulse glose voulez mettre
Doit estre entendu a la lettre
Et moy mesmes ainsi lentens
Comme vous le verrez par temps
Onques si noble vision
Neust si ville expposicion
Les dieup apres a moy viendront
Et le seruice me tendront
Quilz mont par ce songe promis
Tant est chascun deulp mes amis
Car ie lay pieca desseruy
  Rayson
Voy com fortune le seruy
Quil ne se peut oncques deffendre
Quel ne fist au gibet pendre
Nest ce bien donc chose prouuable
Que sa roe nest pas tenable
Que nul ne la peut retenir
Tant sache a grant estat venir

Et se tu sceez riens de logique
Qui est science autentique
Puis que si grãs seigneurs y faillet
Les petis en vain se travaillent
Et se les premiers riens ne prises
Des anciennes hystoires prinses
Tu les as de ton temps nouvelles
De batailles fresches et belles
De tel beaulte ce vois sauoir
Comme il peut en bataille auoir
C'est de mainfroy roy de cecille
Qui par force tint et par guille
Long temps en paix toute la terre
Quãt le bõ charles luy meut guerre
Conte d'aniou et de prouuance
Qui par diuine proueance
Est ores de cecille roy
Ainsi que la voulu dieu vray
Qui tousiours sest tenu o ly
Ce bon roy charles sentoffy
Non pas sans plus la seigneurie
Ains luy tollit du corps la vie
Quant a l'espee qui bien taille
Dedans la premiere bataille
L'assaillir pour le desconfire
Eschiec et mat luy ala dire
Dessus son destrier aufferant
Du trayt d'ung bon pennet errant
Ou millieu de son eschiquier
De courradyn parler ne quier
  Son neueu dõt lexemple est p̃ste
Dont le roy charles print la teste
Maulgre les princes d'alemaigne
Henry frere du roy d'espaigne
Plein d'orgueil et de trayson
Fit il mourir en sa prison
Ces deux comme folz garconnetz
Et rocz et folz et paonnetz
Et cheualiers au ieu perdirent
Et hors de l'eschiquier saillirent
Telle paour eurent destre prins

Au ieu quilz eurent entreprins
Mais qui la verite regarde
D'estre prins n'auoient ilz garde
Puis que sans roy se combatoyent
Eschiec et mat riens ne doubtoyent
Ne cil avoir ne le pouoit
Qui contre eulx aux eschiez iouoit
Fut a pie ou fut en arcons
Car on ne haue pas garcons
Folz cheualiers sergens ne rocz
Car se verite compter nos
Si n'en quier ie nulluy flater
Ainsi comme il va du mater
Puis que des eschez me soutient
Se tu riens en sceez il conuient
Que cil soit roy que l'on dit haues
Quãr tous ces hõmes sont esclaues
Et quil se voit seul en la place
Ne ny voit chose qui luy place
Ains sen fuit par ses ennemis
Qui sont en tel pourete mis
L'en ne veult aultrement clauer
Le seeuent le large et lauer
Car ainsi le veult atalus
Qui du ieu deschiez trouua lus
Quant il traictoit d'arismetique
Et verras en policartique
Quil voult traytier de la matiere
Des nombres par science entiere
Qui se beau ieu ioly trouua
Et par demonstrance prouua
Pource se mirent ilz en fuye
Par la prinse qui leur ennuye
Quay ie dit pour prinse escheuer
Mais pour la mort qui plus greuer
Les pouoit et qui pis alloit
Car se ieu malement aloit
Au mois par duers leur partie
Qui de dieu estoit departie
Et la bataille auoit emprinse
Contre la foy de saincte esglise

Et qui ung eschiec dit leur eust
Nest qui bien secourir les peust
Car la fierte fut toute prinse
Au ieu de la premiere emprise
Ou le roy perdit comme folz
Roys cheualiers paons et folz
Si nest elle pas la presente
Mais la chetiue la doulente
Ne peut fuir ne soy deffendre
Puis quelle luy eut fait entendre
Que mat et mort gisoit mains frois
Par piez par chief et par mais frois
Et puis que ce bon roy ouy
Quilz sen furent ainsi fuy
Les print il fuyant ambedeup
Et puis fist sa voulente deup
Et de mains aultres prisonniers
De leurs folies personniers

DE sanllant roy dont ie vo' copte
Que lon souloit appeller conte
Que nuys et iours et mains et soirs
Garmé son corps et tous ses hoirs
Car d dieu et deffend et conseille
Cil dompta lorgueil de marseille
Et print des plus grans de la ville
Les testes ains que de cecille
Luy fut le royaulme donne
Dont il est huy roy couronne
Et vicaire de tout lempire
Mais ie ne vueil de luy plus dire
Car q ses fais vuldroit retratre
Ung grant liure en couiendroit faire
Voy cy ges q gras honeurs tindret
Or scez a quel chief ilz en vindrent
Est doncques bien fortune seure
Nest bien cil fol qui si asseure
Car cil que scet par deuat oindre
Scet aussi par derriere poindre
Et toy qui la rose baisas
Pourquoy de vueil si grant fais as
Que tu ne ten peuz apaisier

Cuydoyes tu tousiours baisier
Tousiours estre en aise et delices
Par mon chief tu es folz et nices
Fay que ce vueil plus ne te tienne
De mainfroy vueil qui te souuienne
De henry et de courrardin
Qui firent pis que sarrasin
De commancer bataille amere
Contre sainte esglise leur mere
Et du fait des marcelliens
Et des grans hommes anciens
Comme neron comme cresus
Dont ie tay compte cy dessus
Qui fortune tenir ne peuent
A tout la grant paour quilz eurent
Parquoy franc honme q tant se prise
Qui sorgueillist pert sa franchise Nō
Il ne scet pas bien en quel eage
Cresus le roy vint en seruage
Ne xeucuba mien estiant
Qui fut femme du roy priant
Ne tiet il pas en sa memoire
Ne de sicicambris lystoire
Mere de daire roy de perse
Qui fortune fut si peruerse
Qui franchises et royaulme tindret
Et serues en la fin deuindrent

OAultre part ie tiens a grāt hōte
Puis que tu scez q lettre monte
Et questudier il conuient
Comment daymer il te souuient
Puis que tu as estudie
Mais tu las ce me semble oublye
Et nest ce peine saine et duyde
Tu metz en lire ton estuyde
Et tout par negligence oublye
Que vault doncques ton estudye
Quant le sens au besoing te fault
Et seullement par ton deffault
Certes tousiours en remembrance
Tu deusses auoir la sentence

Si verroit bien tout homme saige
Et si fiche en son courage
Que iamais ne luy eschappast
Tant que la mort si latrapast
Car qui la sentence scauroit
Et tousiour en son cueur lauroit
Et la sceut tresbien supposer
Jamais ne luy pourroit peser
De chose qui luy aduenist
Que tousiours fort ne se tenist
Encontre toutes auentures
Bonnes males molles et dures
Si rest elle wir si comnune
Selon les oeuures de fortune
Que ung chascun iour la wit
Se bon entendement auoit
Merueille est que tu ne sentens
Qui ta cure as mis grant temps
Mais tu las aultre part tournee
Par ceste amour deshordonnee
Si la te Sueil ramenteuoir
Pour toy mieulx faire apperceuoir

Iupiter en toute saison
A sur le sueil de sa maison
Ce dit amer deux pleins tonneaulx
si nest vieulx homs ne garçonneaux
Nil nest dame ne damoyselle
Soit vielle ieune laide ou belle
Qui bien ce monde recoyue
Qui de ses deux toneaulx ne boiue
Cest une tauerne pleniere
Dont fortune est la tauerniere
Et entrait en poz et en coppes
Pour faire a tout le monde souppes
Tous en a breuue a ses mains
mais aux ungz plus aux autres moins
Nest nul q chascun iour ne pinte
De ses toneaux ou quarte ou pinte
Ou muy ou sestier ou choppine
Si comme il plaist a la meschine
Ou pleine paulme ou quelque gote

Que fortune ou bec luy boute
Et bien et mal a chascun verse
Si come elle est doulce et paruerse
Ja nul si ioyeux ne sera   Nota
Quen bien pourpenser se scaura
Quil ne treuue en sa plus grant aise
Quelque chose qui luy desplaise
Ne ia tant de meschief naura
Quant bien pourpenser se saura
Quil ne trouue en son desconfort
Quelque chose qui le confort
Soit chose faite ou chose a faire
Sil pensoit bien a son affaire
Sil ne chiet en desesperance
Qui tous les pecheurs desauance
Nenulluy ny peult conseil mectre
Tant ait la parfont en la lettre
Que te fault donc le courroucier
Le sarmoyer et le groucier
Mais prens bon cueur et si tauace
De receuoir en pacience
Tout ce que fortune te donne
soit belle ou laide ou male ou bonne
De fortune la serulilleuse
Ne de sa roe merueilleuse
Tous les tours compter ne pourroye
Cest le ieu de Bourse en courroye
Que fortune scet si partir
Que nul deuant ny depart it
Nen peut auoir science experte
Sil y prendra ou gaing ou perte
Mais a tant delle me tairay
Fors quencore me retrairay
Ung petit et pour mes requestes
Dot ie tay fait troys molt honestes
Car uulentiers recorde touche No
Chose qui pres du cueur luy touche
Et se tu le weulx reffuser
Nest riens qui ten puisse excuser
Que trop ne faces a blasmer
Cest que tu me vueilles aymer

                                   g

Et que le dieu damours desprises
Et que fortune riens ne prises
Et se tu trop faible te fais
A soustenir ce troble fais
Je suis preste de lalegier
Pour le porter plus de legier
Prens la premiere seulement
Et se tu mentens sainement
Tu seras des aultres deliure
Car se tu nes ou fol ou yure
  Sauoir dois et bien le recorde
Que cil qui a raison sacorde
Jamais par amours naymera
Ne fortune ne prisera
Ainsi le fit le bon socrates
Que bien nayma damours appertes
Le dieu damours onc ne cremut
Ne pour fortune ne se mut
Pource Bueil que tu le ressembles
Car se tu ou mien es plante
Ce me souffit a grant plante
Or loy com la chose sapreste
Je ne te fais nye requeste
Prens la premiere que jay dite
Et je te tien des aultres quite
Si ne tiens plus la bouche close
Et fais response a ceste chose

    Cy respont lamant a raison
Dame dis ie ne puis aultre estre
Il me couiet seruir mon maistre
Qui moult plus riche me fera
Cent mille foys quant luy plaira
Car la rose me doit bailler
Se ie me scay bien trauailler
Et se par luy la puis auoir
Je nauray besoing daultre auoir
Ne ne priseroye deux miches
Socrates combien quil fut riches
Ne plus nen quier ouyr parler
A mon maistre men Bueil aller

Tenir luy Bueil mon conuenant
Car il est droit et auenant
Sen enfer me deuoit mener
Ne puis ie mon cueur refrener
Car il nest pas du tout a moy
Oncque encores ne sentamay
Ne ne tens pas a entamer
Mon testament pour aultre aymer
A bel acueil ie le layssay
Car tres bien par cueur mon lais scay
Et eulx par grant impacience
Confession sans repentence
Si ne Bouldroye pas la rose
Changier a Bous par nulle chose
La conuient que mon penser Bise
Si ne Bous tiens ie pas courtoise
Quant si mauez coulles nommees
Qui ne sont pas bien renommees
En bouche a courtoise pucelle
Vous qui estes courtoise et belle
Ne scay comment nommer losastes
Aumoins quant le mot ne glosastes
Par quelque courtoise parolle
Comme prudefemme parolle
Souuent ie Boy que ces nourices
Dont maintes sont baudes et nices
Quant leurs enfant tiennent et baignét
Et les maniet et applaignent
Si les nomment ilz aultrement
Vous sauez or bien se ie ment
Lors se print rayson a sourrire
Et sourriant me print a dire

    Rayson
Beaulx amis ie puis bien nommer
Sans moy faire mal renommer
Appertement par propre nom
Chose qui nest si bonne non
Voire du mal seurement
Puis ie bien parler proprement
Car de nulle riens ie nay honte
Se nest celle qua pechie monte

Mais chose ou pechie se meist
N'est riens qui faire le me fist
None en ma vie n'ay pechie
N'encor ne fais ie pas pechie
Se ie nomme les nobles choses
Par plein texte sans mectre gloses
Que mon pere en paradis
Fist de ces propres mains iadis
Et tous les aultres istrumens
Qui sont piliers et fondemens
A soustenir nature humaine
Qui sans eulx fut et casse et vaine
Car voulentiers non pas enuis
Mist Dieu en coilles et en vis
Force de generacion
Par merueilleuse entancion
Pour lespece auoir tousiours viue
Par renouuelleuse neyue
C'est par naissance rechxable
Et par cheance reuesable
Par quoy dieu les fais tant durer
Qui la mort ne peut endurer
Ainsi fait il aux bestes mues
Qui par ce seront soustenues
Car quant les vnes bestes meurent
Les formes aux aultres demeurent

Lamant

OR fault assez pis que deuant
Car ie suis bien apperceuant
Par la vostre parolle baude
Que vous estes folle ribaude
Car tant ait dieu les choses faites
Que cy deuant auez retraites
Les noms au moins ne fit il mye
Quilz sont tous pleins de villanie

Raison

BEaulx amis dist raiso la sage
Folie n'est pas vasselage
None ne fut ne ia ne sera
Tu diras ce quil te plaira
Car bien en as temps et espace

Ne mais que t'amour et ta grace
Vueil auoir nen diz pas doubter
Car ie suis preste d'escouter
Et souffrir tout et de moy taire
Mais que te garde de pis faire
Combien que se dangier merueilles
Si semble il au mois q̃ tu vueilles
Que ie te responde folie
Mais ce ne te feray ie mie
Je qui pour ton bien te chastoy
Ne suis mie de tant a toy
Que tel villanie sencommance
Que ie me dïe ne ne tauance
Car il est vray ne te desplaise   No
Tousiours est vengãce mauluaise
Et se diz sauoir que mesdire
Est encores vengance pire
Bien aultrement me vengeroye
Se vengance auoir en vuloye
Car se tu mesfaiz ou me dïs
Ou par tes fais ou par tes ditz
Seurement men puis ie reprendre
Pour toy chastier et aprendre
Sãs blasme et sans diffameme̅t
Ou vengier mesmes aultrement
Se tu ne me vuloye croire
De ma parolle bonne et voire
Par plainte quant temps en seroyt
A iuge qui droit men feroit
Ou par quelque fait raisonnable
Prendre aultre vengance honnourable
Je ne vueil pas aux gens tenser
Ne par mon dit desauancer
Ne diffamer nulle personne
Quelle que soit mauluaise ou bonne
Ait chascun endroit soy son fais
S'il vueil si sen face confes
Je ne luy en feray ia presse
S'il ne vueil si ne sen confesse
N'ay talent de folie faire
Pourtant que men puisse retraire

gii

Ne par moy nest la sure dite
Cest taire vertu petite
Mais dire les choses a taire
Cest trop grant dyablerie a faire
Langue voit estre refrenee
Car nous lisons de tholomee
Vne parolle moult honneste
Au commancer de la maistre
Que sages est cil qui met peine
A ce que sa langue refrene Nō
Fors sans pl' quant de dieu parolle
La na sen pas trop de parolle
Car nul ne peut trop dieu louer
Ne trop a seigneur aduouer
Trop aymer ne trop obeir
Trop craindre ne trop beneir
Crier mercy ne graces rendre
A ce ne peut nul trop descendre
Car tousiours reclamer le doiuent
Tous ceulx qui biens de luy receoiuent
Chaton mesmes a ce sacorde
Si lest que son liure recorde
La peux en escript trouuer tu
Que la premiere ne vertu
Cest de mectre en sa langue frain
Doubter donc la tienne et refrain
De folie dire et soultrages
Si feras que preux et que sages
Il fait bon croire les payens
Quant de leur ditz grans biensaiens
Mais vne chose te puis dire
Sans point de rancune ne ire
Et sans blasme et sans ataine
Car trop est fol qui gens ataine
Que sauue ta grace et ta paix
Tu xrs moy qui ayme ta paix
Trop mesprens quant si te reuesse
Que folle ribaude mappelle
Et sans desserte me les anges
Quant mon pere le roy des anges
Dieu le benit sans villanie

De qui vient toute courtoisie
Et ma nourrie et enseignee
Dont ne me tiens pas engignee
Aincois maprint ceste maniere
Par son gre suis ie coustumiere
De parler proprement des choses
Quant il me plaist sans mectre gloses
Et quant tu me vuelx opposer
Tu qui me semons de gloser
Et vuelz dire comme proposes
Que dieu a faites toutes choses
Au moins ne fit il pas le nom
Je te respons espoir que non
Aumoins cessuy quelles ont ores
Si les peust il bien nommer lores
Quant il premierement crea
Tout le monde et quant quil y a
Mais il voult q̄ nom leur donnasse
A mon plaisir et les nommasse
Proprement et communement
Pour croistre nostre enseignement
Et la parolle me donna
Ou moult tres precieux donna
Et ce que tay ey recite
Vuelz trouuer en auctorite
Car platon disoit a lescolle
Que donnee nous fut parolle
Pour faire noz vuloirs entendre
Pour enseigner et pour aprandre
Ceste sentance ey rimee
Trouueras escripte et famee
De platon qui ne fut pas nices
Et quant tu saultre part obices
Que lais et villain est le mot
Je te dy deuant dieu qui mot
q̄ te quant mis les noms aux choses
Qui ey reprendre et blasmer oses
Couilles reliques appellasse
Et reliques couilles clamasse
Tu qui si me mors et depiques
Me redesses que de reliques

Que ce fut laid mot et villain
Coulles et beau nom et si lain
Si sont aussi coulles et vit
Que nul homs plꝰ bel nom ne vit
Je fiz les noms et suis certaine
Quoncques ne fiz choses villaine
Et quant pour reliques moisses
Coulles nommer les noms premisses
Pour si beau et tant les prisasses
Que par tout coulles aoraasses
Et les baisasses es esglises
En or et en argent assises
Mais dieu q̄ est dieu pere et filz
Tient a bien fait tout ce que fist
Comment pour le corps saint omer
Noseroye ie mie nommer
Proprement les oeuvres mon pere
Convient il que ie le compere
Noms couenoit il bien quilz eussent
Ou gens de nommer les sceussent
Et pource telz noms leur meismes
q̄ on les nōmast par eulx meismes
Se femmes nen nōment en france
Se nest fors par acoustumance
Car leur propre nom bien leur pleust
Qui acoustume bien leur eust
Se proprement les noms nōmasset
Ia certes de riens ne pechasset
Acoustumance est trop puissant
Et se bien en est cognoissant
Mainte chose desplaist nouuelle
Qui par acoustumance est belle
Chascune qui les va nommant
Les apelle ne scay comment
Bourses hernois riens pechiez pines
Ainsi com se fussent espines
Mais quātelles sentent bien ioygnās
Ne se tiennent pas appoignans
Or les nomment comme ilz seulent
Quant proprement nōmer ne veulent
Je ne leur en feray ia force

Car a riens nulle ne mesforce
Quant riens vueil estre appertement
Tant comme a parler proprement

Si dit on bien en noz escolles
Maintes choses par parabolles
Qui moult sont belles a entendre
Se ne doit on mie tout prendre
A la lettre quenque len ot
En ma parolle aultre sens not
Aumoins quāt des coulles parloye
Quant si brief ment parler vouloye
Que cestuy que tu y veulx mettre
Et que bien entendroit la lettre
Le sens verroit en lescripture
Qui esclairoit la fable obscure
La verite dedans enclose
Seroit clere et toute desclose
Bien entendras se tu repetes
Les integumens aux poetes
La verras vne grant partie
Des secretz de philosophie
Ou moult te vouldras deliter
Et si pourras moult proffiter
En delitant proffiteras
En profitant deliteras
Car en leurs diz et en leurs fables
Gisent delitz moult proffitables
Soubz q̄ leurs pensees couurirent
Quant le vray des fables vestirent
Si te conuient a ce coup rendre
Se la parolle veulx entendre
Ie tny donc tes deux motz rendus
Se tu les as bien entenduz
Qui prins doiuent estre a la lettre
Tout proprement sans glose mettre

Lamant
Ame bien les y peut len prēdre
Car moꝰt sōt legiers a cōprēdre
Et nest aucun qui francois feust
Qui bien prendre ne les y deust

giii

N ont le soing daultres declarances
Mais des poetes les sentences
Les fables et les metaphores
Ne tens ie pas a gloser ores
Mais se ie puis estre gary
Et se seruice mest mery
Dont si grant guerdon atens
Ie les gloseray tout a temps
Au moins ce qui men affierra
Si que chascun cler y verra
Et vous riens pour bien epeuser
De la parolle ainsi vser
Et des deux motz dessus nommez
Quant si proprement les nommez
Si ne my conuient plus muser
Ne mon temps sur la glose vser
Mais ie vous cry pour dieu mercy
Ne me blasmez plus daimer cy
Se ie suis fol cest mon dommage
Mais au moins fis ie molt q̃ sage
De ce cuide ie estre bien fiz
Quant hommage a mon maistre fiz
Et se ie suis fol ne vous chaille
Ie vueil aymer comment quil aille
La rose ou ie me suis voue
Ie ne seray daultre voue
Et se mamour vous promectoye
La promesse ne vous tendroye
Et adoncques deceueur seroye
Vers vous et mon dieu roberoye
Se ie vous tenoye conuent
Car ie vous ay bien dit souuent
Que ie ne vueil ailleurs penser
Qua la rose ou est mon penser
Et quant ailleurs penser me faittes
Par voz parolles cy retraittes
Que ie suis ia tout las doir
Tost me verrez de cy fuir
Se ne vous en taisiez a tant
Puis que mon cueur ailleurs satent
Car trestous les vngz parlemens

Qui pourroyent es elemens
Et ce que on pourroit sermonner
Ne me pourroyent destourner
Que ie nayme la doulce rose
De tout mõ cueur pl⁹ quaultre chose

Comment raison laisse lamant
Melencolieux et dulant
Puis sest tourne devers amis
Qui en son cas confort a mis

Q Vant raisõ me oit si se retourne
Et me laissa pesant et morne
Et adonc damis me souuint
Esuertuer lors me conuint
Aler y vueil a quelque peine
Si vint que amis dieu amaine
Et quant il me vit en tel point
Que tel douleur au cueur me point

Amis
Que est cecy mon doulx amis
Qui vous a en tel torment mis
Puis que ie vous voy si descheu
Ie congnois quil vous est mescheu
Mais or me dites des nouuelles
Lamant

Par ma foy tresbonnes et belles
	Amis
Dites moy tout
	Lamant
Et ie luy compte
Ainsi quauez oy le compte
Ja plus ne le recorderay
	Amis
Dya dit amis comment feray
Vous auiez dangier appaisie
Et aussi le bouton baisie
De neant estes vous entrepzins
Se belacueil a este prins
Puis que tant sest habandonne
Que le baisier vous fut donne
Jamais prison ne le tiendra
Mais sans faille il vous conuiendra
Plus sagement vous maintenir
Sa bon chief en voulez venir
Confortez vous car bien sachiez
Quil est de la prison sachiez
Ou il a este pour vous mis
Il a assez fors ennemis
Sil ny auoit que male bouche
	Lamant
Cest cil qui plus au cueur me touche
Car il a les aultres esmeuz
Je ny eusse ia este sceuz
Se le glout ne chalemelast
Paour et honte me celast
Moult volentiers mesmes dangier
Mauoit laisse a ledangier
Tout troys sestoyent cois tenuz
Quant les dyables y sont venuz
Que le glout y fit assambler
Qui fit lors belacueil trembler
Quant ialousie lescria
Car la vielle trop mal crya
Moult grant pitie luy en peut prendre
Je men fuy sans plus actendre
Lors fut le chastel maconne

Ou belacueil est emprisonne
Pource amis a vous me conseil
Mort suis se ny mectez conseil
Lors dit amis tres bien apris
Qui damours eust assez apris
	Amis
Compaingz ne vous desconfortez
En bien aymer vous deportez
Le dieu damours et nuyt et iour
Seruez loyaument sans seiour
Vers luy ne vous desloyautez
Vous feriez grant desloyautez
Sil vous trouuoit en riens recreu
Car trop se tiendroit a deceu
De ce qua homme vous receut
Quonecques loyal cueur ne deceut
Faites ce quil vous enchargea
Tous ces commans gardez car ia
A son propos combien qui tarde
Ne fauldra cil qui bien les garde
Sil ne luy meschiet daultre part
Comme fortune se depart
Du lieu damours seruir pensez
Et luy soyent tous voz pensez
Cest doulce pensee iolye
Pource seroit trop grant folie
Du laissier puis quil ne vous laisse
Mais pourtāt il vous tiēt en laisse
Si vous conuient vers luy passer
Quant vous ne le pouez laisser
Or vous diray que vous ferez
Vne grant piece vous tiendres
Du fort chastel aler xxxoir
Ny ales iouer ne seoir
Ne oy ny soyez ne point veu
Tant que tout ce pet soit cheu
Au moins tant comme vous souliez
Ja soit ce que aler y vouliez
Pres des murs ou deuant la porte
Se sauenture la vous porte
Faites samblant coniet quil aille
	g iiii

Que de bel acueil ne vous chaille
Mais se de loing le voyez estre
Ou a carnel ou a fenestre
Regardez le piteusement
Mais trop soit fait courtoisement
 Sil vous voit ioyeux en sera
Ia pour garder ne laissera
Mais nen fera chiere ne fin
Ce nest espoir en larrecin
Ou sa fenestre espoir cloira
Quant aux gens parler v'orra
Si guettera par la fandace
Tant que vous serez en la place
Iusques vous en soyez tourne
Se par austre nest destourne
Mais prenez garde touteuoye
Que male bouche ne vous voye
 Sil vous voit si le saluez
Mais gardez que vous ne muez
Et ne faites chiere nesune
Soit de haine soit de rancune
Et se vous ailleurs sencontrez
Nul mal talet ne luy monstrez
Sages homs son mal talet oeuure
Et sachiez que ceulx fot bon oeuure
Que les detteurs si desoiuent
 Sachiez qua insi faire le viuent
Tous les amas au moins les sages
Male bouche et tous les lignages
 Sil vous deuoyent deuorer
Pour les seruir et honnourer
Offrez leur tout par grant franchise
Cueur et corps auoir et seruise
Len seult dire et voir est ce cuis
Encontre lezie recuit
De ceulx moquer nest pas pechiez
Que de mocquer sont entachiez
Male bouche si est bon lierre
Oste bon si demoura lierre
Lierres est il sachiez de voire
Bien le pouez apperceuoir

Nil ne doit auoir austre nom
Quil emble aux gés leur bon renom
Nil na iamais pouoir de rendre
Len le deuroit mieulx mener pendre
Que tous ces aultres larronceaulx
Qui deniers emblent a monceaulx
Sung larroncel emble deniers
Robe en parche ou ble en greniers
Pour quatre tant en sera quictes
Selon les loix qui sont escriptes
Et fut prins en present forfait
Mais male bouche trop meffait
Par son orde langue despite
Qui ne peut des ce que la dite
Restaurer male renommee
De sa male gueulle nommee
Ne rapeller parolle sangle
Se il la dite par sa gengle
On fait male bouche appaiser
Quaulcunesfoys on seult baiser
La main quon vauldroit q fust arse
Que fut ores le glout en arse
Se genglast la quanque vulsist
Mais quaux amans riens ne tolsist
Bo fait estouper male bouche. No
Quil ne die blasme ou reprouche
Car luy aussi tous ses parens
A qui ia dieu ne soit garans
Par barat conuient baratet
Seruir chuer blandir flater
Par hourt par adulacion
Par faulse simulacion
Et encliner et saluer
Qui fait trop bon le chien huer
Tant quon ait la voix passee
Bien seroit sa langue quassee
Silluy pouoit sans plus sambler
Que ne eussiez talent dambler
Le bouton quil vous a mis sus
Parce pourrez estre au dessus
La vielle qui bel acueil garde

Seruez aussi que mal feu la rde
Ainsi faitez a ialousie
Que nostre seigneur la maudie
La douloureuse la sauluage
Qui tousiours daultruy ioye enrage
C'est si crueuse et si gloute
Que tel chose veult auoir toute
Mais selle en laissoit a tous prẽdre
Jamais ne la trouueroit mendre
Moult est fol qui tel chose espargne
C'est la chandelle en la lanterne
Qui nul y en alumeroit
Ja moins de feu ny trouueroit
Chascun scet la similitude
Se moult na l'entendement rude
Se cestes ont de vous mestier
Seruez les de vostre mestier
Faire leur deuez courtoisie
C'est vne chose moult prisie
Mais qui ne puissent perceuoir
Que tendiez a les deceuoir
Ainsi vous conuient demener
Les bras ou col doit on mener
Son ennemy pendre ou noyer
Par flater par applanoier
Saultrement nen peut on cheuir
Mais bien puis iurer et plenir
Quil ny a aultre cheuissance
Car ilz sont de telle againtance
Qui en appert les assauldroit
A son propoz ce croy fauldroit
Apres aussi vous contendrez
Quant aux aultres portiers vẽdrez
Se vous aduenir y pouez
Telz dons que cy dire mouez
Chappeaux de fleurs en esclissetes
Bourses gentes ou esplinguettes
Ou aultres iouelletz p̃tis
Gentilz et beaux et bien faitis
Se vous en auez aisement
Sans vous mettre a destruysemẽt

Pour appaiser leur presentez
Et puis des maulx vous demantez
Et du trauail et de la peine
Qu'amours v'fait q̃ la v'maine
Et se vous ne pouez donner
Par promesses faultz sermonner
Promectez fort sans delaier
Comment quil aille du paier
Jurez fort et la foy baillez
Ains que conclus vous en ailles
Si leur priez quil vous sequeurent
Et se deuant eulx v'z yeulx pleurent
Ce vous fera grant auantage
Pleurez et vous ferez que sage
Deuant eulx vous agenoillez
Jointes mains et vous yeulx moilles
De chaudes larmes en la place
Qui vous couleront par la face
Si quilles voyent bien cheoir
C'est moult grant pitie a voir
Larmes ne sont pas dedaigneuses
Mais esmeuuent les gens piteuses
Et se vous ne sauez pleurer
Couuertement sans demourer
De vostre saliue prenez
Et ius d'ongnons et l'espregnez
Ou daulx ou d'aultre chose maintes
Dont vos paupieres soyent ointes
S'ainsi le faitez pleureres
Toutes les foys q̃ vous vouldrés
Ainsi l'ont fait mains laboureux
Qui puis furent fins amoureux
Les dames les souloyent prendre
Aux las quil leur vouloyent tendre
Tant que par leur misericorde
Leur ostassent du col la corde
Et maintz par tel barat pleurerent
Qui onques par amour n'amerēt
Ains deceuoyent les pucelles
Par telz pleurs et par tel flauelles
Larmes les cueurs de tel gẽs sachẽt

Mais que sans pl9 barat ny sachet
Mais se vostre barat savoyent
Jamais de vous mercy nauroyent
Crier mercy vous seroit neans
Jamais vous nentreriez leans
Et sa culp ne pouez aler
Faites y par aulcuns parler
Qui soit messagier convenable
Par vix par lettre ou par table
Mais ta nymettes propre nom
Ja cil ny soit se celle non
Celle ressoit cil appellee
La chose en sera mieulx celee
Cil soit dame celle soit sires
Ainsi escripvez vous martires
Car plusieurs amans ont receu
Mains barons qui ont lescript leu
Les amans en sont encusez
Et du deduit damours rusez
Ja en enfans ne vous fiez
Car vous en seriez conchiez
Il ne sont pas bons messagiers
Tousiours sont enfans enragiez
De gengler et monstrer quil portet
Aux traiteurs qui les enhortent
Ou sont nycement leurs messages
Pource quil ne sont mie sages
Tout seroit tantost publie
Se moult nestoyent aduise
Les portiers si est chose seure
Sont de si piteuse nature
Se vous dons daignent recevoir
Il ne vous vouldront decevoir
Et sachez que receuz serez
Apres les dons que vous ferez
Puis quil prenet cest chose faite
Car comme le loirres a faicte
A venir au soir et au matin
Le gentil espreuier a main
Ainsi sont afaictez par dons
A donner graces et pardons

Les portiers aux fins amoureux
Tous se rendet vaincuz par eulx
Et sil advient que les trouvez
Si orgueilleux que ne pouez
Les flechir par dons et prieres
Par pleurs ne par autres manieres
Mais vous regectent tout arriere
Par reffus et parolle fiere
En vous le sangent rudement
Pourtez ce dueil courtoisement
Et les delaissiez en ce sain
Car onecques fromage de gain
Ne se cuit mieulx quil se cuiront
Par vostre fuite se duiront
Maintesfoys a vous essaulcer
Car vous pourra moult avancer
Villains cueurs sont de telle fierte
Ceulx qui pl9 les ont en fierte
Plus les priet et moins les prisent
Plus les servent plus les desprisent
Mais quat il sont des gens laissez
Tout ont leurs orgueils abaissez
Ceulx qui desprisoyet leur plaisent
Lors se doubtent et se rapaisent
Qui ne leur est pas bel mais lait
Moult durement quant on les lait
En matinier qui par mer nage
Serche mainte terre saulvage
Tant regarde il a vne estoile
Ne court il pas tousiours d'ung wille
Ains le treschange moult souvent
Pour eschiuer tempeste et vent
Aussi homs qui daimer ne cesse
Ne court pas tousiours d'une laisse
Or doit chasser or doit fuir
Qui veult de bonne amour iouyr
Daultre part ce bien plaine chose
Je ne vous y mectray ia glose
Ou texte vous pouez fier
Bon fait ces troys portiers prier
Car nulle riens cil ny peut perdre

Qui se veult au prier adherdre
Combien quilz soyent bobancier
Et si se peut bien auancier
Prier les peut bie seurement
Car il sera certainement
Ou reffuse ou bien receu
Ne peut gaires estre deceu
Riens ny perdez les reffusez
Fors tant quilz si sont amusez
Ne ia ceulx mal gre nen sauront
A ceulx qui priez les auront
Combien quilz les ayent deboutez
Si sont en leurs bons grez boutez
Car il nest tant fel quil les oye
Qui nen ayt en son cueur grant ioye
Et se pensent en eulx taisans
Que fors sont ilz preux et plaisans
Et quilz ont toutes taches bonnes
Quant aymez sont de telz personnes
Comment quil aille du nier
Ou du reffus ou doctroyer
Et si sont receuz bien le soyent
Doncques ont ilz ce quilz queroyēt
Et se tant leur meschiet quilz faillēt
Et que frans et quietes sen aillent
Cest le faillir enuis pasibles
Tant sot nouueaulx delitz possibles
Mais ne soyent pas coustumier
De dire aux portiers premier
Quilz se vueillent deulx acoster
Pour la fleur du rosier oster
Mais pour amour loyalle et fine
De necte pensee enterine
Sachiez qlz sot trestous doubtables
Se nest par parolles doubtables
Pource qui que bien les requieres
Ia nen sera boute arrieres
Nul ny doit estre reffusez
Mais se de mon conseil vsez
Ia deux prier ne vous penez
Se la chose a fin ne menez

Car espoir se vaincus nestoyent
Du priement se sente royent
Mais ia puis ne se vanteront
Quant du fait parsonniers seront
Et sil sont tous de tel maniere
Combien quilz facent fiere chiere
Que se requis auant lestoyent
Certainement ilz requeroyent
Et se donneroyent pour neant
Qui ne les yroit depriant
Mais les folz chetifz sermōneurs
Prodigues trop larges donneurs
Tellement les enorgueillissent
Que leurs roses nous encherissent
Si se cuident faire auantage
Mais il sont le cruel dommage
Car bien vous dy q pour neāt leussēt
Se ia requeste fait nen eussent
Pourquoy se chascun ainsi feist
Et que nul auant nen requist
Mais quil se souffissent louer
Il en eussent moult bon loyer
Se tous ensamble se submissent
Et telles conuenances feissent
Que ia nul ne leur sermoynast
Naussi pour neant ne se donnast
ais laissast pour eulx mieulx martir
Aux portiers les roses flatir
Mais pour riens ne me plairoit
Qui de son corps marche feroit
Nil ne me deuroit pas plaire
Aumoins pour telle chose faire
Mais onques pource natendez
Requeres les et leurs tendez
Les las pour vostre proye prēdre
Car vo9 pourriez bien tant actendre
Que tost se pourroyent embatre
A vng ou deux ou troys ou quatre
Voire cinquante deux. vii
Dedās cinquāte et deux sepmaines
Tost seroyent ailleurs tourne

Se vous auiez trop seiourne
Mais enuis a temps y vendriez
Pource que trop y attendriez
Ne lo que nulz homs tant attende
Que femme samour luy demande
Car trop en sa beaulte se fye
Qui actent que femme le prie
Et quiconques veult commancer
Pour tost sa besoingne auancer
Nait ia paour quelle le fiere
Tant soit orgueilleuse ne fiere
Et que la nef a port ne vienne
Mais que sagement se contienne
Ainsi co[m]pai[n]gz epployteres
Quat aux portiers venuz seres
Mais quant couroucier les verres
Ia de ce ne les requerres
Espiez les en leurs lyesses
Ne les requerez en tristesses
Se la tristesse nestoit nee
De ialousie la rusee
Que pour vo[us] les eussent batuz
Dont couroux leur fut embatuz
Ct se pouez a ce venir
Que priuez les puissiez tenir
Et le lieu soit si auenant
Que ny doubtes nul suruenant
Et bel acueil soit eschappe
Qui pour vous est ores attrappe
Quant bel acueil fait vous aura
Si bel samblant comme il scaura
Car moult bel scet gens acuillir
Lors deuez la rose cueillir
Et tississiez vous mesmes dangier
Qui vous cuillist a le dangier
Ou que honte et paour en groucent
Mais q[ue] faintem[en]t ne sen courcent
Et quelachement se deffandent
Quant deffandant vaincuz se rendent
Comme lors vous pourra sambler
Et feissiez vous paour trembler

Honte rogir dangier fremir
Ou tous ces troys plaidre et gemir
Ne les prises tous vne escorce
Cuilliez la rose tout a force
Et monstres que vous estes hom
Auant sera lieu et saison
Car riens ne leur pourroit tat plaire
Que tel force quil leur scet faire
Car maites g[en]s sont coustumieres
Dauoir si diuerses manieres
Quil veullent par force donner
Ce quil nosent habandonner
Et faignent que leur soit tollu
Ce quil ont souffert et voulu
Mais saichiez que doulant seroy[en]t
Se par tel deffans eschappoyent
Quelque leesse quil vous feissent
Doubte quil ne vous enhaissent
Tant en seroyent couroucies
Cobie quil v[ous] eussent groucies
Mays se par parolles apertes
Les vyes couroucies a certes
Et vergogneusement deffandre
Vous ny deuez ia la main tendre
Mais touteffoys pres v[ous] tendres
Marcy criant et actandres
Iusques ces troys portiers sen aillet
Qui si vous greuant et trauaillent
Et bel acueil tout seul remaigne
Qui tout habandonner vous daigne
Ainsi seres eulx vous contenez
Comme preux vaillant et senez
De bel acueil vous prenez garde
Par quel samblant il vous regarde
Comment il soit et de quel chiere
Conformez vous a sa maniere
Selle est ancienne ou meure
Et mectes toute vostre cure
En vous contenir meurement
Selle se contient nicement
Nicement vous recontenez

De luy enfuiure vous pēnez
Sil est ioyeulx ioyeux soyez
Si a couroup couroup ayez
Sil rit riez pleurez si pleure
Ainsi vous tenez chascune heure
Ce quil aymera si aymez
Ce quil blasmera si blasmez
Et louez ce quil louera
Moult plus en vous se fiera
Ne cuidez que dame vaillant
Ayme homme sage et saillant
Qui sen yra par nuyt resuer
Ainsi comme sil eust desuer
Et chantera des la minuyt
A qui quil plaise ou quil ennuyt
Este en craindroit estre blasmee
Ville tenue et diffamee
Telles amours sont tantost sceues
Que len fleute par my les rues
Ne leur chaut gaires q̄ les sache
Fol est qui son cueur y atache
Et se vng sage damours parolle
A vne damoiselle folle
Silluy fait samblant destre sage
Ia vers luy naura son courage
Ne pensez ia quil luy auienne
Tant que sagement se contienne
Face ses meurs aux siens vnis
Ou aultrement il est honnis
Car elle se cuide vng mocqueur
Vng regnart ou vng enchanteur
Tantost la chetiue le laisse
Et prēt vng autre ou mōlt sabaisse
Et vaillant homme arriere boute
Et prent le pire de la route
La nourit ses amours et coune
Tout ainsi comme fait la louue
Qui sa folie tant empire
Quelle prent de tous loupz le pire
Se bel acueil pouez trouuer
Quil se puisse a vous iouer

Aux eschiez aux dez ou au tables
Ou a aultres ieulx delectables
De ieulx tousiours le pis ayez
Tousiours au dessoubz en soyez
Aux ieux dont vous entreinetez
Perdes quenque vous y meetez
Prenez de ieux la seigneurie
De vostre parte gabe et rye
Louez toutes ces contenances
Et ses atours et ses semblances
Seruez le de vostre pouoir
Mesmes quant se vurra seoir
Apportez luy quarre ou selle
Mieulx en hauldra vostre querelle
Se pouty e pouez veoir
Sur luy de quelque part cheoir
Ostez luy tost ceste potie
Mesmement sel ny estoit mie
Ou sa robe trop empoudree
Soufflez la luy de la poudree
Faites luy son vouloir et aise
Et toutes choses qui luy plaise
Sainsi le faites nen doubtez
De luy ne seres deboutez
Mais tiendrez a vostre propos
Tout ainsi que ie le propoz

Comment lamant monstre a amis
Deuant luy ses troys ennemys
Et dit que tost le temps viendra
Que au iuge deulx se complainra

Oulx amis quest ce q̄ v9 dites
Nul hō s sil nest faulx ypocrites
Ne feroit ceste dyablerie
One noy si grant tricherie
Vous voulez que ie hōnoure et serue
Ceste gent qui est faulce et serue
Sers sont ilz et faulx seurement
Fors bel acueil tant seulement
Vostre conseil est il veel

Et leur rit de bouche et de dens
Oncques tel homs ne mabelly
De moy se gard et ie de luy
Droit est qui a trahir sa mort
Quil ait par trayson sa mort
Se len ne sen peut aultrement
Vengier plus honorablement
Et se de luy vous vulez plaindre
Luy cuidez vous sa langue estraindre
Ne le pourriez espoir prouuer
Ne souffisans garans trouuer
Et se bien prouuez lauiez ores
Si ne sen tairoit il encores
Et plus parlez plus genglera
Plus y perdrez quil ne fera
De tant est la chose plus sceue
De tant est vostre honte creue
Car tel cuide abaisser sa honte
Qui de trop plus lacroist et monte
De prier que soit abatu
Et blasme ou quil soit batu
Ia voir pource ne labatroit
Non pas par dieu quil le batroit
Datendre quil se vous amende
Neant seroit ce se dieu amande
Iamais amende nen prendroye
Et soffrist ains luy pardonroye
Et sil y a efflement
Sur sainctz iure que vrayement
Bel acueil sera enferrez
Si que iamais ne le verrez
Ou sera riue en anneaulx
Ars ou feu ou noyez en eaup
Lors arez le cueur plus doulent
Quoncques neust charles ne rolant
Quant en rocheuaulx mort receut
Par ganelon qui le deceut

Ie seroye traictre mortel
Si seruoye pour deceuoir
Car bien puis dire de ce voir
Quant ie vueilles gens guerrier
Ie les seul deuant deffier
Souffrez au moins que ie deffie
Male bouche qui tant mespie
Ains qua insi faille deceuant
Qui luy prie que de ce sent
Quil a leue quil le rabate
Ou il consent que ie le bate
Ou il luy plaist quil le mamande
Ou ien prendray par moy lamande
Ou se ce non que ie men plaigne
Au iuge qui vengance en preigne
           Amis.
Compaingz copaigz ce doiuet querre
Ceulx qui sont en apperte guerre
Mais masse bouche est trop couuert
Il nest pas ennemy couuert
Car quant il hait ou homme ou femme
En derrier les blasme et diffame
Bien traitre est dieu le honnisse
Et est droit que len se traisse
De lomme traitre ie dys fy
Puis quil na foy ie ne my fy
Il hait les gens ou cueur dedans

           Lamant
Cecy ne vy ie pas querant
Or diray diable se commant
Ie le voulsdroye auoir pensu

Quant si ma mon poiure espandu
        Amis
Cõpaingz ne vous chaille de prẽdre
Aultre vangêce en couient prendre
Ne vous affiert pas tel office
Bien en conuienne a la iustice
Mais par traison le boulez
Se mon conseil croyre vulez
       Lamant
Compaingz a ce conseil maccors
Iamais nisseray de vostre accort
Ne pourtant se vous bien seussiez
Aucun art dont vous me peussiez
Enseigner par aultre maniere
Du chastel prendre plus legiere
Se vous la me vulez aprendre
Ie la vuldroye bien entendre
        Amis
Oy vng chemin bel et gent
Mais il nest preup a pouures gens
Compaingz au chastel desconfire
Peut on plusieurs voyes eslire
Sans mõ art et sans ma doctrine
Et rompre iusque a la racine
Ia forteresse deuenue
La ny auroit porte tenue
Car tous se laysseroyent prendre
Nest riens qui les en peust deffẽdre
Nul ny oseroit mot sonner
Le chemin a nom trop donner
Folle largesse le fonsa
Ou maines amans y affonsa
Ie congnois tresbien le santier
Car ien yssi des auant hyer
Et pellerin y ay este
Plus dung yuer et dung este
Se largesse prenez a dextre
Sans vo tourner a main senestre
Vous auez ia plus dune archee
La sante batue et marchee
Sans point vser vostre souler
Que vous verres les murs crosler
Et chanceler tours et tournelles
La tant ne seront fors et belles
Et tout par eulx ouurir les portes
Pour neant fussent les gens mortes
De celle part est le chãsteau
Si foyble qung ratis gasteau
Est plus fort a casser en quatre
Que ne sont les murs a abatre
Par la seroit il prins tantost
Il ny conuiendroit si grant ost
Comme il fit au roy charlemaigne
Si voulssist conquerre alemaigne
En ce chemin que ie vous nõme
Ny entre nulle foys pouure hõme
Nul ny peut pouure hõme mener
Nul par soy ny peut assener
Mais qui dedans viene lauroit
Maintenant le chemin sauroit
Aussi bien comme ie scauroye
Ia si bien aprins ne lauroye
Et sil vous plaist vous le scaurez
Car assez tost aprins laurez
Se sans plus pouez grant auoir
Pour despens oultrageux auoir
Mais ie ne vous y mantray pas
Pouurete ma ny ele pas
A lissir le me deffandy
Tout mon auoir y despendy
Et tout ce que daultruy receuz
Tous mes creanciers en deceuz
Si que ie nen peuz nul paier
Son meust deu pendre ou noyer
Ne knez dist elle iamais
Puis de despendre ny a mais
Vous y entrerez a grant peine
Si richesse ne vous y maine
Mais a tõ ceulx quelle y conduit
Au retour reffuseconduit
A aler en vous se tiendra
Mais ia a vous ne se tendra

Et de tant vous tenez asseur
Se vous y entrez par nul eur
Ja n'en ystrez ne soir ne main
Se pouurete ny met la main.
Par qui est destresse ou demoure
Folle largesse leans demoure
Qui ne pense a riens fors a ieux
Et a despes faire oultrageux
Qui despent ainsi ses deniers
Que se les puisast en greniers
Sans compter et sans mesurer.
Combien que ce doye endurer

Comment pouurete fait requestes
A richesse moult deshonnestes
Qui riens ne prise tous ses ditz
Mais de tous luy fait escondits

Pouurete siet a l'autre chief
Pleine de honte et de meschief
q trop souffre au cueur grât moleste
Tant fait de honteuses requestes
Et tant a de durs escondits
Et n'a ne bon faiz ne bon diz
Ne delectables ne plaisans
Ja ne sera si bien faisans
Que chascun ses oeuures ne blasme
Chascun la lodange et diffame.

Mais de pouurete ne vous chaille
Fors de penser comment qu'il aille
Comét la pourrez eschiuer
Riens ne peut tant homme greuer
Comme cheoir en pouurete
Ce congnoit bien homme endebte
Qui tout le sien a despendu
Mains ont par pouurete pendu
Bien le congnoissent ceulx et sient
Qui contre leur vouloir mendient
Mólt leur conuient souffrir douleur
Ains que gens leur donne du leur
Aussi le peuêt ceulx bien scauoir
Qui d'amours veulent ioye auoir
Car pource n'a dont amour paisse
Si come ouide le confesse

Pouurete fait homme despire
Et hair et viure en martire
Et tolt a ceulx mesmes leur sens
A pouurete n'ayez consens
Mais vous efforcez bien de croire
Ma parolle esprouuee et voire
Car sachiez t'ay ce esprouue
Et par expertmét prouue
Tout ce que ie cy vous sermonne
En ma singuliere personne
Si scay mieulx q pouurete monte
Par mesaise et par ma honte
Doux amy que vous ne sauez
Car tant soufferte ne lauez
Si vous deuez en moy fier
Je le dy pour vous chastier
Moult a eureuse vie
Cil qui par aultruy se chastie
Vaillant souloie estre clame
Et de tous compaignons ayme
Et despendoye liement
En tous lieux plus largement
Tant comme riche fus tenu
Or suis ie pouure deuenu

Par despens et folle largesse
Qui mont mis en telle destresse
Que ie nay fors qua grant dangier
Ne que boire ne que mengier
Ne que chauffer ne que vestir
Tant me fait dangoisse sentir
Pourete qui tout amy tost
Et sachiez compaigz que si tost
Que fortune meust ainsi mys
Je perdy trestouz mes amys
Fors vng ce croy ie vrayement
Qui mest demoure seulement
Fortune ainsi les me tolly
Par pourete qui vint ou ly
Tollit par foy non pas ie ment
Mais print ces choses proprement
Car ie scay bien que se miés fussent
Ja pour elle laissie ne leussent
De riens vers moy donc ne mesprint
Quant ses mesmes choses reprint
Siens voire mais riens nen sauoye
Car tant achatez les auoye
De cueur et de corps et dauoir
Que les cuidoye tous auoir
Et quant se vint au dernier
Que ie neuz vaillant vng denier
Tous ses amis si sen fuirent
De moy et du tout me guerpirent
Et me firent trestous la moe
Quant ilz me virent soubz la roe
De fortune enuers abatu
Ainsi ma pourete batu
Si ne me dois ie mie plaindre
Courtoisie ma fait sans faindre
Quoncques vers luy ne vesseruy
Car entour moy si tres cler vy
Tant moint les yeulx dung fin cesire
Quel meust fait bastir et confire
Si tost comme pourete vint
Qui damis mosta plus de vint
Voire par dieu que ie ne mente

Plus de quatre cens et cinequante
Oncques lyns qui ses yeulx y mist
Ce que ie vy lors point ne vyst
Car fortune tantost en place
La bonne amour a pleine face
De mon bon amy ie monstra
Par pourete qui menconsa
Que ie neusse iamais congneu
Sa mon besoing ne fut venu
Mais quant le sceut il accourut
Au mieulx quil peust me secourir
Et moffrit tout ce quil auoit
Pource que mon besoing sauoit

¶ Comment amys recorde cy
A lamant quung seul vray amy
En sa pourete il nauoit
Qui tout son auoir luy offroit

En ce point me dist mon amy
Quant il fut approuchie de my
Mon chier amy vueillez sauoir
Voyez mon corps et mon auoir
Vous y auez autant que Jay
Prenez en sans auoir congie
Mais combien se sc̄ ne scauez
Tout ce dont bon besoing auez
Car amy ne prise vne prune

Contre amy les biens de fortune
Ne les biens naturelz aussi
Puis que nous sõmez venus ainsi
Et que bien nous sommes aymez
Cõgneuz et en amour fermez
Car aincois nous en trouuasmes
  Si que bõ amis noꝰ trouuasmes
Car nul ne sçet sãs esprouuer Nõ
  Sil peult loyal amy trouuer
Tous mes biens vous sont obligez
Tãt sont puissãs damours les gez
Que moy pour vostre garison
Pouez dist il mettre en prison
Pour pluyes et pour hostages
et mes biẽs vẽdre et mettre en gaiges
Ne sen tint pas encor a tant
Pource quil ne malast flatant
Aincois men fit a force prẽdre
Car ny osoye la main tendre
Tant estoye mat Argondeux
Alor de pourete hideux
A qui honte a sa bouche close
  Si que son besoing dire nose
Mais souffre senclost et se cache
Que nul se pourete ne sache
Et monstrent le plus bel dehors
Ainsi le faisoye Je lors
  Ce ne sont pas bien les recors
Les mandiés puissãt de corps
Qui se vont par tout embatant
Par doulces parolles flatant
Et le plus lait dehors demonstrent
A trestous ceulx quilz encontrent
Et le plus bel dedans reponnent
Pour deceuoir ceulx qui leur dõnẽt
Et vont disant que poures sont
Et les grasses pitances ont
Et les grans deniers en tresor
Mais tant men tayray des or
Car ien pourroye bien tant dire
Quil men yroit de mal empire

Car tousiours heent ypocrites
Veritez qui contre eulx sont dites
Ainsi cesdemãdit amis
Amõ fol cueur son trauail a mis
Et suis par mon fol sens trahy
Destruit diffame et hay
Sans achoison daultre desserte
Que de la deuant dicte perte
De toutes gens communement
Fors que de vous tant seulement
Que voz amours pas ne perdés
Mais a mon cueur vous aherdés
Et tousiours tant que ie viuray
De vous aymer ne recreray
Se dieu plaist vous y aherdrés
Mais pource que vous me perdés
Quant a corporel compagnie
En ceste terrienne vie
Quant le derrenier iour viendra
Que mort son droit des corps prẽdra
Qua celluy iour bien le recors
Ne nous toldra fors que le corps
Et toutes les appartenances
De par les corporelz substances
Car bien sçay q̃ noz deux mourrõs
Plus tost espoir que nous vurrons
Car mort tous cõpaignõs desseble
Mais ce nest pas espoir ensemble
Si sçay ie bien certainement
Que se loyal amour ne ment
Se vous viuez et ie mouroye
Tousiours en vostre cueur viuroye
Et se deuant moy mouriez
Tousiours en mon cueur viuriez
Apres vostre mort par memoyre
Comme desquist ce dit lystoyre
Pyrocheus apres sa mort
Que theseus tant ayma mort
Tant le queroit tant le suyuoit
Car cil dedans son cueur lauoit
Tant leust aymé viuant sur terre

Que dedans enfer la la guerre
Et pourete fait pis que mort
Car ame et corps tormente et mort
Tant que lung ou laultre demeure
Et non mye sans plus vne heure
Et leur adiouste a dampnemēt
Larrecin et pariurement
Auec toute aultre durte
Dont chascun est griefment hurte
Ce que mort ne veult mye faire
Ains les en fait du tout retraire
Et si leur fait en son venir
Tout temporel torment finir
Car combien quelle leur soit griefue
En vne seule heure les griefue
Pource beau compaingz vº sermō
Quil vous menbre de salomon
Qui fut roy de hierusalem
Car de luy moult de bien dit len
Il dit si bien y prenez garde
Beau filz de pourete te garde
Tous les tours que tu as a viure
Et la cause rent en son liure
Car en ceste vie terrestre   Nō
Meulx vault morir q̄ poures estre
Et ceulx qui poures apperront
Leurs poures freres les hairont
Et pour la pourete doubteuse
Il parle de la souffreteuse
Que nous appellons indigence
Qui si ses choses desauance
Onc ne fut si despiteux gens
Que ceulx que len vit indigens
Pour tesmoing mesmes le reffusēt
Ceulx qui de tout droit escript vsēt
Pource quilz sont en loy clamez
Equipolens aux diffamez
Rompt est pourete laide chose
Mais touteffois bien dire lose
Que se vous auiez biēs assez
Joyaulx ou deniers amassez

Et autant donner en vouldriez
Comme promettre en pourriez
Lors cueillerons boutons et roses
Tant fussent fermes ou encloses
Mais vous nestes mye si riche
Et si nestes auers ne chiche
Donne donc amiablement
Petis dons raysonnablemēt
Que nen cheez en pourete
Indigence ou mandicite
Plusieurs de vous se mocqueroyent
Qui de riens ne vous secouroient
Si affiert bien que par present
Donnez du fruit nouuel present
En toailles ou en paniers
De ce ne soyes ja laniers
Donnez leur des noix ou serises
Corme prunes fresches merises
Chastaignes de coingz et noysettes
Pesches raisins ou aliettes
Nefles antees ou framboises
Belloces dauesnes torroises
Ou des meures franches ayez
Telz fruitz nouueaulx leur enuoyez
Et se les auiez achatez
Dictes quil vous sont presentez
Dung vostre amy de loing venuz
Et les eussies par achat euz
Ou donnes roses vermeillettes
Primerolles ou violettes
En bocquetz selon la saison
Telz dons sont de bonne raison
Saichies q̄ dons les gens affollēt
A mesdisans les quelles tollēt
Car se mal es donneurs scauoient
Tout le bien du monde en diroyent
Beaux dons y soustiēt maint baily
Qui pieca fussent mal bailly
Beaulx dons de vins et de viedes
Si faut donner maintes prebēdes
Beaulx dōs si font nen doubtes mye
h ii

Pour les tesmoings de bonne vie
mõst tiennẽt par to⁹ lieux beaulx dõs
Qui beau dõ dõne il est preudons
Les dons donnẽt lotz aux donneurs
Et si empirent les preneurs
Quant il leur naturel franchise
Obligient en dultruy seruise
Que vous diroye en toute somme
Par son fut prins et dieu et hõme
Compaings entẽdes ceste note
Que ie vo⁹ admoneste et note
Sachiez se vous voules ce faire
Que vous mauez oy retraire
Le dieu damours ia ny fauldra
Quant le fort chastel assauldra
Quil ne vous rende sa promesse
Car luy et venus la deesse
Tant aux portiers se combatront
Que la forteresse abatront
Si pourrez lors cueillir la rose
Ia si fort ne sera enclose
Mais quãt on a la chose acquise
Si y conuient il grant maistrise
En bien garder et saigement
Qui ioyr en veult longuement
Car la vertu nest mie mendre
De bien garder que de espendre
Car quant les choses sont acquises
De les deperdre en qlques guises
Cest bien droit q chetif se clame
Cestuy qui pert tout ce quil ayme
Puis que ce soit par sa deffaulte
Car moult est chose digne et haulte
De bien sauoir garder sa mye
Si quelen ne la perde mye
Et mesment quant dieu la donne
Saige courtoise simple et bonne
Qui samour doint pas ne la vende
Car en nul tẽps amour marchãde
Ne fut par femme controuue
Fors par ribauldie prouuee

Si ny a point damour sans faille
En femme q pour dõ se baille Nõ
Telle amour fainte mal feu la arde
La ne doit on pas prendre garde
Sont elles voir presqs toutes
Conuoiteuses de prendre et glou-
De rauir et de douourer   tes
Sil quil ny puist riens demourer
A ceulx qui pl⁹ pour eulx se clamẽt
Et qui plus loyaulment les aymẽt
Car iuuenal si nous racompte
Qui de ym bernie tient son compte
Q mieulx vaulsist vng des yeux perdre
Que soy a vng seul homme a herdre
Car vng seul ne luy peut souffire
Tant estoit de chaulde matiere
Car ia femme nest tant ardant
Ne ses amours ne si gardant
Que de son chier amy ne vueille
Tous ses deniers et sa despeuille
Veez que les aultres feroyent
Qui par dons aux hõmes soctroyẽt
Ne nulle nen peut on trouuer
Qui ne se vueille ainsi prouuer
Tant fait homme en subiection
Toutes ont ceste entencion
Cest cy la regle quil en baille
Mais il nest regle qui defaille
Car des mauuaises entendit
Quant ceste sentence rendit
Mais se telle est comme deuis
De loyal cueur simple de vis
Je vous diray bien que doit faire
Varlet cortois et debonnaire
Qui veult a ce mettre sa cure
Garde que du tout ne sassure
En sa beaulte ne en sa forme
Droit est que son engin informe
De meurs et dars et de sciences
Car qui les fins et les prouuances
De beaulte sauoir regarder

Beaulte se peut trop peu garder
Tantost a faite sa vespree
Com les fleurettes en la pree
Car beaulte est de tel martire
Que comme plus vit plus empire
Mais le sens q[ue] le veult acquerre
Tát cóme il peult durer sur terre
Fait a son maistre compaignie
Et mieulx vault au chief de la vie
Quil ne fist au commancement
Tousiours va par amandement
Ja nest par temps amenuyse
Moult doit estre aymee et prise
Comme de noble entendement
Quant il en vse saigement
Moult doit estre femme lyee
Quant son amour a employee
En tel homme courtois et saige
Qui de sens a tel tesmoingnaige
Non pourtant si me demandoit
Conseil scauoir se bon seroit
Quil fist des rimes toliettes
Motetz virelaiz chanconnettes
Quil sueille a sa mye enuoier
Pour luy tenir et apuyer
Helas de ce ne peut chaloir
Beau dit y peut petit valoir
Ledit espouoir poe seroit
Daultre preu petit y feroit
Mais vne grant bourse pesans
Bien garnie de bon besans
Se la scoit saillir en place
Tost y courroit a pleine brace
Elles sont si tres aousees
Quelles ne querent que boursees
Jadis souloit estre aultrement
Or va tout par empirement
Jadis ou temps noz p[re]miers peres
Et de noz premeraynes meres
Comme la lettre le tesmoigne
Par qui nous sauons la besoigne

Furent amours loyaulx et fines
Sans conuotises ne racines
Et le ciecle moult precieulx
Nestoit pas si delicieulx
Ne de robbes ne de viandes
Mais cueilloient es bois les glâdes
Pour pais pour châtres et pour pois
Et cerchoient par ses buissôs sôs
par vaulx par plais et par môtaignes
Pômes poires noix et chastaignes
Boutons et meures et prunelles
Framboises frezes et cynelles
Feues et poiz et telz chosetes
Comme fruitz racines herbettes
Et des espis des blez frotoient
Et des racines des châps mâgoient
Sâs mettre en p[re]ssouoyr ne esmes
Le miel decouroit des chesnes
Dont communement se viuoient
Et de leaue tres simple buuoyent
Sans querir pigment ne clare
Ronc[ques] ne burent vin pare
Lors ne fut la terre aree
Mais côme dieu lauoit paree
Et delle mesmes apportoit
Ce dont chascun se confortoit
Ne queroient saumons ne luz
Ains vestoient les cuirs veluz
Et faisoient robbes de laines
Sâs taidre en herbes né en graines
Ainsi qui venoient des bestes
Couuertes estoient de genestes
De fueillettes et de rainceaulx
Leur maisonnettes et hameaulx
Et faisoient en terre fosses
Et roches et tiges tres grosses
Es chesnes creux se reboutoient
Quant les tempestes redoubtoient
Dung horrible temps apparant
La sen aloient a garant
Pour ceste tempeste euiter

h iii

Et eulx hors du peril getter
¶Comment les gens du temps passé
Nauoient tresor amasse
Fors tout commun par bonne foy
Et nauoyent prince ne roy

Et quãt par nuyt dormir vouloiẽt
En lieu de cotres apportoient
En leurs places mõceaulx de gerbes
De fueilles ou de mousse ou herbes
Et quant lair estoit apaisie
Et le temps cler et arrasie
Et le vent doulx et couenable
Sicõme en printẽps permanable
Que les oyseaulx en leur latin
Sestudient chascun matin
De laube du iour saluer
Qui tout leur fait les cueurs muer
zephirus et flora sa femme
Qui des fleurs est maistresse et dame
Ces deux font les florettes naistre
Fleurs ne cõgnoissẽt aultre maistre
Car par tout le monde ensement
Les vont eil et celle sement
Et les forment et les coulourent
Des couleurs dõt les fleurs hõnou-
Pucelles et varletz prisiez   rent
De beaulx chappeletz renuoysiez

Pour lamour des fins amoureux
Car il ont moult plaisir en eulx
Ces fleurettes lors estendoient
Les coutepointes quilz rendoient
Leur resplandeur par ces herbages
Par ces prez et par ces riuages
Quil vous fut aduis que la terre
Voulsist enprendre estrif et guerre
Au ciel destre mieulx estellee
Tant est par ces fleurs reuelee
Sur telz couches que vous deuise
Sans rapine et sans couuoytise
Santracoloient et baisoyent
Ceulx qui le ieu damour plaisoyẽt
Soubz arbres vers par ces iardines
Leurs pauillons et leurs courtines
De rainceaulx darbres estendoyẽt
Qui du soleil les deffendoyent
La demenoyent leurs carolles
Leurs ieux et leurs doulces paroles
Les simples gens bien asseurez
De toutes malice curez
Fors de mener ioliuetez
Par loyaulx amiabletez
Nencor nauoyent roy ne prince
Malfait qui laustruy tolt et prince
Trestous pareilz estre souloient
Ne riens propre auoir ne vouloient
Bien sauoient ceste parolle
Qui nest mensongiere ne folle
Quoncques amour et seigneurie
Ne sentrefirent compaignie
Ne ne demouroient ensemble
Cil qui maistrie le dessemble

¶Jey commance le ialoux
A parler et dist oyans tous
A sa femme quelle est trop baulde
Et lappelle faulce ribaulde
¶Ource voit on des mariages
Quant le mary cuide estre sages

Et chastie sa femme et bat
Et la fait viure en tel debat
Quil luy dit quelle est nice et folle
Dont tant demoure a la carolle
Et chante et dance si souuent
Des iolis varletz ou couuent
Que bonne amour ny peut durer
Tant sentrefont maulx endurer
Quāt il veult la maistrise auoir
Du corps sa femme et de lauoir
Trop estes dit il villotiere
Et auez trop nice maniere
Quant suis a mon labouraiez
Tantost espingues et balez
Et demenez tel ribaudie
Que ce semble grant ribaudie
Et chantez comme vne seraine
Dieu vous met en male sepmaine
Et quant vois a romme ou en frise
Porter nostre marchandise
Vous deuenez tantost si cointe
Que ie trouue bien qui macointe
Que par tout en va la parolle
Et quant aulcun a vous parolle
Pourquoy si cointe vous tenez
En tous les lieux ou vous venez
Vous respondez hary hary

Cest pour lamour de mon mary
Pour moy las douloureux chetif
Qui scet se ie forge ou ie tiz
Que se ie suis ou mort ou vifz
Len me veuroit flatrir au viz
Une vecie de mouton
Certes ie ne vaulx vng bouton
Quant aultrement ne vous chastie
Male grace mauez bastie
Qui de tel mal fait vous ventez
Chascun scet bien q̄ vous mentez
Pour moy las doloreux pour moy
Maulx grās en mes mais en for
Et villainemēt me deceuz
Quant onceques vostre foy receuz
Le iour de nostre mariage
Pour moy donner tel rigolage
En deuenant vng tel bobant
Qui cuidez vous aler lobant
Certes ie nay pas le pouoir
De telle cointerie voir
Que ces ribaulx saffres frians
Qui ces putains vōt espians
Entour vous remirent et voyent
Quant par ces rues vous conuoient
A qui velez vous telz chastaignes
Qui me veut plus faire sangraignes
Vous faictes de moy chappe et pluye
Quāt de present pres vous mappuye
Je voy que vous estes plus simple
En ce surcot en celle guympe
Que tourterelles ne colons
Ne vous chault sil est court ou lōgs
Quāt suis tout seul les bons p̄sens
Qui me donneroit cent besens
Combien que debonnaire soye
Se pour honte ne se laissoye
Ne me tendroye devous batre
Pour vostre orgueil du tout abatre
Et sachiez quil ne me plaist mie
Qui soit en vous nulle cointie

h iiii

Soit de carolle soit de dance
Fors seullement en ma presence

¶ Comment le ialoux si reprent
Sa femme et dit que trop mesprent
De demener ioye ou feste
Et que trop le moleste

Aultre part ne puis plus celer
Entre vous et ce Bacheler
Robichonnet au vert chappel
Qui si tost vient a vostre apel
Auez vous terre a partir
Vous ne pouez de luy partir
Tousiours ensemble flatolez
Ne scay que vous entreuoulez
Que vous pouez vous entredire
Tout vif me fault enragier dire
Pour vostre fol contenement
Par ce dieu qui ne fault ne ment
Se vous parlez iamais a luy
Vous en aurez le vis pasly
Voyre par dieu plus noir que meure
Car de coups se dieu me sequeure
Vous donray tant par ce visaige
De quoy vous rendez le musaige
Qui tant est aux musars plaisans

Que vous serez coye et taisans
Ne iamais hors sans moy nyres
Mais a lostel me seruires
En bons anneaulx de fer riuee
Les dyables vous font si priuee
De ces ribaulx pleins de losanges
Dont vous deussies bien estre estranges
Ne vous prins ie pour me seruir
Cuides vous mamour desseruir
Pour acointer ces ors ribaulx
Pource quilz ont les cueurs si baulx
Et ilz vous trouuent si baude
Vous estes maulaise ribaude
Si ne me quier en vous fier
Dyables my firent marier

Las se theofrates creusse
Iamais femme espousee neusse
Il ne tient pas homme pour sage
Qui femme prent par mariage
Soit belle ou laide ou poure ou riche
Car il dit et pour vray lafficche
En son noble liure au tiltre
Qui bien fait a lire en escolle
Quil y a vie trop greuayne
Plaine de trauail et de paine
Et de contens et de riottes
Par les orgueilz des femes sottes
Et de dangiers et de reprouches
Quilz font et dient de leurs bouches
Et de requestes et de plaintes
Quilz trouuent par achoisons maintes
Si a grant peine a les garder
Pour leurs folz vouloirs retarder
Et qui veult poure fame prendre
A nourrir la couuient entendre
Et a vestir et a chaussier
Et se tant se cuide auancier
Quil la prenne riche forment
A souffrir aura grant torment
Tant la trouue orgueilleuse et fiere
Et surcuidee et bobanciere

Que son mary ne prisera
Riens et par tout despisera
Ses parens et tout son linaige
Par son oultrecuide langaige
Elle est belle tous y acourent
Tous la poursuyuết et hounorết
Tous y hurtent tous y trauaillent
Tous y suitent tous y bataillent
Tous a la seruir sestudient
Tous sont en tour elle et la prient
Tous y tendent et la conuoytent
Et sont a la fin tant employent
Car tour en toutes pars assise
Enuis eschappe destre prinse
Se laide est achascun veult plaire
Et comment pourroit nul ce faire
De garder ce que tous guerroient
Ou hayr tous ceulx qui le vvyent
Sil prent a tout le monde guerre
Il na pouoir de viure en terre
Nul ne les garde destre prinses
Quant bien seuffrent destre reqses
Peneloppe mesmes prendroit
Qui bien a la predre entendroit
Si neust il meilleure feme en Grece
Si seroit il par foy lucrece
Iacoitee que se soit occise
Puis que par force lauoyt prise
Le filz au roy tarquinius
None ce dit titus liuius
Mary ne pere ne parens
Ne sen peureut estre garens
Pour peine que nul seup y mist
Que deuant eulx elle ne soccist
Du dueil laisser moult la reqrent
Et de belles raysons luy dirent
Son loyal mary mesmement
La cõfortoit piteusement
Et de bon cuenr luy pardonnoit
Tout le fait et luy sermonnoit
Et sestudioyt a trouuer

Viues raysons pour luy prouuer
Que son corps nauoit pas pechie
Quant le cueur ne voult le pechie
Car corps ne peut estre pecheur
Se le cueur nen est consenteur
Mais elle qui son dueil menoit
Vng coutel en son sein tenoit
Si mussie que nul ne le veyt
Quant pour en soy serir le print
Et leur respondit sans vergongne
Beaulx seigneur que q̃ me pardõne
Lort pechie dont si fort me poise
Ne comment dit elle qui voise
Il ne men pardonne la peine

Comment lucrece par grant yre
Son cueur point de romp̃t et de sire
Et chiet morte sur terre a dens
Deuant son mary et parens

Lors fiert de grãt ãgoisse pleine
Sõ cueur si le fend et se porte
Deuanteulx a la terre morte
Mais ains pria q̃lz trauaillassent
Tãt pour luy que sa mort vẽgassent
Cest exemple voult procurer
Pour mieulx les femmes asseurer

Que nulluy force ne seur meust
Qui pource mort souffrit ne deust
Dont le roy et son filz en furent
Mis en exil et en moururent
Nonc puis romains pour ce desroy
Ne souldrent faire a romme roy
Si nest il plus nulle lucreesse
Ne nulle penelope en grece
Ne nulle preude femme en terre
Sil fut qui bien les sceust requerre
Ainsi le dient les payens
Nonequues nul ny trouua moyens
Maites mesmes par eulx se baillet
Quât les requereurs leur deffaillet
Et ceulx qui font ces mariages
Si ont trop merueilleux vsaiges
Et coustume si desparille
Qui me tient a trop grât merueille
Ne scay dont tint ceste folie
Fors de rage et de desuerie
Je voy qui cheual achette
Il nest si fol qui riens y mette
Combien quil soit tresbien couuert
Sil ne le voyt a descouuert
Par tout le regarde et espreuue
Mais on prent femme sans espreuue
Car ia ne sera descouuerte
Ne pour gaigner ne pour la perte
Pour soulas pour deduit pour ayse
Tant ayt son fiance mesaise
Deuant quil laura espousee
Et quant el voit la chose oultree
Adoncques monstre son malice
Et pert lors selle a nul vice
Si fait au fol ses meurs sentir
Quant riens ny uault se repentir
Si scay ie bien certainement
Combien quel se tient saigement
Nest nul qui marie se sente
Sil nest fol qui ne se repente
Preude femme par sainct denis

Dont il est moins que de phenis
Comme Valerius tesmoigne
Ne peut nul aymer qui ne preigne
De grans paours et de grâs cures
Et daultres grans mesauentures
Moins que de phenix par ma teste
Par comparayson plus honneste
Voire moins que de blâs corbeaup
Combiê qlles ayêt les corps beaup
Mais non pourtant quoy que ie dye
Pource que ceulx qui sont en die
Ne puissent dire que ie queure,
A trestoutes femmes trop seure
Qui preude femme vault congnoistre
Soit seculiere ou soit de cloistre
Se trauail vult mettre a la querre
Cest oysel cler seme en terre
Si legierement cognoissable
Qui est au noir signe semblable
Juuenal mesmes le conferme
Qui rendit par sentence ferme
Se tu trouues chaste moulier
Vaten au temple agenoullier
Et Jupiter sers et hônoure
A luy sacrifier la boure
Aianoulla dame honnouree
Vne vache toute doree
Quone plus merueilleuse auenture
Nauint a nulle creature
Et qui vult les males aymer
Dont deca mer et de la mer
Comme Valerius racompte
Qui de vray dire na pas honte
Sont es sains pl' grâs q de moucx
Qui se recueillent en leurs touches
A quel chief en cuide il venir
Mal ne fait a tel rain tenir
Et qui se tient bien le recors
Il en perdra lame et le corps
Valerius qui se douloit
De ce que ruffin se vuloit

Marier qui sont compaings yere
Si luy dit par parolle fiere
Dieu tout puissant dist il amis
Garde que ne soye la mis
Es las de femmes tant puissans
Sont quilz sont to' par art froissās
Et Juuenal mesmes escrie
A posthumus qui se marie
Posthumus veulx tu femme prēdre
Ne peux tu trouuer a toy pendre
Ou hart ou corps ou cheuestres
Ou saillir hors par les fenestres
Dont len peut haulx et loing veoir
Ou laissier toy dung pont cheoir
Car forcenerie te mayne
A ceste grant douleur et peine
Le roy phoroneus mesmes
Que si comme no' apersmes
Ses lois au peuple grec donna
Ou lit de la mort sermonna
Et dit a son frere leonce
Frere et amy ie te denonce
Que tres bieneure mourusses
Son cques femme espousee neusses
Et leonce tantost la cause
Luy demanda de ceste clause
Tous les mariez si se prouuent
Et par experiment le trouuent
Et quant tu auras femme prise
Tu le sauras bien a deuise

Pierre abaÿelart confesse
Que seur eloïs labbesse
Du paradis qui fut samye
Accorder ne se vouloit mye
Pour riens quilla tenist a femme
Ains luy faisoit la ieune dame
Bien entendant et bien lettree
Et bien aymant et bien aymee
Argumens a luy chastier
Quil se gardast de marier
Et luy prouuoit par escriptures

Et par raisōs qui sont trop seures
Condicion de mariage
Combien que la femme soit saige
Car les liures auoit bien leuz
Bien estudiez et bien sceuz
Et les meurs feminins sauoyt
Car en soy tres tous les auoit
Et luy requeroit quil lamast
Si que nul droit ne reclamast
Fors que de grace et de franchise
Sans seigneurie et sans maistrise
Et qui peust bien estudier
Franc et quitte sans soy lyer
Et quil entendist a lestude
Qui de science nest pas vuide
Et luy redisoit toutes voyes
Que plus plaisās estoiēt leurs ioies
Et les solas plus en croyssoient
Quant plus tart ilz sentreueoiēt
Mais il si cōme escript nous a
Que tant laymoit quil lespousa
Contre son admonestement
Si luy en mescheut mallement
Car puis quil furēt se me semble
Par leurs accors cōioietz ensemble
Dargent eil nonnain reuestue
Fut la couille a pierre tollue
A paris en son lyt de nuytz
Ou moult eust treuail et ennuyz
Et fut puis ceste mescheance
Moyne de sainct denis en france
Puis abbe dune aultre abbaye
Et fonda se dit en sa vie
Vne abbaye renommee
Qui du paradis est nommee
Dont eloys si fut abbesse
Qui deuant fut nonnain professe
Elle mesme si le racompte
Et le script sans en auoir honte
A son amy que tant aymoit
Que pierre et seigneur clamoit

Une merueilleuse parolle
Que moult de gens tiennent a folle
Qui est escripte es espitres
Qui bien sercheroit es chapitres
Et luy manda par lettre expresse
Depuis ce quelle fut abbesse
En ceste forme gracieuse
Comme femme bien amoureuse
Ele empetere de romme
Soubz q̃ doiuet estre tout hõe
Me daignoit prendre pour sa féme
Et me faire du monde dame
Si vuldroye mieulx dit elle
Et dieu en tesmoing en appelle
Estre ta putain appellee
Que estre empereis coronnee
Mais ie ne croy mie par mame
Quonques puis fut une telle femme
Si croy ie bien que la lecture
Lamist pource que de nature
Tous les meurs femenis auoit
Vaincre et dõpter mieulx en sauoit
Car certes se pierre la creust
Jamais marie ne se fust
Mariage est mauly lyens
Se hnist dieu et sainct iuliens
Qui pelerins errans heberge
Et sainct lyenart qui tous desferge
Les pellerins bien repentans
Quant les voit a luy dementans
Mieulx me daulsist estre ale pendre
Au iour que ie deuz femme prendre
Quant si cointe femme acointay
Mort suis quãt femme si cointe ay
Mais pour le filz saincte marie
Que me vault ceste cointerie
Ceste robbe cointeuse et chiere
Qui si vous fait hausser la chiere
Et tant me griefue ataine
Et tant est longue quelle traine
Pourquoy tant dorgueil demenez

Que ie deuiens tout forcenez
Que me fait elle de proffit
Et combien quaup aultres proffit
Amoy ne fait elle que nuyre
Car quant me vueil a luy deduire
Je la trouue si encombreuse
Si greuayne si ennuyeuse
Que ie nen puys a chief venir
Ne vous y puis a point tenir
Tant me faites et tours et ganches
De bras de costez et de manches
Et tant vous alez detortant
Ne scay comment ce va fors tant
Que bien voy ie que ma druerie
Ne mõ soulas ne vous plaist mye
Mesmes au soir quant ie me couche
Ains q̃ vous recoiue en ma couche
Comme preudoms fait samoullier
La vous conuient il despouiller
Nauez sur chief sur corps sur hanche
Que une coiffe de toille blanche
Et les tressons yndes ou vers
Espoir soubz la coiffe couuers
Les robbes et les pennes grises
Sont adonc en la parche mises
Toute la nuyt pendans en lair
Que me peut donc tout ce valoir
Fors a vendre ou a engaigier
Vif me voyez vous enragier
Et mourir de la malle rage
Se ie ne vens tout et engaige
Car puis que par iour si me nuysent
Et par nuyt point ne me deduisent
Quel proffit y puis aultre attendre
Fors les engaigier ou les vendre
Ne vous se par le voir alez
De nulle riens mieulx nen valez
Ne de sens ne de loyaulte
Et non par dieu pas de beaulte
Se nulz hõ pour moy cõfõdre
Vouldit opposer ou respondre

Que les bontez des choses bonnes
Font bon les estranges personnes
Et que beaulx garnemens font belles
Les dames et les damoyselles
Certes quiconques ce diroit
Je diroye quil mentiroit
Car la beaulte des belles choses
Soient violettes ou roses
Ou draps de soye ou fleurs de lis
Si comme escript es liures lis
Sont en eulx et non pas es dames
Car sauoir doiuent toutes femmes
Que ia femme tant quelle viue
Naura fors sa beaulte natiue
Et tout autant dis de bonte
Com de beaulte vous ay compte
Si dis pour ma parolle ouurir
Qui vouldroit vng fumier couurir
De draps de soye ou de fleurettes
Bien coulourees et bien nettes
Si seroit certes le fumier
Qui de puir est coustumier
Tel que deuant estre souloit
Et se nul dire nye vouloit
Se le fumier en lair parent
Dehors est plus apparent
Tout ainsi les femmes separent
Pource que plus belle en aparent
Ou pour leur laidure esconsdre
Certes ie ny scay que responsdre
Fors tant que tel deception
Vient de la folle vision
Des yeulx qui parees les voyent
Par quoy leurs cueurs si se desuoyent
Pour la plaisant impression
De leur ymagination
Quilz ne scuent appercenoir
Ne la mansonge ne le voir
Ne le sophime deuiser
Par deffault de bien adviser
Mais silz eussent yeulx de lins

Ia pour leurs manteaulx sebelins
Ne pour sucotz ne pour tuaylles
Ne pour guiples ne pour cotelles
Ne pour chemises ne pour pelices
Ne pour ioyaulx ne pour delices
Ne pour leur mots desguisees
Qui bien les auroit aduisess
Ne pour leur luysans superfices
Dont ilz resemblent artifices
Ne pour chappeaux de fleurs nou-
Ne leur semblassent estre belles   uelles
Car le corps olimpiades
Qui de beaulte auoit a des
Et de couleur et de facture
Tant lauoit bien faicte nature
Qui dedans veoir le pourroit
Pour trop lait tenir la vurroit
Ainsi le racompte boeces
Saiges homs et plains de proesses
Et traict a tesmoing aristote
Qui par parolle ainsi le note
Car le lyns a la regardeure
Si forte si persant si pure
Qui voit tout ce que len luy monstre
Et dedans et dehors tout oultre
Et dit quonques yuer nestre
Beaulte neust paix a chastete
Tousiours y a si grant tancon
Quoncques en fables nen chancon
Dire noy ne recorder
Que len les peust bien accorder
Ia entre eulx si mortel guerre
Que ia lune plein pie de terre
A laultre ne laira tenir
Puis quel puist au dessus venir
Mais la chose est si mal partie
Que chastete pert sa partie
Quant assault ou quant se reuanche
Tant scet peu de luyte et ganche
Qui luy conuient ses armes rendre
Et na pouoir de se deffendre

Contre beaulte qui est tant fiere
Laideur mesmes la chamberiere
Qui luy doit honeur et seruise
Ne layme pas tant ne ne prise
Que de son hostel ne la chasse

Beaulte si chastete guerroye
Et laidure aussi la maistroye
De seruir a Vertus leur dame
Qui des chastes a masle fame

Eluy court sus au col la mace
En faisant tres orde grimace
Qui tāt est grosse et tāt luy poyse
Que merueilleusement luy poise
Quant sa dame en vie demeure
La montance dune seulle heure
Cest chastete trop mal baillie
Quant de deux pars est assaillie
Et na de nulle part secours
Si len conuient fuyr le cours
Car elle se voyt au fait seulle
Sellauoit iure sur la gueulle
Et sceut encor assez de luyte
Quant chascun encontre elle luyte
Elle nose les contrester
Si quelny peut riens conquester
Laideur a tout le fait gaste

Quant si court sus a chastete
Qui deffendre et garder la veust
Mesme se musser la peust
Entre sa char et sa chemise
Si luy veust elle auoir mise
Moult refait certes a blamer
Beaulte qui bien la veust aymer
Et luy procure celle peust
Que tres bonne paix entre eust
Tout son pouoir au moins en feist
Ou quen sa grant mercy se mist
Car bien faire luy veust hommage
Selle fut preux courtoise et saige
Non pas faire hõte et vergongne
Car la lettre si nous tesmoigne
Ou sixiesme liure Virgille
Par lauctorite de sebille   Nõ
Que nul qui viue chastement
Ne peut venir a saiuuement
Dont ie iure le roy celestre
Que femme qui belle veult estre
Ou qui du ressembler luy peine
Et se remire et se demaine
Pour soy parer et cointoyer
Que veult chastete guerroyer
Qui moult a certes vennemies
Par cloistres et par abbayes
Toutes sont contre luy armees
Ia ne seront si enyurees
Que chastete si fort ne heent
Que toutes a luy nuyre beent
Toutes font a Venus hommage
Sans regarder pieu ne dommaige
Et se cointoient et se fardent
Pour mocquer ceulx q les regardēt
Et vont trassant par myles rues
Pour voir ou pour estre veues
Pour faire aux cōpaignons desir
De vouloir auec eulx gesir
Pource pourtant elles cointises
Es rues dances et esglises

Jamais aulcune ne le feist
Selle ne cuidast quon la veist
Et que pource mōlt plus tost pleust
A ceulx quelle receuoir peust
Mais certes q̄ le voit en compte
Moult sont femes a dieu grāt honte
Comme folles et desuoyees
Quant ne se tiennent appaisees
De la beaute que dieu leur donne
Chascune a sur son chief couronne
De fleurettes dor ou de soye
Et senorguillist et cointoye
Quant se va monstrant par la ville
Parquoy trop grandement sauille
La tresmalheureuse la lasse
Quant chose pl⁹ ville et plus basse
De soye veult sur chief atraire
Pour la beaulte croistre ou parfaire
Et va ainsi dieu desprisant
Et le tient pour non soffisant
Et se pense en son fol couraige
Que dieu luy fit trop grāt oultrage
Que quant Beaulte luy compassa
Trop negligemment sen passa
Si quiert beaulte des creatures
Que dieu fait de plusieurs figures
Ou de metaulx ou de florettes
Ou daultres estranges chosettes
Sas faille ainsi est il des hōmes
qui mettēt en diuerses formes
Les chappeletz et les cointises
Sur les beaultez q̄ dieu a mises
En noꝛ vers luy trop mesprenons
Quant a paiez ne nous tenons
Des beaultez qui nous a donnees
Sur toutes creatures nees
Mais ie nay de telz truffes cure
Je vueil souffisance vesture
Qui de froit et chault me garde
Car aussi bien qui y prent garde
Me garantist et corps et teste

Par vent par pluye et tempeste
fourree dagneaulx sur gros bureaux
Comme vers fourre descureaux
Mes deniers ce me semble pers
Quant ie pour vous cobbe de pers
De camelot ou de brunette
De vert ou descarlatte achette
Et de vert et de gris la fourre
Ce vous fait en folie encourre
Et faire les tours et les roes
Par les poulpres et par les botes
Ne dieu ne moy riens ne prisez
Mesmes la nuyt quant vous gisez
Lez moyen mon lit toute nue
Ne pouez vous estre tenue
Car quant ie vous vueil embrasser
Pour baiser et pour soulasser
Et suis moult formēnt eschauffe
Vous rechinez comme mauffe
Ne vers moy pour riens que ie face
Ne voulez tourner vostre face
Mais tresmalade vous faignez
Et souspirez et vous plaignez
Et faictes si le dangereux
Que ien deuien moult paoureux
Que ie ne vous ose assaillir
Tant ay grant paour de ce faillir
Quant apres dormir me reueille
Si me vient a trop grant merueille
Comment ces ribaulx y auiennent
Qui par tout vestue vous tiennent
Se vous ainsi vous dortez
Quant auec eulx vous deportez
Et se tant leur faites dennuis
Comme a moy de iour et de nuys
Mais nen auez se croy talent
Ains alez chantant et balant
Par ces iardins par ces preaux
Auec ces ribaulx desloyaux
Qui trainent ceste espousee
Sur lerbe verde ala rosee

Qui me vont illec desprisant
Et par despit en eulx disant
C'est maulgre sort villain ialous
Sa cher soit or liuree aux loups
Et les os aux chiens enragiez
Par qui suis si ahontagiez
C'est par vous faulce pautonniere
Et par vostre folle maniere
Ribaude orde vil pute lisse
Ia vostre corps de cest an nisse
Quant a tel matin le liurez
Par vous suis a honte liurez
Par vous et vostre lecherie
Suis ie mis en la confrarie
Sainct arnoult seigneur des coux
Dont nul ne peut estre rescoux
Qui femme ayt au mien essient
Tant la voit gardant n'espiant
Et eust des yeulx plus d'un miller
Toutes se font hurtebiller
Qu'il ne garde qui riens y vaille
Et s'il auient q̃ le fait faille
Ia la voulente ne fauldra
Par quoy se peut au fait viendra
Car le vouloir tousiours emporte
Mais forment v9 en reconforte
Iuuenal qui dit du mestier
Que l'en appelle refaitier
Que c'est le mendre des pechiez
Dont corps de femme est entachiez
Car leur nature leur comande
Que chascune a pis faire entende
Ne voir l'en commet les marastres
Donnent venin a leur fillastres
Et font charmes et sorceries
Et d'aultres grandes dyableries
Que nul ny pourroit resenser
Tant y sceut pleinnement penser
Toutes estes serez ou fustes
De fait ou de voulentez putes
Et qui tresbien vous sercheroit

Toutes putes vous trouueroit
Car qui ne peut le fait estrain̄dre
Voulente ne peut nul contrain̄dre
Tel auantaige ou toutes femmes
Qui sont de leur voulente dames
On ne leur peut leurs cueurs chãgier
Pour batre ne pour le dangier
Mais qui que chãgier les leur peust
La seigneurie des cueurs eust
Mais laissons ce qui ne peut estre
Beau doulx Ieu et beau roy celestre
Des ribaulx que pourray ie faire
Qui tant me font honte et contraire
S'il aduient que ie les menasses
Que priseront ilz mes menasses
Se ie me vois a eulx combatre
Tost me pourront tuer ou batre
Ilz sont felons et traiteux
Et de mal faire non honteux
Ieunes Iolis felons testuz
Et ne me prisent deux festuz
Car ieunesse si les enflame
Qui de feu les emple et deflame
Et si leur fait a dire voir
Les cueurs a folie esmouuoir
Et si legiers et si voulans
Que chascũ cuide estre ung rolans
Voire hercules ou ung sanson
Si eurent ces deux ce penson
Escript est et ie le recors
Semblablement force de corps
C'est hercules auoir selon
L'acteur solyn vingt piez de long
None ne peut a quantite graindre
Nul homis si comme il fit ataindre
Et ce verra sans oyr dire
Celluy qui souldra solyn lire
C'est hercules eust moult de côtres
Il vainquit .vii. horribles mõstres
Par sa force et par sa proesse
Comme le racompte boesse

Comme le racompte Boece
Et quant euſt vaincu le douzieſme
Onc ne peuſt vaincre le treziesme
Et ce fut de dyanira
Samye qui luy detira
La char de nin toute eſpriſe
Par la venimeuſe chemiſe
Ainſi fut par femme dontez
Hercules qui tant euſt bontez
Si auoit il pour yole
Son cueur damours tout afole
Mais dyanira par enuye
Tendoit a luy toſtir la vye
Pource qunne aultre aymé auoit
Si quainſi vengier ſen vouloit
Car matins breuuaiges luy donna
Et ſa chair toute empoiſonna
Par tres mauuaiſe malice
Si la creut comme fol et nice
mais nulz hōs ne ſe peut par mame
Guetter dune mauuaiſe femme
Quantil y a ſon cueur boute
Mains en ſont mors en grant vilte

⁋Comment dalida en dormēt
A ſanſon qui laymoit formēnt
Coppa par faulce trayſon
Ses cheueulx quant en ſon giron
Le fiſt coucher pour endormir
Dont apres len conuint gemir

Uſſy es eſcriptz anciens
On lit que les philiſtiens
Ne pouoiēt vaincre ſanſon
Par bataille ne par tenſon
Quāt ſa femme le fit dormir
En ſon giron ſi que a loyſir
Luy coppa treſtous ſes cheueulx
Dont dōmaige ſourdit pour eulx
Et fut prins de ſes ennemis
De toute ſa force deſmis

Et luy creuerēt les deux yeulx
Dont elle ne valut pas mieulx
Ainſy ſanſon qui pas dix hommes
Ne redoubtoit ne que dix pommes
Sil euſt ſes cheueulx tous euz
Fut par ſa femme moult deceuz
Si fais ie que fol de ce dire
Car ie voy bien que tire a tire
Mes paroſles toutes dires
Quant vous de moy departires
Aux ribaulx vous yrez clamer
Et me pourrez faire entamer
La teſte ou les cuiſſes briſer
Ou les eſpaules enſtrer
Se vous pouez a eulx aler
Mais ſe ien puis oyr parler
Ains que ce me ſoit auenuz
Et les bras ne me ſont tenuz
Ou le peſtail ne meſt oſtez
Je vous briſeray les coſtez
Amours de voyſin ne parens
Ne vous en ſerōt ja garans
Ne to⁹ vos villais ribaulx meſmes
Las pourquoy no⁹ entreueiſmes
Las de quel heure fus ie nez
Quant en tel vilte me tenez
Que ces matins ribaulx puans

Qui flatant vous sont et huant
Sont si de vous seigneur et maistre
Dont tout seul eusse sites estre
Par qui vous estes soustenue
Vestue chauffee et repeue
Et vous men faictes personniers
Ces ors ribaulx ces puteniers
Qui ne vous font se honte non
Tollu vous ont vostre renom
De quoy garde ne vous prenez
Quant entre vos bras les tenez
Par devant dient qui vous ayment
Par derriere putain vous clayment
Et dient ce que pis leur semble
Quant ilz refont eulx deux ensemble
Combien q̄ chascun deulx vous serut
Car bien congnois toute leur vue
Sans faillir cest bien veritez
Quant a leurs bandons v⁹ mettez
Ilz vous sçauent bien mettre apoit
Que de dangier en vous na point
Quant entre estes en la foule
Ou chascun v⁹ hurte et effoulle
Certes Jay au cueur grant enuie
De leur soulas et de leur vie
Mais sachiez et bien vous recors
Que ce nest pas pour vostre corps
Ne pour vostre desuoyement
Mais est pource tant seulement
Quil ont le deduit des ioyaulx
Des fermeaulx dor et des noyaulx
Et des robbes et des pelisses
Quaues de moy com sol et nisses
Car quant vous alez aux carolles
Ou a vous assemblees folles
Et Je remains com sol et pures
Vous y portes q̄ vault cent liures
Dor et dargent sur vostre teste
Et commandes que sey vous teste
De camelot de vert de gris
Si que trestout en amaigris

De mal talent et de soucy
Tant men esbahis et soucy
Que me reuienēt ces garlandes
Ces coiffes a dorees bandes
Aussi ces dorez tressouers
Et ces yuoirins mironoirs
Ces cercles dor bien entaillez
Precieusement esmaillez
Et ces coronnes de fin or
Dont enragier ne me fine or
Tant sont belles et bien polyes
Ou taxa fines pierreries
Saphirs rubis et esmeraudes
Qui si do⁹ font les chieres baudes
Ces fermeaulx dor ces pierres fines
A vostre col a voz poytrines
Et ces tissus et ces saintures
Dont si chier coustent les ferrures
De lor et des pierres menues
Que me vaillent tel faselues
Et si estroit vos piez chaussez
Puis la robbe souuent haussez
Pour les monstrer a vos ribaulx
Ainsi me confort sainct tibaulx
Quant dedens trois iours te viēdray
Tres ville et soubz piez vous tiēdray
Naures de moy bien le recorde
Fors surcot et cotte de corde
Et vne chemise de chanure
De gros fil non pas de tenure
Mais sera grossement tissue
Et desfiree et derompue
Qui quen face le dueil ou la plainte
Et par mon chief vous seres sainte
Mais vous diray de quel sainture
Dug cuir tout blāc sans fermeture
Et de mes houseaulx anciens
Aures granz souliers a lyens
Larges a mettre grans panuffles
Toutes vous osteray ces truffles
Qui vous donnent occasion

De faire fornication
Si ne vous irez plus monstrer
Pour vo' faire aux ribaulx oultrer
Mais or me dites sans contreuue
Ceste aultre riche robbe neufue
Dont laultre jour si vous parastes
Quant aux carolles en alastes
Car bien congnois et rayson ay
Quonques celle ne vous donnay
Par amour ou lauez vous prise
Vous mauez iure sans faintise
Et sainct philibert et sainct pere
Quelle vous vint de vostre mere
Qui le drap vous en enuoya
Car si grant amour a moy a
Ainsi que me faictes entendre
Qui bien veult ses deniers despendre
Pour me faire les miens garder
Viue la puisse en larder
Lorde vielle putain prestresse
Maquerelle et fort charmeresse
Et vous aussi par voz merites
Sil nest ainsi comme vous dictes
Certes je luy demanderay
Mais en vain me trauailleray
Tout ne me vauldra vne bille
Telle la mere telle la fille
Bien scay parle auez ensemble
Vos deux auez comme me semble
Les cueurs dune verge touchiez
Bien voy de quel pied vous clochiez
Lorde vielle putain fardee
Sest a vostre accords accordee
Aultre foys a ceste hart torse
De maint mastin a este morse
Tant a diuers chemins traffiez
Mais tant est son vis effaciez
Que riens ne peut faire de soy
Si veult de vous faire lessay
Et vient ceans et vous emmaine
Troys foys ou quatre la sepmaine

Et faint nouueaulx pellerinages
Selon les anciens vsaiges
Car ten scay toute la conuine
Et de vous promener ne fine
Comme len faict cheual a vendre
Et prent et vous a pret a prendre
Cuidez vous que ne vo' congnoisse
Qui me tient que ie ne vous froisse
Les oz comme poucin en paste
De ce pestail et de cest haste

Comment le Jaloux se debat
A sa femme et si fort la bat.
Que robbe et cheueulx luy desire
Par sa ialousie et par ire

Lors la prent au poins de nue
Cil qui de maltalent tressue
Par les tresses et sache et tire
Ses cheueulx luy rompt et dessire
Le Jaloux et sur luy saourse
Pour neant fut leon sur ourse
Par toute la mayson la traine
par grat courroux et par grat haine
Et la ledange mallement
Ne il ne veult par nul serment
Receuoir excusacion

Tant est de malle entencion
mais fiert et frappe et rousse et maille
Et elle brait et crie et braille
Et fait sa boip boler aux bens
Par fenestres et par auuens
Et ce quelle scet luy reprouche
Si comme luy bient a la bouche
Deuant les boysins qui la biennent
qui pour foly eulx deux si les tiennent
Et la luy tollent ag rant peine
Tant quil est a la grosse alaine
Et quant la dame sent et note
Ce torment et ceste riote
Et ceste reduisant bielle
Dont ce Jangleur si luy bielle
Pensez bo' quel len aymeroit
Elle boulsroit qui fust a liseux
Voire ceste en rommanie
Plus diray que ie ne croy mie
Quelle se bueille aymer Jamais
Semblant espoir en fera mais
Sil pouoit boler Jusques au nues
Ou si tres hault leuer ses bues
Quil peust dilecques sans cheoir
Tous les fais des hommes boir
Et sapessist tout a loysir
Si faulsroit Il bien a choisir
En quel grant peril il est cheuz
Sil na tous les batatz beux
Pour soy garantir et senser
Dont femme se scet pourpenser
Sil ve pnis en sa compaignie
Trop met en grant peril sa bie
Voire en beillant et en dormant
Se doit il doubter moult formant
Quel ne face pour soy bengier
Soy morir ou bif enragier
Ou mener bie enlangouree
Par cautelle desesperee
Ou quel ne pense a sen fuyr
Sil nen peut aultrement Joyr

Femme ne craint honneur ne honte
Quant riens en la teste luy monte
Quil est berite sans doubtance
Femme na point de conscience Non
Vers ce quel hait ou ce quel ayme
Valerius mesmes la clame
Hardye et artificieuse
Et a trop nuyre curieuse

Amys

O compaingz ce fol billain ialoux
Dont la chair soit liuree aux loupz
Qui si de ialousie semple
Com cy bous ay mis en exemple
Et se fait seigneur de sa femme
Qui ne redoit pas estre dame
Mais sa pareille et sa compaigne
Comme la loy les acompaigne
Et il redoit son compaingz estre
Sans soy faire seigneur ne maistre
Quant tel torment luy appareille
Et ne la tient pour sappareille
Ains la fait biure en tel mesaise
Cuidez bous quil ne luy desplaise
Et que lamour entre eulx ne faille
Quoy quelle dye oy sans faille
Ja de sa femme nest amez Non
Qui sire en bult estre clamez
Car il couient amour mourir
Qui ne la biendra secourir
Amour ne peut durer ne biure
Sel nest en franc cueur a deliure
Pource boit on communement
De tous ceulx qui premierement
Par amour aymer sentresseulent
Quant puis espouser sentreueulent
Enuis peut entre eulx auenir
Que Ja se puisse amour tenir
Car cil quant par amour aymoit
Sergent a celle se clamoit
Qui la maistrise souloit estre
Or ce clame seigneur et maistre

Sur luy que dame eust clamee
Quant par amour estoit aymee
    Lamant
Aymee
    Amys
Voyre
    Lamant
En quel maniere
    Amys
En telle que se sans priere
Luy commandast amy saillez
Ou ceste chose me baillez
Tantost luy baillast sans faillir
Et saillist sel mandast sans faillir
Voire certes quoy quelle dyst
Saillist il bien puis quil la dyst
Car mis auoit tout son desir
De luy faire tout son plaisir
Mais se sont entre espousez
Et en mariage posez
Lors est tournee la rouelle
Si que cil soulant seruir celle
Commande que celle le serue
Ainsi comme celle fust sa serue
Et la tient courte et luy commande
Que de ces fais compte luy rende
Et sa dame aincois lappella
Enuis meurt qui apris ne la
Lors se tient celle a mal baillie
Quant se vit ainsi assaillie
Du meilleur du plus esprouue
Quelle eust en ce monde trouue
Qui si la vult contrarier
Ne seet mais en qui se fier
Quat sur so col son maistre esgarde
Dot oncquesmais ne se prit garde
Mallement est changie le vers
Lors luy vient le Jeu si diuers
Si felon et si estrange
Quant cil luy a le de changie
Quel ne peut ne ne seet iouer

Comment sen peut elle louer
Sel nobeist cil se courrouce
Sil la ledange elle grourouce
Adonc seronten Ire mis
Et tantost par sire ennemis
Pource compaingz les anciens
Sans seruitude et sans liens
Paisiblement sans villenie
Santreportoyet sans compaignie
Nilz ne donnassent point franchise
Pour lor darabie et venise
Car qui tout lor en pourroit prendre
Ne la pourroit il pas bien vendre
Nestoit lors nul pelerinage
Nul nissoit hors de son riuage
Pour cerchier estrange contree
Ne nul nauoit la mer passee

¶ Commiet Jason ala grant erre
Oultre mer la toyson acquerre
Et fut chose monlt merueilleuse
Aux regardans et molt paoureuse

Jason qui premier la passa
Quant les nauires compassa
Pour la toyson dor aler querre
Bien cuida estre prins par guerre

Neptunus quant le vit nagier
Et couton eust bien enragier
Et edons et toute ses filles
Pour les merueilleuses semilles
Cuiderent tous estre trahys
Tant furent forment esbahys
Des nefz que par la mer menoyent
Ainsi que mariniers souloient
Mais les premiers sont ie fais copte
Ne scauoyent que nager monte
Car tout trouuerent en leur terre
Ce que bon leur sembloit acquerre
Riches estoient esgalement
Et sentramoyent loyaulment
Ainsi paisiblement viuoyent
Car naturellement samoient
Les simples gens de bonne vie
Lors estoit amours sans enuie
Sans villenie et sans clamour
Viuoyent en loyalle amour
Lung ne demandoit riens a laultre
Quant Barat vint de part et daultre
Et pechiez et malauenture
Qui de souffisance nont cure
Orgueil qui desdaigne pareil
Vint a eulx en grant appareil
Et couuoytise et auarice
Orgueil et chascun aultre vice
Si firent saillir pourete
Denfer ou tant auoit este
Que nul de luy riens ne scauoit
Noneques en terre este nauoit
Mal fut elle si tost venue
Car trop malle fut sa venue
Pourete qui point dayse na
Larrecin son filz amena
Qui sen va au gibet le cours
Pour faire a sa mere secours
Et se fait aulcunefois pendre
Que sa mere ne peut deffendre
Non peut son pere cueur failly

Qui de dueil en est mal bailly
Non pas damoyselle tauerne
Qui les larrons guide et gouuerne
Cest des larrecins labbeesse
Qui les pechiez de nuyt espesse
Et les baraz de nues coeuure
Quilz naparent dehors par oeuure
Iusque a tant quilz y sont trouuez
Et puis en la fin tous prouuez
Na pas tant de misericorde
Quant on luy met au col la corde
Que ia len puisse garentir
Tant sen saiche bien repentir
Adonc les doulereulx mauffez
De forcenerie eschauffez
De courroup de dueil ne venue
Quant virent gens mener telle vie
Saccoururent par toutes terres
Semens cotens discors et guerres
Mesdiz racunes et grans haines
Par courroup aussi par ataines
Et pource quilz eurent or chier
La terre firent escorchier
Et luy tirerent des entrailles
Ses anciennes repostailles
Metaulx et pierres precieuses
Dont gens deuinrent enuieuses
Car auarice et couuoitise
Ontes cueurs des hommes assise
Les grans ardeurs dauoir acqrre
Lung si lacquiert laultre lenserre
Ni iamais la lasse chetiue
Ne despendra iour quelle viue
Mais en sera maistres tuteurs
Sis hoirs et ses executeurs
Sil ne len meschiet aultrement
Et selle en va a dampnement
Ne cuide pas que nul len plaigne
Mais selle a bien fait si le preigne
Et quant par ceste couuoitise
La gent su ten ce poit mal mise

La premiere vie laisserent
De malfaire puis ne cesserent
Car ilz commēt tricheurs vuidrēt
Aux proprietez lors se tindrent
Et la terre mesmes partirent
Et au partir bournes y mirent
Et quant les bournes y mectoient
Maintesfois sentrecombatoient
Et se tolloient ce quilz peurent
Les plꝰ fors les plꝰ grans pars eurēt
Et quāt en leurs pourchas couroiēt
Les pastoureaulx qui demouroient
Si entroient en leurs cauernes
Et leurs embloiēt leurs espargnes
Lors conuint que len ordonnast
Aulcun qui les loges gardast
Et qui les malfaiteurs tous prist
Et bon droit au plaintifz en fist
Ne nul ne losast contredire
Lors sassemblerent pour leslire

¶ Exposez lire sans desroy
Comment fut fait le premier roy
Et puis leurs Jura sans tarder
De loyaulment le leur garder

ng grāt villai être eulx esleurēt
Le plus corsu de quā qlz furēt
Le plus ossu et le greigneur
Et le firent prince et seigneur
Cil iura que droit leur tendroit
Et que leurs loges deffendroit
Se chascun endroit soy luy liure
Des biens dont il se puisse viure
Ainsy sont entre eulx accorde
Comme lay dit et recorde
Cil tint grant piece ce seruice
Les laboureur plains de malice
Sassemblerent quant seul le virent
Et par maintesfois le batirent
Quant les biens venoient embler
Lors conuint le peuple assembler
Et chascun en droit soy taillier
Pour sergens au prince baillier
Communement lors se taillerent
Et treuz et rentes luy baillerent
Et donnerent grant tenement
De la vint le commancement
Aux roys et princes terriens
Selon les escrips anciens
Car par lescript que nous auons
Des fais des anciens sçauons
Si les en deuons mercier
Et louer et regracier
Lors amasserent les tresors
Dargent de pierres et des fors
Dor et dargent que tous requierēt
Firent batirent et forgierent
Vaisselle mentes et monnoyes
Fermaulx āneaulx noyaulx corroies
De fer dur forgierēt leurs armes
Cousteaulx espees et guisarmes
Et glaues et costes ferrees
Pour fayre a leurs voisins meslees
Lors firent et tours et tournelles
De quarreaulx mōlt fortes et belles
Chasteaulx fermerent et citez

J iiii

Et firent grans palais litez
Ceulx qui les tresors assemblerent
Car trestous de paour tremblerent
Pour leur richesses assemblees
Quelles ne leur fussent emblees
Ou par quelque force tollues
Bien furent lors les douleurs creues
Aux chetif de bien maulaais eur
Noncques puis ne furent asseur
Pource questoyent conmus deuāt
Comme le souleil et le vent
Par couuoytise appropxierent
Quant aux richesses se lierent
Ores en a vng plus que vingt
Oncques ce de bon cueur ne vint
Ans faille des villais gloutōs
Ne donnasse Je deux boutons
Combien q̄ bon cueur leur faulsist
De telz faultes ne me chausist
Bien sentramassent ou hayssent
Ou leur amour entreuendissent
Mais sās faille sōt grās dōmages
Que ces dames aux clers visaiges
Ces Jolies ces renuoysiees
Par qui doiuent estre prisees
Loyaux amours et deffendues
Sont a si grant ville venues
Quelles se vendent maintenant
Se argent est en la main tenant
Trop est laide chose a entendre
Que noble corps se doye vendre
Mais cōment que la chose preigne
Gart le varlet quil ne se feigne
Dars et de sciences aprendre
Pour garantir et pour deffendre
Se besoing est luy et sa mye
Si quelle ne conguoisse mye
Ce peut moult varlet esleuer
Et ne se peut de riens greuer
Apres luy doit Il souuenir
De ce bon conseil retenir

Sil a samye ou Jeune ou vielle
Et scet ou pense quelle vueille
Aultre amy querre ou Ja aquis
Des acquerre ne des acquis
Ne la doit blasmer ne reprendre
Mais amiablement aprendre
Sans tenser et sans le dangier
Encor pour luy moins estrangier
Sil la trouuoit en faisant loeuure
Gart que son oeil celle part neuure
Semblāt doit faire destre aueugle
Ou plus simple que nest vng bugle
Si quelle cuide tout de voir
Quil nen puist riens apperceuoir
Et se nul ne luy enuoye lettre
Il ne se doit pas entremettre
Du lire ne du reuerchier
Ne de leurs secretz enserchier
Ne ia nayt cueur entalente
Daler contre sa voulente
Mais que bien soit elle venue
Quant el viendra de qlque rue
Et vise quel part que vurra
Comme son vouloir luy donra
Car cure na destre tenue
Si vueil que ce soit chose sceue
Ce que cy apres vous vueil dire
En liure le deuroit on lire
Qui de femme veult auoir grace
Mette la tousiours en espace
Jamais en regle ne la tienne
Ains aille a son vouloir et vienne
Car cil qui la veult retenir
Quel ne puisse aler ne venir
Soit sa molier ou soit sa drue
Tantost en a lamour perdue
Nia riens contre luy ne croye
Pour certainete quil enuoye
Bien syent lors et ceulx et celles
Qui en apporter ont nouuelles
Que du dire folie firent

Quonc si preude femme ne virent
Toustours a bien fait sans recroire
Pource ne la soit nul mescroire
Ja ses vices ne luy reprouche
Ne ne la bate ne la touche
Car cil qui veult sa femme batre
Pour soy mieulx en samour ebatre
Quant la veult apres rapaisier
Cest cil qui pour apriuoisier
Bat son chat et puis le rapelle
Pour le lier en sa cordelle
Mais se le chat sen veult saillir
Bien peut cil au prendre faillir
Mais selle se bat ou ledangie
Garde cil que son cueur ne change
Se batre ou ledangier se voit
Mesmes se selle le deuoit
Tout vif aux ongles detrencher
Ne se doit il pas reuencher
Mais sen doit mercyer et dire
Qui vouldroit bien a tel martire
Viure tous temps mais q bien sceut
Que son bon seruice luy pleut
Voire certes tout a deliure
Plus tost mourir q sans luy viure
Et sil aduient que cilla fiere
Pource quil la voye trop fiere
Et quelle la trop courroucie
Tant a forment vers luy groucie
Ou la veult espoir menasser
Tantost pour sa paix prouchacier
Gard que le Jeu damours luy face
Ains quil se parte de la place
Et mesmement le poure hom
Car le poure a peu dachoison
Pourroit elle tantost laissier
Selle ne le voit plessier
Pource doit aymer sagement
Et doit souffrir moult humblemēt
Sans semblās de courroux ne dire
Tout ce quil luy voit faire ou dire

Et mesmement plus que le riche
Qui ne donroit pas vne chiche
En son orgueil nen son dangier
Cil la pourroit bien ledangier
Et sil est tel qui ne veult mye
Loyaulte porter a samye
Si ne la vouldroit il pas perdre
Mais a aultre se veult aherdre
Sil veult a samye nouuelle
Donner cueurrechief ou cotelle
Chappel annel fermail sainture
Ou Jouel de quelque facture
Gard que lautre ne les congnoisse
Car trop auroit au cueur angoisse
Quant elle luy verroit porter
Riens ne la pourroit conforter
Et gard que venir ne la face
En celluy lieu ou celle place
Ou venoit a luy la premiere
Qui de venir est coustumiere
Car celle y vient et voir la puisse
Nest nul qui bon conseil y puisse
Car nul viel sangler hericie
Quant des chiens est bien aticie
Nest si cruelle lyonnesse
Si traitre ne si felonnesse
Quant le veneur de fort assault
Luy enforce en ce point lassault
Auant alaite ses fionceaux
Ne nul serpent si desloyaux
Quant on luy marche sur la queue
Qui du marchie pas ne se Jeue
Come est femme quant elle trouue
O son mary samye neufue
El gette par tout feu et flame
Preste de perdre corps et ame
Et sel ne la prinse prouuee
Deulx deux ensēble la couuee
Mais bien enchee en Jalousie
Quelle cuide estre en acoupie
Coment quil voit ou sache ou croye

Garde soy si que ia recroye
De luy nyer tout plainement
Ce quelle sçet certainement
Et ne soit pas lent de iurer
Tantost luy face il endurer
En la place du Ieu damours
Lors est quitte de ses clamours
Et se tant lassault et angoisse
Quil faille quil luy recognoisse
Quil ne sen sçet espoir deffendre
A ce doit lors sil peut entendre
Quil luy face adonc entandant
Quil luy fist sur soy deffendant
Car celle si court le tenoit
Et si mallement le menoyt
Quonques eschapper ne luy pot
Tant quilz eussent fait leur tripot
None ne luy auint fois fors ceste
Lors iure fiance et promette
Que iamais ne luy auiendra
Et loyalement se contendra
Que celle en a iamais parolle
Bien veult que se tue et affolle
Car mieulx vouldroit q̃ fut noyee
La desloyalle la renyee
Que iamays en place venist
Ou celle en tel point se tenist
Car sil auient quelle le ment
Nira pas a son mandement
Nil ne souffrira quelle vienne
Quil puisse en lieu ou il se tienne
Lors doit celle estroit embrassier
Baisier blandir et soulassier
Et crier mercy du meffait
Puis quil ne sera iamais fait
Et est en bonne repentance
Prest den faire la penitance
Comme elle enioindre luy scaura
Puis que pardonne luy aura
Lors face damours la besongne
Sil veult que celle luy pardonne

Et gard que celle ne te vente
Quelle en pourroit estre dolente
Si se sont mains vetez de maintes
Par parolles faulses et faintes
Dont les corps auoir ne pouoient
Les noms a grant tort diffamoiẽt
mais biẽ ont ceulx les cueurs faillãs
Ne sont ne courtois ne vaillans
Venterie est trop villain vice Nõ
Qui se vente Il est fol et nice
Car ia coit ce que bien fait leussent
Toutesuoyes celer le deussent
Amours veult celer ses ioyaulx
Ce nest a compaignons loyaulx
Qui les veulent taire et celer
La les peut len bien reueler
Et selle chiet en maladie
Droit est sil peut quil estudie
A luy estre moult seruiable
Pour estre apres plus agreable
Garde bien quennuy ne le tiengne
Se sa maladie seslongne
Lez luy se soye demorant
Et la doit baiser en plourant
Et se doit vouer sil est saiges
En maintz loingtains pellerinages
Mes que celle les veuz entende
Viande pas ne luy deffende
Chose amere ne luy doit tendre
Ne riens qui ne soit doulx et tendre
Si luy dit faindre nouueaulx songes
Tous farcis de plaisãs mensõges
Que quãt viẽt au soir qĩl se couche
Tout seul en sa chambre en sa couche
Aduis luy est quant il sommeille
Car peu y dort et moult y veille
Quil lait entre ses bras tenue
Toute la nuyt et toute nue
Par soulas et par gayerie
Toute saine et toute garie
Et par iour en lieux delectables

Telz fables luy cōpte ou sēblables
Or vous ay iusques cy chante
Par maladie et par sante
Comment cil doit dames seruir
Qui veult leur grace desseruir
Et leur amour continuer
Qui de legier se veult muer
Qui ne vuldroit par grant entante
Faire quanque leur atalente
Que ia femme nul ne scaura
Ne ia si ferme cueur naura
Ne si loyal ne si bon meur
Que ia puist homme estre bien seur
De la tenir pour nulle peine
Amplus que sil tenoit en saine
Vne anguille par my la queue
Qui na pouoir quelle se squeue
Si quelle est tantost eschappee
Ia si fort ne lauroit happee
Nest donc bien priuee tel beste
Qui de fuir est tote preste
Tant est de diuerse muance
Que nul ny doyt auoir fiance
Ie ne le dis pas pour les bonnes
Qui sur vertu fondēt leurs bournes
Dont encor na nulles trouuees
Tant les ayt il bien esprouuees
Ne salomon nen peut trouuer
Tant les sceut il bien esprouuer
Et luy mesme tresbien afferme
Quōcques femme ne trouua ferme
Et se du querre vous penez
Se la trouues si la prenez
Si aures lors amye eslite
Qui sera vostre toute quicte
Sel na pouoir de tant tracer
Quel se puisse ailleurs prochacer
Ou sel ne trouue requerant
Telle femme a chastel se rent
Mais encor vueil vng brief mot
Ais q̄ ie laisse le martire dire

Briefment de toutes les pucelles
Quelz que soyent laydes ou belles
Dont cil veult les amours garder
Se le myen commant doit garder
De celluy tousiours luy souuienne
Et pour moult precieulx se tienne
Quil donne a toutes a entēdre
Quil ne se peut delle deffendre
Tant est esbahys et surpris
De leur beaulte et de leur pris
Car il nest femme tant soit bonne
Vielle ieune mondaine ou nonne
Ne si religieuse dame
Tant soit chaste de corps et dame
Selen da sa beaulte louant
Qui ne se delecte en louant
Combien quel soit laide clamee
Iurent que plus belle est que fee
Et si le facent tellement
Quelles croyent legicrement
Car chascune cuide de soy
Que tant ayt beaulte bien le scay
Combien que soit laide prouuee
Que bien est signe destre aymee
Ainsi a garder leurs amyes
Sans reprises de leurs folies
Doiuent tous estre diligens
Les beaulx dardetz les preulx les gēs
Femmes nont cure de chasti
Ains ont si leur engin basti
Quaduis leur est quilz nōt mestier
Destre aprises de leur mestier
Ne nul si ne leur veult desplaire
Ne desloer rien quilz veullent faire
Comme le chat scet par nature
La science de seurgeure
Nil nen peut estre destourne
Quil est a tel sens tousiours ne
Noncques nen fut mis a lescolle
Ainsi fait femme tant est folle
Par son naturel iugement

De tout ce que fait oultrement
Soit bien soit mal soit tort soit drois
Ou de tout ce que vous vuldrois
Quel ne fait chose que ne doye
Et hait quiconques len chastoye
Ne ne tient pas ce sens de maistre
Ains la deffors quelle peust naistre
Si nen peut estre destournee
Elle est a tel sans tousiours nee
Et qui chastier la vouroit
Ja de samour ne ioyroit

Ainsi compaingz de vostre rose
Qui tant est precieuse chose
Que vous nen prendriez nul auoir
Se vous la pouyez bien auoir
Quant vous en aures la saisine
Sicomme esperance diuine
Et vostre ioye aures plantere
Si gardes en telle maniere
Comme on doit garder tel florette
Lors ioyres de samourette
A qui nulle aultre nacomper
Vous ne trouueres ia son per
Espoir en quatorze citez

Lamant respond a amis
Certe compaingz cest veritez
Non au monde de ce suis seur
Tant est et tant fut bon son eur
Ainsi amis ma conforte
Et son confort conseil porte
Et mest aduis au moins de fait
Quil sert plus que raison ne fait
Mais quant ce quil eust finee
Sa rayson qui formant magree
Doulx peser doulx parler reuindrent
Qui pres de moy dessors se tindrent
Non pas gueres ne me laisserent
Mais doulx regart pas namenerent
Ne les blasmay quant laisse leurent
Bien scay qua mener ne le peurent

Coment lamant sans nul termine
Prent congie damis et chemine
A sauoir sil pourroit choysir
Chemin pour bel acueil veyr

Congie prens et men vuis atant
Ainsi comme seul esbatant
Men alay contreual la pree
Derbe et de fleur enluminee
Escoutans ces doulx oyseletz
Qui chantoient sons nouueletz
Tous les biens au cueur me faisoient
Leurs doulx chas qtant me plaisoient
Mais dune chose amis me griefue
Quil ma comande que iescheue
Le chastel la place et la tour
Ne ne vise iouer entour
Ne scay se tenir men pourroye
Car tousiours aler y vourroye
Lors apres celle departie
Eschiuant la dextre partie
Vers la senestre ma chemin
Pour querre le plus brief chemin
Volentiers ce chemin querroye
Sil fut trouue Ie my ferroye
De plain aler sans contredit
Se plus fort ne me contredit

Pour bel acueil de prison traire
Le franc le doulx le debonnaire
Des ce que seray le chastel
Plus foible qung rosti castel
Et les portes seront ouuertes
Ne nul ne me deffendra certes
Jauray bien lennemy au ventre
Se ne le prēs et se ny entre
Lors sera bel acueil deliures
Je ne prendroye cent mille liures
Ce vous puis pour vray afficher
Sen ce chemin me puis ficher
Touteffoys du chastel mesloing
Mais ce ne fut pas de trop loing

¶ Comment lamāt trouua richesse
Gardant le santier et ladresse
Par lequel prennent le chastel
Amans qui assez ont chastel

Ueez vne clere fontaine
Pensāt a la gloire haultaine
En vng bel lieu tres delectable
Dame plaisant et honnourable
Gente de corps belle de forme
Vy ymbroyer dessoubz vng orme

Et son amy decoste luy
Ne scay pas le nom de celluy
Mais la dame auoit nom richesse
Que moult estoit de grant noblesse
Dung senteret gardoit lantree
Mais nestoyt pas de sans entree
Des que les vy fers eulx enclin
Les saluay le chief enclin
Et eulx assez tost mon salut
Mont rēdu mais peu me valut
Pour certain lamant ce clamoit
Trop donner que richesse amoyt
Puis je demanday toute voye
A trop donner la droite voye
Richesse qui par la premiere
Me dist par parolle vng peu fiere
            Richesse
Voy cy le chemin Je le garde
            Lamant
Haa madame se dieu me garde
Je vous pry mais quil ne vo⁹ poise
Que moctroyez que par cy voise
Au chastel de nouueau fonde
Que Jalousie a la fonde
Pour le franc bel acueil hors trayre
A qui Jalousie est contraire
            Richesse
Assal ce ne sera pas ores
De riēs ne vo⁹ cognois encores
Vous nestes pas bien arriue
Puis que vous nestes mon priue
Non pas espoir iusques a dix ans
Ne seres vous par moy mis ens
Nul ny entre sil nest des miens
Tant soit de paris ou damiens
Je y laisse mes amis aler
karoler dancer et baler
Si ont vng peu de plaisant vie
Dont nul sages homs na enuie
La sont seruis Joyeusement
De soulas et desbatement

De tabourins et de vielles
Et de moult de dances nouuelles
De ieulx de dez deschez de tables
Et doultrageulx metz delictables
La sont damoyseaulx damoiselles
Conioins par vielles maquerelles
Cerchans prez et Jardins playsans
Plus gays que perdris ne faisans
Puis reuont ensemble aux estuues
Eulx baigner et deduire es cuues
Quilz ont aux chambres toutes prestes
Les chappeletz de fleurs es testes
En lostel de folle largesse
Qui si les pourist et les blesse
Quenuis en peuent apres garir
Tant leur fait chier vendre et merir
Son seruice et son hostellage
Quelle en prent si cruel payage
Quil leur conuient leur terre vendre
Ains q̃ tout se luy puissent rendre
Je les y maine a grant Joye
Mais pourete les raconuoye
Foible tremblant et toute nue
Jay lentree et elle a lissue
Ja plus deulx ne mentremettre
Tant saiges soyent ne lettre
Lors sen peuent aler biller
Ilz sont aleur derrenier miller
Je ne sy pas se tant faisoyent
Que puis vers moy se rapaisoient
Mais fort a faire leur seroit
Toutes les fois quil leur plairoit
Je ne seroye Ja si lasse
Quencor ne les y ramenasse
Mais sachiez que plus sen repētēt
En la fin ceulx qui plus y hantent
Nilz ne me osent veoir de honte
Par pou que chascun ne sa fronte
Tant se courroucent et sangoissent
Je les laisse car ilz me laissent
Si vous promettez bien sans mētir

Que tart entres au repentir
Se vous Ja les piez y mettez
Nulz homs quant il est bien bettez
Nest si betif ne si balez
Que serez si vous y alez
Se pourete vous peut baller
Elle vous fera tant baller
Sur vng peu de chaulme ou de fain
Quel vous fera morir de fain
Que Jadis fut sa chamberiere
Et la serui en tel maniere
Que pourete par son seruise
De fain fut ardant et esprise
Luy enseigna toute malice
Et la fit maistresse et nourrice
Larrecin le balleton fait
Ceste lalayta de son laict
Neust aultre boulye a soy paistre
Et se sauoir vulez son estre
Qui nest ne souppple ne terreux
Fain demeure en vng champ pierreux
Ou ne croist ble buisson ne broce
Ce champ est en la fin descoce
Plus froit que ne fut oncq̃s marbre
Fain qui ne vit ne ble ne arbre
Les herbes en arrachent pures
Aux tranchans ongles aux dès dures
Mais molt les trouuent cleres nees
Pour les pierres espes semees
Et se la vouloye descripre
Tost en pourroye estre delitte
Longue est et maigre et lasse et vaine
Grant mestier a de pain dauaine
Les cheuelx a tous herissez
Les yeux en parfont glacez
Vis passe et bouleures seiches
Joues roysllees pleines de taches
Ses entrailles veoir pourroit
Par sa pel dure qui vouroit
Ler oz par les Illiers luy faillent
Ou trestouttes humeurs deffaillent

Ne na ce semble point de ventre
Fors le lieu qui si parfont entre
Que tout le pis de la meschine
Pent en la haye de leschine
Ses dois luy a creux maigresse
Des genoulz luy part la rondesse
Talons a haulx agus parens
Nappert quil ait point de charens
Tant la tient maigresse et compresse
Car la plantureuse deesse
Certes qui fait le bletz venir
Ne scet la le chemin tenir
Ne cil qui ses dragons envoye
Tritholomus ny scet la voye
Destinees les en eslongnent
Qui nont cure qui sentreioignent
La deesse tres plantureuse
De fain la laisse douloureuse
Mais asses tost vus y menra
Pourete quant el vus tendra
Se celle part aler vulies
Acelle oyseuse comme soulies
Car a pourete toutesuoye
Tourne sen bien par aultre voye
Que par celle q ie cy garde
Car par vie oyseuse et se tarde
Peut on a pourete venir
Et sil vus plaisoit a tenir
Celle voye que Jay cy dicte
Vers pourete lasse despite
Pour le fort chastel assaillir
Bien pourres au prendre faillir
Mais de fain cuide estre certaine
Qui vus est visine prochaine
Car pourete scet le chemin
Mieulx par cueur q̃ par parchemi
Si sachiez que fain la chetiue
Est encores si entantiue
Enuers sa dame et si courtoise
Si ne layme point ne la proise
Si est par elle soustenue

Combien quelle soit lasse et nue
Quelle la vient tousiousiours veoir
Et la fait auec luy seoir
Et luy court au bec et la baise
Par desconfort et par mesaise
Puis prent larrecin par loreille
Quant le voit dormir si le sueille
Et par destresse a luy lancline
Si le conseille et lan doctrine
Comment il la doit procurer
Combien que ce doye durer
Et cueur failly a luy saccorde
Qui songe a luy offrir laccorde
Qui luy fait hericier et tendre
Tout le poil quelle ne luy pense
Larrecin son filz le tremblant
Se len le peut trouuer emblant
Quil nen soit ia moins emporter
Sain si se vuloit de porter
En quelsconques temps ou sayson
Le doit on punir par rayson
Car la mort est bien necessaire
A poure qui veult sans riens faire
Mangier quant biẽ le peut gaigner
Et tel gens fait bon eslongner
De soy sans les riens attraire
Et pour ce me me vules croyre
Ailleurs vostre chemin queres
Car par cy ia ny entreres
Quaussi tost aures vus enclume
Quassee de plein poing de plume
Que ie vus y laissasse aler
Si vus en poues tost raler
Car ne mauez pas tant serui
Que mamour ayez desserui

Lamant dit a richesse

Dame certes se ie peusse
Tres vulentiers vostre grace
Des lors q̃ ou setier entrasse eusse
Bel acueil de prison gectasse
Qui au cueur a dueil et tristour

Emprisonne de sens la tour
Si souffrez dame que ie y voyse
Comme noble franche et courtoyse
Et ie mectray pour vous seruir
Grande peine du desseruir
Humblement tant que iauray vie
Sans auoir sur vous poit denuye
Et tout malgre me pardonnez
Le don sil vous plaist me donnez
                Richesse
Ien vous ay dist elle entendu
Si scay que nauez pas vendu
Tout vostre bois gros et menu
Vng fol en auez retenu
et sans fol ne peult homme viure Non
Tant comme il vueille amour suyure
Car cest le chemin mal torne
Ou tout bon sens est betourne
Le bien en mal le ris en pleur
Et ioye et tristesse et douleur
Si cuide il estre moult saige
Tant quil viue en telle rage
Quon ne doit pas apeller vie
Telle rage ne tel deuerie
Car cest mort et aueuglement
Et sans repoz trauaillement
Car par chault on y sent froideur
Et par froit trop grande chaleur
Ne pour yuer ne pour este
Il na en luy establete
Qui veult telle vie mener
Car pourete fait amener
A ceulx qui lamour veulent suyure
Qui ne leur fait fors tousiours nuyre
Bien le vous sceut rayson noter
Mais ne vous peust desfolater
Sachez bien quant vo' ne la creutes
Tres villainement vous deceutes
Car cil q rayson ne veult croire Non
Sen repent cest chose notoire
Et le compere chierement

Ains quil voise a diffinement
Mais ains que rayson y venist
Nestoit il riens qui vous tenist
Nen vous nauoit nulle mesure
De gouuernement doulce ou sure
Et me meistes en non chaloir
Par vostre desregle vouloir
Oncques puis riens ne me prisastes
Des lors q par amours aymastes
Mais semble a vng chascun qil vole
Quant maintent ceste vie folle
Quil dient aymer par amours
Qui est de salut le rebours
Ne dieu ne moy nul homme nayme
Tant comme tel amant se clayme
Amans ne me veulent prisier
Ains sefforcent da menuysier
Mes biens quant Je les leur depars
Et les regiettent daultres pars
Ou grant dyable pourroit on prendre
Se q ung amant vouldroit despendre
Fuiez de cy laissiez me ester
                Lamant
Je qui riens ny peuz conquester
Doulent me partis sans demeure
La belle son amy demeure
Qui bien fut vestu et pare
Et ie men vois tout esgare
Par le iardin delicieux
Qui est tant bel et precieux
Comme deuant auez ouy
Mais de moult poy ie mesioy
Quailleurs ay mis tout mon penser
Den toutes manieres penser
En quel estat et en quel guisa
Je feroye mieulx le seruise
Damours mon seigneur et mon mai
Et aussi comment pourroye estre stre
De richesse amy et acointe
Qui tant fait vers moy la mescoite
Car iay vulente et desir

Dacomplir tout leur bon plaisir
Et moult voulentiers le feisse
Si que de riens ie ne mespuisse
Car nen croystroit en riés mon pris
Se ianoye enuers eulx mespris
Moult se tint mon cueur et seilla
A ce q amis me conseilla
Malle bouche assez honnoray
En tous les lieux ou ie trouuay
De tous mes aultres ennemis
Honnourer forment mentremis
Et de mon pouoir les serui
Ne scay se leur gre desserui
Car aulcunessoys pour bien faire
Ou a fors maltalent et haire
Mais trop me tenoye pour prins
Quant ie nosoye le pourprins
Approucher comme ie souloye
Car tousiours aler y vouloye
Mais il men faloit retarder
Pour le conseil damis garder
Si fis ainsi ma penitence
Long temps en telle repentance
Comme dieu scet car ie faisoye
Vne chose et aultre pensoye
Ainsi mentencion double ay
None mais nul iour ne la doublay
Traison me conuient trasser
Pour ma besongne pourchasser
Noncques traistre nauoye este
Nencor ne men a nul reste
Mais la tres grant force damour
Me contregnoit que sans demour
Ie misse peine de cueur fin
A venir de ma cause a fin

En dit lamant damours comment
Il vint a luy legierement
Pour luy oster sa grant douleur
Et luy pardonna sa foleur
Quil fist quant escouta raison

Dont il lappella sans raison

Quat amours meust bie esprouue
Et veit quil meust loyal troque
De telloyaute toutesuoye
Comme vrès luy porter deuoye
Si sapparust et sur mon chief
En souriant de mon meschief
Mist la main et me demanda
Se iay fait ce quil commanda
Coment il mest et quil me emble
De la rose qui mon cueur semble
Et enquist moult diligemment
De moy tout le contenement
Si seauoit il bien tout mon fait
Car dieu scet bien tout ce quon fait
Amours
Sont fait dist il tous mes comas
Que ie aux fins amans commans
Ou ailleurs ne les vueil departir
Nilz ne diuent ia de partir
Lamant
Ne scay sire mais faiz les ay
Au plus loyaument que ie scay
Amours
Voire mays tu es trop muable
Ton cueur nest mie bie estable

Mais est ma lement plein de doubte
Bien en scay la verite toute
Laultre iour laisser me vuluz
A poy que tu ne me tolluz
Mon hommage et feis dyscuse
Et de moy plaicte douleureuse
Et puis disoyes desperance
Quen estoit certaine science
Et aussi pour sol te tenoyes
Quant en mon seruice hantoyes
Et tacordoyes a rayson
Ce te vient de masse achoison
   Lamant
Sire mercy confes en suy
Si sauez que pas ne men fuy
Et fis mon lays bien me souuient
Si comme faire le conuient
A ceulx qui sont en vostre hommage
Ne men ties pas sans faille a sage
Mais me repens moult laidement
Que iescoutay trop longuement
Rayson quant a moy voulst venir
Et me fit doubteux deuenir
Par ces merueilleuses parolles
Qui estoyent doulces et molles
Et bien cuida par me prescher
Vostre seruice empescher
Quant raison futa moy venue
 Si ne lay ie pas pourtant creue
Combien quelle y mist son entente
Mais sans faille que ie ne mente
Doubter me fit plus ny a mais
Rayson ne mesmouura iamais
A chose qui contre vous aille
Ne contre aultre qui gaires vaille
 Se dieu plaist quoy quil en auiëne
Tant q̃ mon cueur a vous se tienne
Qui bien se tendra ce sachiez
Sil ne mest du corps arrachiez
Forment certes mal gre men scay
De ce quonecques ie me pensay

Et que audience luy eust donne
Si pry quil me soit pardonne
Car ie pour ma vie amander
Comme vous plaist de commander
Vueil sans iamais raison ensuiure
En vostre loy morir et viure
Nest riens que de mon cueur lefface
Ne ia pour chose que ie face
Atropos morir ne me daigne
Fors en faisant vostre besongne
Aincois me preigne faisant loeuure
Dot Venus pl⁹ voulentiers oeuure
Car nul na ce ne doubtez point
Tant de delit comme en ce point
Et ceulx qui pleurét me deuront
Quant ainsi mourir me trouueront
Puissent dire beaulx doulx amis
Tu qui es en ce point mys
Or est il vray sans point de fable
Bien est ceste mort conuenable
A la vie que tu menuoyes
Quant lame auec le corps tenoyes
   Le dieu damours
Par mon chief or dis tu q̃ sage
Iappercoy bien q̃ mon hommage
Est moult bien en toy employez
Tu nes pas des faulx renoyez
Ne des larrons qui me renoyent
Quãtilz ont fait ce quilz queroyët
Moult est enterin ton courage
Ta nef tiendra a bon riuage
Et a bon port si te parson
Plus par prieres que par don
Car ie nen vueil argent ne or
Mais en lieu de confiteor
Vueil ains q̃ tu vers moy tacordes
Que mes commandemés recordes
Car dix en sont en ce rommans
Entre deffance et commans
Et si bien retenu les as
Tu nas pas geete ambezars

Comment lamāt sans plꝰ acteēdꝛe
Veu tā amours sa lesson rendꝛe
Lamant
Ire volentiers villenie
Doy fuir et que ne messdie
Saluz doy tost donner et rendꝛe
A dire ordure ne doy tendꝛe
A toutes femmes honnourer
Me fault en tous temps labourer
Orgueil fuir cointe me tienne
Joly et resioy devienne
A larges estre mabandonne
En vng seul lieu tout mō cueur dōne
Amours
Certes tu sces bien ta lesson
Je nen suis plus en suspesson
Comment test il
Lamant
A douleur vif
Puis que ie nay pas le cueur vif
Amours
As tu mes troys confors
Lamant
Nenny
Doulx regard fault que le venin
Me sceut oster de ma douleur
Par sa tres doulcereuse oueur
Tous troys sen fuirent mais eulx
Men sont arriere venuz deux
Amours
As tu esperance
Lamant
Ouy sire
Celle ne me laist desconfire
Tousiours sest pres de moy tenue
Encores point ne sen remue
Amours
Bel acueil quest il devenu
Lamant
Il est est en prison retenu
Le franc le doulx que tant aymoye

Amours
Or ne te chault point ne tannoye
Encor lauras tu par monoeil
A ton plaisir et a ton vueil
Puis que tu sers si loyaument
Mes gens vueil nyader prōptemēt
Pour le fort chastel assieger
Les barons sont fors et legier
Ains que nous partōs hors du siege
Bel acueil sera hors du piege

Comment amours le tel et gent
Mande par ses lectres sa gent
Et les baille a vng messagier
Qui les prent sans faire dangier

E dieu damours sās terme meectre
De lieu ne de temps en sa lectre
Toute sa baronie mande
Aux vngz prie aux aultres comāde
Que tantost ses lectres vues
Et quilz les auront receues
Quilz viennent a son mandement
Tous sont venuz sans tardement
Prestz dacomplir ce quil vurra
Selon ce que chascun pourra
Briefmēt les nommeray sans ordꝛe
h ii

Pour plus tost a ma rime mordre
Dame oyseuse la iardiniere
Y vint a tout sa grant baniere
Noblesse de cueur et simplesse
Franchise pitie et largesse
Hardement honneur courtoysie
Delict simplesse et compagnie
Seurte deduit aussi ieunesse
Joliette beaulte richesse
Humilite et pacience
Bien celer contrainte abstinence
Qui faulx semblant avec luy maine
Sans luy y venist elle a peine
Ceulx y sont avecques leur gent
Chascun deux a moult le corps gent
Ne mais abstinence contrainte
Et faulx semblant a chiere fainte
Quelque semblant qu dehors facent
Barat en leurs pensees brassent
Barat engendra faulx semblant
Qui va les cueurs des gens emblant
Sa mere eut nom ypocrisie
La larronnesse la honnie
Ceste la laicte et nourry
ypocrisie au cueur pourry
Qui trait mainte region
Par habit de religion
Et quant le dieu damours leut veu
Il en eust tout le cueur esmeu
Quest ce dit il ay ie songe
Dy faulx semblant par quel congie
Es tu venu en ma presence
A tant faulx contrainte abstinence
Si print faulx seblant par la main
Sire dit elle a moy la main
Si vous pry quil ne vous desplaise
Maint cofort ma fait et maint ayse
E il me soustient et me conforte
Sil ne fust de faim fusse morte
Si men deuries vo⁹ moins blasmer
Tant ne vueille il les gens aymer

Si ay besoing quil soit ayme
Et sainct preudomme reclame
Mon amy est et moy samie
Avec moy vient par compagnie

Comment amours dit a son ost
Quil veult faire assault tantost
Au chastel et que cest son vueil
Pour en mettre hors bel acueil

Adont parla a tous ses gens
Et leur dit soyes diligens
De ialousie desconfire
Qui noz amans met a mertire
Pource vous ay fait cy venir
Car contre moy fait cy tenir
Ce fort chastel quelle a dresse
Dont iay moult le cueur blesse
Tant la fait de force habiller
Que moult y fauldra batailler
Ains que par nous puisse estre pris
Si suis doulent et entrepris
De bel acueil quelle y a mis
Qui tant auancoit noz amis
Sil nen yst mal suis acueilli
Puis que tribulus mest failly
Qui congnoissoit si bie mes taches

Pour q̃ mort ie brisay mes fleches
Cassay mes arcs et mes culdrees
De traine toutes desfirees
Dont ay tant dangoisses et telles
Qua son tombel mes lasses esles
De traine toutes derompues
Tant les ay de dueil debatues
Pour qui mort ma mere pleura
Tant qua poy que ne sacueura
Qui pour luy plourer nous eust leu
Nest pas que pitie nen eust eu
En noz pleurs neust ne frains ne bri
Galus gatilus et ouides   des
Qui bien sceuret damours traictier
Nous eussent ores bien mestier
mais chascū eulx gist mort pourris
Voyez guillaume de lorris   Guillaume
Cui ialousie sa contraire   de lorris
Fait tant dangoisse et de mal traire
Quil est en peril de mourir
Se ne pense de secourir
Cil me conseillast voulentiers
Com cil qui mien est tout entiers
Et droit fut car par luy mesmes
En ceste peine nous mismes
De tous noz barons assembler
Pour bel acueil toudre et embler
Mais il nest pas ce dit si sage
Se si loyal sergent perdoye
Com secourir le puisse et doye
Qui ma si loyaument seruy
Quil a bien vers moy desseruy
Que iassaille et que ie matour
A rompre les murs de la tour
Et du fort chastel asseoir
A tout tant que iay de pouoir
Et plus encores me doit seruir
Car pour ma grace desseruir
Doit il commancer vng rommans
Ou seront mis tous mes compans

Et iusques la le finira
Que luy et bel acueil dira
Qui languist ores en la prison
A duleur sans mesprison
Moult surement suis esmayez
Que entroublie ne mayez
Si en ay dueil et desconfort
Jamais nest riens qui me confort
Se ie pers vostre bien vueillance
Car ie nay plus ailleurs fiance
Et si lay ie perdu espoir
A peu que ie nen desepoir
Ey se reposera guillaume
Dont le tombel soit plein de balme
Densens de mierre daloez
Tant ma seruy tant ma loez
Et puis viedra iehan clopinel
Au cueur gentil au cueur ysnel
Qui naistra sur loire a meun
Lequel a saoul et a ieun
Me seruira toute sa vie
Sans auarice et sans enuie
Et sera si tres sages hom
Quil naura cure de rayson
Qui mes ongnemens hait et blasme
Qui plus flairent soues q̃ue balme
Et sil aduient comme quil aille
Quil en aulcune chose faille
Car il nest nulz homs qui ne peche
Tousiours a chascū quelque taiche
Le cueur vers moy tant aura fin
Que tousiours au moins a la fin
Quant en culpe se sentira
Du forfait se repentira
Ne me vuldra pas lors tricher
Cil aura le rōmant si chier
Quil le vuldra tout parfournir
Se temps et lieu luy peut venir
Car quant guillaume cessera
Jehan si le continuera
Apres sa mort que ie ne mente

ḟ iii

Ans trespasses plus de quarante
Et sira pour la mescheance
Pour paour de desperance
Quil nayt de bel acueil perdue
La bien veullance auant eue
Et si lay ie perdue espoir
Apoy que ie ne men desespoir
Et toutes les aultres parolles
Quelz qui soyent sages ou folles
Iusques atant quil aura cueillie
Sur la branche vert et fueillie
La tres belle rose vermeille
Ains quil soit iour et quil se sueille
Puis vouldra si la chose espondre
Que riens ne si pourra respondre
Et se bon conseil mectre y peussent
Promptement conseillie men eussent
Mais par guillaume ne peut estre
Ne par iehan qui est a naistre
Car il nest mye cy present
Si est la chose si pesant
Que certes quant il sera ne
Se ie ny tiens tout empane
Pour luy lyre nostre sentance
Si tost comme il ystra denfance
Ce vous vueil iurer et pleuir
Qui nen pourra iamais cheuir
Pource q̃ bien pourroit estre
Que cestuy iehan qui est a naistre
Seroit espoir bien empesche
Dont ce seroit dueil et pechie
Et dommage aux fins amoureux
Car moult de bien sera pour eulx
Pry ie lucyna la deesse
Denfantement q̃l vint quil naisse
Sans mal et sans encombrement
Si quil puist viure longuement
Et quant apres a ce vendra
Que iupiter vif le tendra
Et quil ne veura estre abeuure
Deuant le temps quil soit seure

De tonneaulx que il a tous double
Don lung est cler et laultre trouble
Lung est doulx et laultre amer
Plus q̃ nest suye ne la mer
Ou quil en berseau sera mis
Pource quil est tant mes amis
Ie laffubleray de mes esles
Et luy chanteray noctes telles
Que puis qui sera hors denfance
En doctrine de ma science
Si flagolera noz parolles
Par quarrefours et par escolles
Selon le langage de france
Par tout le regne en audiance
Que iamais ceulx qui les orront
De doulx maulx damer ne mouront
Pour qui le croyent seulement
Car tant en lira proprement
Que trestous ceulx qui ont a viure
Deuroyent appeller ce liure
Le mirouer aux amoureux
Tant y verront de bien pour eulx
Mais q̃ rayson ny soit pas creut
La chetiue la malotrue
Pource nien vueil si conseiller
Chascun men dit conseil bailler
Dentre vous si pry et clame
Que ce las dulereux guillaume
Qui si bien sest vers moy porte
Soit secouru et conforte
Et se pour luy ne vous prioye
Certes prier vous en deuroie
Aumoins pour iehan alegier
Quil escripue plus de legier
Que cest auantage luy faites
Car il naistra ie suis prophetes
Et pour les aultres qui viendront
Qui deuotement entendront
A mes commandemens ensuiure
Quilz trouueront escript ou liure
Si quilz puissent de ialousie

Surmonte langeingue et lenuie
Et tous les chateaulx despecier
Quelle osera iamais dresser
Conseilles moy que nous ferons
Comment nostre ost ordonnerons
par ql part mieulx leur pourrõt nui-
Pour pl͛ tost le chastel destruire re

Lacteur

Ainsi amours a ceulx parolle
Qui bien receurẽt sa parolle
Quant il eust sa rayson finie
Conseilla soy la Baronnie
En plusieurs sentences se mirent
Plusieurs diuerses choses dirent
Apres plusieurs discors saccordent
Au dieu damours lacord recordent

Les gens du dieu damours
Sire treschier accordes sommes
Par laccord de trestous voz hõmes
Fors de richesse seulement
Qui a iure son serement
Que ia ce chastel nassauldra
Ne ia dung seul coup ny serra
De dart de lance ne de hache
Pour hõme qui parler en sache
Ne de Baston comme disoit
Mais vostre emprise desprisoit
Et cest de vostre ost departie
Aumoins quant a laultre partie
Tant a ce varlet en despit
Et pource le blasme et despit
Quoncques ce dit eil ne leust chiere
Pource luy fait elle tel chiere
Si le hait et hayra des or
Puis quil ne veult faire tresor
Que ne luy fist aultre meffait
Cest tout ce quil luy a forfait
Bien dit sans faille que auant hier
La requist dentrer ou sentier
Qui trop donner est appellez
Et la flatoit illec delez

Mais pouure fut quant sen pria
Pource lentree luy nya
Encor na pas puis tant oeuure
Qung seul denier ayt recouure
Qui quicte demeure luy soit
Comme richesse nous disoit
Et quant nous eust ce recorde
Sans luy nous auons acorde
Si trouuons en nostre acordance
Que faulx semblant et abstinence
Auec tous ceulx de leur baniere
Assauldront la porte derriere
Que malle Bouche tient et garde
Auec ses gens que mal feu larde
O ceulx courtoisie et largesse
Qui remonstreront leur prouesse
Contre la vielle qui maistrie
Bel acueil par dure maistrie

Apres dsliet et bien celer
Iront pour honte escheueler
Sur luy leur ost assembleront
Et celle porte assiegeront
Contre paour ont ahurte
Hardement auecques seurte
La seront auecques leur sinte
Qui ne sceut oncques riens de sinte
Franchise et pitie souffreront
Contre dangier et lassauldront
Dont est lost ordonne assez
Par eulx sera le fort cassez
Se chascun y met bien sentente
Mais que Venus y soit presente
Vostre mere qui moult est sage
Et qui bien sceit de cest vsage
Sans elle nest cecy parfait
Ne par parolle ne par fait
Si fut bon que len la mandast
Car la besongne en amandast

Amours

Seigneurs ma mere la deesse
Qui est ma dame et ma maistresse

k iiii

Nest pas du tout a mon desir
Ne nen fais ce que ie desir
Si scet elle moult bien acourre
Quant il luy plaist pour me secourre
Et mes besongnes acheuer
Mais ie ne la vueil pas greuer
Ma mere est ie la crains denfance
Et luy porte grant reuerence
Enfant qui ne craint pere et mere
Ne peut q̄ bien ne le compere
Mais non pourtāt biē le scaurons
Mander quant besoing en aurons
Selle fust pres tost y venist
Que riens ne croy ne la tenist
Ma mere est de mólt grāt prouesse
Elle aprins mainte forteresse
Qui coustoit plus de mille besans
Ou ie ne fusse ia presens
Si la mectoyt on asseure
Mais ie ny entrasse nulle heure
Ne ne me plut oncques la prinse
De forteresse sans moy prinse
Car il me semble quoy quon die
Que ce nest fors q̄ marchandise
Qui achate ung cheual cent liures
Paye le si en sera deliures
Ne nē doit plus riens au marchant
Ne cil nen va plus serchant
Je nappelle pas vente don
Vente ne doit nul guerdon
Ny affiert grace ne merite
Lung de laultre se part tout quicte
Ce nest pas vente semblable
Car quant cil a mis en lestable
Son destrier il le peut vendre
Et prouffit et gaigner reprendre
Au moins ne peut il pas tout perdre
Sil se veuoit au cuir aherdre
Le cuir si luy en demourroit
Dont quelque chose auoir pourroit
Et sil a si le cheual chier

Quil le gard pour son cheuaucher
Tousiours est il du cheual sire
Mais de trop est le marchie pire
Dont Venus se veult entremectre
Car nul ny scaura ia tant mectre
Quil ny perde tout le chate
Et tout ce quil a achate
Lauoir le pris et la vendue
Si que tout pert son achapture
Que ia tāt ny meetra sauoir
Quil en peut seigneurie auoir
Ne que ia il puisse empescher
Par son donner ne par prescher
Que malgre soy atant nen ayt
Vng estrange si l luy venoit
Pour donner tāt ou plus ou moins
Fust breton angloys ou rōmains
Voire espoir trestout pour neant
Tant peut il aler flaboyant
Sont doncques sages telz marchās
Non mais biē folz chetif meschās
Qui chose essient acheetent
Ou tout perdent ce quilz y mectent
Et ne leur peut pas demourer
Ja tant ny scauront labourer
Non obstant ie ne quier nier
Ma mere nen sceut riens paier
Nest pas si folle ne sintee
Quelle se charge de tel vice
Mais bien sachez que telle paye
Qui puis se repent de la paye
Quant pouurete la en destresse
Tant fut il disciple richesse
Que pour moy est en grant esueil
Et pour moy souffre grant traueil
Mais par saincte vēnꝰ ma mere
Et par saturnus mō viel pere
Qui ia lengendra ieune touse
Non mie de sa femme espouse
Dont trestous les enfans mangea
Fors iupiter quil estrangea
De son regne et tant le batyt

Que iusques en enfer labatyt
Luy coppa ce que bous sauez
Car maintessoys ouy lauez
Mon bon pere puis monta sur
Venus tant fust elle sa seur
Et firent leur ioliuete
De la sint ma natiuite
Dont ie nay honte ne esclandre
Qui bie scet mon lignage entendre
Car onc de meilleur ne fut nulz
Par mes troys oncles neptunus
Jupiter pluto par mantin
Juno la vielle que tant aym
Que ie vuldroye quel fust arse
Bien laym tantq phebus fit marse
Que midas aux oreilles dasne
Par iugement donne et prophane
Chier comparra la folle verue
Mal gist la buissine minerue
Quel gecta dedans la palu
De buissiner ne luy chalu
Pource q les veux si rioyent
De ses ioes qui luy ensloyent
Quant ilz bissinoit a leur table
Le sauterion accordable
Non pource que la buissinoit
Mais contre phebus buissinoit
Et buissiner mieulx se disoit
Phebus aussi mieulx se prisoit
Si firent du roy midas iuge
Qui contre sauterion iuge
A larbre pendu lescorcha
Phebus tout vif tant lescorcha
Par vne seule playe quil eust
De par tout le sang luy courut
Et crioit las pourquoy lempris
Nest pas buissine a si grant pris
Encor le bous vueil plus iurer
Pour vꝰ mieulx la chose assuer
Par la foy q doy tous mes freres
Dont nul ne scet nommer les peres

Tant sont diuers tant en y a
Que tous ma mere a soy lya
Encore bous iure et resmoing
La palu denfer a tesmoing
Que ie ne beuuray de piment
Deuant vng an se ie cy ment
Car des dieux sauez la coustume
Qui a les iurer sacoustume
Sil est ainsi quil se periure
Je bous dy bien et plus nen iure
Ne boit tant que lan soit passez
Or en ay ie iure assez
Mallement suis sen men periure
Mais ia ne men verres periure
Puis que richesse si me fault
Chier luy tiens vendre ce deffault
Car le comparra sil ne sarme
Au moins despee ou de guisarme
Et puis quelle ne meust pas chier
Quant elle sceut que trebucher
La forteresse et tout ceuoye
Mal tint elle oncques ceste voye
Se ie puis riche homme bailler
Vous le me verres si tailler
Quil nara ia tant mars ne liures
Quil ne soit en brief temps deliures
Vouler feray tous ses deniers
Silz ne luy sourdent en greniers
Si le pleumeront noz pucelles
quil luy fauldra pleumes nouuelles
Et le mectront a terre vendre
Sil ne sen scet moult bien deffendre
Poures hôs fôt de moy lieur maistre
Tant ne mayent ilz quoy paistre
Je ne les ay pas en despit
Nest pas preudoms qui les despit
Moult est richesse infame et gloute
Qui les dioffle chasse et boute
Mieulx ayme q ne font les riches
Les auaires les tenans les chiches
Et sont foy que doy mon ayaulx

Plus seruiables et loyaulx
Si me suffit a grant plante
Leur bon cueur et leur voulente
Mis ont en moy tout leur penser
A force me fault deulx penser
Tous les meisse en grãt haultesses
Se ie fusse dieu des richesses
Ainsi que ie suis dieu damours
Tel pitie me font leurs clamours
Si conuient que cestuy sequeure
Qui tant en moy seruir labeure
car cil des maulx damours moroit
Ne perte en moy point damour ayt

Les gens damours
Sires dient cest escrite
De tout ce quauez recite
Bien est le sacrement tenable
Comme tresbon et conuenable
Que fait auez des riches hommes
Ainsi est il certains en sommes
Se riches hõs vº font hommage
Ilz ne seront mie que sage
Car ia ne vous en pariures
Ia la peine nen endures
Que piment en laisses a boire
Dames leur brasseront tel poyure
Silz veuent en leurs laez cheoir
Quil leur en deura meschoir
Dames si courtoises seront
Que moult bien vº en vengeront
Ia ny querez aultres victoires
Car tant de blanches et de noires
Leur diront ne vous esmayez
Que vous entendrez a payez
Ia ne vous en messes sur elles
Tant leur conteront de nouuelles
Et tant leur feront de requestes
Par flateries deshonnestes
Et leur donront si grans coulees
De baisiers et daccolees
Silz les croyent certainement

Ne leur demoura tenement
Qui ne vueille le meuble ensuiure
Dont ilz seront premier deliure
Or commandes ce que vuldrois
Nous le ferons soit tort soit drois
Mais faulx semblant de ceste chose
Pour vous entremectre ne sose
Car il dit que vous le hees
Ne scet sa greuer le bees
Si vous supplions tous beau sire
Que vous luy pardonnes vostre yre
Et soit de vostre Baronnie
Auec abstinence samie
Cest vostre accord cest nostre octroy

Amours
Mes amis ie le vous octroy
Ie consens quil soit de ma court
Car dien lers moy tost est court
Et il y vint moult liement

Comment le dieu damours retient
Faulx semblant q ses homs deuiēt
Dont ses gens sont ioyeulx et baulx
Quant il le fait roy des ribaulx

+ hypocrisie & moins

Sypocras.   Il uient parler dy moy

Aulx seblant par tel contenant
Seras a moy tout maintenãt

Que a noz amis ayderas
Et que ja nul nen greueras
Ains pēseras deulx esleuer
Et de noz ennemis greuer
Tien soit le pouoir et le baulx
Tu seras le roy des ribaulx
Ainsi le veult nostre chapitre
Car sans faillir tu es faulx traitre
Et larron trop desmesure
Plus de cent foys tes pariure
Mais touteffoys en audiance
Pour oster noz gens de doubtance
Et commādes que leurs enseignes
Au moins par generaulx enseignes
En quel lieu ilz te trouueroyent
Se toy trouuer besoing auoyent
Et comment on te congnoistra
Car grāt sens a te congnoistre a
Dy nous en ql lieu tu conuerses
    Faulx semblant
Ire jay mencions diuerses
Que ja ne conuient reciter
Sil vous plait a men respiter
Car se le vray vous en racompte
Jen puis auoir dōmaige et hōte
Se mes compagnons le sauoyent
Certainement ilz me hairoyent
Et me procureroyent ennuy
Donc ques leur cruaulte congnuy
Car ilz veullent en tous lieux taire
Verite quilz leur est contraire
Ja ne la queroyent a ouyr
Trop en pourroyent mal iouyr
Se te disoye oeulx parolle
Quil ne leur fust plaisant et molle
Car la parolle qui les point
Ne les embellit onc ques point
Se cestoit le saint euuangile
Qui les reprenist de leur guille
Car trop sont cruelz mallement
Si scay ie bien certainement

Se ie vous en dy nulle chose
Ja si bien nest vostre court close
Quilz ne sachent combien quil tarde
Des preudes hōmes nayes garde
Car ja riēs sur eulx ne prendront
Preudommes quāt ilz mentendrōt
Mais cil qui sur soy le prendra
Pour suspecionneulx se tiendra
Sil ne veult demener la vie
De barat et dypocrisie
Qui mengendrerent et nourrient
    Amours
Moult bonne engendreure firent
Dit amours et moult proffitable
Car ilz engendrerent le dyable
Mais touteffoys cōme quil aille
Commēt il dit amours sans faille
Que cy tes mēncions nous nōmes
Tantost oyant trestous noz hōmes
Et que ta vie nous descouure
Il nest pas bon q̄ plus la coeuure
Mais il conuient que tu nous dye
De quoy tu sers et de ta vie
Comment ceans tu tes embatuz
Et se pour vray sire es batuz
Se nen es tu pas coustumier
Tu ne seras pas le premier
    Faulx semblant
Sire quant vous siet a plaisir
Se ien deuoye mort gesir
Je feray vostre voulente
Du faire suis entallente
Faulx semblant qui plus ny atant
Commance son sermon a tant
Et dit a tous en audiance
Seigneurs entendez ma sentence
Qui faulx sēblāt vouldra cognoistre
Quiere le en siecle ou en cloistre
Nul lieu fors en ces deux ne mains
Mais en lun pl⁹ en laultre moins
Briefment ie me vois hosteller

La ou ie me puis mieulx celer
Cest la celee bien plus seure
Que soubz la plus humble vesture
Religieulx sont moult couuers
Seculiers sont plus descouuers
Si ne vueil ie mye blasmer
Religion ne diffamer
En quelque lieu q̃ ie la truisse
Ia religion que ie puisse
Humble et loyalne blasmeray
Mais pourtant ia ne laymeray
Ientens de faulx religieulx
Des felons et malicieulx
Qui labit en veullent vestir
Mais leurs cueurs ne veullet matir
Religieulx sont moult piteux
Ia nen verres ung despiteux
Ilz nont cure dorgueil ensuiure
Tous se veullent humblemēt viure
Auec telz gens ia ne maindray
Se ie y demeure me faindray
Leur habit pourray ie bien prēdre
Mais ainsoys melaisseroye pēdre
Que ia de mon propos yssisse
Quelque chiere que ien feisse
Je suis auec les orguilleux
Les vsuriers les artilleux
Qui les mōdains honneurs couuoitēt
Et les grans besongnes epploitent
Et vont querant les grās pitances
Et pourchassent les acointances
Des puissans hōmes et les suiuent
Et se font pouures et se viuent
Des bons morceaulx delicieux
Et boiuent des vins precieux
Et la pouurete ilz vous preschent
Et les grandes richesses peschent
Aux grās sesmes et aux traineaux
Par mon chief il en ystra maulx
Ne sont religieux ne monde
Ilz font vng argument au monde

Ou conclusion a honteuse
Cil a robbe religieuse
Doncques est il religieux
Cest argumentest trop fisux   faux
Il ne vault vne vielle royne
La robbe ne fait pas le moine
Non pourtant nulny sceet respōdre
Tant face hault sa teste tondre
Ou rere au rasouer de larches
Qui barat trenche en treize tranches
Nul ne sceet si bien destineter
Quilen ose vng seul mot tinter
Mais en quelque lieu que ie vienne
Ne conuient que ie me contienne
Ne pense a barat ny chas   trompen
Ne plus q̃ sam thibert le chas
Nentent qua souris et a ras
Nentens ie riens fors a baratz
Ne ia certes pour mon habit
Ne scaurez en quel gens ie habit
Non ferez vous pas aux parolles
Ja tant soyent simples ou molles
Les oeuures regarder deuez
Se vous nauez les yeulx creuez
Silz ne sont telz que ilz vous dient
Certainement ilz vous conchient
Quelconques robbes quilz ayent
Ne de conque estatquilz soyent
Soit clerc soit lay soit hōe ou fēme
Soit sergent soit baesse ou dame
Lacteur
Comme aisi faulx sēblāt sermōne
Amours de rechief larraysonne
Et dit en rompant sa parolle
Comme celle fust faulce et folle
Le dieu damours
Quest ce dyable es tu effronte
Quelz gens nous as tu cy compte
Peut on trouuer religion
En seculiere mencion
Faulx semblant

Ouy sire il ne sensuit mie
Que ceulx maintent mauluaise vie
Ne que pource leurs ames perdent
Qui aux draps du ciecle saherdent
Car ce seroit trop grant douleur
Bien peut en robbe de couleur
  Sainte religion fleurir
Plusieurs saintz a len veu morir
Et maintes saintes glorieuses
Deuotes et religieuses
Qui draps comus tousiours vestiret
Quoncqs pource mains ne sainctiret
Et ie vous en nommasse maintes
Mais bien pres q toutes les saintes
Qui par eglises sont priees
Vierges chastes et mariees
Qui maintz beaulx enfas enfateret
Les robes du ciecle porterent
Et en celle mesme moururent
Qui sainctes sont seront et furent
Mesmes les Unze mille Vierges
Qui deuant dieu tienēt leurs cierges
Dont on fait feste par eglises
Furent en draps de ciecle prises
Quant ilz receurent les martires
Nencor nen sont elles pas pires
Bon cueur fait la pensee bonne
La robbe ny toult ne ne donne
Et la bonne pensee soeure
Qui la religion descoeure
Illec gist la religion
Selon la droicte entencion
Qi de la toison du belin
En lieu de mantel sebelin
  Sire ysangrin affubleroit
Le loup qui mouton sembleroit
Puis en les brebis demouraft
Cuides qui ne les deuoraft
Ja de leur sang mains nen seuuroit
Mais plus toft les deceuroit
Car puis quilz ne se cognoiftroyet

Silfuyoit elles les suiuroient
Sil est gaires de telz louueaux
Entre ces apostres nouueaux
Esglise tu es mal baillie
Se ta cite est assaillie
Par les cheualiers de ta table
Ta seigneurie est moult enfable
Se ceulx sefforcent de la prendre
A qui les bailles a deffendre
Qui la peut vers eulx garentir
Prinse sera sans coup sentir
De mangonnel ne de perriere
  Sans desploier au vent baniere
Et se eulx ne les va rescourre
Aincois les laisse par tout courre
Laisse mais se tu leur commandes
Dont ny a plus que tu te rendes
Ou leur tributaire deuiennes
Par paix faisant et deux la tiennes
Se meschief ne te vient greigneur
Quilz en soyent du tout seigneur
Bien te sceuent ore escharnir
Par tour querent les murs garnir
Par nuyt ne cessent de miner
Pense baillieurs enraciner
Les antes ou tu eulx frait prendre
La ne te dois tu pas actendre
A tant me tais si men retour
Je ney vueil plus dire a ce tour
Se ie men puis a tant passer
Car trop vous pourroye lasser.
Ais bien vous vueil conuenācer
De tous voz amis auancer
Mais que ma compaignie veullent
St sotilz mors silz ne macueillet
Et mamie aussi seruiront
Ouia par dieu nen cheuiront
Car sans faillir traire suis ie
Et pour larron ma dieu iuge
Periures suis et si ma fin
Scet on enuis iusque a la fin

car plusieurs par moy mort receueret
Qui onc mon barat napperceurent
Qui lapperceura cilest sage
Garde sen ou cest son dommage
Mais tant forte est la deceuance
Que trop est lapperceuance
Car prothus qui se souloit
Muer en tout ce quil vouloit
Ne sceut onc tant barat ne guille
Que ie fais car onques en ville
Nentray ou ie fusse congneu
Tant y fusse oy ne veu

Comment le traitre faulx samblant
  Si va les cueurs des gés emblant
  Pour ses vestemens noirs et gris
  Et pour son vis passe a maygris

Trop scay bié mes habitz chāger
Prēdre lung a lautre estrāgier
Or suis cheualier or suis moyne
Or suis prelat or suis chanoyne
Or suis clerc aultre heure prestre
Or suis disciple or suis maistre
Or chastellain or forestiers
Briefment ie suis de tous mestiers
Ores suis prince ores paiges

Or scay par cueur trestous langages
Aultre heure suis viel et chanu
Or suis ie ieune deuenu
Or suis robert or suis robin
Or cordelier or iacopin
Si pres pour faire ma compagne
Qui me soulace et acompaigne
Cest dame abstinence contrainte
Qui porte desguiseure mainte
Si comme il luy diet a plaisir
Pour luy acomplir son desir
Aultre heure vestz robe de femme
Or suis damoiselle or suis dame
Or suis nonnain or suis abbesse
Or suis nouice or suis professe
Et vois par toutes regions
Cerchant toutes religions
Mais de religion sans faille
Jen laiz le grain et prens la paille
Pour gens aueugler y habit
Je nen quiers sans plus que labit
Que vous diroye en tel guise
Comme il me plaist ie me desguise
Moult est en moy tourne le vers
Trop sont les faitz aux ditz diuers
Si fais cheoir dedas mes pieges
Le monde par mes preuileges
Et puis confesser et absouldre
Ce ne me peut nul prelat touldre
Toutes gens ou que ie les truysse
Ne scay prelat nul qui ce puisse
Fors lapostolle seulement
Qui fit cest establissement

Mais pource que coses doit estre
Chascu et chascue a son pstre
Vne foys selon lescripture
Ainsi quon luy face sa droicture
Car nous auons vng preuilege
Qui de plusieurs fais les alege
Sil luy plaist il pourra lors dire
En confession vous dy sire

Que cil a qui ie fus confes
Ma alege de tous mes fais
Absolu ma de mes pechiez
Dont ie me sentoye entachiez
Ne ie nay pas entencion
De faire aultre confession
Que celle que ie luy ay dite
Si men clamez pour celle quite
Et vous en tenez a payez
Qulque gre que vous en ayez
Car se bien vous lauez iure
Je nen crains prelat ne cure
Qui de confesser me contraigne
Aultrement que ie ne men pleigne
Car ie men ay bien a qui pleindre
Vous ne me pouez pas côtraindre
A faire force ne troubler
Pour ma confession doubler
Ne si nay pas affection
Dauoir double absolucion
Assez en ay de la premiere
Si vous quiete ceste derniere
Deslie suis ne puis nyer
Ne me pouez plus deslier
Car cil qui le pouoit ya
De tous liens me deslia
Et se vous men osez contraindre
Si que de vous me vuyse pleindre
Ia les iuges imperiaulx
Roys prelatz ne officiaulx
Par moy nen tiendront iugement
Je men pleindray tant seulement
A mon bon confesseur nouuel
Qui nest pas mon frere souuel
Car forment se courrouceroit
Qui par tel nom lappeleroit
Ne ia nen prendroit pacience
Quil nen print cruelle vengence
Son pouoir au moins en feroit
Je pour dieu ne le laisseroit
Et se iurer lose et pluuir

Se scaura bien de vous cheuir
Et se maist dieu et saint iaques
Se vous ne me vulez a pasques
Donner le corps nostre seigneur
Sans vous faire presse greigneur
Je vous lairay sans plus actendre
Et liray tantost de luy prendre
Car hors suis de vostre dangier
Si me vueil de vous estrangier
Ainsi le peut cil confesser
Qui veult son prouoire laisser
Et se le prestre et refuse
Si suis prest que ie len accuse
Et de luy pugnir en tel guise
Que luy feray perdre les glise
Et qui de tel confession
Entent la consecucion
Jamais prestre naura puissance
De congnoistre la conscience
De celluy dont il a la cure
Cest contre la saincte escripture
Qui commande au pasteur hôneste
Congnoistre le vueil de sa beste
Mais pouures femes pouures hôes
Qui deniers nôt pas grans sômes
Veulx ie bien aux prelatz laisser
Et aux cures a confesser
Car ceulx riens ne me donneroyent
              Le dieu damours
Pourquoy
            Faulx samblant
Pource quil ne pourroyent
Comme chetiues gens et lasses
Si que iauray les brebis graces
Et les pasteurs auront les maigres
Combiê que ce mot leur soit aigres
Ce prelatz ou sent groucier
Car biê se veuront courroutier
Quât si perdrôt leurs graces bestes
Telz coup leur donray sur les testes
Que ie leur y feray telz bosses

Quilz en perdront mittres et crosses
Ainsi les ay tous conchiez
Tant suis fort preuilegiez
   Lacteur
SJ se voult taire faulx samblant
 mais amours ne fait pas seblant
Quil soit ennuye de loyr
Ains luy dit pour eulx esioyr
   Le dieu damours
Dy nous plus especialement
Comment tu sers desloyaument
Ne nayes pas du dire honte
Car comme ton habit nous monstre
Tu sembles estre vng sage hermite
   Faulx samblant
Cest voir mais ie suis ypocrite
   Le dieu damours
Et si vas preschant abstinence
   Faulx samblant
Cest voir mais ie remplis ma pence
De bons morceaulx et de bons vins
Telz comme il affiert a deuins
   Le dieu damours
Tu vas preschent la pouurete
   Faulx samblant
Voire et ie suis riche a plante
Mais comble que pouure me faigne
Nul pouure ie ne contresaigne
Jameroye mieulx lacointance
Cent mille foys du roy de france
Que dung pouure par nostre dame
Pose quil eust aussi bonne ame
Quant ie voy tous nudz ces truans
Trambler sur ces fumiers puans
De froit de fin crier et braire
Ne mentremetz de leur affaire
 Sil sont en lostel dieu portez
Ne seront par moy confortez
Car dune aumosne toutte seule
Ne me paystroyent en la gueulle
Ilz nont pas vaillant vne seiche

Que donra qui son coutel leche
Mais dung riche vsurier malade
La visitance est bonne et sade
Cellay vois ie reconforter
Car ien croy deniers apporter
Et se la masle mort lennosse
Je le conduis iusque en sa fosse
Et saulcung vient qui me repraigne
Pour quoy du pouure me refraigne
Sauez vous comment ien eschappe
Je fais entendant par ma chappe
Que le riche est plus entachiez
Plus que le pouure de pechiez
Et a plus besoing de conseil
Pource y vois pource le conseil
Mais nonobstant aussi grant perte
Recoit lame en sa pouurete
Comme elle fait en grant richesse
Lune et lautre egalement blesse
Car ce sont deux extremittez
Que richesses et pouuretez
Le moyen a nom souffisance
La gist de vertu la bondance
Car salomon tout au deliure
Nous en escript en vng sien liure
Qui des paraboles a le tiltre
Tout droit ou trentiesme chapitre
Garde moy dieu par ta puissance
De richesse et mandiance
Car riches homs quant il sadresse
A trop penser a sa richesse
Tant met son cueur en la folie
Que son createur en oublie
Cil que mandicite guerroye
De pechie comme le guerroye
Enuis aduient quil ne soit lierres
Ou periure ou dieu est mentierres
Et salomon dit de par luy
La lectre dont ie vous parle huy
Et puis bien iurer sans desloy
Quil nest escript en nulle loy

Aumoins nest il pas en la nostre
Que thesucrist ne si apostre
Tant cōme ilz allerent par terre
Fussent oncques alles pain querre
Car mandier pas ne vouloyent
Et ainsi prescher bien souloyent
Jadiz par paris la cite
Les maistres en diuinite
Si peussent ilz bien demander
De plein pouoir sans truander
Car de par dieu pasteurs estoyent
Et des ames la cure auoyent
Mesmes apres la mort leur maistre
Si commācerent ilz a estre
Tantost laboureurs de leurs mains
De leur labeur ne plus ne mains
Receuoyent leur substance
Et viuoyent en pacience
Et se demourant en auoyent
Aux aultres pouures le donnoyent
Nen fondoyent palais ne salles
Ains gisoyent en maisons salles
Puissant homs doit bien le recors
Aux propres mains du pprecorps
En labourer querre son viure
Sil na dont il se puisse viure
Combien quil soit religieux
Et de seruir dieu curieux
Et aussi faire le conuient
Fors es cas dont il me souuient
Que bien racompter vous scauray
Quant temps du racompter auray
Encor deuroit il tout rendre
Et du lacer sa vie prendre
Sil est bien parfait en bonte
Ce ma lescripture compte
Car qui oyseux hante aultruy table
Jlest flateur ou sert de fable
Nil nest pas si sachiez rayson
Deu cuser soy pour orayson
Car il conuient en toute guise

Entrelaisser le dieu seruise
Pour ses aultres necessitez
Mengier conuient cest veritez
Et dormir et faire aultre chose
Nostre oraison lors se repose
Aussi se conuient il retraire
Dorayson pour son labour faire
Car lescripture si saccorde
Qui la verite nous recorde
Et si deffent iustiniens
Qui fit noz liures anciens
Que nul homme en nulle maniere
Puissant de corps son pain ne qere
Puis quil le trouue ou gaigner
On le deuroit mieulx enchaigner
Ou en faire en apert iustice
Que soustenir en tel malice
Ne font pas ce q faire doyuent
Ceulx q telz aumosnes recoiuent
Silz nen ont estroyt preuilege
Qui de la peine les alege
Mais ne cuide pas quil soit eux
Se le pape nen est deceuz
Ne si ne cuide pas sauoir
Quilz les puisse par droit auoir
Si ne fais ie pas terminance
De pape ne de sa puissance
Ne par mon dit ne vueil cōprendre
Sil le peut en ce cas entendre
De ce ne me doy entremettre
Mais ie croy bien selon la lectre
Les aumosnes qui sont deues
Aux lassez gens pouures et nues
Foibles et vieulx et mehaignez
Par qui pains ne sōt plus gaignez
Pource quilz nen ont la puissance
Qui les mangeue en leur greuance
Il mangeue son dampnement
Se cil qui fit adam ne ment
Et sachiez la ou dieu commāde
Que preudōme quāt quil a vē de

Et donne aux pouures et les suiue
Pourtant ne veult il pas quil viue
Pour luy seruir en mandiance
Ce ne fut oncques sa sentence
Mais entes q̃ de ses mains oeuure
Et quil le suiue par bonne oeuure
Car saint paul cõmanda a trouuer
Aux apostres pour recouurer
Leurs necessitez et leur vies
Et leurs deffandoit truandies
En disant de voz mains oeuurez
Ja sur aultruy ne recouurez
Ne voulut q̃ riens demandassent
A quecõques gens q̃lz prechassent
Ne que leuuangille vendissent
Ains doubtoit q̃ sil requerissent
Quilz ne tollissent au requerre
Car ilz sont mains hõmes en terre
Qui pource donnent a voir dire
Quilz ont honte de lescondire
Ou le requerant leur ennuie
Et donnẽt pource quilz senfuyent
Et sauez que ce leur proffite
Le don perdent et le merite
Quant les bonnes gens si oyent
Le sermon saint paul luy prioyent
Pour dieu qͥ voulsist du leur prẽdre
Ja ny a voullu la main tendre
Mais du labeur des mains prinoit
Ce dont sa vie soustenoit
     Amours
Dy moy doncques cõmẽt peut viure
Fors hõs de corps q̃ dieu veult dire
Puis quil a tout le sien vendu
Et aux pouures dieu despendu
Et veult tant seulement orer
Sans iamais de mains labourer
Le peut il faire
          Faulx semblant
Ouy
          Amours
          Comment
          Faulx semblant
Sil entroit selon le comment
De lescripture en abbaye
Qui fust de proprement garnie
Comme sont ores ces blãs moynes
Ces noires et ces rigles chanoines
Ceulx de lospital ceulx du temple
Car ien puis bien causer exemple
Et y print sa soustenance
Car la na point de mandiance
Nonpourtant les moynes labeurẽt
Et puis au dieu seruice queurent
Et pource quil fut grant discorde
En ung temps dont ie me recorde
Sur lestat de mandicite
Brief vous sera ey recite
Cõment peut hoïs mandiant estre
Qui na dontͥl se puisse paistre
Le cas en ores pres a tire
Sil quilny aura que redire
Malgre les felonnesses iangles
Car verite ne quiert nulz angles
Si pourray ie bien comparer
Quant oncque osay tel champ arer
contre les faulx moyn[es]
Faulx semblant dit ey verite
De tous cas de mandicite
Cy sont les cas speciaulx
Car si lomme est si bestiaulx
Quil nait de nul mestier science
Ne nen desire congnoissance
A mandicite se peut traire
Tant q̃lz sache aulcũ mestier faire
Dont il puisse sans truandie
Bien loyaulment gaigner sa vie
Ou se cil labourer ne sceut
Pour la maladie quil eust
Ou pour vielesse ou pour enfance
Trouuer se peut en distance
Ou cil a trop grant aduanture

Da coustumer nourriture
Vescu delicieusement
Les bonnes gens piteusement
En doiuent lors auoir pitie
Et le souffrir par amitie
Mandier et son pain querir
Non pas laisser de faim mourir
Ou cil a donne la science
Et le vouloir et la puissance
Prest de labourer bonnement
Mais ne trouue pas prestement
Qui labourer faire le veuille
Pour riens qʼil sache faire ou seuille
Bien peut lors par mandicite
Pourchasser sa necessite
Ou cil a son labour gaigne
Mais il ne peut de son gaigne
Suffisamment viure sur terre
Bien se peut lors mectre a pain qrre
Et de huys en huys par tout tracer
Pour le remenant pourchasser
Ou cil veult pour la foy deffendre
Quelque cheualerie emprendre
Qu soit darmes ou de lectures
Vu daultres conuenables cures
Se pouurete la va greuant
Bien peut comme iay dit deuant
Mandier tant quil puisse ouurer
Pour ses necessites trouuer
Mais quil oeure de mains ptieulx
Non pas de mains spiritueulx
Mais de mains du corps ppremēt
Sans y mectre double entandemēt
En tous ces cas et en semblables
Se peut on trouuer raysonnables
Sur ceulx qui en present vous liure
Qui de mandicite veult viure
Faire ne le peut aultrement
Se cil de sainct amour ne ment
Qui disputer souloit et lire
Et prescher de ceste matiere

A paris auec les diuins
Ja ne my dont pains ne vins
Sil nauoit en sa rite
Laccord de luniuersite
Et du peuple communent
Qui oyent son preschement
Nul preudom ne doit refuser
Vers dieu ne se peut excuser
Qui groucier en vuldra grouce
Qui courroucier si sen courrouce
Car ie nen mentiroye mie
Se ien deuoye perdre la vie
Ou estre mis contre droicture
Come saint paul en chartre obscure
Ou estre banny du royaulme
A tort com fut maistre guillaume
De saint amour que ypocrisie
Fit exiller par grant enuie
Ma mere en exille chassa
Le vaillant homme tant brassa
Pour verite quil soustenoit
Vers ma mere trop desprenoit
Pource quil fit ung nouuel liure
En sa vie fit tout escripre
Et vouloit que ie reniasse
Mandicite et labourasse
Se ie nauoye de quoy viure
Bien me pouoit tenir pour yure
Car labourer ne me peut plaire
De labour nul nay ie que faire
Trop a de peine a labourer
Mieulx veult deuant les gens orer
Et affubler ma regnardie
Du mantel de papelardie
    Ce dieu damours
Quest ce dyable quel est ton dit
Que ce que tu as ycy dit
    Faulx semblant
Quoy
    Amours
Grans desloyaultes appertes

Donc ne crains tu pas dieu
        Faulx semblant
Non certes
Quenuis peut a grãt chose actaindre
En ce siecle q̃ dieu veult craindre
Car ceulx qui lz mal eschiuent
Et loyaulment du leur se viuent
Et qui selon dieu se maintenent
Enuis dung pain a aultre tiennent
Telz gens viuent trop de malaise
Nest vie qui tant me desplaise
Mais regardes que de deniers
Ont vsuriers en leurs greniers
Faulx monnoyers et termineurs
Baillifz seaulx preuostz maieurs
Et procureurs et aduocas
Dont les aulcuns en plusieurs cas
Viuent de mauluaise rapine
Le menu peuple les encline
Et ceulx comme loupz deuorent
Trestous sur les poures gẽs courẽt
Nest qui despoiller ne les vueille
Tous saffublent de leur despoille
Et tous de leurs substances humẽt
sans eschauder, toꝰ vifz les plumẽt
Le plus fort le plus foible robe
Mais ie qui sestz ma simple robbe
Robe les robes et robeurs
Robe les robes et robeurs
Par ma robe entasse et amasse
Maint tresor en tas et en masse
Quil nen peut plus ens affonder
Car se ien fais palais fonder
Et acomplir tous mes delictz
De compagnies en delictz
De tables plaines dentremetz
Car ne vueil aultre vie mes
Recoy mon argent et mon or
Car ains que soit vuid mon tresor
Deniers me viennent a resourdre
Ne fais se bien tomber ses ours

En aquest est toute mantente
mieulx vault mõ pourchas q̃ ma rẽte
Son me deuoit tuer ou batre
Si me vueil ie par tout embatre
Et ne queroye ia cesser
De ces empereurs confesser
Ou roys ou ducz barons ou contes
Mais de poures gẽs sont ce hôtes
Je nayme tel confession
Et nest pour aultre occasion
Que nay cure de poure gent
Leur estat nest ne bel ne gent
Ces emperets ces duchesses
Ces roynes et ces baronnesses
Ces aultres dames palatines
Ces abbesses ces beguines
Ces baillines ces cheualieres
Ces bourgoises cointes et fieres
Ces nonnains et ces damoiselles
Pour qui soyent ieunes et belles
Soyent nues ou bien parees
Ia ne sen yront esgarees
Et pour le sauluement des ames
Jen qers de seigneurs et des dames
Et de trestoutes leurs mesgnies
Leurs proprietez et leurs vies
Et leur fais croire et metz es testes
Que leurs prestres curez sont bestes
Enuers moy et mes compaignons
Dont mõt a de mauluais guignõs
A qui ne scay sans riens celer
Les secretz des gens reueller
Et eulx aussi tous ce me reuellent
Que riens du monde ne me cellent
Et pour les felons perceuoir
Qui ne font que gens deceuoir
Parolles vous diray ie cy
Que nous lisons de saint macy
Cest assauoir leuuangeliste
Ou vingt et troysiesme chappitre
Sur la chiere de moyse

Car la glose dit ainsi
Cest le testament encien
Si le scriprent pharisien
Ce sõt les faulces gens maulditees
Que la lectre appelle ypocrites
Faites ce quilz vo9 sermonneront
Et non mie ce quil feront
Du ble dire ne sont pas lent
Mais du faire nont nul tallent
Ilz lient aux gens decuables
Grief fais qui ne sõt pas portables
Et sur leurs espaulles leur posent
Mais a leur doy nouer ne losent
    Amours
Pourquoy non
    Fauly semblant
Pource quilz ne xuissent
Car les espaulles souuent seulent
aux pourteurs des gris fais douloir
Pource fuyent ilz tel vouloir
Si font oeuures qui bonnes soyẽt
Cest affin que les gens les voyent
Leurs filatieres eslargissent
Et leurs fimbries engrandissent
Et ayment des sieges aux tables
Les plus haulx et pl9 honourables
Et les premiers des signagogues
Com sites orgueilleurs et rogues
Et aiment que on les salue
Quant il trespassent par la rue
Et veullent estre appelles maistre
Ce quilz ne deuroyent pas estre
Car leuuagille ða encontre
Qui leur desloyaulte demonstre
    Ne aultre coustume sauons
    Sur ceulx q̃ cõtre nous sauõs
Trop les voulons forment hair
Et tous par accord enuair
Ce que lung hait les aultres heent
Trestous a confondre le heent
Se nous voyons quil puist cõquerre

Par quelque gens honneur en terre
Prebendes ou professions
A sauoir nous estudions
Par quelle eschielle il peut monter
Et pour le mieulx prendre et sõpter
Par rayson le diffamons
Vers ceulx puis q̃ point ne laymõs
De leschielle les eschellons
Luy coppons ainsi le pillons
De ces amys quil nen scaura
Ja mot quant perdu les aura
Car sen appert nous les greuions
Espoir q̃ blasmees en serions
Et si fauldrions a nostre esme
Car se nostre entencion pesme
Sauoit cil il se deffendroit
Si que on nous en reprendroit
    E lung de nous a grant biẽ fait
    Pour nous tous le tenõs a fait
Voire par dieu sille faignoit
Ou sans plus enter sen daignoit
Dauoir auancie aulcuns hõmes
Tous de ce fait prisonniers sõmes
Et disons bien sauoir deuez
Que telz sont par nous esseues
Et pour auoir des gens louenge
De riches hommes par losenges
Impetrons q̃ lettre nous doignent
Qui la bonte de nous tesmoignent
Si que len croye par le monde
Que vertu toute en luy habonde
Et tousiours poures no9 faignons
Mais cõmẽt q̃ nous no9 plaignons
Nous sommes ce vus fais sauoir
Ceulx q̃ tout ont sans riens auoir
Si mentremeetz de courretages
Je fais paix ie ioingtz mariages
    Sur moy prens excusacions
    Et vus en procuracions
Messagier suis et fais enquestes
Qui ne me sont pas trop honnestes
    l iii

Les aultres besongnes traictier
Ce m'est ung tres plaisant mestier
Et se vous avez riens a faire
Vers ceulx entour qui ie repaire
Dites le moy c'est chose faite
Si tost que l'a maurez retraite
Pource que m'auez bien serui
Mon seruice auez desserui
Mais is qui chastier me vuldroit
Tantost ma grace se touldroit
Ne l'ayme homme ne ne pris
Par qui ie suis en riens repris
Les aultres vueil ie tous reprendre
Mais ne vueil leur prince entendre
Car ie qui les aultres chaty
N'ay mestier d'estrange chasti
Je n'ay mes cure d'ermitage
J'ay laissie desers et boscage
Et quicte a saint iehan baptiste
Du desert et manoir et giste
Trop par estoye loing gectez
Es bourgz es chasteaulx et citez
Fais mes sales et mes palais
Ou l'en peut courre a plain alays
Et dit que ie suis hors du monde
Mais ie my plonge et my affonde
Et my aise et my baigne et noe
Mieulx que nul poisson de sa noe
Je suis des harletz antecrist
Des larrons dont ilz est escript
Qui ont les habis de sainctise
Et viuent en telle faintise
Dehors semblos aygneaulx pitables
Dedans sommes loupz rauissables
Si auions nous mer et terre
A tout le monde auons prins guerre
Et vulons du tout ordonner
Quelle vie on y doit mener
S'il y a chasteaulx ne citez
Ou bougres soyent recitez
Mesmes s'il estoyent de milan

Car aussi les en blasme l'en
Ou se homme oultre mesure
Vent a terme ou preste a usure
Tant est d'acquerir enuieux
Ou s'il est trop luxurieux
Ou larron ou symoniaux
Soit preuost ou officiaux
Ou prelat de iolie vie
Ou prestre qui tienne s'amie
Ou vielles putains hostellieres
Qui maquereaulx ou bourdellieres
Ou reprins de quelconque vice
Dont on deuroit faire iustice
Par trestous les sainctz q̃ l'en proye
S'il ne se deffent de l'emproye
De luz de saumon ou d'anguille
S'on le peut trouuer en sa ville
Ou de tertes ou de flaons
Ou de fromages en glaons
Qu'aussi est ce moult bel iouel
Vu la poire de caillouel
Ou doysons gras ou de chappons
Dont par les gueulles no9 frappons
Ou s'il ne fait venir en haste
Cheureaulx lardes coninx en paste
Ou de porc au moins une longe
Il aura de corde une longe
A quoy on le menera brusler
Si que on l'orra bien hurler
D'une grant lieu tout entour
Ou sera prins et mis en tour
Pour estre a tousiours en pure
S'il ne nous a bien procure
Ou sera pugny du meffait
Plus espoir qu'il n'aura meffait
Ais il se tant d'argent auoit
Que une grant tour faire sauoit
Ne luy chaulsit ia de quel pierre
Fut sans compas et sans esquerr
Mesmes de mottes ou de fust
Ou d'aultre chose quelque fust

Mais quil eust dedans assez
De biens temporelz amassez
Et pressast sur vne pierrere
Qui getast deuant et derriere
Et de deux costes ensement
Encontre nous espessement
Telz cailloup que moyes nommer
Pour soy faire bien renommer
Et getast en grans mangonneaup
Vins en barrilz et en tonneaup
Ou grans sacs de centaine liure
Tost se pouoit veoir deliure
Et sil ne trouue telz pitances
Estudie en equipolances
Et delaisse lieux et falaces
Sil nen cuide auoir noz graces
Ou tel tesmoing luy porterons
Que tout vif ardre le ferons
Ou luy donrons tel penitence
Qui Sauldra pis que la pitance
    A ne les cognoistres aux robbes
    Les faulx traistres tous pleis de lo
Les fais vous couiet regarder   .les
Se ceulx vous voulez bien garder
Et se ne fust la bonne garde
De luniuersite qui garde
Le chetef de la crestiente
Tout eust este bien tormente
Quant par mauluaise entencion
En lan de lincarnacion
Mille deux cens et cinquante
Nest homs viuant qui se demante
Fust baillie cest chose voyre
Pour prendre commun exemplaire
Vng liure de par le dyable
Dit leuangille perdurable
Que le sainct esperit ministre
Si comme il apparut ou tiltre
Ainsi est il intitule
Bien est digne destre bruste
A paris neust homme ne femme

Ou paruis deuant nostre dame
Qui lors bien auoir ne le peust
A transcripre se bien luy pleust
La trouuast par grans mesprisons
Maintes telles comparaisons
Autant que par sa grant chaleur
Soit de clarte soit de valeur
Surmonte le soleil la lune
Qui trop est plus trouble ne plus brune
Et le noyau des noix la coque
Ne cuidez pas q ie vous mocque
Sur mame le vous dy sans guille
Tant surmonte ceste euuangille
Ceulx q les quatre euuangelistes
Jehsucrist firent a leurs tiltres
De telz comparaisons grant masse
Y trouuast on que te trespasse
    Vniuersite qui lors pere
    Endormie leua la chiere
Du bruit du liure se sueilla
Nonc puis gueres ne sommeilla
Ains sarma pour aler encontre
Quant apperceut lorible monstre
Toute preste de batailler
Et du liure au iuge bailler
Mais ceulx qui la le liure mirent
Saillirent sus et le reprirent
Et se hasterent du mussier
Car ne le sceussent tant mussier
Par respondre ne par gloser
A ce qui vouloit proposer
Contre les parolles mauldictes
Qui en ce liure sont escriptes
Or ne scay quel en auiendra
Ne quel chief ce liure tiendra
Mais encor leur conuient actendre
Tant qilz se puissent mieulx defendre
    Insi antecrist actendrons
    Tous ensemble a luy nous rendrons
Ceulx qui ne si vouldront aherdre
La vie leur conuiendra perdre

f iiii

Les gens encôtre eulx esmouuons
Par les baratz que nous trouuons
Et les ferons desglauier
Ou par aultre mort deuier
Puis qilz ne nous vuldrôt ensuiure
Quil est ainsi escript ou liure
Qui se racompte et signifie
Tant comme pierre ait seigneurie
Ne peut iehan monstrer sa force
Or vous ait dit du sens lescorce
Qui fait lentencion mucer
La nouuelle vous vueil noncer
Par pierre vueille pape entendre
Et les clercs seculiers comprendre
Qui la loy ihesucrist tendront
Et garderont et deffendront
Contre trestous les empescheurs
Et par iehan entêt les prescheurs
Qui diront qui nest loy tenable
Fors leuuangille perdurable
Que le saint esperit enuoie
Pour meectre gens en bonne voye
Par la force de iehan entant
La grace dont se va vantant
Qui veult les prescheurs conuertir
Pour eulx faire a dieu reuertir
Moult y a daultres dyableries
Commandees et establies
En ce liure que ie vous nomme
Qui sont contre la foy de romme
Et se tiennent a antecrist
Comme ie trouue ou liure escript
Lors occiront et feront guerre
A ceulx de la partie pierre
Mis ia nauront pouoir dabatre
Ne pour occire ne pour batre
La loy pierre ie vous pleuis
Quil nen demeure assez de sifz
Qui tousiours bien la maintiendrôt
Que tous en la fin y viendront
Et sera la loy confondue

Qui par iehan est entandue
Mais ie ne vous en vueil plus dire
Car trop y a longue matiere
Mais se ce liure fust passez
En greigneur estat fusse assez
Giay ia moult de grans amys
Qui en grant estat mont ia mis
De tout le monde est empereire
Barat mon seigneur et mon pere
Ma mere en est empereis
Malgre quen ait le sainct esperis
Nostre puissant lignage regne
Nous regnôs ore en chascun regne
Et bien est droit que nous regnons
Que trestout le monde tenons
Et sauons gens si deceuoir
Quon ne sen peut aperceuoir
Ou qui le voir en scet choisir
Si ne lose il pas descouurir
Mais cil en lire dieu se boute
Qui plus q dieu mes freres doubte
Nest pas en soy bon champion
Puis craint tel simulacion
Ne qui veult peine reffuser
Qui puist venir deulx acuser
Tel homs ne veult entendre voir
Ne dieu deuant ses yeulx auoir
Si len pugnira dieu sans faille
Mais ne men chault comment il aille
Puis q lamour auons des hommes
Pour si bonnes gens tenuz sommes
Que de reprendre auons le pris
Sans estre de nulluy repris
Quelz gens doit on dunc honnourer
Fors nous qui ne cessons de derrer
Deuant les gens appertement
Tant soit il derriere aultrement
Est il plus grant forcenerie
Que dexaulcer cheualerie
Et daimer gês et nobles et cointes
Qui robbes ont gentes et cointes

Silz sont telz comēt il apparent
Combien q̄ nectement separent
Que leur dit sacorde a leur fait
Nest a grāt dueil et grant meffait
Silz ne veulent estre ypocrites
Telles soyent maledites
Ia certes ne les aymerons
Mais beguins a grās chapperons
Aux chieres basses et alizes
Qui ont ces larges robbes grises
Toutes fretelees de crote
Houseaulx fronceis et larges botes
Qui ressemblent bourse a cailler
A ceulx diuent princes bailler
A gouuerner eulx et leurs terres
Ou soit par paix ou soit par guerres
A ceulx se dit prince tenir
Qui veult a grant honneur venir
Et silz sont aultres q̄ilz ne semblent
Quainsi la grace du monde emblēt
La me dueil embatre et ficher
Pour decepuoir et pour tricher
Si ne dueil ie pas pource dire
Que len voye humble habit despire
Mais q̄ dessoubz orgueil nabit
Nul ne doit hair pour habit
Les pouures qui en sont vestuz
Mais dieu ne prise deux festus
Sil dit quil a laissie du monde
Et de gloire mondaine habonde
Et de delices veult vser
Qui peut tel beguin excuser
Tel papelart quant il se rent
Puis va mondains delitz querant
Et dit que tous les a laissiez
Et il en veult estre engressiez
Cest le matin qui gloutement
Retourne a son vomissement
Car a vous nosay ie mentir
Mais se ie pouoie sentir
Que vous point ne lapperceussiez

La mensonge ou point vous eussiez
Certainement ie vous mocquasse
Ia pour pechie ne le laissasse
Si vous pourroye ie bien faillir
Se men deuiez mal assaillir
Lacteur.
E dieu se rit de la merueille
Chascū deulx se rit a merueille
Et dient cy a bon sergens
Ou bien se diuent fier gens
Le dieu damours
Faulx semblāt dit amours dy moy
Puis que de moy tant trapximoy
Quen ma court tant de pouoir as
Que roy des ribaulx tu seras
Me tiendras tu ta conuenance
Faulx semblant
Ouy ie le vous en conuenance
Nonc neurent sergent plus loyal
Vostre pere ne vostre ayal
Amours
Comment cest contre ta nature
Faulx semblant
Mectes vous en a lauenture
Car les pleges en requerez
Ia plus asseur vous nen serez·
Non pas se ien bailloye hostages
Ou lectres ou tesmoins ou gages
Car en tesmoins vous en apel
On ne peut oster de sa pel
Le loup tant quil soit escorchie
Ia tant nest batu ne torchie
Cuides que ne triche ne lobe
Pourtant que ie vestz simple robbe
Soubz q̄ iay maīt grāt mal oeuure
Ia par dieu mon cueur nen mouure
Et seiay chiere simple et coye
Que de mal faire me recroye
Mamie contrainte abstinence
A besoing de ma pouruēance
Pieca fut morte ou mal baillie

Sellene meust en sa Baillie
Laisses nous luy et moy cheuir
　　　Amours
Or soyt ie ten croy sans pleuir
Et le larron en ceste place
Qui de traison eust la face
Blanc dedans et dehors noircy
Sagenoilla et sen mercy
　　　　　Le dieu damours
One nya fors de latourner
Dist lors amours sãs seiourner
Sus a lassault appertement
Lors sarment tous communement
De telz armes côme armer deurent
Armez vous et quant armez furent
Si saillirent sus tous abriuez
Au fort chastel sont arriuez
Dont ia nêtendent a partir
Tant q̃ tous y seront martir
Ou quil soit prins ains q̃ se partêt
Leur Bataille en quatre partent
Si sen vont en quatres parties
Comme leurs gens eurent parties
Pour assaillir les quattes portes
Dõt les gardes nestoyêt pas mortes
Ne malades ne paresseuses
Mais tres fortes et vigoureuses

Cõment faulx semblant en sermône
De ses habis et puis sen tourne
Luy et abstinence contrainte
Vers malle bouche tout par fainte

　　Je vous diray la contenance
De faulx sêblant et abstinence
Qui contre malle bouche vindrent
êcôtre eulx deux ung parlemêt tiêdrêt
　　Sauoir cômêt se contiêdroient
Ou se cognoistre se feroyent
Ou silz yroyent desguise
Si ont par accord aduise

Quilz sen yront en tapinage
Ainsi comme en pellerinage
Comme gens tres piteuse et saincte
Tantost abstinence contrainte
Vest une robbe cameline
Et saourne comme beguigne
Et eust dung large couurechief
Et sur blãc drap couuert son chief
Son psaultier mie noublia
Unes patenostres y a
A ung blanc lacs de fil pendues
Qui ne luy furent pas vendues
Donnees les luy eust ung frere
Quelle disoit estre son pere
Et la visitoit moult souuent
Plus que les aultres du conuent
Et il souuêt la visitoit
Mainte bel sermon luy recitoit
Ja pour faulx semblant ne laissast
Que souuent ne la confessast
Et par si grant deuocion
Faisoyent leur confession
Que deux testes auoyêt ensemble
En ung chapperon ce me semble

De belle taille est a deuis
Mais ung peu fut passé de vis

Et ressembloit la pute lice
Le cheual de lapocalipse
Qui signifie la gent masse
Dypocrisie tainte passe
Car ce cheual sur soy ne porte
Nulle couleur fors passe et morte
De tel couleur alangouree
Fut abstinence coulouree
De son estat se repentoit
Comme son vult representoit
De larrecin eut vng bourdon
Quel receut de Barat par don
De triste pensee roussi
Eschappe tut plein de souci
Et auoit sainte vne sainture
Tissue de masse nature
Quant preste sur elle sen tourne
Faulx semblant q bien se retourne
Eut ainsi que pour essayer
Vestuz les draps frere sohyer
La chiere eut mólt simple et piteuse
Ne recorseure orguilleuse
Neust il pas mais dulce et paisible
A son col portoit vne bible
Apres sen va sans escuier
Et pour ses membres apuier
Eut ainsi que par importance
De rayson vne potance
Et fit en sa manche glacier
Vng trenchant rasoner dacier
Qui sut forge a vne forge
Que len appesse couppegorge
Et fut trempe sur vng tison
Que len appesse trayson
En tel quise sappareillerent
En allant point ne sommeillerent
Ains va cheseun tant et sapprouche
Quilz sont venuz a masse bouche
Qui a sa porte se seoit
Et tous les trespassans veoit
Les pelerins choisit qui viennent

Qui moult humblemēt se maintienēt
Comēt faulx semblāt et abstinēce
Pour lamāt sen vōt sans doubtāce
Saluer le faulx masse bouche
Qui des bons souuent dit reprouche

Aclines son moult humblement
Abstinence premierement
Le salue et de luy va pres
Faulx semblant la saluë apres
Et cil eulx mais onc ne se meut
Il ne les doubta ne cremut
Car quant illes eust veuz ou dis
Bien le congneut se luy fut dis
Il congnoissoit bien abstinence
Mais ne sceut pas la cōtraignāce
La larronnesse vie fainte
Ne sauoit pas q fut contrainte
Ains cuidoit que venist de gre
Mais descendoit daustre degre
Et celle le gre commanca
Faillit le gre delors en ca
Semblant auoit aultresfoys veu
Mais faulx nauoit il pas cōgneu
Faulx estoit mais de faulsete
Ne leust il iamais arreste
Car le semblant si fort ouuroit

Que la faulsete luy couuroit
Mais se deuant le congneussiez
Quant en ces draps veu l'eussiez
Bien iurissiez le roy celestre
Que cil qui deuant souloit estre
De la dance le beau robin
Estoit deuenu iacopin
Mais sans faille sen sōt les sōmes
Les iacopins sont tous preudōmes
Mauluaisement lordre tendroyent
Sen tel monastere ilz estoyent
Et sachent tous les aultres freres
Les celestins de sainctz pierres
Les cordeliers et les barrez
Tant soyent ilz gros et quarrez
N'est nul qui nappere preudom
Donc on peut bien dire abandon
Que ia ne verres dapparence
Conclurre bonne consequence
En nul argument que len face
Se deffault epistence efface
Touiours y trouueres sophime
Qui la consequence enuenime
Se vous auez subtilite
Dentendre la duplicite
      Lacteur
  Vant les pellerins venuz furēt
A malle bouche venir veurent
Tous leurs arnois au ps deulx mirēt
Dellez malle bouche sassirent
Qui leur a dit or ca tenez
De voz nouuelles ma prenez
Et me dites quel achoison
Vous amaine en ceste mayson
Sire dit contrainte abstinence
Pour faire nostre penitence
De fins cueurs netz et enterins
Sommes deuenuz pellerins
Pres que touisours dep̄ie allons
Pour drous auons to' nous talons
Si sommes noz deux enuoyez

Par my ce monde desuoyez
Donner exemple et prescher
Pour pl' de gras pecheurs prescher
Aultre pecaille ne voulons
Et pour dieu comme nous soulons
Hostel vous voulons demander
Et pour voustre vie commander
Mais quil ne v' en deust desplaire
Noz v' vouldrions bien cy retraire
Vng bon sermon a brief parolle
Adonc malle bouche parolle
L'ostel dit il comme lees
Prenez ia que ne vous est niez
Et dites ce quil vous plaira
Iescouteray que ce sera
     Abstinence contrainte
Grant mercy sire puis commance
Premierement dame abstinence

Comme abstinence reprouche
Les parolles a malle bouche

SIre la vertu premeraine
La plus grāt la pl' souueraine
Que homs mortel puist auoir
Par science ne par auoir
C'est de sa langue refrener
A ce doit chascun pener
Car trop mieulx vault il quō se tait
Que dire parolle mauluaise
Et cil qui voluntiers lescoute
N'est pas preudōs ne dieu ne doubte
Sire sur tous aultres pechiez
De cestuy estes entachiez
Vne truffle pieca vous dites
Dont trop mallemēt mesprenistes
Dung varlet qui cy repayroit
Car v' dites quil ne queroit
Fors de bel acueil recepuoir
Vous ne dites pas de ce voir
Mais en mentites et mēntent

Il ne y a plus cy ne ne tient
Nespoir iamais ne luy terres
Belacueil en est enserres
Qui auecques vous seiouoit
Des plus beaulx ieulx q̃ mieulx pouoit
Le plus des iours de la sepmaine
Sans nulle pensee villaine
Or ny ose mais solacier
Le varlet auez fait chacier
Qui se tenoit icy deduire
Qui v' esmeut a luy tant nuyre
Fors que vostre masle pensee
Qui mainte mensonge a pensee
Aussi vostre folle eloquence
Qui brait et crie noise et tance
Et les blasmes aux gens eslieue
Et les deshonnore et les griefue
Par chose q̃ na point de preuue
Fors de cuidance et de contreuue
Dire vous vueil tout en appert
Car en cuider maint homme pert
Si est pechie de controuuer
Chose qui fait a reprouuer
Et vous mesmes bien le sauez
Pourquoy plus grãt tort en auez
Mais non pourtãt il nen fait force
Ne nen donroit pas vne escorce
De chesne cõment quil en soit
Sachiez que nul mal ny pensoit
Car il y allast et venist
Nulle enseigne ne le tenist
Or ny tient plus ne nen a cure
Ce nest par auleune aduenture
En trepassant moins q̃ les aultres
Et v' gaities iambes sur aultres
A ceste porte sans seiour
La muse musart toute iour
La nuit et le iour y veillez
Par droit neant y trauaillez
Ialousie qui tant a ctant
A vous ne vous fauldra ia tant

Si rest de bel acueil dommage
Qui sans riens acroire est en cage
Sans forfait en prison demeure
La languist le chetif et pleure
Nuit et iour sans soy retarder
Cest grant pitie du regarder
Se vous nauiez plus meffait
Ou monde que cestuy forfait
Vous deust ou nen doubtez mie
Bouter hors de ceste baillie
Mettre en chartre ou lyer en fer
Vous en yrez ou feu denfer
Se vous ne vous en repentez

Malle bouche
Par ma teste vous en mentez
Que le mal soyez vous venuz
Vous ay ie pource retenuz
Pour moy dire honte et laidure
Par vostre grant mesauenture
Me tenez vous cy pour bergier
Or alez ailleurs habergier
Quant vous mappellez cy menteur
Vous estes vng droit enchanteur
Qui mestes cy venu blasmer
Et pour vray dire et entamer
Que alez vous cy endroit querant
A tous les grans dyable me rent
Et vous beau dieu me confondez
Se ains que le chastel fut fondez
Ne passerent iours plus de dix
Quon le me dist et ie redis
Que celluy la rose baisa
Ne scay se de plus sen aisa
Pourquoy me fit on do acroire
La chose se elle ne fut voire
Par dieu ien dis et rediray
Et croy que ia nen mentiray
Et corneray a mes buissines
Et aux voisins et aux voisines
Coment par cy vint et par la

Lacteur

Adoncques fauly semblant parla

Comment malle bouche escouta
Fauly semblant qui tost le mata

Sire ce nest pas euuangille
Tout ce qon dit par my la ville
Or nayes pas oreilles sourdes
Prouer vous veuil q̃ ce sont bourdes
Vous sauez bien certainement
Que nul nayme entieremẽt Nō
Pourtant quille puisse sauoir
Tant ait en luy peu de sauoir
Homme qui mesdie de luy
Or est vray car oncques de luy
Ne futes hay mais ayme
Et son treschier amy clame
Tous amans voulentiers visitent
Les lieux ou leurs amours habitẽt
Cil vous honnore et tiẽt moult chier
Et vous tient a amy treschier
Cil par tout ou il vous encontre
Belle chiere et lye vous monstre
Et de vous saluer ne cesse
Si ne vous fait pas si grant presse
Vous nestes par luy lassez
Aultres y viennent plus assez
Sachiez se son cueur sen pressast
De la rose pres sappressast
Et si souuent les visssiez
Que tout ponure luy prenissiez
Nyl ne sen sceut en riens garder
Son le deuoit tout vif larder
Il ne fut pas ores en ce point
Donc sachiez quil ny pense point
Non fait bel acueil vrayement
Tant en ait il mal payement
Par dieu seuly deux le vouldissent
Malgre vous la rose cueillissent
Quant du varlet mesdit auez
Qui vous ayme bien le sauez

Sachiez sil y auoit beance
Ia nen soyez en mescreance
Iamais nul iour ne vous aymast
Ne son amy ne vous clamast
Et vouldroit penser et viller
Du chastel prendre et epiller
Se il fut vray que bien le sceust
Que quiconques son dit luy eust
De soyle peut il bien sauoir
Puis qung aultre ny peut auoir
Si comme auant il auoit eu
Tantost leust il bien apperceu
Or ie fait il tout aultrement
Conceques auez oultrement
La mort denfer bien dessernie
Quant tel gent auez assernie
   Lacteur
Fauly semblant ainsi celluy preuue
Cil ne scet respondre a la preuue
Et voit bien auleune apparance
Pres quil ne chiet en repetance
Et leur dit
   Malle bouche
Par dieu bien peut estre
Semblant ie vories a bon maistre
Et abstinence moult asage
Bien sembles estre dung courage
Que mordonnez vous que ie face
   Fauly semblant
Confez serez en ceste place
Et ce peche sans plus direz
De cestuy vous repentires
Car ie suis vordre et si suis prestre
De confesser le plus grant maistre
Qui soit tant que le monde dure
Iay de tout le monde la cure
Ce neust oncques prestres cures
Tant fut a son prelat tures
Et si ay par la haulte dame
Cent foys plus pitie de vostre ame
Que voz prestres parrosseaulx

Ja tant vous soit especiaulx
Et se iay ung grant auantage
Vostre prelat nest pas si sage
Ne si lectre de trop com ie
Iay de diuinite congie
Voire par dieu pieca lay eu
Pour confesser et mon esleu
Les plus grans quon puisse sauoir
Par mon sens et par mon sauoir
Si cy vous vulez confesser
Et ce pechie tantost laisser
Sans plus en faire mancion
Vous aurez absolucion

Comment la langue fut coppee
Dung rasour nen pas despee
Par faulx semblant a malle bouche
Dont cheit mort come une souche

Ne sont aultrement en osse
Puis se tombent en ung fosse
Sans deffense la porte cassent
Quassee sont oultre sen passent
Si trouuerent leans dormans
Trestous les soudoiers normans
Tant il eurent beu a garsay
Du uin que pas ie ne xsay
Car ceulx mesmes feurent xrse
Tant que tous furent enuerse
yures et dormans les estranglent
Iamais ne feront telz quilz ianglent

Comme faulx semblant q conforte
Maint amant passa tost la porte
Du chastel auec samie
O eulx largesse et couuoitise

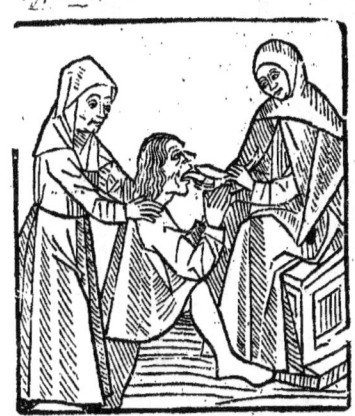

Malle bouche tantost sabaisse
Si sagenoille et se confesse
Comme contrit et repentent
Et cil par la gorge le prent
A deux poins lestraint et lestrangle
Et luy a tiree la langue
La langue aura souef luy oste
Ainsi cheuirent de leur oste

Adonc courtoisie et largesse
La porte passent sans paresse
Si sont la tous quatre assemblez
Et bien secretement emblez
La vielle qui ne sen gardoit
Quel bel acueil leans gardoit
Ou tous quatre ensemble rue
De la tour estoit descendue
Si se soatoit par myle bailse

Dung chapperon en lieu de wimple
Sur la guible eust couuert sa teste
Contre elle coururent en haste
Et la saluerent tous quatre
Si doubta q̃ on ne lalast batre
Quant les veit to⁹ quatre assembles
   La vielle
Vrayement dit elle vous sembles
Bonne gent vaillant et courtoise
Or me dites sans faire noise
Si ne me ties ie pas pour prise
Que querez en ceste pourprise
   Les quatre respondent
Pourprise doulce mere tendre
No⁹ ne venõs pas pour vr̃e pr̃e
Mais seulemẽt pour vr̃ veoir
Et sil vous peut plaire et seoir
Noz corps offrons tout pleinemẽt
A vr̃e doulx commandement
Et quanques nous auons vaillans
Sans estre a nul iour deffaillans
Et cil vous plaisoit doulce mere
Qui oncques ne fustes amere
Nous vo⁹ reqrons quil vous pleust
Sans ce q point de mal y eust
Que plus laẽ dedans ne languist
Bel acueil aincois en yssist
Et vint auec vous iouer
Vng peu ses piedz embouer
Au moins vueillez quil parolle
A ce varlet vne parolle
Et que lung laultre reconfort
Et leur sera vng grant confort
Ne gaires ne vous coustera
Et cil vr̃e homs lige sera
Et vostre serf dont vous pourrez
Faire tout ce que vous vourrez
Ou pendre ou vendre ou mehaigner
Bon fait vng tel amy gaigner
Et soyez ey de ces ioulez
Ces fermeaulx dor ces nouuelles

Vous sõne aussi vng garnement
Vous donra il prochainement
Molt a franc cueur courtois et large
Et si ne vous fait pas grant charge
De luy estes forment aymee
Et si nen serez ia blasmee
Car il est moult sage et celez
Si prions que vous le celez
Ou quil aisle sans villennie
Si luy aurez rendu la vie
Et maintenant ce chappellet
De par luy de fleurs nouuellet
A bel acueil le presentez
Et de par luy le confortez
Et estrenes dung bel salu
Ce luy aura cent mares valu
   La vielle respond
Se dieu maist se faire le peust
Que ialousie ne lesceust
Et ia nul blasme nen eusse
Dit la vielle faire le peusse
Mais trop est mallement iangleur
Malle bouche est mauluais flateur
Ialousie si la fait guecte
Cest celluy qui tous nous agaite
Il brait il crie sans deffence
Et iangle trestout ce quil pense
Et contronue de malle pire
Quant il ne scet de quoy mesdire
Sil en deuoit estre pendu
Nen seroit il pas deffendu
Sil le disoit a ialousie
Ce larron il mauroit trahie
   Les quatre respondent
De ce vient ne fault doubter
Iamais nen peut riens escouter
Ne veoir en nulle maniere
Mort gist dehors en lieu de biere
En ces fosses gueulle bace
Sachiez sil nest chose face
Iamais veulx veup ne ionglera

Car pas ne ressuscitera
Se le dyable ne fait miracle
Ou par herbis ou par triacle
Jamais ne les peult accuser
        La vielle respons
Donc ne quiers je ia reffuser
Mais chiers amys vostre requeste
Mais dites luy que tost se haste
Et ne demeure longuement
Puis sen vienne bien celement
Quant je luy feray assauoir
Et gard son corps et son auoir
Que nulluy ne sen apperçoiue
Ne ny face riens quil ne doyue
Bien dit sa voulente toute
        Les quatre
Dame ainsi sera il sans doubte
Die et chascun sen mercye
Ainsi on ceste oeuure batye
        Lacteur
Mais comment q̃ la chose soit
Faulx sembl̃t q ailleurs p̃soit
Dit a voix basse a luy mesmes
        Faulx semblant
Se celluy pour q̃ nous empreisme
Cest oeuure de chose ne creust
Mais que daymer ne se receust
Se ne vous y accordissiez
Ja guieres vous ny gaigníssiez
Au long aller mien essient
Que il ny entrast espiant
Sil en eust le temps et le lieu
On ne voit pas tousiours le leu
Ains prent bien ou toult la brebis
Tant la garde on par les herbis
Vne heure assistiez au moustier
Vous y demonstres moult hyer
Jalousie qui si leguille
Ralast espoir hors de la vielle
Ou que soit conuient il quil aille
Il venist lors en repostaille

Ou par nuyt vuers les courtilz *Jardins*
Seul sans cautelle et sans courtilz *ypris*
Si non damours qui le gaitast
Espoir si sen amonestast
Par confort tost le conduisist
Mais que la lune ne luy sist
Car la lune par son cler luyre
Seult auy amãs maintesfois nuyre
Ou il entrast par les fenestres
Car il sçet de lostel les estres
Par vne corde saualast
Ainsi y venist et alast
Bel acueil espoir descendist
Es jardins ou il entendist
Ou sen fuyst hors du pourpris
Ou tenu lauez maint jour pris
Et venist au varlet parler
Se devers luy pouoit aler
Qu quant bien endormis v̄ seeust
Se le temps et lieu auoir peust
Les huys entrouuers luy laissast
Ainsi du bouton saprouchast
Le fin amant qui tant y pense
Et le cueillist hors deffence
Si pourroit par aultre maniee
Les aultres portiers desconfire
        Lamant
Ce que faire loing nestoye
Je pensay quainsi le feroye
Se la vielle me veult conduire
Se ne me doit greuer ne nuyre
Tout ainsi comme la promys
Auy quatre qui sont mes amys
Et se ne veult je y entreray
Par la ou mieulx mõ point verray
Comme faulx semblant leut pense
Du tout me tiens a son pense
La vielle illec plus ne seiourne
Le tort a bel acueil sen torne
Qui tout oultre son gre regarde
Qui bien se souffrist de tel garde

Tant sa quelle vint a lentree
De la tour ou tost est entree
Les degrez monte lyement
Plus tost que peut hastiuement
Et luy trembloyent to⁹ les membres
Belacueil quiert parmy les chambres
Qui est en quarrereaulp apuye
De la prison tout ennuye
Pensif le trouue triste et mourne
De luy reconforter satourne
        La Vielle
Beau filz dit elle moult mesmay
Quant vous trouue en si grat esmay
Dites moy tout vostre penser
Se de riens vous puis auancer
Ja ne men xrrez vng Jour faindre
        Lacteur
Belacueil ne sose complaindre
Ne luy dire quoy ne comment
Il ne scet sel dit vray ou ment
Trestout son penser luy nya
Car point de seruice ny a
De riens en luy ne se fioit
Mesmes son cueur sen deffioit
Quil auoit paoureup et tremblant
Mais non osoit monstrer semblat
Tant lauoit tousiours deboutee
La pute Vielle ra doubte
Garder se veult de mesprison
Car il a paour de trahyson
Ne luy desclot pas sa mesaise
Mais en soymesmes se rapaise
Par semblant et lye chiere
        Belacueil
Certes ma doulce dame chiere
Combien q̄ sus mys le mayez
Je ne suis de riens esmayez
Fors sans plus de vostre demeure
Enuis sans vous seans demeure
Car en vous moult grāt amour y a
Ou auez vous tant demoure

        La Vielle
Et par mon chief tost le scaurez
Et du sauoir grant Joye aurez

  Comment la Vielle a belacueil
Pour le consoler en son dueil
Luy dit de lamant tout le fait
Et le grant dueil que pour luy fait

Se point estes vaillāt ne saige
Car en lieu destrāge messaige
Le pl⁹ courtois varlet du mō-
Qui de toutes graces ha bō de   de
Plus de mille foys vous salue
Car Je le vey en vne rue
Ainsi quil trespassoit la voye
Par moy ce chappel vous enuoye
Voluntiers ce dit vous xrroit
Jamais plus viure ne querroit
Naura vng seul Jour de sante
Se nest pat vostre voluntez
Se dieu le gard et saincte foys
Mais que vne toute seule foys
Parler a vous ce dit Il peust
A loysir mais que bien vous pleust
Pour v⁹ sans plus aymer sa vie
Tout nutz vuldroit estre a pauue

Par tel conuenant quil sceut faire
Chose qui tresbien vous peust plaire
Ne luy chauldroit quil deuenist
Mais que pres de luy vous tenist
        Lacteur
Bel acueil enquiert touteuoye
Qui est cil qui celluy enuoye
Ains qui recoiue le present
Pource que doubtable se sent
Et quil peut de tel lieu venir
Quil ne le vouldroit retenir
Et la vielle sans aultre compte
Toute la verite luy compte
        La Vielle
CEst le varlet que vous scauez
Dont tant oy parler auez
Qui pieca tant vous agrea
Que le blasme vous esleua
Feu malle bouche de jadiz
Ja naille same en paradis
Maint preudomme a descoorte
Or len ont dyable emporte
Il est mort eschappez nous sommes
Ne prise la langue deux pommes
A tousiours en sommes deliure
Et sil pouoit encor reuiure
Ne vous pourroit il pas greuer
Tant vous sceut il blasme esleuer
Car ie scay plus quil ne fit oncques
Or me creez et prenez doncques
Ce chappel et si le portez
De tant au moins le confortez
Quil vous ayme nen doubtez mye
De bonne amour sans villenye
Et cil a aultre chose tent
Ne men desclo ÿst mye tant
Mais bien nous y pouons fier
Vous luy scaurez bien denier
Sil requiert chose quil ne doyue
Sil fait folie si la boyue
Si nest il pas fol mais est saige

Que par luy ne fut fait oultraige
Dont mieulx le prise et si la in
Nil ne sera ja si villain
Que luy de chose vous requiere
Qui a requerir ne saffiere
Loyal est sur tous ceulx qui viuent
Ceulx qui sa compagnie suyuent
Len ont tous porte tesmoing
Et ie mesmes vous le tesmoing
Moult est bien de meurs ordonne
Onc ne fut homs de mere ne
Qui de luy nul mal entendist
Fors tant que malle bouche en dist
Si la on tout mis en oubly
Et ie mesmes par moy loubly
Ne me souuient mais des parolles
Fors qui furent faulces et folles
Et le larron les controuua
Qui jamais bien ne se prouua
Certes bien scay que mourir leust
Fait le varlet se riens en sceust
Qui est preux et hardy sans faille
En ce pays na qui le vaille
Tant a le cueur plain de noblesse
Qui surmonteroit de largesse
Le roy artus voyre alixandre
Sil auoit autant a despendre
Dor et dargent comme ceulx eurent
Quoncques ilz tant donner ne sceurent
Que cil cent tant plus ne donnast
Par tout le monde estonnast
Tant a bon cueur en soy plante
Sil leust de lauoir a plante
De largesse sceut bien prendre
Ce chappel sceut bien aprendre
Sot les fleurs setent mieulx q̃ balsme
        Bel acueil
CErtes ien craindroye le blame
Dit bel acueil qui tost fremist
Et tremble et tressault et gemist
Rougist palist pert contenance

m ii

Et la Vielle en ses mains lance
Et luy veult faire a force prendre
Car il ny osoit la main tendre
Mais dit pour soy mieulx excuser
Que mieulx luy vaulsist reffuser
Sil le vulsist Jl a tenir
Quoy quil y en deust aduenir
Moult est bel et gent ce chappeaulx
mais mieulx my vauldroit mes drapz
auoir tous ars et mis en cendre peaulx
Que de par luy losasse prendre
Mais suppose que Je le prenne
A ialousie la griffaine
Que pourrions nous ores dire
Bien scay quelle enragera dire
Et sur mon chief le descira
Piece a piece et puis mocira
Sel scet quil soit de la sienu
Lors sera prins et pis tenu
Quonecques en ma vie ne fuy
Et se Je luy eschappe et fuy
Quel part men pourray Je fuir
Tout vif me verres enfouir
Se ie suis prins apres la fuite
Si croy Je que tauroye suyte
Et seroye prins en fuyant
Tout le monde myroit huant
Ne le prendray
                La Vielle
Si feres certes
Ja nen aurez blasmes ne pertes
                Bel acueil
Et selle manquiert dont Jl vint
                La Vielle
Responces aurez plus de vingt
                Bel acueil
Touteffois celle me demande
Que puis ie dire a sa demande
Se ien suis blasme ne repris
Quel part luy diray ou lay pris
Car il me conuient luy responde

Ou quelque mansonge escondre
Selle scauoit Je vous pleuis
Mieulx vuldroie estre mort q̄ vis
                La Vielle
Que vous direz se ne sauez
Se meilleur responce nauez
Dites que Je le vous donnay
Bien sauez que tel renom ay
Que naurez blasme ne vergongne
De prendre riés q̄ Je vous donne

Coment tout par sennortement
De la Vielle Joyeusement
Bel acueil receut le chappel *chapeau*
Pour estres de vendre sa pel *peau*

Bel acueil sās dire aultrechose
Prent le chppel et si le pose
Sur ces crins blons puis asseure
Et la Vielle luy rit et Jure
Sante son corps ses os sa pel
Quonc si bien ne luy fit chappel
Bel acueil souuent se remire
Dedans son miroer se mire
Sauoir sil est si bien seans
Quant la Vielle vit que leans
Nauoit que eulx deux tāt seullemēt

Lez luy sassiet tout bellement
Et luy commance a prescher
                 La Vielle
Haa bel acueil tant vous ay cher
Tant estes bel et tant salez
Mon iolis temps est tout allez
Et le vostre est a auenir
Poy me pourray mes soustenir
Fors a bastons ou a potence
Vous estes encor en enfance
Si ne scauez que vous ferez
Mais bien scay que vous passerez
Quanque ce soit ou tost ou tart
Parmy la flamme qui tout art
Et vous bagnerez en lestuue
Ou venus les dames estuue
Bien scay le brandon sentirez
Si vous los que vous atirez
Ains que la vous aillez baigner
Comme vous morrez enseigner
Car perilleusement se baigne
Jeune homs sil na quil lenseigne
Mais se mon conseil ensuiuez
A bon port estes arriuez
Sachiez se Je fusse aussi saige
Quant Jestoye de vostre eage
Des ieux damours que ie suis ores
Car de trop grant beaulte fu ores
Mais or me fault pleindre et gemir
Quant mon vis effacie remir
Et voy que froncer se conuient
Quant de ma beaulte me souuient
Que ses sarlez faisoye triper
Tant les faisoye defriper
Ce nestoit que merueille non
Jestoye lors de grant renom
Par tout alloit ma renommee
De ma grant beaulte renommee
Telle allee eut en ma maison
Quoncques telles ne vit mes hom
Moult fut mon huys la nuyt hurte

Trop leur faisoye de durte
Quant leur fatiloye de couuent
Et ce mauenoit bien souuent
Car Jauoye aultre compaignie
Faite en estoit mainte folye
Dont Jauoye coukroup asses
Souuent estoyet mes huys casses
Et faictes maintes telz meslees
Quaincois quelz fussent desmelees
Mambres y perdoyent et vies
Par haynes et par enuyes
Tant y a duenoit de contens
Se maistre argus le bien contens
Y vulsist bien mettre ses cures
Et venist oses dip figures
Par quoy tout certiffie et nombre
Si ne peust slin ye le nombre
Des grans contens certiffier
Tant sceut il bien multiplier
Lors fut mon corps fort et deliures
Jeusse ore plus de mille liures
De blans esterlins que Je nay
Mais trop nicement me menay
Belle fu jeune nyce et folle
Onc damours ne feuz a lescolle
Ou on y leust de theorique
Mais Je scay tout par la pratique
Expressement men ont fait saige
Que tay hante tout mon eage
Or ne scay Jusque a la bataille
Si nest pas droyt q ie vous faille
Des biens aprendre que Je scay
Puis que tant esprouues les ay
Bien fait qui Jeunes gens conseille
Sans faulte ce nest pas merueille
Si nen scauez quartier ne aulne
Car vous ayez le bec trop Jaune
Mais tant y a quant ne finay
Que la science en la fin ay
Donc puis ie bien en chaire lye
Ne fait a fuir na despire

m iii

Tous ceulx qui sont en grant eage
La trouue son sens et sçaige
Ce a len esprouue de maint
Que au moins en la fin y remaint
Vsaige et sans pour le chate
Quelque pris quil l'ayent achate
Et puis que iay sens et sçaige
Que ie nay pas sans grãs dõmage
Jay maint vaillant homme deceu
Quant en mes lacz l'ay trouue cher
Mais auant fuz de mains receu
Que ie men fusse aperceue
Ce fut trop tard lasse dolente
Iestoye ia hors de ma iouuente
Mon huys qui si sonnent ouuroit
Car par nuyt et par iour ouuroit
Se tient adez pres de luy ter
Nul ny vint huy ne ny vint hyer
Pensay a moy lasse chetiue
En tristeur conuient que ie viue
De dueil me deust le cueur partir
Si voulu du pays partir
Quant oy mon huys en tel repoz
Et ie mesmes fuz en repoz
Car ne puis la honte endurer
Comment y peusse ie durer
Qui a si chiere me tenoyent
Quant ses iolis parlez venoyent
Quilz ne sen pouoyent lasser
Et ie les voye trespasser
Quilz me re regardoyent de costes
Et ia dix furent mes chiers hostes
Lez de moy sen alloyent saillant
Sans me priser vng oeuf vaillant
Et cil qui iadis plus ma moyt
Vieille ridee me clamoyt
Et pis disoit encor dassez
Ains quil sen fust oultre passez
Daustre part mon enfant ioliz
Nul si nest tresbien enfantiz
Ou grans dulx essayez nauroit

Ne penseroit ne ne scauroit
Quel douleur au cueur me tenoit
Quant en pensant me souuenoit
Des beaux dõs plaisãs et legiers
Des dulx deduitz des dulx baisiers
Et des plaisantes acolees
Qui sen furent tantost allees
Allees oyree et sans retour
Mieulx me vaulsist en vne tour
Estre a tousiours emprisonnee
Que dauoir este si tost nee
Dieu en quel soucy me mettoient
Les beaulx dõs qui faillis mestoiẽt
Et ce qui laissie leur estoit
En quel torment me remettoit
Lasse pourquoy si tost nasqui
A qui men doy ie pleindre a qui
Fors a vous filz qui iay tant chier
Ne men puis pas bien dep schier
Que par aprendre ma doctrine
Pource beau filz vous endoctrine
Et quant en doctrine serez
Des ribaudeaux me vengerez
Car se dieu plaist quant la viendra
De ce sermon vous souuiendra
Car sachiez que du souuenir
Si quil vous en puist souuenir
Aurez vous moult grant auãtaige
Par la rayson de vostre eage
Car platon dit cest chose voire
Que plus tenable est la memoire
De ce quon apprent en enfance
De quiconques soit la science
Certes chier filz tendre iouuente
Se ma ieunesse fust presente
Sicomme est la vostre orendroit
Ne pourroit estre escript en droit
La vengence que prenisse
Car tous a honte les tenisse
Et lors fissie tant de meruelles
Quoncques noystes les pareilles

Des ribaulx qui si peu me prisent
Ce me ledangent et desprisent
Et si villemēt pres moy sen passet
Et eulx et aultres comparassent
Leur grant orgueil et leur despit
Sans auoir pitie ne respit
Car aux sens q̃ dieu ma donne
Comme ie vous ay sermonne
Sceauez v⁹ en q̃l point les meisse
Tant la plumasse et tant preniffe
Du leur atort et a trauers
Que deuorer les fisse aux vers
Et gesir tous nudz en fumiers
Et mesmemēt ceulx les p̃miers
Qui de plus loyal cueur maymassēt
Et plus loyaulment se penassent
De moy seruir et honnorer
Ne leur laissasse demourer
Vaillant vng ail se Je peusse
Que tout en ma bourse neusse
A grant pourete tous les misse
Et trestous apres moy les feisse
Par viure raige tripeter
Mais riens ny vault le regretter
Qui est alle ne peut tenir
Jamais nen pourray nul tenir
Car tant ay ridee la face
Quilz nont garde de ma menace
Pieca que bien le me disoyent
Les ribaulx qui me desprisoient
Si me prins a plorer des ores
Par dieu si me plaist il encores
Quant ie my suis bien pourpensee
Moult me delicte en ma pensee
Et me ribaudissent les membres
Quāt de mō bon tēps me remēbres
Et de la Joliette vie
Dont mon cueur a si grant enuie
Tant me resiouuenit le corps
Quant y pense et le recors
Tous les biens du monde me fait

Quant me souuient de tout le fait
Aumoins ay ie ma Joye eue
Combien quilz mayent mōlt deceue
Jeune dame nest pas oyseuse
Quant elle tient vie Joyeuse
Et mesmement celle qui pense
Dacquerre a faire sa despēse

Ors mien vins en ceste cōtree
Ou iay vostre dame encōtree
Qui si ma mys en son seruise
Pour vous garder en la pourprise
Dieu qui seres est et tout garde
Doint que ien face bonne garde
Si feray ie certainnement
Par vostre bel contenement
Mais la garde fut perilleuse
Pour la grāt beaulte merueilleuse
Que nature a dedans vous mise
Selle ne vous eust tant aprise
Prouesse sans valeur et grace
Et pource que temps et espace
Nous est or venu si apoint
Que de destourbier ny apoint
De dire ce que nous voulons
Vng peu mieulx que no⁹ ne soulōs
Tout vous doy Je bien conseiller
Ne vous venez pas merueiller
Se ma parolle vng poy recoup
Je vous dy bien auant le coup
Ne v⁹ vueil pas en amour mettre
Mais sen voulez point entremettre
Je vous monstreray voulentiers
Et les chemins et les sentiers
Par ou Je deusse estre allee
Ains que ma beaulte fust allee
              Lamant
Ors se taist la vielle et souspire
Pour oyr ce quil vuldra dire
Mais ny va gueres attandant
Car quant le veit bien entandant
A escouter et a soy taire

A son propoz se peut atraire
Et se pense sans contredit
Tout octroye qui mot ne dit   nō
Quant il luy plaist a escouter
Lors a commancee sa verue
Et dit com faulse vielle et serue
Qui me cuida par ces doctrines
Faire lechier miel sur espines
Quant voult que fusse amy clamé
Sans estre par amours aymé
Si comme cil me racompta
Qui tout le retenu compte a
Car s'il fust autel qui la creust
Certainement moult trahy leust
Mais pour nulle riens quelle deyst
Se trayson ne me meffist
Ce me fiancoit et iuroit
Ne aultrement ne m'asseuroit
            La Vielle
Beau tresdoulx filz belle chair tendre
Des ieux d'amours v' vueil
que v' ny soyez point deceuz. apredre
Quant vous les aures bien receuz
Selon mon art vous conformes
Car nul s'il n'est bien informes
Ne peut passer sans ceste tendre
Or pensez doncques bien d'entendre
Et de mettre tout a memoyre
Car j'en scay trestoute l'ystoire

    Comment la Vielle sans tançon
Lit a bel acueil sa leçon
La quelle sceut bien les femmes
Qui sont signes de tous diffames

Beau filz q̄ vult iouir d'aimer
Des ieux maulx q̄ tāt sōt amer
Les cōmādemens d'amours sache
Mais gars qu'amours a luy ne sache
Et aussi trestous les vous deisse

Se certainement Je ne creisse
Que vous en avez par nature
De chascun a comble mesure
Quanque vous en deues avoir
Et ce ceulx vous voules savoir
Dix en y a qui bien les nombre
Mais molt est fol cil qui s'encombre
Des deux qui sont au derrenier
Qui ne vallent ung faulx denier
Bien vous ha bandonne les huit
Mais qui les aultres deux ensuit
Il pert son estude et s'affolle
On nen doit pas lire en escolle
Trop maslement les amans charge
qui vult qu'amāt n'aye le cueur large
Et qu'en ung seul lieu voit mettre
Ceste faulx ceste faulce lettre
Cy ment amours le filz Venus
De ce ne se doit croire nulz
Quil s'en croit chier le comperra
Ainsi comme en la fin perra
On beau filz avers ne soyez
En plusieurs lieux le cueur a   yez
En ung seul lieu ne le mettez
Ne le donne ne le prestez
Mais le vendez bien chierement
Et tousiours par enchierement

Et gardez que nul qui l'achat
Ny puisse faire bon achat
Pour riés qui doint ja point ne aye
Mieulx sarde ou se pende ou naye
Sur touttes riés gardez ces poins
A donner ayez clos les poins
Et a prendre les mains ouuertes
Donner est grant folie certes
Se n'est ung peu pour gens attrayre
Quant on en cuide son preu faire
Ou pour le don tel chose attendre
Quon ne la puisse pas moins vendre
Tel donner Je vous habandonne
Bon est donner ou cil qui donne
Son don multiplie et gaigne
Qui est bien certain de sa gaigne
Ne se peut du don repentir
Tel don vueil Je bien consentir
A pres de l'arc et des cinq flesches
Qui sont tant pleis de bontés ta-
Et tant firent subtillement   ches
Traire en sautz si saigement
Quonques amour le bon archier
Des flesches que tire l'arc chier
Ne tira mieulx beau filz que faites
Qui maintesfois les auez traittes
Mais vo9 nauez pas tousiours sceu
Quelle part chascun cop est cheu
Et quant len trayt a la volee
Tel cop recepuoit la colee
Dont l'archier ne se donne garde
Mais que vostre maniere esgarde
Si bien sauez et traire tendre
Que riens ne vous en puis aprendre
Tel en pourra estre nauréz
Dont grãt peur se dieu plaist aurez
Si ne fauldra que Je m'atour
Pour vous en aprendre le tour
Des robbes ne des garnemens
Dont vous ferez vos paremens
Pour sembler aux gés mielx valoir

Il ne vous en peut ja chaloir
Quant par cueur la chanson sauez
Que tant oy chanter auez
Si comme Jouer nous dison
De l'image pimalion
Et prendrez garde a vous parer
Plus en saurez que beuf d'arer
De vous aprendre ce mestier
Ne vous est besoing ne mestier
Et se ce ne vous veult souffire
Aulcune chose m'orez dire
Cy apres si vuulez entendre
Ou bien pourrez exemple prendre
Mais cecy vous puis Je bien dire
Se vous voulez amy eslire
Bien vueil q̃ vostre amour soit mise
En beau varlet qui tant vous prise
Mais ny soit pas trop fermement
Aymez des aultres sagement
Et Je vous enquerray assez
Dont grans biens seront amassez
Bon acointer fait hommes riches
S'il n'ont les cueurs auers et chiches
S'il est qui bien plumer les sache
Bel a cueil ce qu'il veult en sache
Mais qui donne a chascun entendre
Qui ne vouldroit aultre amy prendre
Pour mil marcs de fin or molu
Et Jure que s'il eust voulu
Souffrir que la rose fust prise
Par aultre qui bien la requise
D'or fust chargie et de Joyaulx
Mais tant est son fin cueur loyaulx
Que ja nulla main ny mettra
Fors cil seul qui lors la tiendra
Ilz sot mys a chascun doit dire
La rose auez tout seul beau sire
Jamais aultre ny aura part
Faille moy dieu se Je la part
Ce leur Jure a la foy luy baille
Si le periure ne luy chaille

Dieu se rit de tel serement
Et le pardonne lyement
Jupiter et les dieux rioyent
Quant les amans se periuroyent
Et maintesfoys se periurerent
Les dieux q̃ par amours aymerent
Car quant Jupiter asseuroit
Juno sa femme et luy iuroit
La palu denfer haultement
Et se periuroit faulsement
Et deuroit moult asseurer
Les fins amans de periurer
Saincts et sainctes mõstiers et tẽples
Quãt les dieux leur donnẽt exẽples
Mais moult est fol se dieu ma mãt
Qui pour iurer croit nul amãt Nõ
Car il ont les cueurs trop muables
Jeunes gẽs ne sont pas estables
Non sont les dieux souuentesfois
Ains pariurent serment et foys
Et saichiez une chose dire
Cil qui sires est de la foyre
Doit par tout prendre son teulin
Et qui ne peut a ung moulin
Hay a lautre tout le cours
Moult a soeris poure recours
Et met en grant peril la druge
Qui na cung partuis a refuge
Tout ainsy est il de la femme
Qui de tous ses marchies est dame
Qui chaeun fait par luy auoir
Prendre dont par tout de sauoir
Car moult auroit folle pensee
Quant bien se seroit pourpensee
Si ne douloit amys fors ung
Car par saincte lieffray de meung
Qui samour en ung seul lieu liure
Na pas son cueur francne deliure
Ains la mallement asseruy
Bien a tel femme desseruy
Quelle ait asses ennuy et payne

Qui dung seul hõme aimer se paine
Selle fault a luy de confort
Elle na nul qui la confort
Et sont celles qui plus y faillent
Qui leur cueur e ũg seul lieu baillẽt
Tous en la fain trestous fuyent
Quant las en sont et sen ennuyent
Nen peut femme a bon chief tenir

Comment la royne de cartaige
Dido par le villain oultraige
Que eneas son amy luy fit
De son espee tost soccit
Et comment phillis se pendit
Pour son amy quelle attendit

On ne peut en cas tenir
Dido la royne de cartaige
Qui tãt luy eust fait dauãtaige
Et reuestu chaussie et peu
Las et fuitis du beau pays
De troye dont il fut nays
Ses compaygnons moult honora
Car en luy moult grant amour a
Et fist ses nefz toutes refaire
Pour le seruir et pour luy plaire

Luy donna pour son amour auoir
Sa cite son corps son auoir
Et celluy si sen asseura
Qui luy promist et luy iura
Que sien fut tousiours et sera
Ne iamais ne le laissera
Mais celle gaires nen ioye
Car le mauluays si senfuyt
Sans congie par mer nauye
Dont la belle perdit la vie
Et sen occit des lendemain
Dune espe a sa propre main
Quelle luy donna en sa chambre
Dido qui son amy remambre
Et voit que samour est perdue
Lespee prent et toute nue
La tresse encontremont la pointe
Soubz ses deux mamelles la pointe
Sur lespee se layssa cheoir
Ce fut grant pitie a veoir
Qui tel fait faire luy veyst
Dur fut qui grant pitie nen preist
Quant ainsi fut dido la belle
Sur la pointe de la lunelle
Par my le corps la se ficha
Tel dueil eust dont il la tricha

Phillis aussi tant attendit
Demophon quelle se pendit
Pour le terme quil trespassa
Dont serment et foy cassa
Que fit paris de ceuone
Qui cueur et corps luy eust donne
Et sil samour luy redonna
Tantost retollu le don a
Si len eust il lettre escriptes
A son coutel lettres petites
Dessus la riue ou lieu de chartre
Qui ne salurent vne tartre
Ces lettres en lescorce estoyent
Dung pouplier et representoyent
Que panetus sen retourneroit

Si tost comme il la laisseroyt
Or voit panetus a la fontaine
Qui la laissa puis pour helaine
Que refist iason de medee trompee
Qui si villement fust lobee
Que le faulx sa foy luy menty
Puis quel leust de mauly garenty
Quant les toureaulx q̃ feu gettoyẽt
Par leur gueule et qui renoyent
Iason ardoir ou despecier
Sans feu sentir et sans blecier
Par ces charmes le deliura
Et la serpent luy enyura
Si quil ne se peust esueiller
Tant le fit forment sommeiller
Des cheualiers de terre nez
Bataillereux et forcenez
Qui iason vouloyent occire
Quant il entreulx getta la pierre
Si telle tant quilz sentrepzinrent
Et qne eulx mesmes sentre occirent
Et luy fit auoir la toyson
Par son art et par sa poison
Puis fit eson restouuenir
Pour mieulx iason a entretenir
Ne riens de luy plus ne vouloit
Fors quil lamast comme il souloit
Et ses merites regardast
Pource que mieulx sa foy gardast
Puis la laissa le mal tricherres
Le faulx le desloyalle sierres
Dont les enfans quantelle seust
Pource que de iason les eust
Estrangla de dueil et de rage
Dont elle ne fit pas que saige
Quant delaissa pitie de mere
Et fit pis que marastre amere
Mil exemples dire en sauroye
Mais trop grãt cõte a faire auroye
Briefmẽt to9 les mocqrẽt et trichẽt
Tous sont ribaux par tout se fichẽt

Si les doit on aussi tricher
Non pas son cueur en ung ficher
Folle est femme quainsi la mys
Ains doit auoir plusieurs amys
Et faire ce peut que tant plaise
Que tous les mette a grāt mal ayse
Se grace na si les acquiere
Et soit tousiours ders eulx plꝰ fiere
Qui plus pour samour desseruir
Se peneront de la seruir
Et de ceulx acueillir sefforce
Qui de samour ne feront force
Sache que de Jeux et chancons
Et fuye noyses et tencons
Si belle nest si se cointait
La plus laide atours plus cointe ait
Et selle doit decheoir
Dont grant dueil seroit a veoir
Les beaux crins de sa teste blonde
Ou sil conuient que len les tonde
Par aulcune grant maladie
Dont beaulte est tost enlaydie
Ou sil aduient que par courroup
Les ait aulcun ribault desroup
Si que de ceulx ne puisse ouurer
Pour grosses tresses recouurer
Face tant que len luy apporte
Cheueulx de quelque femme morte
Ou de soye blonde de bourreaux
Et boute tout en ses fourreaux
Sur les oreilles ait telz cornes
Que cerf ne beuf ne licornes
Sil se deuoient efforcer
Ne puissent telz cornes porter
Et silz ont mestier destre taintes
Taigne les en Jus derbes paintes
Car moult ont force en medicines
Fruit fust fueilles escorce et racines
Et selle perdoit sa couleur
Dōt mōlt auroit au cueur do-
Face qlle ait coitures moistes   leur

En sa chambre dedens ses boetes
Tousiours pour soy farder repostes
Mais garde que nul de ses hostes
Ne les puist sentir ne veoir
Trop luy en pourroit mescheoir
Selle a beau col et gorge blanche
Gard que cil que sa robbe tranche
Si tresbien la luy escollete
Que sa chair pare blanche et nette
Demy pie derriere et deuant
Si en sera plus decepuant
Et selle a trop grosses espaulles
Pour plaire a dances et a baulles
De delie drap robbe porte
Si sera de moins lait porte
Selle na mains belles et nettes
Ou de etrons ou de bubettes
Gard que laisser ne les y dueille
Face les oster a lesguille
Ou ses mains dedens ses gās mette
Si ne verra nulle bubette
Et selle a trop grosses mamelles
Prengne courechief ou touailles
Dont sur le pis se face estraindre
Et tout au tour ses costes faindre
Puis atachier coudre et nouer
Lors se peut bien aller Jouer
Et comme bonne bachelette
Tienne la chambre de nus nette
Selle est saige et bien enseignee
Ny laisse entour nulle yraignee
Quelle narde arrache ou housse
Sil quil ny puisse cueillir mousse
Selle a lais piez estroit se chausse
Et grosse Jambe a tenue chausse
Brief selle seet sur soy nul vice
Couurir le doit se moult nest nyce
Et celle auoit mauluaise alayne
Ne luy doit estre grief ne peine
De soy garder que point ne Jeune
Ne quelle ne parolle Jeune

Et si garde si bien sa bouche
Que pres du nez aux gens ne touche
Et se luy prent de rire enuye
Si bel et si sagement rye
Quelle descouure deux focettes
Des deux costes de ses Iouettes
Ne par ris nenfle trop ses Ioues
Ne ne restraigne pas ses moues
Ia ses leures par ris ne seuurent
Mais repoignent les des et couurent
Femme doit rire a bouche close
Car ce nest mye belle chose
Quant elle rit bouche estandue
Car ropt semble large et fendue
Selle na dens bien ordonnees
Mais laydes et sans ordre nees
Se les monstroit par sa risee
Moins en pourroit estre prisee
Au plourer affiert il maniere
Mais chascune est bien coustumiere
De pleurer enquelconque place
Car Iacoit ce quon ne leur face
Ne grief ne honte ne molestes
Tousiours ont elles larmes prestes
Toutes pleurent et pleurer seulent
En telle guise quelles veulent
Mais homme ne se doit mouuoir
Sil voit telz larmes plouuoir
Aussi espes comme oncques plut
Onc a femme tel pleur ne plut
Ne telz yeulx ne tel marrimens
Que ce ne fussent conchimens
Pleur de femme nest fors quagait
Lors nest barat quelle nagait
Mais gard q parfait ne par oeuure
Riens de son penser ne descoeuure
¶ Il affiert bien que soit a table
De contenance conuenable
Mais ains que si mise seoir
Face soy par lostel veoir
Et a chascun entendre donne

Quelle fait la besongne bonne
Aille et vienne auant et arriere
Et se siee la derreniere
Et se face ung petit attendre
Ains quelle puisse a eulx entendre
Et quant sera a table assise
Face self peut a tout seruise
Deuant les aultres doit tailler
Et du pain entour luy bailler
Et doit pour grace desseruir
Deuant le compaignon seruir
Qui doit mangier en son escuelle
Deuant luy mettre ou cuisse ou esle
Ou beuf ou porc deuant luy taille
Selon ce quilz auront vitaille
Soit de poisson ou soit de chars
Nait ia fin de seruir eschars Nō
Si nest que soffrir de luy vueille
Et bien se garde quil ne moeille
Ses doys ou brouet Iusqs es ioites
Ne quelle nait ses leures ointes
De souppe daulx ne de char grasse
Ne q trop de morceaulx nentasse
Ne trop gros ne mette en sa bouche
Du bout des dois le morcel touche
Que veura moiller en sa sausse
Soit vert ou cameline ou Iausse
Et sagement port sa bouchee
Que sur son pis goute nen chee
De souppe ne de saulse noyre
Et si soit si saigement boire
Que sur soy nen espande goute
car pour trop rude ou pour trop glou
La pourroit bien aulcun tenir te
Qui ce luy verroit aduenir
Et garde que hanat ne touche
Tant quelle ait morcel en sa bouche
Et doit si bien sa bouche terdre
Tant quelle ny laysse gresse aherdre
Aumoins en la leure desseure
Car quant gresse en elle demeure

Ou vin en parent les maissetes
Qui ne sont ne belles ne nettes
Et boyue petit a petit
Combien quelle ayt grant appetit
Ne boyue pas a vne alaine
Na hanat plain ne coppe plaine
Mais boyue petit et souuent
Quelle nayt chacun esmouuant
A dire que trop en engorge
Et que trop boit a gloute gorge
Mais deliceement se coule
Le bort du hanat trop nengoulle
Si come font maintes nourrisses
Qui sont si gloutes et si nyces
Quilz versent vin en gorge creuse
Tout ainsy comme en vne heuse
Et tant a grant gors en entonnent
Quilz se desuoyent et estonnent
Bien se garde que ne sen yure
Car en femme ne en homme yure
Ne peut estre chose celee
Car puis que femme est enyuree
El na point en soy de deffense
Et iangle tout ce quelle pense
Et est a tous habandonnee
Quant a tel meschief est donnee
Et se gard de dormir a table
Trop en seroit moins agreable
Moult de laides choses aduienent
A ceulx qui telz dormir maitienent
Il nest pas bel de sommeiller
Es lieux establir a veiller
Plusieurs en ont este deceuz
Et maintesfoys en sont bien cheuz
Deuant ou derriere ou de coste
Eulx brisent bras ou teste ou coste
Gard que tel dormir ne la tienne
De palameus luy souuienne
Qui gouuernoit la nef ence
Veillant sauoit bien gouuernee
Mais quant dormir seut enuay

Du gouuernail en mer chey
Et des compaignons noya pres
Qui moult se plourerent apres
Voit la dame prendre garde
Que trop a louer ne se tarde
Car esse pourroit tant attendre
Que nul ny souffroyt la main tendre
Querir soit damours le deduit
Tant que ieunesse la deduit
Car quant vieillesse feme assault
Damours par la ioye et lassaut
Le fruit damours se feme est sage
Cueille en la fleur de son eage Nõ
Car tant de son temps pert la lasse
Comme sans oyr damours passe
Selle ne croit ce mien conseil
Que pour commun proffit conseil
Saiche que sen repentira
Quant vieillesse la flastira
Mais bien scay qlles me croiront
Au moins ceulx qui sages seront
Et se tiendront aux regles nostres
Et diront maintes patenostres
Pour mame quant ie seray morte
Qui les enseigne et conforte
Car bien scay que ceste parolle
Sera leue en mainte escolle
Beau tres doulx filz se vous viuez
Car bien scay que vous escripuez
Ou liure du cueur voulentiers
Tous mes comandemens entiers
Puis quant de moy departirez
Se dieu plaist encor en lirez
Sien seres mayster come ie
Du lire vous donne congie
Malgre trestous les chancelliers
Et par chambres et par celliers
En pres en iardins en gaudines
Soubz pauillons et soubz cortines
Et denformer les escolliers
Par garderobbes et soliers

Par despenses et par estables
Se nauez lieux plus delectables
Mais que ceste lecon soit leue
Quant vous laurez bien retenue
Gardez que trop ne soit enclose
Car quant plus a lostel repose
Moins est de toutes gens veue
Et sa beaulte moins congneue
Moins couuoitee et moins requise
Souuent vit a la maistre esglise
Et face visitacions
Aux nopces et aux processions
Aux jeux aux festes aux caroless
Car en telz lieux tient ses escolles
Et chante a ses disciples messes
Le dieu damours et les deesses
Mais bien se soit aincois miree
Sauoir selle est bien atiree
Et quant a point se sentira
Et par les rues sen yra
Si se marche de belle aleure
Non pas trop molle ne trop dure
Trop esleuees ne trop courbes
mais bien plaisans en toutes tourbes
Les espaules les costez meuue
Si noblement que len ne treuue
Nulle de plus bel mouuement
Et marche Jolyetement
De ces francs soleretz petis
Que faiz faire aura si fetis
Qui joindront au pie si apoint
Que de fronce ny aura point
Et sa robbe longue traine
Or pres du pauement sencline
Si la lieue a coste ou deuant
Comme pour prendre ung peu de vent
Ou pource que faire le seulle
Ainsi que se courcer se vueille
Pour auoir le pas plus deliure
Lors gard que si le pas deliure
Que chascun qui passe la voye

La belle forme du pie voye
Et se telle est que mantel porte
Si le doit porter de tel sorte
Que point trop la veue nencombre
Du gent corps a qui il fait umbre
Et affin que le corps mieulx pare
Et le tissu dont elle se pare
Qui nest ne trop gros ne trop gresles
Dargent dore a menuz perles
Et laumosniere toute suoye
Quil est bien droit que len la voye
A deux mains doit le mantel prendre
Les bras eslargir et estendre
Soit par belle voye ou par boe
Et luy souuiengne de la roe
Que le paon fait de sa queue
Face aussi du mantel la seue
Si que la penne noyre ou grise
Ou telle quon y aura mise
Et tout le corps en appert monstre
A ceulx que elle voyt musser
Elle nest belle de visaige
Or leur doit tourner come saige
Ses belles tresses longues chieres
Blondes et nettes et entieres
Par derriere le tour faisant
Cest une chose moult plaisant
Quen la beaulte de cheueleure
Tousiours doit femme mettre cure
Quel puist la louue ressembler
Quant el veult la berbis embler
Qui de paour que ne puist faillir
Pour une en va mil assaillir
Et ne scet la quelle prendra
Deuant que prinse la tiendra
Ainsi doit femme par tout tendre
Ses retz pour tous les hommes prendre
Car pource quel ne peut sauoir
Des quelz elle puist grace auoir
Aumoins pour ung a soy sachier
A tout doit le croc atachier

Lors ne veulx pas aduenir
Que nen ioye aulcun pris tenir
Des folz entre tant de milliers
Qui luy frotera ses ysliers
Voire plusieurs par aduenture
Car art ayde moult a nature

¶ Celle plusieurs en accroche
Qui mettre la seulet en broche
Garde comment la chose queure
Quelle ne boute a deux vne heure
Car pour ceulx molt se tiedroyent
Quat plusieurs esemble siedroyet
Si la pourroyent bien laisser
Cela pourroit bien abaisser
Car au moins luy eschapperoit
Ce que chacun emporteroit
Et ne leur doit ia riens laisser
Dont ilz se puissent engreisser
Mais mettre a si grans pouretez
Quilz meurent las et endebtez
Et celle en soit riche manais
Car perdu est le remenans
Daimer pour home ne luy chaille
Quil nest riens q poures hos vaille
Et fut il quide ou omer
Ne vauldroit il pas vug gomer
Ne ne luy chaille daymer hoste
Car ainsy comme il mest et oste
Son corps en diuers herbergeages
Ainsy leur est le cueur volages
Hoste aymer ne luy conseil pas
Mais touteffois en son trespas
Se deniers ou ioyaulx luy offre
Prenne tout et mettre en son coffre
Et face lors cil son plaisir
Ou tout en haste ou a loysir
Et bien garde quelle ne prise
Nul homme de trop grant cointise
Ne qui de sa beaulte se vante
Car cest orgueil qui si le tempte
Si sest en lire dieu boutez

Homs qui plaist et nen doubtez
Car ainsy le dit tholomee
Par qui fut moult science aymee
Tel na pouoir de bien aymer
Tant a mauluais cueur et aymer
Et ce quil aura dit a lune
Autant en dira a chascune
Et plusieurs en riua lober
Pour les despouiler et rober
Mainte conplainte en ay veue
Et pucelle ainsi deceue

¶ Et sil vient aulcun prometteur
Soit loyal home ou hoqueleur
Qui la veuille damour prier
Et par promesse a soy lier
Et celle aussy luy repromette
Mais garde bien qui ne se mette
Pour nulle riens en sa manaye
Sel ne tient aicois la monnye
Et sil mande riens par escript
Voye se faintement escript
Ou cil a bonne intencion
De fin cueur sans deception
Apres luy rescripue en peu deure
Mais ne soit pas fait sas demeure
Demeure les amans atise
Mais que trop logue ne soit prise
Et quant elle orra la requeste
De lamant gard que se haste
De samour du tout octroyer
Ne ne la doit du tout nyer
Mais le doit tenir en balance
Quil ait paour et esperance

¶ Et quat cil plus la requera
Et celle ne luy offrera
Samour qui si tres fort lenlace
Et se garde bien que tant face
Par son engin et par sa force
Que lesperance luy en force
Et petit a petit sen aille
La paour tant que toute deffaille

Et quilz facent paix et concorde
Celle qui plus a luy sacorde
Et qui tant scet de chose faintes
Doit dieu iurer et saintz et saintes
Quoncques ne se veult octroyer
A nul tant la scet il prier
Et sire sire cest la somme
Foy q̄ doy sainct pierre de romme
Par fine amour a vous me don
Car ce nest pas pour vostre don
Nest homme ne pour qui le feisse
Pour nul don tant grant le veisse
Maint vaillant homme ay reffuse
Plusieurs en ont a moy muse
Si croy q̄ mauez enchantee
Par la lecon quauez chantee
Len le voit estroit acoler
Et baysier pour mieulx affoler
Mais se veult mon conseil auoir
Ne tende a riens fors a auoir
Folle est qui son amy ne plume
Iusque a la derniere plume
Car qui mieulx plumer le scaura
Cest celle qui meilleur laura
Et plus chiere sera tenue
Quant plus chier se sera vendue
Car la chose quon a pour neant
Est on de tant plus villenant
Et ne la prise on vne escorce
Se len sert on ny fait force
Aumoins si grant ne si notee
Que qui lauroit chier achatee

Au plumer raffier bien maniere
Son varlet et sa chamberiere
Aussi sa seur et sa nourrice
Et sa mere se moult est nice
Puis quilz consentent la besongne
Facent tous tant q̄ cil leur donne
Surcotz robbes ou gās ou moufles
Et rauissent comme escoufles
Ce quilz en pouront atraper

Si que cil ne puist eschapper
De leurs mains en nulle maniere
Tant quil ait faite sa derniere
Comme cil qui ioue au noyaulx
Tant leur donne argēt ou ioyaulx
Moult est plus tost proye acheuee
Quāt par plusieurs mains est leuee
Aultre foys luy redient sire
Puis que le vus conuient a dire
A madame vne robbe fault
Commēt souffrez vous tel default
Sel voulsist faire par saint gille
Pour tel a il en ceste ville
Comme vne royne fust vestue
De robbe richement tissue
Dame pourquoy tant actendez
Que vous ne la luy demandez
Trop estes vers luy honteuse
Quant si vous laissez souffreteuse
Et celle combien quilz plaisent
Leur doit cōmander quilz se taisent
Que tant espoir en ont leue
Que trop mallement lont greue
Et celle voit quil sapercoyue
Quil luy donne plus quil ne doyue
Et que forment greue cuyde estre
Des grās dōs dont il la sceut paistre
Et sentira que de donner
Ne osera plus sermonner
Lors luy doit prier q̄l luy preste
Et puis luy iure quelle est preste
De le luy rendre au iour nomme
Tel comme il luy aura nomme
Mais bien est par moy deffendu
Que iamais riens nen soit rendu

De ses aultres amis reuient
Dont elle a plusieurs deuient
Mais en nul deulx son cueur na mis
Tant les clame elle ses amis
Si se complaigne comme sage
Que sa meilleur robbe est engaige

Chascun iour courent a vsure
Dont elle est en si grant arsure
Et tant est son cueur a mesaise
Que riens ne fera qui luy plaise
Sil ne rachatte tous ses gaiges
Et le varlet se moult nest saiges
Puis que pecune luy est source
Mectra tantost main a la bource
On fera quelque cheuissance
Dont gaiges auront deliurance
Qui nont de deliurer rayson
Car espoir sont en la maison
Pour le Bachelier enserrez
En aulcuns coffres bien barrez
Et ne luy chault espoir si cerche
Dedans sa huche ou a la perche
Pour estre de luy tãt mieulx creue
Tant quelle ait la pecune eue
Le tiers reserue dautel robe
Ou sainture dargent ou robbe
Ou plisson subtil quelle demande
Et puis deniers quelle despense
Et cil ne luy a que porter
Et iure pour luy conforter
Et fiance de pie de main
Quil luy apportera demain
Face luy ses oreilles sourdes
Ne croye riens car ce sont bourdes
Car ilz sont tous appers menteurs
Plus mont menty ribaulx flateurs
Et faulse leurs sermens iadis
Quil na de sainctz en paradis
Au moins puis quil na que paier
Face au vin son gaige enuoier
Pour .ii. deniers pour .iii. pour .iiii.
Et puise hors a illeurs esbatre
Il doit femme sel nest musarde
Faire semblant destre couarde
De trembler et destre paoureuse
Destre destrainte et angoisseuse
Quant son amy veult receuoir
Et luy faire entendre de veoir
Quen trop grãt peril le recoit
Quant son mary pour luy decoit
Ou ses gardes ou ses parens
Et que se la chose apparens
Quelle veult faire en repostaille
Estoit morte seroit sans faille
Et iure quel ne peut demourer
Son la deuoit viue acorer
Puis demoure a sa vulente
Quant elle laura enchante
Il luy dit tresbien souuenir
Quant son amy deura venir
Selle voit que nul napercoiue
Par la fenestre le recoiue
Tant le puisse faire par la porte
Iure quelle est destruite ou morte
Et que delle seroit neans
Se len sauoit qui fust leans
Ne la garderoit herbes moulues
Heaulmes haulbers ne massues
Ne huches ne clotes ne chambres
Que fendue ne soit par membres
Puis dit la dame souspirer
Et par semblant ayrer
Lassaillir et luy courir seure
Et die que si grant demeure
Na il pas faite sans rayson
Et quil tenoit en sa mayson
Aultre femme ou se desuisoit
Dont le soulas mieulx luy plaisoit
Et quelle est ores bien trahye
Quant il la pour aultre enhaye
Et doit estre la seche clamee
Quant elle ayme sans estre aymee
Et quant lorra ceste parolle
Cil qui la pensee aura folle
Si cuidera certainement
Que ceste layme loyaulment
Et que plus soit de luy ialouse
Quonc ne fut de venus espouse

Vlcanus quant il euſt trouuee
Auecques mars toute prouuee
Es lacz quil leuſt darain forgiez
Les tenoit tous deux en fors giez
Ou feu damours ioingz et liez
Tant les euſt le fol eſpiez

Comment Vlcanus eſpia
Sa femme et moult fort la lya
Dūg lacz auec mars ce me ſemble
Quāt couchiez les trouua enſemble

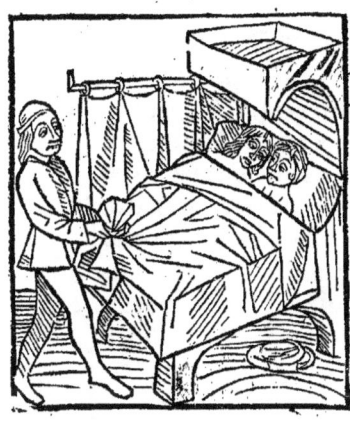

Sì toſt q̄ Vlcanus ce ſceut
Eſt pris prouue eulx deux les eut
Es lacz quentour le lict poſa
Moult fut fol quant faire loſa
Car cil a moult peu de ſcauoir
Qui cuide tout ſeul femme auoir
Les dieux fit venir en haſte
Qui moult rirent et firent feſte
Qant en point les apperceurent
De la beaulte Venus ſeſmurent
To⁹ les pluſieurs des dames dieux
Qui mottlẏ faiſoit plaintes et dieux
Comme honteuſe et courroucee
Quant ainſi eſt priſe et laſſee
Quonc neuſt honte a ceſt pareille

Si neſt ſe pas trop grāt merueille
Se Venus ou luy ſe mectoit
Car Vlcanus ſi lait eſtoit
Et ſi charbonne de ſa forge
Par mains par viſage et par gorge
Que pour riens Venus ne laimaſt
Combien que mary le clamaſt
Non pas par dieu ſe ce fuſt ores
Abſalon a ſes treſſes ſores
Ou paris filz du roy de troye
Ne luy portaſt elle pas ioye
Car bien ſauoit la debonnaire
Que toutes femmes ſceuent faire
Dautre part ilz ſont franches nees
Loy les a condicionnees
Qui les oſte de leurs franchiſes
Ou nature les auoit miſes
Car nature neſt pas ſi ſote
Quelle face maiſtre marote
Tant ſeullement pour robichon
Se lentenſement y fichon
Ne robichon pour mariete
Ne pour agnes ne pour perrete
Ains no⁹ fait beau filz nen doubtes
Toutes pour to⁹ et to⁹ pour toutes
Chaſcune pour chaſcun commune
Et chaſcun commun pour chaſcune
Si quant ſont ilz ſont affrees
Par loy priuſes et mariees
Pour oſter diſſolucions
Et contens et occaſions
Et pour aider les nourritures
Dont ilz ont enſemble les cures
Si ſeſforcent en toutes guiſes
De retourner a leur franchiſes
Les dames et les damoiſelles
Quelz que ſoient laides ou belles
Franchiſe a leur pouoir maintienēt
Dōt trop de maulx ſiedrōt et viēnēt
Et ſin reut pluſieurs iadis
Dont ien nommeroye ia dix

n ii

Voire cent mais ie les trespasse
Car ien seroye toute lasse
Et vous dis tout encombrez
Ains q̄ ie les eusse nombrez
Car quant chascun iadis seoit
La femme qui plus luy seoit
Maintenant rauir la vulsist
Se plus fort ne luy toullist
Et la laissast se bien luy pleust
Se son vouloir fait tout en eust
Si que iadis sentretuoyent
Et les nourritures laissoient
Ains que len fist nulz mariages
Par le conseil des hommes saiges
Et qui vuldroit or aces croyre
Bonne parolle en dit et voire
Car moult bien sceut lire et diter
Si la vous vueil cy reciter
Car sage femme na pas honte
Quant bonne auctorite raconte

Iadis ou temps helene furent
Batailles q̄ les cours esmurent
Dõt ceulx a gras douleurs perirẽt
Qui pour eulx les batailles firent
Mais les mors ne sõt de riẽs sceues
Quant en escript ne sont pas leues
Car ce ne fust mie le premier
Non sera ce le derrenier
Par qui guerres viendront et viẽdrõt
Entre ceulx qui tiẽdrõt et tiennent
Leurs cueurs mis en amour de fẽme
Dõt maint ont perdu corps et ame
Et perdront se le ciecle dure
Mais prenez bien garde a nature
Car pour plus clerement veoir
Comme elle a merueilleux pouoir
Mains exẽples vo9 en puis mectre
Qui bien sont a veoir en lectre

Cy nous est donne par droicture
Exemple du pouoir de nature

Loysel du bois et boscage
Quãt il est pris et mis en cage
Et nourry ententiuement
Leans et deliciensement
Et chante tant que sera vis
De cueur gay se vous est aduis
Si desire il les boys ramez
Quil a naturellement aymez
Et vuldroit sur les branches estre
Ia si bien ne le sect on paistre
Tousiours y pense et estudie
A recouurer sa franche vie
La viande a ses piedz marche
Pour larseur q̄ son cueur luy sache
Et va par sa cage trassant
A grãt angoisse prouchassant
Commẽt fenestre ou pertuis truisse
Parquoy vuler ou boys sen puisse
Aussi sachiez que toutes femmes
Soyent damoiselles ou dames
De quelconque condicion
Ont naturelle entencion
Quelles cercheroyent voulentiers
Par quelz chemins par qlz sentiers
A franchise venir pourroyent
Car tousiours auoir la vuldroyent
Aussi vous dis ie que se hom

Qui se met en religion
Et vient apres quil sen repent
Par peu que de dueil ne se pent
Et se complaint et se dement
  Si que tout en soy se tormente
Tant luy print grant desir douurer
Pour la franchise recouurer
Et se repent quonecques si mist
La faulx que sa vie finist
Quil ne sen ose reuenir
Pour honte quil luy fait tenir
Et contre son gre y demeure
La vit a grant mesayse ceste heure
La franchise quil a perdue
Qui ne luy peut estre rendue
Se nest que dieu grace luy face
Que sa mesaise luy efface
Et le tiennent en obedience
Par la vertu de pacience
Car quant se met illec en mue
  Sa voulente point ne se mue
Pour nul habit quil puisse prendre
En quelque lieu quil saille rendre
Cest le fol poisson qui sen asse
Par my la gorge de la nasse
Et quant il sen vult retourner
Malgre soy la fault seiourner
A tousiours en prison leans
Car du retourner est neans
Les aultres qui dehors demeurent
Quant ilz le vient si aqueurent
Et cuident que cil sesbanoye
A grant deduit et a grant ioye
Quant la le voyent tournoier
Et par semblant esbanoyer
Et pour la cause mesmement
Quilz voyent bien appertement
Quil y a leans assez viande
Tel comme chascun demande
Moult voulentiers y entreroient
  Si vont entour et tant tournoyent

Tant y hurtent tant y acquetent
Que le trou trouuent et si y gectent
Mais quant ilz sont dedans venuz
Ilz sont tous prins et retenuz
Puis ne se peuet ilz tenir
Quilz ne sen vueillent reuenir
La les conuient a grant dueil viure
Tant q̃ la mort les en deliure
Qui telle vie va querant
  Et ieune home quant il se rent
Car ia si grans soulez naura
Ne ia tant faire ne scaura
Grant chapperon ne grãt aumuce
Que nature ou cueur ne se muce
Lors est cil tres mal acueilly
Quant franc estat luy est failly
  Sil ne fait de necessite
Vertuz par grant humilite
Mais nature ne peut mentir
Qui franchise luy fait sentir
Car oraces si nous raconte
Qui bien seet que tel chose monte
Qui vouldroit vne force prendre
Pour soy de nature deffendre
Et la bouteroit hors de soy
Reuendroit elle bien le scay
Tousiours nature recourra
Ia pour habit ne demourra
Que vault se toute creature
Veult retourner a sa nature
Ia ne verra sa violance
De force ne de conuenance
Ce doit moult venus excuser
Quant voulott de franchise vser
Et toutes dames qui se iouent
Combien que mariage vouent
Car ce leur fait nature faire
Qui les fait a franchise traire
Trop est forte chose nature
Car elle passe nourriture
Qui prendroit beau filz vng chaton
                          n iii

Qui oncques rate ne raton
Veu nauroit puis fut nourris
Sans ia voir ratz ne souris
Long temps par ententiue cure
De delicieuse pasture
Et apres feist souris venir
Il nest riens qui le puist tenir
Se len le laissoit eschapper
Quil ne la hast tantost haper
Trestous les metz en laisseroit
Ia si famillieux ne seroit
Il nest riens qui paix estre eulx feist
Pour viande que nully y meist
Qui nourrir ung polin scauroit
Qui iument nulle veue nauroit
Iusque atant quil fust grant destriers
Pour souffrir selles et estriers
Et apres feist iumens venir
Vous porriez tantost hannir
Et vouldroit encontre elles courre
Si non que len luy peust recourre
Non pas morel contre morelle
Seullement mais contre fauuelle
Contre grise ou contre liarde
Se frain ou bride ne le tarde
Quil nen a nulle espiees
Fors quil les trouue desliees
Ou quil puisse sur eulx saillir
Toutes les vouldront assaillir
Et qui morelle ne tiendroit
Tout les cours a morel stendroit
Voyre a fauuel ou a liart
Comme sa voulente luy art
Le premier quelle trouueroit
Cest cil qui son mary seroit
Quelle nen a nulle espie
Mais que les trouue deslie
Et ce que ie dy de morelle
Et de fauuel et de fauuelle
Et de liart et de morel
Dis ie de vache et de torel

Et des brebis et du mouton
Car de ceulx mie ne doubton
Quilz ne veullent leurs femmes toutes
Que ia de ce beau filz nen doubtes
Que toutes ainsi ne vueillent
Toutes voulentiers les recueillent
Ainsi est il aussi par manie
De tout homme et de toute femme
Quant a naturel apetit
Dont loy les retraint ung petit
Vng petit mais trop me semble
Car quant loy les a mis ensemble
Et veult soit varlet ou pucelle
Que cil ne puisse auoir que celle
Aumoins tant comme elle soit viue
Ne celle aussi tant comme il viue
Mais touteffoys sont ilz temptez
De feu de fresche voulentez
Car bien scay que tel chose monte
Se fen gardent aulcuns pour honte
Et les aultres pour paour de peine
Mais nature ainsi les maine
Comme les bestes que ey dismes
Et ie les scay bien par moy mesmes
Car ie me suis tousiour penee
Destre de tous hommes aymee
Et se ie ne doubtasse honte
Qui refrene maint cueur et dompte
Ou me par ces rues men alloye
Car tousiours aller y vouloye
Daournemens enuelopee
Proprement comme vne poupee
Ces varletz qui tant me plaisoyent
Quant ces doulx regars me fasoyent
Doulx dieu que pitie men prenoit
Quant ce regard a moy venoit
Tous ou plusieurs de ceulx receusse
Se bien leur pleust et ie le peusse
Tous les voulsisse tire a tire
Se ie peusse a tous suffire
Aussi me sembloit que silz peussent

Tres voulentiers tous me receussent
Ja nen metz hors prelatz ne moines
Cheualiers bourgois ne chanoynes
Ne clerc ne lay ne folne sage
Puis quil fust de puissant eage
Et des religions saillissent
Sil ne cuidassent quilz faillissent
Quant requise damours me eussent
Mais se bien noz pensees sceussent
Et noz condicons trestoutes
Ilz nen fussent pas en telz doubtes
Et croy q̃ ce plusieurs osassent
Leurs mariages en laissassent
Et de foy ne leur souuenist
Se nul a priue les tenist
Nul ny gardast condicion
Foy ne lieu ne religion
Se ne fut aulcun forcene
Qui damours fut enchifrene
Et loyaulment samie aymast
Cil espoir quicte me clamast
Et pensast a la sienne auoir
Dont il ne prendroit nul auoir
Mais il est peu de telz amans
Se maist dieu et sainct amans
Comme ie croy certainement
Sil parlast a moy longuement
Quoy quil en dist mensongeou voir
Je le feisse bien esmouuoir
Que quil fust seculier ou dordre
Fust saint de cuir rouge ou de corde
Quelque chapperon quil portast
Ou moy ce croy se deportast
Sil cuidast que ie le voulsisse
Ou que sans plus ie le souffrisse
Ainsi nature nous iustise
Qui noz cueurs a delict atise
Parquoy Venus de mars aymer
Aumoins desseruy a blasmer
Ainsi comme en tel point estoyent
Mars et ven⁹ q̃ sentramoyet

Des dieux y eust mainṫ q̃ voulsissent
Que les aultres deulx se resissent
En tel point comme font de mars
mieulx voulsist puis deux mille mars
Auoir perdu damp Vlcanus
Que de leur oeuure sceut ia nulz
Car ces deux en eurent telhonte
Que les dieux en tindrent leur compte
Et tant publierent la fable
Quel fut par tout le ciel notable
Sen fust Vlcanus plus yre
Que le fait fust plus empire
Quoncqs puis ny peut conseil mettre
Ainsi que tesmoigne la lettre
Mieulx luy vaulsist cestre souffers
Auoir ou liet les lacz offers
Et que ia point ne sen esmeust
Mais bien faignist q̃ riens ne sceust
Sil voulsist auoir belle chiere
De Venus que tant auoit chiere
Si se deuroit cil prendre garde
Qui sa femme et samie garde
Et par son fort agait tant oeuure
Quil la prent prouuee sur loeuure
Car sachiez que pis en sera
Quant prinse prouuee sera
Ne nul qui du mal felon art
Qui si la prinse par son art
Iamais nen aura puis la prise
De beau semblant ne bon seruise
Trop est fort mal que ialousie
Qui les ialoux art et soucye
Mais ceste ialousie fainte
Qui faintement fait tel complainte
Et amuse ainsi le musart
Quant plus lamuse et cil plus sart
Cil ne se daigne escondire
Ais die pour luy mettre en yre
Quil a voirement aultre amie
Gard quelle ne sen cource mie
Ja soit ce que semblant en face

Se cestuy aultre amie prouchasse
Ja ne luy soit a vng bouton
De la ribaude au glouton
Mais face tant que cil recroye
Affin que damours ne recroye
quelque vueille aultre amy prouchasser
Et ne fait ce folz pour chasser
Hors cestuy dont veult estre estrange
Car cest droit quelle sen estrange
Et sye trop mauez meffait
Venger me fault de ce meffait
Car puis q̃ vous mauez fait couppe
Je vous feray de tel pain souppe
Lors sera cil en pire point
Quoncques ne fut cil laynie point
Ne ne se scaura deporter
Car nul na pouoir de porter
Grant amour ardamment ou pis
Sil na paour destre acoupis
Lors ressaille la chamberiere
Et face poureuse sa chiere
Et die lasse mortes sommes
Mon seigneur on ne scet qlz hõmes
  Sont entrez dedans nostre court
La conuient que la dame court
Et delaisse toute besongne
Mais le varlet aincoys repõgne
Et court en estable ou en huche
Jusqua tant quelle la huche
Quant sera arriere la venue
Cil qui desire sa venue
Vouldroit lors estre ailleurs espoir
De paour et de desespoir

Lors se cest vng aultre amis
A qui la dame terme a mis
Dont elle naura este sage
Quelle nen porte le musage
Combien que de laultre luy membre
Mener le soit en quelque chambre

Et face lors ce quil vouldra
Cil qui demourer ny pourra
Dont moult aura psance et pre
Car la dame luy pourra dire
Du demourer est ce neans
Puis que mon seigneur est ceans
Et quatre miens cousins germains
Ainsi maist dieu et saint germains
Quant aultre foys venir pourrez
Je feray ce que vous vourrez
Mais souffrir vous conuiet a tant
Je men reuois car on matent
Mais aincoys se dit hors bouter
Quelle ne puisse riens doubter
Lors doit la dame retourner
Quelle ne face seiourner
Trop longuement laultre a mesaise
Pour ce que trop ne luy desplaise
Et affin quil nayt desconfort
Luy dit donner nouuel confort
Si conuient que de prison saille
Et que couchier auec luy saille
Entre ses bras dedans sa couche
Mais face q̃ sans paour ny touche
Face luy entendre et dye
Quelle est trop folle et trop hardie
Et iure par lame son pere
Que lamour de luy chier compere
Quant ce met en tel auanture
Ja soit ce quelle soit plus seure
Que ceulx qui vont a leur talent
Par champs et par vigne balent
Car desit en seurete pris
Mains est plaisant mais est de pris
Et quant aler deuront ensemble
Garde que cil a luy nassemble
Combien quil la tienne a seiour
Quelle ne voie cler ne tour
Et quelle close la fenestre
Et q̃ bien soit vmbragieux lestre

Que celle à ne vice ne tache
Sur sa char que cil ne le sache
Et que nulle ordure ny soye
Car tantost se mectroit en voye
Et sen fuiroit coue leuee
Dont seroit honteuse et greuee
Et quant se seront mis en oeuure
Chascun deulx si sagement oeuure
Et si bien a point quil conuienne
Que le delit ensemble tienne
De lune et de lautre partie
Ains que loeuure soit departie
Et sentredoiuent entratendre
Pour ensemble a leur delit tendre
Lung ne doit pas lautre laisser
De nager ne doiuent cesser
Tant qilz viennêt ensemble au port
Lors auront enterin deport

Et celle ny a point delit
Faindre doit que trop si delit
Et faigne et face tous les signes
Quelle seit estre au delit dignes
Sil qui cuide qlle en gre preigne
Ce que ne prise vne chataigne
Et si cil pour eulx asseurer
Peut vers la dame procurer
Quelle tienne a son propre hostel
Si ait la dame propoz tel
Le iour q deura leure prendre
Que se face vng petit actendre
Si que celluy ait grant desir
Ains que la tienne a son plaisir
Jeu damours et tant plus demeure
Plus agreable est et demeure
Sien sont moins entalentez
Qui les ont a leurs voulentez
Quant elle est a lostel venue
Ou tant sera chiere tenue
Lors luy iure et luy face entendre

Quaux ialoux se fait trop actandre
Quelle en fremist et tremble toute
Et que trop durement se doubte
Destre bâgee et batue
Quant a lostel sera venue
Mais comment qlle se demente
Combien que die voir ou mente
Prene en paour bien seurement
Seurete paoureusement
Et facent en leur priuete
Effect de leur iokiuete

Et celle na loisir dasler
En son hostel a luy parler
Ne recepuoir ou sien ne lose
Tant la tient le ialoux enclose
Adonc se dit elle enyurer
Se mieulx ne sen peut deliurer
Et se de vin ne peut estre yure
Derbes peut auoir vne liure
Ou plus ou moins dot sans dagier
Luy peut faire boire et mengier
Adonc dormira si forment
Quil luy lairra faire en dormant
Toute chose quelle vouldra
Car destourner ne len pourra
De sa mesgnie celle la
Enuoye lung ca lautre la
Ou par legiers dons les decoyue
Et son amy par eulx recoyue
Ou les peut bien tous abeuurer
Ce du secret les veult seurer
Ou sil luy plaist aux ialoux die
Sire ne scay quel maladie
Ou goute ou fieure ou apostume
Tout le corps mesprent et alume
Si conuient q mise aux estuues
Combien q ceans ayons des cuues
Riês ny sauldroit bain sâs estuue
Pource fault il que ie mestuue

Quant le villain aura songie
Luy donra il espoir changie
Combien que face laide chiere
Mais que maine sa chamberiere
Ou aulcune sienne voysine
Qui scaura toute sa couuine
Et son amy aussi aura
Sa voisine qui tout scaura
Lors sen yra sur lestuuier
Mais ia ne cuiue ne cuiuier
Par aduanture ny querra
Mais ou son amy se gerra
Se nest pource que bon leur semble
Que baigner se vueillent ensemble
Car il la peut leans actendre
Si scet que doit ceste part tendre
Nul ne peut mectre en femme garde
Se elle mesmes ne se garde
Et fust argus qui la gardast
Qui de ses cent yeulx les gardast
Dont lune des moities veilloit
Et laultre moitie sommeilloit
Quant iupiter luy fit trancher
Le chief pour iuno reuancher
Quil auoit en vache muee
De forme humaine desmuee
Mercurius la luy trancha
Quant de iuno se reuancha
Ny vauldroit sa garde mes riens
Fol est qui garde tel mesriens   Nõ
Mais garde que ne soit si sote
Pour riens q̃ clerc ne lay luy note
Que ia riens denchantement croye
Ne sorcerie ne charroye
Ne helenus de sa science
Ne magique ne nygromance
Ou pource se puisse esmouuoir
A ce que fait par escouuoir
Ne que pour luy nulle aultre hee
Oncques ne peut tenir medee
Iason par nul enchantement

Nonetrice ne tint ensement
Vlixes quil ne sen fuist
Pour faire nulz sortz q̃ faire pouist
Garde femme qua nul amant
Tant le voit son amy clamant
Ne donne don qui gaires vaille
Bien donne chemise ou touaille
Ou oreillier ou aumoniere
Mais quelle ne soit pas trop chiere
Aguillectes laez ou sainctures
Dont peu en vaillent les ferrures
Ou vng bel petit coutelet
Ou de fil vng bel lincelet
Côme font nõnains par coustume
Mais fol est qui les acoustume
Mieulx vault fẽmes de ciecle aimer
Len nen fait pas tant a blasmer
Et sont mieulx a leurs voulentes
Leurs amis et leurs parentes
Sceuent bien de parolle paistre
Et ia soit ce que ne puysse estre
Que lung et lautre trop ne coust
Si sont nõnains de plus grãt coust
Mais lomme qui sage seroit
Tous dons de femmes doubteroit
Car dons de femme a dire voir
Ne sont fors laez a receuoir
Et contre sa nature pehe   Nõ
femme qui de largesse a tuiche
Laissons les largesses aux hõmes
Et no9 femmes fort large sommes
Ce sont meschances et grãs vices
Dyables nous font ores si nyces
Mais ne me chault il ne sõt gaires
Qui de don soyent coustumieres
De telz dons que iay dit deuant
Mais que ce soit en deceuant
Beau filz pouez vous bien vser
Pour mieulx les musars amuser
Et garde bien ce quon vous donne
Et vous souuienne de la bonne

Ou trestoute ieunesse tent
Se chascun pouoit viure tant
Cest de vieillesse qui ne cesse
Qui chascun iour de nous sapresse
Sique quant la serez venu
Ne soyez pas pour fol tenu
Mais soyez sauoir si garny
Que point ne soyez escharny
Car acquerir cil ny a garde Nõ
ne vault pas vng grain de moustarde
Mais certes ce nay ie pas fait
Dõt suis pouure par mon meffait
Les grãs dõs q̃ ceulx me dõnoiẽt
Qui tous a moy sabandõnoyẽt
Au mieulx aime habandonnoye
Len me donnoit et ie donnoye
Si que nen ay riens retenu
Donner ma mis au point menu
Ne me souuenoit de vieillesse
Qui or ma mis en tel destresse
De pouurete ne me tenoit
Le temps ainsi comme il venoit
Laissoye aller sans prendre cure
De despens faire par mesure
Se ie fusse sage par mame
Trop deusse ie estre riche dame
Car de molt grans gens fu acointe
Quant iestoye mignote et cointe
Et bien en tenoye aulcuns pris
Mais quãt sauoye des sũgz pris
Foy q̃ doy dieu et saint thibaud
Trestout donnoye a vng ribaud
Qui trop de honte me faisoit
Mais sur tous aultres me plaisoit
Les aultres tous amis clamoye
Mais luy tant seullement aymoye
Et sachiez quil ne me prisoit
Vng pois et bien le me disoit
Mauluais estoit onc ne vis pire
Onc ne cessa de moy despire
Putain commune me clamoit

Le ribaud qui point ne maymoit
Femme a trop pouure iugement
Et ie suis femme droictement
Onc naymay homme qui maymast
Mais se cil ribaud mentamast
Lespaulle ou ma teste eust casse
Sachiez que ie len merciasse
Ne il ne me sceust ia tant batre
Que sur moy ne le feisse embatre
Il sauoit trop bien sa paix faire
Ia tant ne meust il fait contraire
Ne ia tant ne meust mal menee
Ne soit batue ne trainee
Ne mon vis blessie ne noircy
Quainsoys ne me criast mercy
Que de la place ia se meust
Ia tant de honte dit ne meust
Que de paix ne mamonnestast
Et que lors ne me refaistast
Puis auions paix et concorde
Ainsi mauoit prinse a sa corde
Car trop estoit fort a faiteur
Le faulx traistre larron menteur
Mais sans celluy ne peusse viure
Et le voulsisse tousiours suiure
Sil fuist bien la lasse querre
Iusques a londres en angleterre
Tant me pluist et tant membelly
Qua honte me mist et ie luy
Car il nestoit les grans auteaux
Des dons q̃ feust de moy tant eaux
Ne rien mettoit riens en espargnes
Tout mist aux dez et aux tauernes
Ne onques napprint aultre mestier
Nil nen estoit lors nul mestier
Assez luy liuroye a despendre
Car ie sauoye bien ou prendre
Tout le monde estoit mes rentiers
Et il despensoit voulentiers
Et tout assoit en ribauldie
En lescherie et gourmandie

Tant auoit il la bouche tendre
Qui ne vouloit a nul bien tendre
Onc vie ne luy embellit
Fors en oyseuse et en delit
En la fin la xy malbailliz
Quant les dons nous furent failliz
Pource deuient a pain querant
Et ie neuz vaillant vng cerant
Oncques nul seigneurs nespousay
Lors mauint comme dit vous ay
Par ces buissons gratāt mes tēples
Ce mien estat vous soit exemples
Beau doulx filz et le retenez
Si sagement vous demenez
Que mieulx vo⁹ soit de ma maistrie
Quant vrē rose sera flatrie
Et les chanes vous assaulxront
Certainement les vns faulxrōt

        Lacteur
Ainsi la vielle a sermonne
Bel acueil qui mot na sonne
Tres voulentiers tout escouta
De la vielle moins se doubta
Quil nauoit oncques fait deuant
Et quant se va apercenant
Que ce ne fut pour ialousie
Et ses portiers ou tant se fie
Au moins les troys q̄ luy dīeurēt
Qui tousiours par le chastel hurent
Tous forcenez pour le deffendre
Legier fut le chastel a prendre
Mais ne peult estre com̄ elle cuide
Tant y mectent ceulx grant estude
De masse bouche qui mort fut
Nul de ceulx desplaisir en eut
Car il nestoit point leans aymez
Tousiours les auoit diffamez
Vers ialousie et tous trahys
Si quil estoit si fort hahys
Quil ne fut dung ail rachate
Par nul quil leans eust este

Ce non espoir de ialousie
Qui aymoit trop sa ianglerie
Voulentiers luy prestoit loreille
Si restoit triste a grant merueille
Quant le larron chalumeloit
Qui nulle riens ne luy celoit
Dont il luy peust bien souuenir
Dont mal en peut bien aduenir
Mais de ce trop grant tort auoit
Car plus disoit quil ne sauoit
Et tousiours par ses flateries
Adioustoit aux choses ouyes
Tousiours acroissoit les nouuelles
Tant ne fussent bonnes ne belles
Et les bonnes apetissoit
Ainsi ialousie atissoit
Comme cil qui toute sa vie
Vsoit en iangle et en enuie
Oncques messe chanter nen firent
Tant furent lıez quāt mort le virēt
Riēs nōt perdu cōme leur semble
Car quant mis se seront ensemble
Garder euidēt si la pourprise
Quel naura garde destre prise
Se il y auoit seze mille hommes
        Les troys portiers
Certes dict peu puissans sōmes
Se sans ce larron ne sauons
Garder tout ce que nous auons
Ce faulx traitre ce faulx truant
Ait same ou feu denfer puant
Qui la puist ardoir et destruire
Oncques ne fit ceans que nuire
        Lacteur
Ce sont les troys portiers disant
Mais quoy quil aille deuisant
Ilz en sont fort afoybloye
Quant la vielle eust tant flaboye
Bel acueil reprent la parolle
A tant commance et peu parolle
Et dit comme bien enseignee

Bel acueil

Dame quât vous menseignes
Vostre art et de bonnairement
Je vous en mercy humblement
Et quant parler mauez daymer
Du vuilp mal ou tant a dayiner
Ce nest trop estrange matiere
Riens nen scay fors par ouy dire
Ne iamais nen quier plus sauoir
Quant vous me reparlez sauoir
Qui soit par moy grant amasses
Ce que iay me suffit asses
Dauoir belle maniere et gente
La Sueil te bien mectre mentente
De magique lart du dyable
Je nen croy riens soit voir ou fable
Mais du varlet que vous me dites
Ou tant a bontez et merites
Que toutes graces y acqueurent
Sil a graces sil luy demeurent
Ne Sueil tendre q soyent moyes
Je le quicte mais toutenuoyez
Ne le hay pas certainement
Ne ne laime si finement
Tant aye ie prins son chappel
Que pource mon amy lappel
Ce nest de parolle commune
Comme chascun dit a chascune
Bien puissiez vous venir amy
Amy de dieu soyez beny
Ne que layme ou face honneur
Ce nest en bien et en honneur
Mais puis quil se ma presente
Et que receu mon present ay
Ce me doit bien plaire et seoir
Sil peut quil me Sienne voir
Sil a de moy voir talent
Il ne me trouuera ia lent
De le recepuoir volentiers
Mais que ce soit en dmantiers
Que iatousie soit hors Sille

Qui forment le hait et auille
Si doubte comme quil auienne
Sil estoit hors quil ne sen Sienne
Car puis quil a fait en masser
Tous les harnois pour hors aller
Et de reprendre a vous congie
Quant sur le chemin a songie
Souuent de my chemin retourne
Et tous noz tempeste et bestourne
Et selle reuient sauenture
Tant est vers moy si felle et Sure
Selle le peut ceans trouuer
Tant ny puist elle plus prouuer
Se la eruaulte remembrez
Je seray tout vif desmembrez

Lacteur

Et la Sielle moult lasseure.

La Sielle.

Sur moy dit elle soit la cure
De luy trouuer est ce neans
Et fust ialousie ceans
Car ie scay trop de repostaille
Que plus fort en vng tas de paille
Ainsi meist dieu et sainet remy
Trouueroit on oeuf de fremy
Que cestuy quant musse lauroye
Tant bien et musse lauroye

Bel acueil

Donc Sueil ie bien dame quil Sienne
Et que sagement se contienne
Et quil se gard de tout oultrage

La Sielle

Certainement tu dis que sage
Comme preux et tres bien sensez
Filz que tant Sault et que tant seez

Lateur

Leurs parolles a tant faillirent
Et disecques se partirent
Bel acueil en sa chambre Sa
Et la Sielle aussi sen reua
Pour besongner en la maison

Quant vint le lieu temps et saison
Que la Vielle peut seul choisir
Bel acueil si que par loisir
Peust on tres bien a luy parler
Les degrez print a devaler
Tant que la tour est yssue
Oncques ne cessa puis lyssue
Jusques vers lamant de troter
Pour la besongne luy noter
Vers luy sen vint lasse et faignans
  La Vielle
Biens je dit elle a temps aux gans
Se je vous dis bonnes nouvelles
Toutes freches toutes nouvelles
  Lamant
Aux ges dame ains ву'dy sans robe
Que vous aurez mantel et robe
Chapperon et pelice grise
Et argent a vostre devise
Si me dites chose qui vaille
Lors me dit la Vielle que ie taille
Seul au chastel ou sen matant
Ne se voult pas partir a tant
Ains mapprint entrer la maniere

Comment la Vielle la maniere
Dentrer ou fort par huys derriere
Enseigna lamant a bas ton
Par ses promesses sans nul don
Et linstruisit si sagement
Quil y entra secretement

Vous entrerez par huys derriere
Dit elle et ie vous ouurir
Pour mieulx la besongne couurir
Cestuy passage est molt couuert
Sachiez que huys ne fut ouuert
Plus a de deux mois et demy
  Lamant
Dame par le corps sainct remy
Coustast laulne dix frans ou vint

Car moult bien dame ie me souuint
Qui me dit que bien te promisse
Mesmes se paier ie ne puisse
Bon drap aurez ou pers ou vert
Si ie puis trouuer luys ouuert
La Vielle a tant de moy se part
Je men reuois de laultre part
A luys derrier que dit mauoit
Priant dieu qua bon port me viendroit
A luys men vins sans dire mot
Que la Vielle defferme mot
Et le tint encorez entreclos
Quant ie fus leans si le reclos
Si en fusmes plus seurement
Et aussi de ce mesmement
Que ie sceuz malebouche mort
Dont ie neuz nul dueil ne remort
Ilec vey sa porte cassee
Je ne peuz pas plus tost passee
Quamours trouuay dedans la porte
Et son ost qui confort maport
Dieu quel auantage me firent
Les vassaulx qui la deconfirent
De dieu et du bon sainct benoitz
Puissent ilz tous estre benoitz
Ce firet faulx semblant le traitre
Filz de barat le faulx ministre

Côme ypocrisie sa mere
Qui tant est aux vertuz amere
Et dame abstinence contrainte
Qui de faulx semblant est acointe
Preste denfanter antecrist
Comme ie trouue ou liure escript
Ceulx la desconfirent sans faille
Et prie pour eulx vaille qui vaille
　Seigneur qui traitre veult estre
Face de faulx semblant son maistre
Et contrainte abstinence pregne
Double soit et humble se faigne
Uant celle porte q̃ iay dite
Vey ainsi prinse et desconfite
Ie trouuay tost armie leans
Prest dassaillir mes yeulx vans
Se ieux ioye nul nen dement
Lors pensay moult parfondement
A la beaulte que ie voye
Si que parler ie ne pouoye
En tel point elle mauoit mis
Que pres que perdy mon aduis
De lost que vy tant bel et gent
Et de si amoureuse gent
Quant ie les vey tant mesiouy
Qua peu que ne mesuanouy
Moult fut ioyeulx de ma venue
Doulx regard quant il la cogneue
Tantost a bel acueil me monstre
Qui sault sus et me encontre
Comme courtoys et bien apris
Car sa mere lauoit apris

Comment lamant en la chambrete
De la tour qui estoit secrete
Trouua par semblant bel acueil
Tout prest dacomplir tout son vueil

Et le saluay de venue
Et il aussi me ressalue
Et de son chappel me mercie

Sire dis ne vous poise mie
Ne me veuez pas mercier
Mais ie vous dis regracier
Cent mille foys quant vous feitez
Tant doneur q̃ vous le prenistes
Sachiez sil vous vient a plaisir
Du tout suis a vostre desir
Pour faire aussi vostre vouloir
Qui q̃ sen deust pleindre et doloir
Tant me vueil a vous asseruir
Pour vous honnourer et seruir
Si me voulez riens commander
Ou sans commandemens mander
Ou autrement le puis sauoir
Ie y mectray le corps et lauoir
Voire certes lame en balance
Sans nul remors de conscience
Et que plus certain en soyez
Ie vous prie que vous lassayez
Et se ien fail ie naye ioye
De corps ne de chose que iaye
　Bel acueil
Vostre mercy dit il beau sire
Ie vous le vueil bien aussi dire
　Sil a ceans riens q̃ vous plaise
Bien vueil q̃ vous en ayez ayse
Prenez tout que pouez choisir
Et en faites vostre plaisir
　Lamant
Sire dieu vous doint bonne vie
Cent mille foys ie vous mercie
Quat puis ainsi voz choses prendre
Dont ny quiers ie ia plus attendre
Quant auez la chose si preste
Dont mon cueur fera grant feste
Que de tout largent dalixandre
Lors mauançay pour la main tendre
A la chose que tant desir
Pour acomplir tout mon desir
Si cuiday bien a noz parolles
Qui tant estoyent doulces et moles

Et noz tresplaisans acointances
Pleines de belles contenances
Que tout fust fait appertement
Mais il maduint bien aultrement

Commēt lamant se vulut ioindre
Au rosier pour la rose actaindre
Mais dagier qui bien lespia
Lourdement et hault leseria

Qult remaint de ce q̄ fol pense
Trop y trouuay cruel defence
Si comme celle part tendy
Dangier le pas me deffendy
Le villain q̄ maulz loupz lestrāgle
Si sestoit musse en ung angle
Par derriere et nous agaitoit
Et mot a niot toutes mectoit
Noz parolles en son escript
Lors natant plus quil ne mescript

Dangier a lamant parle

Hyez vous en fuyez fuyez
Fuyez dicy trop mennuyez
Dyables vous ont cy amenez
Les mauluais et les forcenez
Qui en ce beau seruice partent
Qui tout prenent ains qlz sen partēt
Ja ny vienne sainete ne sainct
Vassal vassal se dieu me sainct
A peu que ie ne vous effronte
Lors sault paour et court a honte
Quant ilz ouyrent le plaisant
Fuyes fuyes fuyes disant
Nencor pas a tant ne se teust
Mais les dyables y ramenteust
Et sainctz et sainctes en osta
He dieu que cy felon hoste a
Si sen courroucent et forcenent
Tous troys par ung accord me pnēt
Et me boutent arrier mes mains
Ja nen aurez dient ilz mains

Ne plus que ores en aurez
Plassement entandre sauez
Ce que bel acueil vous offrit
Quant parler a luy vous soufrit
Ses biens vous ofrit liement
Mais que ce fust honnestement
De honneste cure neustes
Mais lofre simple vous receustes
Non pas ou sens quō la dit prēdre
Car sans dire est il a entandre
Quant preudoms ofre son seruise
Que ce nest fors en bonne guise
Quainsi lentantle promectierre
Mais or nous dites dams tricherre
Quant ces parolles vous ouystes
Pourquoy en droit ses ne les prīntes
Les prendre si villainement
Vous vient de rude entendement
Ou vous auez aprins dusage
A contrefaire le fol sage
Il ne vous ofrit pas la rose
Car ce nest mie honneste chose
Ne que requerir luy deussiez
Quelque trubert que vous fussiez
Et quant tel ofre luy ofrites
Tel ofre comme lentandites
Fut ce pour le venir rober
Pour luy de sa robbe rober
Bien le traissiez et voules
Qui ainsi seruir le voules
Pour estre priue ennemis
Ja nest il pas en liure mis
Que tant puist nuire ne greuer
Si vous deuiez de duiel creuer
Si ne vous conuient pas cuider
Ce pourpris vous conuient vuider
Maufez vous y font reuenir
Il vous doit tresbien souuenir
Que aultreffoys en fustes chassez
Or tost ailleurs vous pourchassez
Certes celle ne fut pas sage

Qui quist a tel musart passaige
Mais ne scay pas vostre pensee
Ne la trayson pourpensee
Sachiez que ja quise ne leust
Se vostre desloyaulte sceust
Moult a este certes deceu
Bel acueil et bien desprouueu
Quant vous receut en sa pourprise
Il vous cuidoit faire seruise
Et vous tendez a son dommaige
Vous naurez cy nul auantaige
Quant tel oultraige vous desuoye
Si querez ailleurs vostre voye
Et hors de ce pourpris assez
Noz degres tantost deualez
Debonnayrement et de gre
Ou ja ny compteres degre
Car tel pourroit si tost venir
Sil vous peut trouuer et tenir
Qui les vous fera mesconter
Sil vous y deuoit effronter
Ire fol trop oultrecuide
De toute loyaulte vuyde
Bel acueil que vous a forfait
Pour quel pechie pour ql forfait
Lauez si tost prins a hayr
Qui le voullez ainsi trahyr
Et maintenant vous luy offriez
Trestous les biens que vous auiez
Est ce pource quil vous receut
Et luy et nous pour vous deceut
Si vous offrit le damoyseaulx
Tantost ses chiens et ses oyseaulx
Dont follement se demena
Et de tant comme fait en a
Et pour ores et pour aultrefoys
Si me gard dieu et saincte foys
Ja sera mys en tel prison
Quen si forte nentra prins hom
En telz anneaulx sera riuez
Que Jamais tant comme viuez

Ne le verrez aller par voye
Quant ainsi vous trouble et desuoye
Mal leussiez vous oncques tat veuz
Car par luy sommes tous deceuz
  Lacteur
Adonc le prennent tayt le batent
Que fuyant en la tour labatent
Et luy ont dit trop de laydeures
Et soubz troys payres de serreures
Sans le mettre en fers ne en cloz
En la tour lont tout seul encloz
Et a lors plus ne le greuerent
Ce fut pource quilz se hasterent
Et luy promirent de pis faire
Quant seront venuz au repaire

Comme honte paour et dangier
Prindrent lamant a le dangier
Et le batent tres rudement
Crioit mercy tres humblement

Ne se sont pas a tant tenuz
Sur quoy sot to° trois retenuz
Qut dehors estoient demourez
Tristes doulens et esplourez
Si me ressaillent et tormentent
Or vueille dieu quilz sen repentent

Du grant oultraige qlz me font
Pres q mon cueur de dueil ne font
Car ie me voulsisse bien tendre
Mais sy ne me vouloient preset
Dauoir leur paix moult me tremis
Et voulsisse bien estre mis
Auec Bel acueil en prison
Dangier dis ie beau gentilz hom
Franc de cueur et vaillant de corps
Piteux plus que ie ne recors
Et vous honte et paour les belles
Tres saiges courtoises pucelles
En faiz en dictz bien ordonnees
Et du lignage rayson nees
Souffres que vostre serf deuiene
Par couenat que prison tienne
Auec Bel acueil en la tour
Sans en faire iamays retour
Et loyaulment vous vueil pmettre
Se my voulez en prison mettre
Que Je vous y feray seruise
Qui vous plaira bien a deuise
Certe se iestoye larron
Rauissant en boys ou quarron
Ou dauleun murtre a choysonne
Ne vulsisse estre emprisonne
Par quoy la prison ie requisse
Ne cuide que Je le feisse
Voire certes tous sans requerres
My mettroit on en quelquel terre
Pour moy len me peust Bailler
Son me deuoit tout detailler
Ne me laysseroye eschapper
Se len me deuoit entrapper
La prison pour dieu vous demant
Auec luy par durablement
Et se tel puis estre trouue
Bie soit par preuue ou pris prouue
Que de bien seruir y defaille
Hors de prison tousiours aille
Si nest il pas Bons qui ne peche

Tousiours a chascun qlque tache
Mais ce par moy y a deffault
Pour moy pugnir de ce deffault
Faictes moy trousser mes peneaux
Et despouiller de mes drapeaux
Car se iamais vous fais courroux
Pugny soye et tout de cops roupz
Vous mesmes en soyes le Juge
Mais que nul fors vous ne me Juge
Hault et bas sur vous me retrays
Mais que nous ny soyes que troys
Et soit auec vous bel acueil
Car celluy pour le quart iacueil
Le fait luy pouons recorder
Et se ne pouons accorder
Au mois souffres quilz nous acord
Et vous tenez a son acord
Car pour batre ne pour tuer
Ne men vuldroye remuer
Tantost Dangier si se scria
                        Dangier
Haa dieu quel requeste cy a
De vous mettre en prison o ly
Qui auez le cueur si Joly
Et le sien est tant debonnaire
Ne seroit aultre chose a faire
Fors que par amourettes fines
Mettre le coq ou les gelines
Or tost ailleurs vous prochassez
Car bien pert q vous ne chassez
Fors nous faire honte et laidure
Nauons de tel seruice cure
Si estes bien de sens vuidez
Quant Juge faire le cuidez
Juge par le souly roy celeste
Comment peut iamais iuges estre
Ne prendre sur luy nulle miser
Personne ia Jugee et prise
Bel acueil est prins et Jugiez
Et tel dignite luy Jugiez
Quil puisse estre arbitre et Juge

Ains sera venu le deluge
Quil ysse plus de nostre tour
Mais sera destruit au rebour
Car il a moult bien desseruy
Pource sans plus quil a seruy
De tant quil vous offrit ses choses
Par luy pert on toutes les roses
Chascun musart les veult cueillir
Quant il se voit bel acueillir
Mais qui bien le tiendroit en caige
Nul ny feroit iamais dommaige
Nen emporteroit nul viuant
Non tant comme emporte le vent
Sil nestoit tel que tant mespreist
Que par vielle force le feist
Dont il pourroit bien tā trespesre
Quil sen feroit bannir ou pendre
   Lamant
Certes dis ie moult se messait
Qui destrait lōme sās meffait
Et qui sans rayson lempuisonne
Et quant vous si vaillant personne
Que bel acueil et si honneste
Qui fait a tout le monde feste
Pource quil me fist telle chiere
Et quil eust macointance chiere
Sans aultre achoison prins tenez
Mallement vers luy mesprenez
Car par grant raison estre deust
Hors de la prison sil vous pleust
Si vous prie doncques quil en ysse
Et de la besongne cheutsse
Trop auez vers luy ia mespris
Gardez quil ne soit iamais pris
  Dangier paour et honte
Certes dyent ilz ce fol nous truffe
Bien nous va si paissant de truffe
Quant il le veult desprisonner
Et nous trahyr par sermonner
Il requiert ce qui ne peut estre
Iamais par huys ne par fenestre

Ne mettra hors mesmes le chief
   Lamant
Lors massaillent tous de rechief
Chascun a hors bouter me tend
Il ne me greuast mye tant
Quil me vulsist cruxifier
Je qui leur commence a crier
Mercy non pas a trop hault cry
A ma vix basse alassault cry
Ver ceulx qui secourir me deurent
Tant que les guettes mapperceurent
Qui lost deurent eschauguetter
Quant moyrent si mal traictier

 Commēt tous les barons de lost
 Si vinrent secourir tantost
 Lamant que les portiers batoyent
 Si fort que pres ne lestrangloyent

Or sus or sus font ilz barons
Se tantost armez napparos
Pour secourir ce fin amant
Perduz est se dieu nous amant
Les portiers le fustent et lient
Batent tuent et cruxifient
Deuant eulx brayt a vix serie
A si bas cry mercy leur crie

o ii

Quenuis peut on oyr le brayt
Car si bassement crye et brait
Quauis nous est se vous louez
Que de brayre est enrouez
Ou que la gorge luy estraignent
Si quilz lestranglet ou estraignet
Ja si lay ont la voix enclose
Que haust crier ne peut ou nose
Ne sauons quilz entendent faire
Mais il luy font trop de contraire
Mort est se tantost na secours
Fuy sen est trestout le cours
Bel acueil qui le confortoit
Or conuient qualtre confort ayt
Tant quil se puisse recouurer
Des or conuient darmes ouurer
    Lamant
Et ceulx sans faille tuz neussét
Se ceulx de lost Venuz ny fussent
Les Barons aux armes saillirent
Quant ouyrent sceurent et virent
Que Jeu perdu Joye et soulas
Je qui estoye prins aux las
Ou amours les amans enlasse
Sans moy remuer de la place
Regardes ce tournoyement
Qui commanca trop asprement
Car si tost que les portiers sceurent
Que si tres grát ost cótre eulx eurent
Ensemble tous eulx sentrealient
Et sentreiurent et afient
Qua leur pouoir sentreayderont
Ne ja ne sentrelaysseront
Jour de leur vie a nulle fin
Et te qui desgarder ne fin
Leur semblant et leur contenance
Suis moult doulent de laliance
Et ceulx de lost quant ilz reuirent
Que ceulx telle aliance feirent
Si sassemblent et sentreioygnent
Nont pas semblát q sentresloignét

Mais Jurent que tant yferont
Que mors en la place gerront
Ou desconfis seront et pris
Ou de lestour auront le pris
Tant sont enragiez de combatre
Pour lorgueil des portiers abatre
Qui aux amás font trop mal traire
Tant leur font et mal et contraire
Car par ses troys sót mólt seuuét
Amans a grant duueil et tourmét
Des or bien yrons a la Bataille
Oyr de chascun la bataille

    Comment lacteur mue propoz
Pour son honneur et son bon los
Garder en priant quil soit quittes
Des parolles quil a cy dittes

Attendez cy loyal amant
Que le dieu damours vous a
Et viint de voz amours iouir   mát
En ce boys cy pouez ouir
Les chien glatir se mentendez
Ou connins prendre ou vº tendez
Et le furet qui sans faillir
Le voit faire aux resseaux saillir
Notez ce que vous doys disant

Damours aurez art suffisant
Et se vous y trouuez riens trouble
Ie lesclareiray ce qui vous trouble
Quant le songe morrez espondre
Lors saurez bien damours respondre
Sil est quilen saiche opposer
Quant le texte morrez gloser
Et saurez lors par cest escript
Ce que iauray deuant escript
Et se que ie tens a escripre
Sãs ains que plus men oyez dire
Ailleurs vueil vng petit entendre
Pour moy de malle gent deffendre
Non pas pour vous faire muser
Mais pour moy contre eulx excuser

℄ Cy dit par bonne entention
Lacteur son excusacion

Si vous prie seigneurs amoureux
Pour les ieux damours sauoureux
Que se vous y trouuez parolles
Sēblās trop baudes et trop folles
Pourquoy faillent les mesdisans
Qui de nous allent mal disans
Des choses a dire ou dites
Que courtoysement les desdites
Et quant vous y aurez layz dis
Se pris retardes ou desdiz
Se mes diz sont de tel maniere
Quil soit droit que pardon enquiere
Vous prie que le me pardonnez
Et que par moy leur responnez
Que ce queroit la matiere
Qui vers telz parolles matire
Par les proprietez le scay
Et pource les parolles ay
Car chose est droicturiere et iuste
Selon lauctorite saluste
Qui nous dit par sentence voire
Tant ne soit il semblable voire

De celluy qui la chose fait
Et de lescripuain qui le fait
Veult mettre proprement en liure
Pour mieulx la verite descrire
Si nest pas la chose legiere
Ains est de moult fort grāt maniere
Mettre bien les fais en escript
Car quiconques la chose en escript
Se du vray ne nous vueil embler
Le fait doit le dit ressembler
Car les voix aux choses voisines
Doiuent estre a leurs fais cousines
Si me cōuient ainsi parler
Se par le droit men vueil aller

Cōment lacteur mōlt hūblemēt
Sexcuse aux dames du rommāt

Ie vꝰ pri toutes vaillās fēmes
Soiēt damoiselles ou dames
Amoureuses ou sans amys
Que se motz y trouuez ia mys
Qui semblent mordās es chemins
Encontre les meurs feminins
Que ne men vueilles pas blasmer
Ne mescripture diffamer
Que tout est pour enseignement
Onc ny dy riens certainement
Ne volunte nay pas de dire
Ne par yuresse ne par yre
Par hayne aussi par enuie
Contre femme qui soit en vie
Car nul ne doit femme despire
Si na cueur des mauluais le pire
Mais pource en escript le mesmes
Que nous et vous de nous mesmes
Pensons bien congnoissance auoir
Car il fait bon de tout sauoir
Daultre part dames hōnorables
Sil vous semble que ie die fables
Pource menteur ne me tenez

o iii

Mais auly acteurs vous prenez
Qui en leurs liures ont escriptes
Les parolles que ien ay dites
Et ceulx auec que ien diray
Car ia de riens nen mentiray
Se les preudommes nen mentirēt
Qui les anciens liures firent
Et tous a ma raison sacordent
Quāt les meurs feminins recordēt
Nil ne furent ne folz ne yures
Quant illes mirent en leurs liures
Ceulx les meurs feminins sauoyēt
Car tous esprouuez les auoient
Et telles femmes les trouuerent
Que par diuers temps esprouuerēt
Par quoy mieulx men deuez quiter
Je ny fais riens fors reciter
Se par mon ieu qui peu vous couste
Quelque parolle ny aiouste
Comme font entre eulx les poetes
Qua chascun la matiere traictes
Dont il luy plaist de soy entremettre
Car comme tesmoingne la lettre
Proffit et delectation
Cest toute leur entencion

Et ses gēs encōtre moy groussēt
Qui se troublēt et se courroucēt
Qui semble que ie les remorde
Par ce chapitre ou Je recorde
Les parolles de faulx semblant
Et pource sallent assemblant
Que blasmer ou pugnir me vueillēt
Pource que de mon dit se vulent
Je fais bien protestacion
Quonques ne fut mentencion
De parler contre homme viuant
Saincte religion suyuant
Ne qui sa vie vse en bonne oeuure
De quelque chose quil se coeuure
Ains prins mon art et lente soye
Et quelque pecheur que Je soye

Si fis ma saiette voler
Generallement pour affoler
Pour affoller mais pour cōgnoistre
Fussent seculiers ou de cloystre
Les desloyaulx gens les maulx dites
Que iesus appelle ypocrites
Dōt mais pour sēbler plus hōneste
Laissent a māger chars de bestes
Tout temps en nō de penitence
Et font ainsi leur abstinence
Cōme nous en caresme fommes
Mais tous vifz mēguēt les hōmes
O les dens de detraction
Par venimeuse Intecion
Onc daultre sainct ne fit ber sault
La loy et vueil que mon fer sault
Si tray sur eulx a la volee
Et se pour auoir lacolee
Aduient qui dessoubz la saiette
Aulcun homs de son gre se mette
Qui par orgueil si se decoyue
Que dessus soy le cop recoyue
Puis se plaint que ie lay naure
Coulpe nen ay ne ia naure
Non pas sil en deuoit perir
Car ie nen puis nulluy ferir
Qui du cop se vueille garder
Sil scet son estat regarder
Mesmes cil qui naure se sent
Par le fer que ie luy present
Gard que plus ne soit ypocrite
Si sera de la playe quitte
Et non pourtant qui q̄ sen plaigne
Combiē q̄ preudomme se tiengne
Onc riens nen dy mien essient
Combien quil mest contrariant
Qui ne soit en escript trouue
Et par experiment prouue
Ou par rayson a mois prouuable
A qui quil soit desagreable
Et sil y a nulle parolle

Que saincte esglise tienne a fosse
Prest suis qua son vuloir la mande
Se Je puis suffire a lamande

Cy reprēt son propoz sans faille
Lacteur et vient a la bataille
Ou dame franchise combat
Contre dangier qui fort la bat

Franchise vint premierement
Cōtre dāgier moſt hūblemēt
Qui trop est fol et couraigeup
Par semblant fier et oultrageup
En son poing tient vne massue
Fierement la paumoye et rue
Entour soy a cops perilleup
Queſcu ſil neſt trop merueilleup
Ni peut tenir quil ne pourfende
Et que cil vaincu ne se rende
Qui contre luy se met en place
Sil est bien ataint de la masse
Ou quil ne fonde ou escache
Sil nest tel que trop darmes sache
Illa print au boys de refus
Le lait villain que ie refus
Sa targe fut descoutoyer

Bordee de gent vilcoyer
Franchise ſi fut bien armee
Moult seroit enuis entamee
Mais quelle ce ſceut bien couurir
Franchise pour la porte ouurir
Contre dangier auoit silence
En sa main tenoit forte lance
Quelle apporta belle et polye
De la forest de cheuerie
Il nen croiſt nulle telle en biere
Le fer fut de doulce priere
Si euſt par grant deuocion
De toute suplicacion
Escu quoncques ne fut de mains
Borde de Jointure de mains
De promesses et de conuenances
Par seremens et par fiances
Couloure trop mignotement
Vous peuſſies dire vrayement
Que largesse le luy bailla
Et se paignit et entailla
Bien sembloit eſtre de son oeuure
Et franchise qui bien se coeure
Brandiſt la hante de sa lance
Et contre le villain la lance
Qui nauoit pas le cueur couart
Mais sembloit eſtre renouart
Au tinel ſil fut reueſtu
Tout fut pourfendu son escu
Mais tant fut fort a desmesure
Quil ne craignoit aulcune armure
Si que du cop ſi ſe couury
Quoncques ſa penſe nen ouury
Le fer de la lance briſa
Par quoy le cop moinz en priſa
Moult fort fut darme angoiſſes
Le villain fel et aourſes
La lance print ſi la deſpiece
A ſa maſſue piece a piece
Puis eſma vng cop grant et fier
Qui me tient que ie ne te fier

o iiii

Dist il orde grasse ribaude
Comment as tu este si baude
Que vng preudomme osas assaillir
Sur son escu fiert sans faillir
La preux la belle la courtoise
Bien la fait saillir vne toise
Dangoisse a genoulx labat
Moult la ledange moult la bat
Et croy qua ce cop mortel fust
Selle eust fait son escu de fust
Aultressois vous ay ie trop creue
Dame orde grasse recreue
Dist il nonc bien ne men chey
Vostre losenge ma trahy
Par vous souffris ie le baisier
Pour le ribauder a aisier
Bien me trouua fol debonnaire
Dyables le me firent bien faire
Certainement mal y venistes
Quant nostre chastel assaillistes
Si vous conuient perdre la vie
Lacteur
Et la belle mercy luy crye
Pour dieu que pas ne la creuant
Quant elle ne peut en auant
Et le villain crosle la hure
Et se forcene et sur saincts iure
Quil loccira sans nul respit
Moult en eust pitie grant despit
Qui pour sa compaigne secourre
Au villain se haste de courre
Pitie qui a tout bien saccorde
Tenoit vne misericorde
En lieu despee en piteux termes
Decourant de pleurs et de larmes
Ceste cy si lacteur nement
Perceroit la pierre daymant
Pourtant quelle fut delle pointe
Car elle a moult aceue pointe
Son escu est dalegement
Borde de doulx gemissement

Plain de souspirs et de complaintes
Pitie qui plouroit larmes maintes
Point le villain de toutes pars
Qui se deffent comme liepars
Mais quant elle eut bien arrouse
De larmes fort villain house
Si luy conuint amoloyer
A vis luy fut quil deust noyer
En vng fleuue tout estourdis
Oncques ne par fais par dis
Ne fut si lourdement hurte
Du tout deffailloit sa durte
Foibles et vain tremble et chancelle
Fuir sen veult honte lappelle
Honte
Et dit dangier villain prouue
Se recreant estes trouue
Que belacueil puist eschapper
Vous nous feres tous atraper
Car tantost baillera la rose
Que nous tenōs cy dedens enclose
Et tant vous dis ie bien sans faille
Si aux gloutons la rose baille
Saichiez quelle en pourra tost estre
Blesue ou passe ou mol ou flestre
Et si me puis ie bien vanter
Tel vent pourroit ceans venter
Se lentree trouuoit ouuerte
Dont aurions dommaige et perte
Ou qui trop la graine esmouuroit
Ou q vne aultre graine y plouuroit
Dont la rose seroit chargee
Dieu doint que telle graine ny chee
Trop nous en pourroit mescheoit
Car ains que len peust escheoit
Tost en pourroit sans ressortir
La rose du tout amortir
Ou se damortir eschappoit
Et le vent tel cop y frappoit
Que le graines sentremellassent
Que de leurs fais la fleur greuassēt

Qui des fueilles en son descendre
ffist aulcune ou que soit fendre
Et par la fente de la fueille
La quelle chose Dieu ne vueille
Parut dessus de vert bouton
Len diroit par tout que glouton
Lauroit demie en saisine
Nous en aurions la grant hayne
Jalousie qui le sauoit
Qui du sauoir tel dueil auroit
Qua la mort en serions liurez
Mauffez vous ont cy enuirez
   Lacteur

Dangier crye secours secours
Tout prestement hōte le cours
Vint a pitie si la menace
Qui trop redoubte sa menace
   Honte

Trop auez dit elle ce scu
Je vous froisseray cest escu
Vous en gerrez tantost a terre
De malle heure emprintes la guerre
   Lacteur

Honte porte vne grant espee
Clere estoit et bien trempee
Quelle forgea doubteusement
De soucy dapercoyuement
Fort targe auoit qui fut nommee
Doubte de malle renommee
De tel fust sauoit elle faicte
Maite lague eut au bors pourtrai- te
Pitie fiert que trop fort la ruse
Lors fut elle presque concluse
Mais adonc est venu delict
Bel gentil et sur tous eslit
Il fist a honte vne enuaye
Espee auoit de playsant dye
Escu daise sont point nauoye
Cordee de soulas et de ioye
Honte fiert mais elle se targe
Si bien et si fort de sa targe

Quoneques le cop ne luy greua
Et honte requerre la va
Si fiert delit par tel angoisse
Que sur le chief lescu luy froisse
Et labat jus tout estendu
Jusques aux dens leust pourfendu
Quant dieu amene vng bacheler
Que len appelle bien celer
Bien celer fut bon guerroyer
Saige de bon aduis et fier
En sa main vne coye espee
Ainsi que de langue coppee
Si la brandist sans faire noise
Quon ne loyt pas dune toyse
Car sonnerye ne retondye
Ja si fort ne sera brandye
Son escu de lieu musse fut
Oncques geline en tel ne peust
Borde fut de seures allees
Et de reuenues celees
Hausse lespee puys fiert honte
Tel coup que pres ne leffronte
Honte en fut toute estourdie
   Bien celer

Honte dit il ia ialousie
La douloureuse la chetiue
Ne le saura iour quelle viue
Bien je vous en asseureroye
Et de ma main fianceroye
Si en feroye grans sermens
Ne sont si grans asseuremens
Puis que male bouche est tuez
Prinse estes ne vous remuez

¶ Coment bien celer si surmonte
En soy combatant dame honte
Et puis paour et hardement
Se combatent moult fierement

Honte ne sceet a ce que dire
Paour sault toute pleine dire

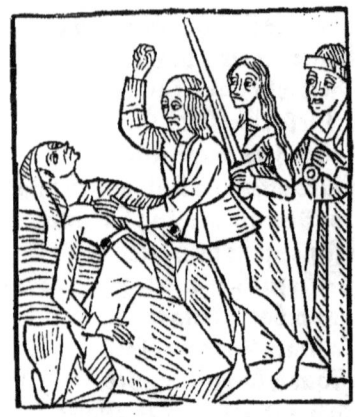

Qui trop souloit estre couarde
Honte sa cousine regarde
Et quant la feyt si entreprise
Si a la main a lespee mise
Qui trop est tranchant mallemene
Suspecion dembouciffissement
Eust nom car de ce sauoit faite
Quant elle leust du fourrel traite
Plus fut clere que nul beril
Escu de doubte et peril
Borde de trauail et de peine
Eust paour qui formant se peine
De bien celer tout de trancher
Pour sa cousine reuencher
La va sur son escu ferir
Tel cop qui ne se peut garir
Et tout estourdi chancella
Adonc hardement appella
Si sault car celle recouurast
Laultre cop mallement ouurast
Mort fut bien celer sans retour
Se luy donnast ung aultre tour
Hardement fut preup et hardiz
En appert par fais et par diz
Espee eut bonne et bien fourbie
De lacier de forcenerie
Son escu fut moult renomme

Despit de mort estoit nomme
Borde fut dabandonnement
A tous perilz trop follement
Vient a paour sur luy esmue
Pour le ferir grant cop et pesme
Le cop abat et lors se couure
Car elle scauoit moult de loeuure
Qui affiert a ceste escarmye
Bien scet de son cop escremye
Puis le fiert ung cop si pesant
Quelle le verse tout gysant
Son escu ne le garenty
Quant hardement Jus se senty
Jointes mais luy requiert et prie
Pour dieu quelle ne loccist mye
Et paour dit que si fera
Dit seurete que ce sera
Par dieu paour Jcy mourrez
Faites du pis que vous pourrez
Vus souliez auoir les fieures
Cent fois plus couardes q lieures
Or estes de sa couardie
Les dyables vous font si hardye
Que vous prenez a hardement
Qui ayme tant tournoyement
Et tant en scet que cil luy plust
Quonecques nul plus nen sceust
None puis q vous terre marchastes
Fors en ce cas ne tournoyastes
Nen sauez faire ailleurs les tours
Ailleurs en tous aultres estours
Vous fuyez ou vous vous rendez
Vous qui Jcy vous deffendez
Auec cacus vous en fuytes
Quant hercules venir veystes
Le cours a son colla massue
Vous fustes lors toute esperdue
Et luy meistes es piez les estes
Quil nauoit oncques eu telles
Pource que cacus eust emblez
Ses beufz et les eust assemblez

En son recep qui moult fut longz
Par les queues nous reculons
Que la trace ne fust trouuee
La fut Vstrt force esprouuee
La monstrastes vus bie sans faille
Que riens ne vales en bataille
Car puis que hante ne sauez
Bien petit ou neant en sauez
Si vous conuient no pas deffendre
Mais fuir ou ces armes rendre
Ou chier vous conuient comparer
Qua luy vous osez comparer
Seurete auoit lespee dure
Forgiee de trestoute eure

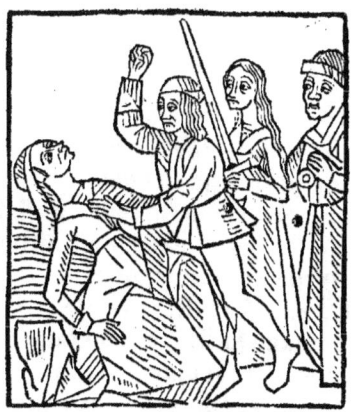

Escu de paix bon sans doubtance
Bourde de toute concordance
Paour fiertoccire le cuyde
En soy couurir met son estuide
Paour et lescu gette encontre
Qui sainement le cop encontre
Si ne luy greua de noyant
Le cop cheut ius en glacoyant
Et paour tel cop luy donne
Sur lescu que toute lestonne
Moult sen fault peu que ne laffolle
Sespee et son escu luy volle
Des poins tant fort ya hurte

¶ Comment paour et seurete
Ont par bataille fort hurte
Et les aultres pareillement
Sentrehurtent subtillement

Auez que fit lors seurete
Pour donner aux aultres epes
Il prit paour parmy les temples pres
Et paour et luy sentretiennent
Et tous les aultres sentreuiennent
Lung se lye a laultre et le couple
Onc en estour ne vi tel couple
Si renforca le chappleys

La fut si fort le trupigneys
Quonques a nul tournoyement
Neust de cops a tel payement
Torment deca torment de la
Chascun sa mesgnee appella
Tous y acourent pesle mesle
Onc plus espes ne noif ne gresle
Ne vy voler que les cops vssent
Tous sentrerompent et assollent
Onques ne veystes telz meslees
De tant de gens ainsi meslees
Mais ne vous en mentiray ia
Lost qui le chastel assiegea
En auoit adoncques du pire
Le dieu damours de paour souspire
Que sa gent ne fut toute occise
Sa mere manda pour franchise
Et par doulx regars qstle sienne
Que nulle enssoigne ne la tienne
Et print treues endementiers
Pour dix ou douze iours entiers
Ou plus ou moins ia recite
Ne vous sera certainete
Voire a tousiours eussent ilz pnses
Se a tousiours les eussent requises
Comment quil fut delles casser
Ne qui que les deust trespasser

Mais se lors son meilleur y fust
Ja les treues prinses ny eust
Et se les portiers ne cuidassent
Que les aultres ne les quassassent
Puis quil fussent habandonnees
Ja ny fussent espoir sonnees
De bon cueur ains sen courrossassent
Quelq semblant qlz en mostrassent
Ne ny eust ja eu treue prise
Se Venus sen fust entremise
Mais sans faille il conuint faire
Vng peu se conuint il retraire
Ou pour treue ou pour quelq fuyte
Trestoutes les fois que len luyte
A tel quon ne peult surmonter
Tant quon se puisse mieulx dompter

¶ Coment les messaigiers de lost
Damours de cueurs chascu deuost
Vindrent a Venus pour secours
Auoir en lost au dieu damours

De lost se partet les messaiges
Qui tant ont erre come sages
Quilz sont a citeron Venus
La sont a grant honneur tenus
Citeron est vne montaigne

Dedans vng bois en vne plaine
Si haulte q nulle arbelestre
Tant soit fort ne de traire preste
Ny trairoit ne bouton ne vire
Venus qui les dames empire
Fit la son principal manoir
Et en ce lieu la soult manoir
Mais se tout lestre deseruoye
Espoir trop ie vous ennuyroye
Et si men pourroye lasser
Pource me vueil briefmet passer
Venus est ou bois deualee
Pour chasser en vne valee
Le bel odonys est oly
Son doulx amy au cueur ioly
Vng petit estoit enfantiz
Et ou bois chasser ententiz
Enfant fut ieune et vaillant
Moult fut bel doulx et auenant
Midy fut lors pieca passe
Chascun sur de chasser lasse
Soubz vng puplier en lerbe estoiet
Joupte vng viuier la som broyent
Leurs chies qui las de courir furet
Taisans ou ru du viuier burent
Leurs dares leurs arcs et leurs curees
Eurent delez eulx apuiees
Joliement se deduisoyent
Et les oyselons escoutoyent
Par ses rainseaulx tout enuiron
Empres leurs ieux en son giron
Venus embrassie le tenoit
Et en baisant luy aprenoit
De chasser en boys la maniere
Si comme elle estoit coustumiere

Comme Venus a adonys
Qui estoit sur tous ses amis
Deffensoit quen nulle maniere
N alast chasser a beste fiere

Mais quant vostre mente est pste
Et vous pres querant la beste
Chassez la quant elle est en fuye
Se vous trouuez bestez qui fuye
Courez apres hardiment
Mais contre eulx fierement
Mettent a deffence leur corps
Ne soit ia tourne vostre acors
Couart soyes et paresseux
Contre hardiz car contre ceulx
Ou cueur hardy cest ahurte
Nul hardement na point seurte
Ains fait perilleuse bataille
Hardy quant a hardy bataille Nõ
Cerfz et biches cheureux et chieures
Rengiers et dains cõnins et lieures
Ceulx bueil ie biẽ q̃ vous chassez
En tel chasse vous soulassiez
Ours loups lions sangliers deffens
Ny chasse pas sur mon deffens
Car telles bestes se deffendent
Les chiens occient et pourfendent
Et si font ilz les veneurs mesmes
Moult souuẽt faillir a leurs esmes
Maint en ont occis et naure
Jamais de vous ioye naure
Ains men pesera maintenant
Se vous le faites aultrement
Ainsi Venus le chastioit
En chastiant moult le prioit
Que du chastoy luy souuenist
En tous lieux ou chasser venist
A donys qui petit prisoit
Ce que sa mye luy disoit
Fust de mensonge ou fust de voir
Tout octroye pour paix auoir
Car riens ne prisoit le chasty
Peu vault ce que celle basty
Chastye le tant que vurra
Se sen part plus ne le verra
Ne la creut pas puis en mourut

None Venus ne sen secourut
Car elle ny estoit presente
Puis le ploura moult la doulente
Quil chassa puis a ung sanglier
Quil cuida prendre et estragler
Mais ne le print ne le trancha
Car le sangler se reuencha
Com fiere et orguilleuse beste
Contre adony escout la teste
Ses dens en layne luy ficty
Son groing estoit mort labbaty
Beaux seigneurs quoy que vo' auiene
De cest exemple vous souuiene
Vous qui ne croyez voz amyes
Sachtez q̃ faittes grans folies
Bien les deussiez toutes croire
Quant leur dit si est chose voire
Silz iurent toutes sõmes vostres
Croyes les comme patenostres
Ja veux croire ne recrees
Se rayson vient point nen croyes
Sel vous apportoit crucifis
Ne la croyes ne que ie fis
Se cestuy eut sa mye creue
Il eust moult sa vie acreue
Lung seigneur a laustre deduit
Quant leur plaist apres leur deduit
A citeron sont retournez
Et ceulx qui ne sont seiournez
Aincois q̃ Venus se despouille
Luy compte de fil en esguille
Tout ce que bien leur apertient
Certes ce dit Venus maltient
Jalousie chastel ne casse
Contre mon filz se ie nem brasse
Lez portiers et tout leur atour
Ou les clefz rendront de la tour
On ne doit priser ung lardon
Moy ne mon art ne mon brandon

Cõment six ieunes colombeaux

En ung char qui fut riche et beaulx
Mainent Venus en lost damours
Pour luy faire hastif secours

Si grant que pieca ny eust tel
Mais amours ne sa compaignie
A ceste fois ne leurent mye
Car ceulx de dedens resistance
Luy firent par leur grant puissance

Lors fit la mesgnie appeller
Son char comanxe a asteller
Car ne seult pas marcher les boes
Beau fut le char a quatre roes
Dor et de perles estellez
En lieu de cheuaulx attellez
Eust en lyon six colombeaulx
Pris en son colombier molt beaulx
Toute leur chose ont aprestee
Adonc est en son char montee
Venus qui chastete guerroye
Nul des oyseaulx ne se desroye
Batent les esles si se partent
Lair deuant eulx rompent et partent
Viennent en lost Venus venue
Tost est de son char descendue
Contre luy saillent a grant feste
Son filz premier q part sa haste
Auoit ia les treues cassees
Aincois que fussent trespassees
Quonceques ny garda conuenance
De serement ne de fiance
  Cest lassault deuant le chastel

Lors a fort guerroyer entendent
Ungz assaillent aultres deffendent
Ceulx dressent au chastel pierres
Grans cailloux de pesans pierres
Pour rompre les murs leur enuoyent
Et les portiers les murs bourdoient
De fortes clayes refusisses
Tissues de verges pleysses
Quilz eurent par grandes maistries
En la haye dangier cueillies
De grans saiettes barbelees
De grans promesses empanees
Que de seruices que de dons
Pour tost auoir leurs guerdons
Car il ny entra onques fust
Que tous de promesses ne fust
De fer ferrees fermement
De fiance et de serment
Trayent sur eulx et ilz se targent
Qui de deffendre ne satargent
Car targes ont fortes et fieres

Ne trop pesans ne trop legieres
Dautel fust comme celle chayes
Que dangier cuilloit en ses hayes
Si que traire riens ny valoit
Comme la chose ainsi le valoyt
Amours vers sa mere se trait
Tout son estat luy a retrait
Si luy prie que le sequeure
Masse mort dist elle maqueure
Qui tantost me puist atourer
Se iamais laisse demeurer
Chastete en femme viuant
Tant soyt ialousie estriuant
Trop souuent en grât peyne en somes
Beau filz iurez ainsi des hommes
Quilz sauldrôt to9 par voz sentiers
  Le dieu damours
Certes ma dame voulentiers
Il nen sera nul respite
Jamais aumoins par verite
Ne seront preudomme clame
Silz naymēt ou cilz nont ayme
Grât douleur est quât telz gês viuet
Qui les deduitz damours eschiuêt
Pour quilz se puissent maintenir
A mal chief puissent ilz venir
Tant les hay que se ie pouisse
Confondre tous les confondisse
Deulx me plains et tousiours plai
Ne de pleidre ne me fais ray vray
Com cil qui nuyre leur vurray
En tous les cas que ie pourray
Tant que ie soye si vengie
Que leur orgueil soit estrangie
Ou quilz seront tous condampnez
Mal fussent ilz tous ia da m nez
Quant si pensent de moy greuer
Ou corps leur puist les cueurs cre-
quât mes deduitz vueillēt abatre uer
Certes qui me veuroit bien batre
Voire effronter a quatre pis

Ne mē me pourroit il faire pis
Di ne suis ie mye mortel
Mais courroup en recois or tel
Que se ie mortele estre peusse
Du deueil que iay la mort receusse
Car se mon ieu va deffaillant
Jay perdu tant quo iay vaillant
Fors que mō corps et ses vesturres
Et mon chappel et mes armures
Aumoins silz nen ont puissance
Deussent ilz auoir la pesance
Et leurs cueurs en douleur plaissier
Si les leur conuient il laissier
Ou peut on querir meilleur vie
Que destre entre les bras samye
Lors sont en lost le serment
Et pour se tenir fermement
Ont en lieu de reliques traictes
Leurs cuyrres et leurs saiettes
Leurs dars leurs arces et leurs cour
Et dict nous ny demâdons. Vos
Meilleurs reliq̄s a ce faire
Ne q̄ tant nous puisse bien plaire
Se nous ceste parturions
Jamais de riens creuz ne serions
Sur aultre chose ne se iurent
Et les barons sur ce le creurent
Autant que sur la trinite
Pource quil iurent verite

 Comment nature la subtille
Forge tousiours ou filz ou fille
Affin que lumaine lignye
Par son deffault ne faille mye

Apres que le sermēt fait eurent
Et q̄ tous entendre le peurent
Nature qui pensoit des choses
Qui sont dessoubz le ciel encloses
Dedans sa forge entree estoit
Ou toute sentente mettoit

A forgier singulieres pieces
Pour continuer les especes
Car les pieces tant les font viure
Que mort ne les peut aconsuiure
Ja tant naura couru apres
Car nature tant luy va pres
Que quant la mort o sa massue
De pieces singulieres tue
Ceulx trouue a soy redeuables
Et en sa de corrumpables
Qui ne doubtent la mort neant
Et toutesfoys sont decheant
Et fusent en temps et pourrissent
Dont aultres choses se nourrissent
Quant toutes les cuide atraper
Ne peut ensemble conciper
Que quant lune part deca hape
Laultre part de la luy eschape
Car quant elle a tue le pere
Demoure il filz ou fille ou mere
Qui sen fuyent deuant ma mort
Quant ilz veyrent cellui ja mort
Paix reconuient yceulx mourir
Ja si bien ne sauront courir
Ny vault medicine ne syrup
Dont saillent les nyces nepueux
Qui fuyent pour les deporter

Tant que les piez les peuent porter
Dont lung sen fuyt et laultre carole
Lautre au moustier lautre a lescolle
Les aultres a leurs marchandises
Les aultres a leurs ars aprises
Et les aultres a leurs delitz
De vins de viandes de litz
Les aultres pour plus tost fouyr
Que mort ne les face enfouyr
Montent dessus les grans destriers
A tout leurs surdorez estriers
Laultre met en vng fust sa vie
Et sen fuit par mer en nauie
Et maine au regart des estoilles
Ses nef ses auirons ses voilles
Laultre qui par ieu se humille
Prent vng mantel dypocrisie
Dont en fuyant son penser oeuure
Tant quil apert dehors par oeuure

Ainsi fuyant tous ceulx q viuent
Qui voulentiers la mort eschiuent
Mort qui de noir le vis a taint
Court apres tant que les ataint
Si quil y a trop fiere chasse
Ceulx sen fuyent et mort les chasse
Dix ans ou.pp.ppp.ou.pl.
Cinquante.lx.on septante
Voire octante nonante cent
Lors sa ce qui tient despecent
Et sil peuent oultre passer
Court elle apres sans soy lasser
Tant que les tient en ces lyens
Malgre tous les phiziciens
Et tes phiziciens meysmes
Onc nul eschapper nen veysmes
Pas ypocras ne galiens
Tant fussent bons phiziciens
Rasis constantin auicenne
y ont layssee la contienne
Et ceulx qui ne peuent tant courre
Ne les peut riens de mort rescourre

Ainsi mort qui iamais ne saoulle
Gloutement les pieces engoulle
Tant les suit par mer et par terre
Quen la fin toutes les aterre
Mais ne les peut toutes tenir
Ensemble na chief en venir
Des especes du tout destruire
Tant sceuent bien les pieces fuire
Car sil nen demouroit fors vne
Si viuroit la forme commune
Et par le phenis bien semble
Qui nen peut estre deux ensemble
Touiours est il vng seul phenis
Et dit aincois quil soit finis
Par cinq cens ans au derrenier
Fait il vng feu grant et plenier
Despines et si boute et sart
Ainsi fait de son corps esart
Mais pour ce que sa forme garde
De sa pouldre combien quil sarde
Vng aultre phenis en reuient
Ou celluy mesmes se deuient
Que nature ainsi ressucite
Qui tant a lespece proffite
Car elle perdroit tout son estre
Se ne faisoit cestuy renaistre
Si que ce mort phenis demeure
Phenis toutes foys vif demeure
Selle en auoit milz denourez
Si seroit phenis demourez
Cest phenis la commune forme
Que nature es pieces reforme
Qui du tout perdu seroit
Qui laultre viure ne seroit
Ceste maniere mesmes ont
Trestoutes les choses que sont
Dessoubz le cercle de la lune
Que cil en peut demourer vne
Sespee tant en luy viura   l'espèce
Que la mort ne la consuira
Mais nature la trespiteuse

Quant elle vit que mort haineuse
Entre luy et corrupcion
Viennent mectre a destruction
Tant que trouue dedans sa forge
Touiours martelles touiours forge
Touiours ses pieces renouuelle
Par generacion nouuelle
Quant aultre conseil ny peut mectre
Si taille emprainte de tel lectre
Quelle leur donne formes vrayes
En coingz de diuerses monnoyes
Dont art faisoit ses exemplaires   art
Qui ne fait pas choses si vrayes
Mais par mon ententiue cure
A genoulz est deuant nature
Et prie et requiert et demãde
Comme mendiant et truande
Pouure de science et de forge
Qui densuiure la moult sefforce
Que nature luy vueille aprendre
Comment elle puisse comprendre
Par son engin en ses figures
Proprement toutes creatures
Si regard comme nature oeuure
Car bien vouldroit faire tel oeuure
Et la contrefait comme singes
Mais tant est son sens nu et linges   foible
Que ne peut faire choses viues
Ja si ne sembleront nayues
Car art combien quelle se paine
Par grant estude et par grant peine
De faire choses quelz quilz soyent
Quelques figures quelles aient
Paigne taigne forge ou entaille
Cheualiers armes en bataille
Sur beaulx destriers trestous couuers
Darmes yndes iaulnes ou vers
Ou daultres couleurs piolez
Se plus piolees les vulez
Beaulx oyseles en vers buissons
De toutes eaues les poissons

p

Et toutes les bestes sauluaiges
Qui pasturent par les boscages
Toutes herbes toutes fleurettes
Que valetons et pucelettes
Vont en prin teps es boys cueillir
Que florir voyent et fueillir
Oyseaulx priuez bestes domesches
Ballieres dances et treches
De belles dames bien parees
Bien pourtraites bien figurees
Soit en metal en fust en cire
Soit en quelconque aultre matiere
Soit en tableaulx ou en parois
Tenans beaulx Bacheliers et roys
Bien figurez et bien pourtrais
Ia pour figure ne pour trais
Ne les fera par eulx aller
Viure mourir sentir parler
  Darquemie tant aprengne
Q tous metaulx en couleur taygne
Que ce pourroit aincois tuer
Que les especes transmuer
Se tant ne fait que les ramaine
A leur nature premeraine
Oeuure tant comme elle viura
Ia nature naconsuiura
Et se tant se vouloit pener
Quelle les y sceust ramener
Si luy fauldroit espoir science
Devnir a celle atrempance
Quant el seroit son eliptr
Dont la forme deuroit yssir
Qui deuise entre eulx leurs substáces
Par especiaulx differences
Comme il appert au diffinir
Qui bien en scet a chief venir
Ne pourtant cest chose notable
Darquemie est art veritable
Qui sagement en outreroit
Grans merueilles y trouueroit
Car comment ql soit des especes

Aumoins les singulieres pieces
En sensibles oeuures soubmises
Sont muables en tant de guises
Quilz peuent leurs complexions
Par diuerses digestions
Si changier entre eulx q ce chãges
Les met soubz especes estranges
Et leur toult lespece premiere
Ne voit on comment de feugiere
Font de la cendre verre naistre
Ceulx qui de verriere sont maistre
Par depuracion legiere
Se nest pas le verre feugiere
Ne feugiere ne rest pas verre
Et quant espars vient ou tonnerre
Ne peut len pas souuent voir
Des vapeurs les pierres cheoir
Qui ne monterent mie pierres
Ce peut sauoir le congnoisserres
De la cause qui telle matiere
Acelle espece estrange tyre
Si sont especes tres changees
Et leurs piecees deulx estrangees
Et en substance et en figure
Ceulx par art ceste par nature
  Nsi pourroit des metaulx faire
Qui bie en scauroit a chief traire
Et tollir aux ortz leur ordure
Et les meettre en forme pure
Par leurs complexions voisines
Lune vers laultre asses enclines
Car ilz sont tous dune matiere
Comment que nature les tire
Car tous par diuerses matieres
Dedans leurs terrestre minieres
De souffre et de vif argent naissenc
Comme les liures le confessent
Qui ce scauroit dont subtillier
Aux esperitz appareillier
Si que force dentrer neussent
Et que voler ne sen peussent

Quant ilz dedans le corps entrassent
Mais q̃ bien purgiez les trouuassent
Et fust le souffre sans ardure
Pour blāche ou pour rouge tainture
Son vouloir des metaulx feroit
Qui ainsi faire le scauroit
Car dargent fin. fin or font naistre
Ceulx q̃ darquemie sont maistre
Et pois et couleur luy adioustent
Par choses que gaires ne coustent
Et de fin pierres precieuses
Font ilz cleres et gracieuses
Et les aultres metaux desnuent
De leurs formes si quilz les muent
En fin argent par medicines
Blanches et tresperfans et fines
Mais ce ne feront iceulx mie
Qui ouurerent de sophisterie
Trauaillent tant cōme ilz vuront
Ia nature naconsuiuront

Nature qui est tant subtiue
Combien quelle fust ententiue
A ces oeuures que tant aimoit
Lasse dolente se clamoit
Et si par faictement pleurait
Quil nest cueur q̃ point damour ait
Ne de pitie quil se gardast
Que de pleurer se retardast
Car tel douleur au cueur sentoit
Dung fait dont moult se repentoit
Que ses ouures vuloit laisser
Et de tout son pouoir cesser
Mais quelle tant seullement sceust
Que congie de son prestre en eust
Si len vuloit aler requerre
Tant luy destraint le cueur et serre
Bien la vous voulsisse descrire
Mais mō sens ny pourroit suffire
Mon ses quay ie dit cest du mains
Non feroit pas nul sens humains
Ne par voix viue ne par note

Et fut platon ou aristote
Algus euclides tholomee
Qui tant sont de grant renommee
Dauoir este bons escripuains
Leurs engins seroient bien vains
Silz osoyent la chose emprendre
Quilz ne la pourroient entendre
Ne pimalion entailler
En vain se pouroient trauailler
Parrasius lors appelle
Qui fut moult bon paintre appelle
Beaulte de luy iamais descripre
Ne pourroit tant eust il a diure
Ne mirro ne policletus
Iamais ny scauroient estre seuz

Comment le bon paintre zensis
Fut de contrefaire pensis
La tresgrant beaulte de nature
Et dela paindre mit grant cure

zeuxis

Ensis mesmes par sō beau paindre
Ne peut a telle forme ataindre
Qui pour faire lymage ou temple
Des cinq pucelles fit exemple
Les plus belles que len peust querre
Et trouuer en toute la terre

p ii

Qui deuant luy se sont tenues
Tout en estant et toutes nues
Pour soy prendre garde a chescune
Sil trouuast nul deffault en lune
Ou fust sur corps ou fust sur membre
Ainsi comme tulle remembre
Ou liure de sa rethorique
Qui moult est science autentique
Mais en ce nepeut onc riens faire
zensis tant sceust il bien pourtraire
Ne coulourer sa pourtraiture
Tant est de grant beaute nature
zensis non pas trestous les maistres
Que nature fit oncques naistres
Car or soit q̄ bīe entendissent
Sa beaulte toute et to9 voulsissent
A tel pourtraiture muser
Ains pourroyent leurs mains vser
Que si tresgrant beaulte pourtraire
Nul fors dieu ne le pourroit faire
Et pource que ce ie pouisse
Moult voulentiers y entendisse
Voire escripte la vous eusse
Se ie pouisse ou ie peusse
Je mesmes ay ie bien muse
Tant que tout mon sens y vse
Comme folet oultrecuidez
Cent foys plus que vous ne cuidez
Car trop fis grant presumpcion
Quant onques mis mentencion
A si treshaulte oeuure acheuer
Auant me pourroit le cueur creuer
Tant trouuay noble de grant pris
La grant beaulte que ie tant pris
Que par penser la comprenisse
Pour quelque trauail q̄ ie y meisse
Ne que seulement en osasse
Vng mot tinter tant y pensasse
Si suis ie du penser recreuz
Pource ie men suis a tant veuz
Que quant ie plus y ay pensay

Tant est belle que plus nen scay
Car dieu le belfz oultre mesure
Quant il beaulte mist en nature
Il en yssit vne fontaine
Tousiours courāt et tousiours plei̇ne
De q̄ toute beaulte desriue
Mais nul nen sceet ne fons ne riue
Pource nest droit que cōpte face
Ne de son corps ne de sa face
Qui tant est auenant et belle
Que fleur delis en may nouuelle
Rose sur rain ne noif sur branche
Nest si vermeille ne si blanche
Se le veuroye comparer
Quant ie lose a riens comparer
Puis que sa beaulte ne son pris
Ne peut estre dōme compris
Quant elle ouyt ce serement
Moult luy fut grāt alegemēt
Du grant dueil quelle demenoit
Car pour deceue se tenoit
Et disoit lasse que ay ie fait
Ne me repenty mais de fait
Qui mauenist des lors enca
Que ce beau monde comminca
Fors dune chose seulement
Ou iay mespris trop mallement
Dont ie me tiens a trop musarde
Et quant ma musardie regarde
Bien est droit que ie men repente
Lasse folle lasse doulente
Lasse lasse cent mille foys
Ou sera plus trouuee foys
Ay ie bien ma peine employee
Suis ie bien du sens desuoyee
Qui tousiours ay cuide seruir
Mes amis pour gre desseruir
Et qui ay tout mon trauail mis
En epaulcer mes ennemis
Ma debonnairete ma folle
Lors a mis son prestre a parolle

Pour celebrer en sa chappelle
Mais ce nest pas messe nouuelle
Car tousiours eust fait le seruise
Des quil fust prestre de lesglise
Haultement en lieu daultre messe
Deuant nature la deesse
Le prestre qui bien sentendoit
En audiance recordoit
Les figures representables
De toutes choses corromptables
Si comme nature les liure

Comment nature la deesse
A son bon prestre se confesse
Qui moult doulcement luy enhorte
Que de plus pleurer se deporte

Genius dist elle beau prestre
Qui des lieux estes duc et maistre
Et selon leurs proprietez
Trestous en oeuure les mettez
Et bien acheuez la besongne
Si comme chascun lieu besongne
Dune folie que iay faite
Dont ie ne me suis pas retraite
Mais repenteee moult me presse
A vous men vueil faire confesse

Genius
Madame du monde royne
Qui toute riés mondaines encline
Sil est riens qui vous griefue en tāt
Que vous en alez repentant
Ou quil vous plaise a le me dire
De quelconque soit la matiere
Soit desioutr ou de douloir
Bien men pouez vostre vouloir
Confesser tout a bon loisir
Et ie tout a vostre plaisir
Dit genius mectre y vourray
Tout le conseil que ie pourray
Et celeray bien vostre affaire
Se cest chose qui face a taire
Et ce mestier auez dassouldre   refusé
Ce ne vous dis ie mie touldre
Mais vueilles cesser vostre pleur
Nature
Certes dist elle se ie pleur
Beau genius nest pas merueille
Genius
Dame touteffoys vous conseille
Que vous vueillez ce pleur laisser
Se bien vous voulez confesser
Et bien entendre a la matire
Que vous auez emprins me dire
Car ie croy q̃ grant soit loultrage
Pource que le noble courage
Ne se meut pas de peu de chose
Cil est fol qui troubler vous ose
Mais sans faillir vray est q̃ feme
Legierement dire senflamme   —colere
Virgile mesmes le tesmoingne
Qui molt congneut de leur besongne
Que ia femme nest tant estable
Quel ne soit diuerse et muable
Et est trop hyreuse beste colere
Salomon dist quonc ne fut teste
Sur beste de serpent crueuse   cruelle
Nest riens de feume plus yreuse

p iii

None riens ce dit neuft tāt malice
Briefuement en fēme a tant de vice
Que nul ne peut ses meurs peruers
Compter par rime ne par vers
Et si dit titus liuius
Qui congneut bien quelz sont les &c. coustume
Des femmes aussi leurs manieres
Que vers leurs meurs nulles pores
Na basent tant comme blandices
Tant sont deceuables et nices humbles
Et de flechissable nature   fines
Oultre dit ailleurs lescripture
Que detout le feminin vice
Le fondement est auarice
Et quiconques sita sa femme
Ses secretz il en fait sa dame. Nō
Nul homs qui soit de mere ne   H.Y.
Sil nest yure ou forcene   secret
Ne doit a femme reueler
Nulle riens qui face a celer
Se daultruy ne le veult veoir
Mieulx vauldroit du pais fuir
Que dire a femme chose a taire
Tant soit loyalle et debonnaire
Ne ta nul fait secret ne face
Sil voit femme venir en place
Car sest il a peril de corps
Elle dira bien le recors
Combien q longuement actense
Et se nul riens ne len demande
Le dira elle brayement
Sans estrange admonestement
Pour nulle riens ne sen tairoit
A son aduis morte seroit
Sil ne luy sailloit de la bouche
Sil y a peril ou reprouche
Et cestuy qui dit luy aura
Sil est tel puis quil le scaura
Sil lose apres ferir ne batre
Une foys non pas troys ne quatre
Ja si tost ne la touchera

Que celle luy reprochera
Mais ce sera tout en appert publie
Qui se fie en femme il se vert Nō
Et est chetif quen luy ce fie
Sauez quil le fait il se lie
Les mains et se coppe la gueulle
Car sil vne foys toute seulle
Ouse tamais vers luy groucer grand.b
Ne chastoier ne courroucer
Il met en tel peril sa vie
Sil a mort du fait desseruie
Que par le col le fera pendre
Se le iuge le pouoit prendre
Ou murtrir par amis priuez
Tant est a mal port arriuez

Cy dit a mon entencion
La meilleure introduction
Que len peut aux hommes aprendre
Pour eulx bien garder et deffendre
Que nulles femes leurs maistresses
Ne soyent quant sont iang. cesses yrōg.

Mais le fol quāt au soir se couche
Et gist lez sa fēme en sa couche
Ou reposer ne peut ou nose
Quil a espoir fait quelque chose
Ou veult par aduenture faire
Quelque murtre ou quelq cō traire
Dont il craint la mort receupuoir
Se len le peut apperceuoir
Et se tourne plaint et souspire
Et sa femme vers soy le tyre
Qui bien voit quil est a mesaise
Si la cosse applanie et baise
Et se couche entre ses mamelles
      La fēme q parle a son mary
Sire dit elle quelz nouuelles
Qui vous fait ainsi souspirer
Et tressaillir et reuirer
Nous sommes ores priuement

Icy nous deux tant seulement
Les persones de tout le monde
Vous le premier moy la seconde
Qui nous deuons mieulx entramer
De fin cueur loyal sans amer
Et de ma main bien men remembre
Ay fermé luys de nostre chambre
Et les parois dont bien les proise
Sont espesses plus dune toise
Et si haulten sont les cheurons
Que bien asseurs estre deuons
Et si sommes loing des fenestres
Dont most pl?seur en sont les estres
Quant a noz secretz descouurir
Si na pouoir de les ouurir
Sans despecer nul hōis viuant
Ne plus ne peut faire le vent
Briefuement ce lieu na point douye
Vostre voix ne peut estre ouye
Fors que de moy tant seullement
Pource vous prie piteusement
Par amours que tant vous fiez
En moy que vous le me dictez

Le mary

Dame dit il se dieu mauoye
Pour nulle riens ne le diroye
Car ce nest mie chose a dire

La femme

A dya dit elle beau doulx sire
Mauez vous donc suspeconeuse
Qui suis vostre loyalle espouse
Quant par mariage assemblasmes
Ihesucrist que pas ne trouuasmes
De sa grace ne auer nescha
Nous fit deux estre en vne char
Et quāt nous auōs chat vne
Par le droit de la loy commune
Dont ne peut en vne char estre
Fors vng seul cueur a la fenestre
Tout vng sot dōcqs les cueurs no-
Le mien auez et iay le vostre stre

Riēs ne doit dōc le vostre auoir
Que le mien ne puisse sauoir
Pource vous prie que le me dites
Par guerdon et par merites
Car iamais ioye au cueur nauray
Iusque a tant que le seguray
Et se dire ne le vulez
Ie scay bien que vous me boulez
Et que tant ne quant ne maimez
Qui doulce amie me clamez
Doulce seur et doulce compagne
A qui pelez vous tel chataigne
Se vous ne le me geisses
Bien pert que vous me traisses
Car tant me suis en vous fiee
Puis que vous meustes affiee
Que dit vous ay toutes les choses
Que iay dedans mon cueur encloses
Si laissay pour vous pere et mere
Oncles et seurs nepueux et frere
Et vus amis et tous parens
Comme les fais sont apparans
certes mōt ay fait maulais chāge
Quant vers moy estes si estrange
Que iaime plus q chose qui viue
Et ce ne me vault vne ciue
Qui cuidez que tant mesprisse
Vers vous que vostre secret deisse
Cest chose qui ne pourroit estre
Par ihesucrist le roy celestre
Qui vo?dit mieulx de moy garder
Plaise vous a moy regarder
Se de loyaute riens sauez
La foy que de mon corps auez
Ne vus suffit pas bien ce gaige
En vulez vous meilleur hostage
Donc suis ie des aultres la pire
Quant voz secretz ne mosez dire
Ie voy toutes ces aultres femmes
Qui sont de leurs hostelz si dames
Que leurs marys en eulx se fient

p iiii

Tant que to' leurs secretz leur dient
Tous a leurs femmes se conseillent
Quant en leurs lictz ensemble veillet
Et bien priuement se confessent
Si que riens a dire ne laissent
Et plus souuent sont asseurees
Quilz ne sont deuant leurs cures
Par eulx mesmes de vray le scay
Car maintesfoys ouy les ay
Car elles mont tout recongneu
Ce quelles ont ouy et veu
Et aussi tout ce quelles cuident
Ainsi se purgent et vuident
Si ne suis ie pas leur pareille
Nulle fers moy ne sapareille
Car ie ne suis pas iangleresse
Vilotiere ne tenceresse
Et suis de mon corps preude femme
Commēt qͥl soit vers dieu de lame
Ia nouyres vous oncques dire
Que zadultere feusse pire
Se les folz qui le vous compterent
Par leur mal ne le controuuerent
Ne mauez vous bien esprouuee
Ou mauez vous faulce trouuee

Apres beau sire regardez
Commēt vostre foy me gardez
Certes tres mallement mesprustes
Quāt vous lannel ou doy me mistes
De vostre foy me fiansastes
Ne scay comment faire losastes
Qui vous fit amoy marier
Sen moyne vous osez fier
Pource vous prie que vostre foy
Tenez et conseruez a moy
Et loyallement vous asseuse
Et prometz et fiance et iure
Par le seneure sainct pierre
Que ce sera secret soubz pierre
Ie seroye pire que folle
Se de ma bouche yssoit parolle

Dont eussiez honte ne dōmage
Honte seroit a mon lignage
Quoncques nul iour ne diffamay
Et tout premierement aymay
Ou seust dire est vray et sans faille
Que trop est fol qui son nez taille
Sa face a tousiours deshonnoure
Dictes moy se dieu vous sequestre
Ce dont le cueur vous desconforte
Ou se ce non vous mauez morte
Lors luy rebaise piedz et chief
Et le rembrasse de rechief
Et pleure sur luy larmes maintes
Entre les baisires et sainctes

Comment le fol mary couart
Se met dedans son col la hart
Quant son secret dit a sa femme
Dont pert son corps et elle same

Adonc le malheureup luy cōpte
A son grāt dōmage sa grāde hōte
Et par sa parolle se pert
Et quant la dit si sen repent
Mais parolle vne foys vuslee
Ne peut plus estre rappellee
Lors luy prie quelle sen taise
Comme cil qui plus a malaise
Quoncques deuant este auoit
Quant sa femme riens nen sauoit
Et elle luy respont sans faille
Que sen taira vaille que vaille
Mais le chetif que cuide il faire
Il ne peut pas sa langue taire
Si tend laustre du retenir
A quel chief en cuide il venir
Or se voit la dame au dessure
Et scet bien que quelque heure
Losera cil plus courroucer
Ne contre elle riens groucier
Mut le fera tenir et coy

Elle a bien matiere de quoy
Conuenant espoir luy tiendra
Tant que couroup luy reuiendra
Encores selle tant atent
Mais enuis atendra ia tant
Que moult ne luy soit en greuance
Tant aura le cueur en balance
Et qui les hommes aymeroit
Ce sermon leur sermonneroit
Qui fait bien en tous lieux a dire
Affin que chascun homs se mire
Pour eulx de grant peril retraire
Si pourra il espoir desplaire
Aux femmes qui trop ont de iangles
Mais escrite ne gert nul ágles. Nõ
beaulx seigneurs gardez vo' de femes
Se voz corps amez et voz ames
Au moins que ia si mal nourrez
Que voz secretz leur descouurez
Que dedans voz cueurs escriuez
Fuyez fuyez fuyez fuzez
Fuyez enfans fuyez telle beste
Ie vous conseille et amonneste
Sans deception et sans guille
Et notez ces vers de Virgille
Mais que voz cueurs si les sachiez
Quil nen puissent estre sachiez
Enfans qui cueillez les florettes
Et les freses fresches et nectes
 Soubz giste fres serpent en lerbe
Fuyez enfans car il est enherbe
Et empoysonne et enuenime
Tout homme qui de luy saprime
Enfans qui les fleurs allez querre
A franboyses croissant par terre
Le mal serpent refroidissant
Qui se sa illec tapissant
La malicieuse couleuure
Qui son venin remusse et coeuure
Et se tapit soubz lerbe tendre
Iusques tant que le puisse espandre

Pour vous deceptuoir et greuer
Pensez enfans de les chiur
Ne vous y laissez pas happer
Se de mort vulez eschapper
Car tant est venimeuse beste
Par corps par coux et par teste
Que se delle vous aprochez
Tous vous trouuerez encochez
Car elle mort en traison
Ce quelle ataint sans garison
Et de cestuy venin lardure
Iamais triacle ne le cure
Riens ny vault herbe ne racine
Seul fuir est la medicine
Ie ne dis te pas toutefoye
Alone ne fut sentencion moye
Que les femmes chieres nayez
Ne que si fait les doyez
Et quauec elles negisez
Mais commande que les prisez
Et par rayson les essaultez
Bien les vestes bien les chaussez
Et tousiours a ce labourez
Que les seruez et honnourez
Pour continuer vostre espece
Si que la mort ne la despiece
Mais ia tant ne vous y fiez
Que chose a taire leur diez
Bien souffres que doisent et viennée
La mesgnie et lostel maintiennent
Se vueillent a ce mectre cure
Ou sil aduient par auenture
Que sachent achetter ou vendre
A ce peuent elles entendre
Ou se sceuent aulcun mestier
Facent le silz en ont mestier
Et sachent les choses appertes
Qui nont besoing destre couuertes
Mais se tant vous abandonnez
Que trop de pouoir leur donnez
A tart vous en repentirez

Quant leur malice sentirez
Lescripture si nous escrirez
Que se la femme a seigneurie
Elle est a son mary cōtraire   Nō
Quāt luy vit riens ou dire ou faire
Renez vous garde touteuoye
Que lostel naisse a masse vie
Car on pert bien en meilleur garde
Qui sage est sa chose garde   Nō
Et se vous auez voz amies
Portez leur bonnes compaignies
Bien affiert que saichent aulcunes
Assez des besongnes communes
Mais se preup estes et senez
Quant entre voz bras les tenez
Et les acolez et baisiez
Ie vous prie que vous vous taisiez
Pensés de voz langues tenir
Car riens nen peut a chief venir
Quāt des secretz sont parsonnieres
Tant sont orgueilleuses et fieres
Et tant ont les langues nuisans
Et venimeuses et accusans
Mais quant les folz sont la venuz
Quilz sont entre leurs bras tenuz
Et les acolent et les baisent
Entre les ieup que tāt leur plaisent
Lors ny peut auoir riens cele
La est le conseil reuele
La se descouurent les maris
Dont puis sont dulens et marris
Tous accusent lors leurs pensees
Sinon les sages bien senses
Dalida la malicieuse
Par flaterie venimeuse
A sanson qui tant fut vaillant
Tant fort tāt preup tant bataillant
Ainsi que le tenoit formant
Soit en son giron dormant
Coppa ses cheueup de ses forces
Dont il perdit toutes ses forces

Que de ses erains le despouilla
Quant ses secretz luy reuela
Que le fol compte luy auoit
Qui riens celer ne luy sauoit
Mais plus ne vueil eiemple dire
Biē vns peut vng pour tous suffire
Salomon aussi en parolle   Salomon
Dont ie vous diray sans friuolle
Tantost pource que ie vous aim
De celle qui te dort ou sain
Garde les portes de ta bouche
Pour fuir peril et reprouche
Ce sermon biē deuroit prescher
Quiconques auroit bonne cher
Que tous de femmes se gardassent
Si q iamais ne si fiassent   Nō
Si nay ie pas pour vous ce dit
Car vous auez sans contredit
Tousiours este loyalle et ferme
Lescripture mesmes lafferme
Tant vous a donne dieu sans fin
Que vous estes sages sans fin
Genius ainsi la conforte
Et de ce quil peut luy enhorte
Quelle laisse son dueil ester
Car nul ne peut riens conquester
En dueil ce dit et en tristesse
Cest vne chose qui moult blesse
Et qui ce dit riens ne proffite
Quant il eut sa volente dicte
Sans vous faire longue priere
Il sassit en vne chayere
De coste son autel assise
Et nature tantost cest mise
A genoulz deuant le prouoyre
Mais sans faille cest chose voire
Que son dueil ne peut oublier
Nil ne len peut aussi prier
Quil y perdroit sa peine toute
Mais se taist et la dame escoute
Qui dit par grant deuocion

En plourant sa confession
Que ie cy vous apporte escripte
Mot a mot comme elle la dite

Entendez cy par grande cure
La confession de nature

Celluy dieu ou tout bien habonde
Quāt il tres biē fit ce bel monde
Dont il portoit en sa pensee
La belle forme pourpensee
Tousiours en perdurableté
Auant quelle eust dehors esté
Car la print il son exemplaire
Et quācque luy fut necessaire
Car sil ailleurs le voulsist querre
Il ny trouuast ne ciel ne terre
Ne riens dont aider se peust
Comme nulle riēs dehors neust
Car de neant fit tout saillir
Cil a qui riens ne peut faillir
None riens ne se meut a ce faire
Fors sa volente debonnaire
Large courtoise sans enuie
Qui fontaine est de toute vie
Et le fut au commencement
Vne masse tant seullement   cahos
Qui fut toute en confusion
Sans ordre et sans diuision
Puis la diuisa par parties
Qui puis ne furent departies
Et tout par nombre ensomma
Et scet combien la somme a
Et par raisonnables mesures
Termina toutes leurs figures
Et les fit en rondesse estandre
pour mieulx mouuoir pour pl' cōpre
Selō ce q̄ mouuables furēt   .&c.
Et comprenables estre deurent
Les legiers en hault volerent
Les pesans en terre auallerent

Et les moyennes ou millieu
Ainsi fut ordonne leur lieu   creation
Par droit cōpas par droite space
Celluy dieu mesmes par la grace
Quant il eust par ses diuises
Ses aultres creatures mises
Tāt me honnoura tāt me vīt chiere
Quil men establyt chamberiere   nature
Seruir my laisse et laissera   louant de
Tant que sa volente sera
Nul aultre droit ie ny reclame
Ains le mercy quant il tant mayme
Que si tres pouure damoiselle
A si grant maison et si belle
Celluy grant sire tant me prise
Quil ma pour chamberiere prise
Pour chamberiere certes voire
Pour connestable ne pour vicaire
Dont ie ne fusse mie digne
Ne sa volente benigne
Jgarde tant ma honnoree
Celle belle chaine doree
Qui les quatres elemens enlace   4 Eleme
Trestous enclins deuant ma face
Et me bailla toutes les choses
Qui sont dedans la chaine encloses
Et commanda que les gardasse
Et leurs formes continuasse
Et vult que toutes mobeissent
Et que mes regles ensuiuissent
Si que ia ne les oubliassent
Mais les tenissent et gardassent
A tousiours pardurablement
Ainsi le font communement
Toutes y mectent bien leur cure
Fors vne seulle creature
Du ciel ne me doy ie pas pleindre   le ciel
Qui tousiours tourne sās soy faindre
Et porte en son cercle poly
Toutes les estoilles oly
Estincellans et vertueuses

Sur toutes pierres precieuses
Si va le monde tediant
Commencant son cours d'orient
Et par occident sachemine
Et de tourner arriere ne fine
Toutes ces roes rauissant
Qui sont contre luy grauissant
Pour son mouuement retarder
Mais ne sen peuent si garder
Que ia pour eulx contre si lans
Qui naiste aux .xxxvi. mille ans
Pour venir au point droitement
Ou dieu le fist premierement
Vng cercle acomply tout entier
Selon la grandeur du sentier
Du zodiaque a la grant roe
Qui sur luy d'une forme roe
C'est le ciel qui court si apoint
Que d'erreur en son cours na point
Aplanos pource lappellerent
Ceulx q̃ point derreur ny trouuerent
Car aplanos vault en gregois
Chose sans erreur en francois
Si nest il pas veu par nul homme
Eil entre ceulx q̃ cy vous nomme
Mais rayson ainsi le nous preuue
Qui les demonstroisons y trouue
Ne ne me plain de sept planetes
Cleres et reluysans et nettes
Par tout le cours de soy chascune
Si semble il a gens que la lune
Ne soit pas bien nette ne pure
Pource que par lieux est obscure
Mais cest par sa nature double
Que par lieux pert espesse et trouble
D'une part luit et saultre cesse
Pource quelle est clere et espesse
Si luy fait sa chaleur perir
Ce que ne peut pas referir
La clere part de la substance
Des rais que le souleil luy lance

Ains sen passent par my tout oultre
Mais lespesse leur demonstre
Que bien peut aux rays contrester
Pour sa lumiere conquester
Et pour faire entendre la chose
Bien en deut on en lieu de glose
A brief motz vne exemple mectre
Pour mieux faire entendre la lectre
Comme le verre tresparens
Ou les rays sen passent parens
Qui par dedans ne par derriere
Na riens espes qui ne les fiere
Ne peuent les figures monstrer
Quant riens ny peuent contrester
Les rays des yeulx qui les retienne
Par quoy la forme au yeulx reuiene
Mais plomb ou q̃lque chose espesse
Qui les rays transpasser ne laisse
Qui d'aultre part mectre y vourroit
Tantost la forme retourroit
Ou sauleung corps poly et cire
Qui peut bien referir lumiere
Et fut espes d'aultres ou de soy
Retourroit elle bien le scay
Ainsi la lune en sa part clere
Dont elle resemble a lespere
Ne peut pas les rays retenir
Pourquoy lueur luy peust venir
Ains passent oultre mais lespesse
Qui passer oultre ne les laisse
Mais les refsiert forment arriere
Fait auoir a la lune lumiere
Pource pert par lieux lumineuse
Et par lieux semble tenebreuse
Et la part de la lune obscure
Nous represente la figure
D'une tresmerueilleuse beste
Cest d'ung serpent qui tient sa teste
Vers occident adez encline
Vers orient sa coue affine
Sur son dos porte vng arbre estãt

Ses rains vers orient portant
Mais estandant les destourne
Et sur deston reis seiourne
Ung homs sur cest arbre apuiez
Qui vers occident a riuez
Ses piedz ses cuisses ambedeulx
Comme il appert au semblant deulx
Moult font ces planetes bonne oeuure
Chascune delles si bien oeuure
Que toutes sept point ne seiournent
Par leurs .vii. maysons sen tournent
Et par tous les degrez sen queurent
Et tant quilz vueillent y demeurent
Et pour bien la besongne faire
Tournent par mouuement contraire
Sus le ciel chascun iour acquierent
Les parties quilz leur affierent
A leurs cercles enteriner
Puis recommancent sans finer
En regardant du ciel le cours
Pour faire aux elemens secours
Car q pourroit courre a deliure
Riens ne pourroit dessoubz luy viure
Le soleil qui le iour cause
Qui est de toute clarte cause
Se tient ou millieu comme roys
Trestout reflamboiant de rays
Ou millieu deulx en sa mayson
Ne ce nest mie sans rayson
Car dieu le bel le fort le sage
Voult que fut illec son estage
Car sil plus bassement courust
Nest riens q de chault nen mourust
Et sil mourust plus humblement
Le froit mist tout a dannement
La depart sa clarte commune
Aux estoilles et a la lune
Et les fait apparoir si belles
Que la nuit en fait ses chandelles
Au soir quant elle met sa table
Pour estre moins espouentable

Deuant ache son son mary
Qui moult en a le cueur marry
Qui voulsist mieulx sans luminaire
Estre auec la nuit toute noire
Comme iadis ensemble furent
Quant de premier sont recongneurent
Que la nuit en leurs deueries
Conceut les troys forcenneries
Qui sont en enfer iusticieres
Grasses felonneuses et fieres
Mais touteffoys la nuit se pense
Quant bien se mire en sa despense
En son celier ou en sa caue
Qui moult seroit hideuse et haute
La face auroit trop tenebreuse
Se nauoit la clarte ioyeuse
Des corps du ciel reflamboyans
Par my lair obscurcy rayans
Qui tournoient a leur espere
Comme lestablyst dieu le pere
La sont entre eulx leurs armonies
Qui sont causes de melodies
Et de diuersites de tous
Que par concordance metons
En toutes manieres de chant
Nest riens qui par celles ne chant
Et muent par leurs influances
Les accidens et les substances
Des choses qui sont soubz la lune
Par leur diuersite commune
Espesse le cler element
Cler sont ilz lespes ensement
Et froit et chault et sec et moiste
Tout ainsi comme en vne boiste
Font ilz a chascun corps venir
Pour leurs pais ensemble tenir
Tant soient ilz contrarians
Les sont ilz ensemble leans
Si sont paix de quatre ennemis
Quant si les ont ensemble mis
Par atrempance conuenable

A compleccion raisonnable
Pour former en la meilleur forme
Toutes les choses que ie forme
Et cil aduient quilz soyent pires
Cest du deffault de leurs matires
Mais qui bien garder y scaura
Ia si bonne paix ny attra
Que sa chaleur lumeur ne succe
Et sans cesser gaste et mengusse
De iour en iour tant quenue
Soit la mort qui luy en est deue
Par mon droit establissement
Si la mort y vient aultrement
Qui soit par aultre cas hastee
Ains que lumeur soit degastee
Que ia soit ce que nul ne puisse
Par medicine que len truisse
Ne par riens que len sache vengier
La vie du corps alongier
Si scay ie bien que de legier
La se peut chascun abregier
Car maint acourcent bien leur vie
Ains que lumeur soit deffallie
Par eulx faire noyer ou pendre
Ou par quelque peril emprendre
Dont ains quilz sen puisse fouir
Se font ardoir ou enfouir
Ou par quelque meschief destruire
Par leurs fais follement conduire
Ou par leurs priuez ennemis
Qui maintz en ont en coulpe mis
A glaiues mort ou par venins
Tat ont les cueurs faulx et chenins
Ou par cheoir en maladies
Par maulx gouuernemens de vies
Par trop dormir par trop veiller
Trop reposer trop trauailler
Trop engresser et trop seicher
Car en tout ce peut len pecher
Et par trop longuement iuner
Par trop de delitz a vser

Par trop de mestusses vouloir
Trop esiouir et trop douloir
Par trop boire et par trop mengier
Par trop leurs qualitez changier
Si comme il appert mesmement
Quant ilz se font soudainement
Trot chault auoir trop froit sentir
Dont trop tart sont au repentir
Ou par leurs coussumes muer
Qui font beaucop de gens tuer
Quant soudainement les remuent
Maintz sengrieffuent et maintz sen tu-
Car les mutacios soudaines
Sont trop a nature greua ines
Si quilz ne font en vain pener
Deulx a naturel mort mener
Et ia soit ce que moult messacent
Quat contre moy tel mort puchassent
Si me poise molt toutesuoyes
Quant ilz demeurent entre voyes
Comme chetif et recreans
Vaincuz par mors ses mescheans
Dont moult se pense bien garder
En eulx voulans contregarder
Des oultrages et des folies
Qui leur font acourcer leurs vies
Ains quilz ayent atainte et prinse
La bourne que ie leur ay mise

Comment nature se plaint cy
Des de vrei quilfirent contre luy

Empedocles mal se garda
Qui tant en liures regarda
Et tant ayma philosophie
Plein espoir de melancolie
Quonques la mort ne redoubta
Mais tout vif ou feu se bouta
Et iointz piedz ens ou feu sailly
Pour monstrer que cueur ont failly
Ceulx q mort vueillent redoubter

Pource se vult de gre bouter
Ne print pas ne miel ne sucre
Mais esseut illec son sepulcre
Entre les sulphureux bouillons
Origenes qui les couillons
Se coppa peu me reprisa
Quant a ses mains les encisa
Pour seruir en deuocion
Les dames de religion
Si que nulluy suspection neust
Que desir auec elles peust
Si dit len que les destinees
Leur eurent telz mors destinees
Et que kel eur leur ont ce meuz
Des le iour quilz furent conceuz
Et quilz prinrent leurs nacions
En telles constellacions
Que par droicte necessite
Sans aultre possibilite
Cest sans pouoir de lechiuer
Combien quil leur en deust greuer
Leur conuient tel mort receuoir
Mais ie suis certaine de voir
Combien que les cielz y trauaillent
Que les meurs naturelz leur baillet
Qui les encline a ce faire
Et les font a ceste fin traire
Par la matiere obeissant
Qui leur cueur leur va flechissant
Si peuent ilz bien par doctrine
Par nourriture necte et fine
Par suiuir bonnes compaignies
De sens et de vertuz garnies
Ou par aulcunes medicines
Qui soyent tresbonnes et fines
Et par bonte denseignement
Procurer quil soit aultrement
Mais quilz ayent comme sauez
Leurs meurs naturelz refrenez
Car quant de sa propre nature
Contre bien et contre droicture

Se vult homme ou feme atourner
Rayson len peut bien destourner
Mais quil la croye seullement
Lors yra la chose aultrement
Car aultrement peut il bien estre
Quoy que face le cours celestre
Qui most a grat pouuoir sas faille
Mais que rayson encontre naille
Car nont pouoir contre rayson
Comme scet chascun sages hom
Et si ne sont ilz mie maistre
Nilz ne la firent mie naistre
Mais de souldre la question
Comment predestinacion
Et la diuine prescience
Pleine de toute pouruueance
Peut estre a vulente deliure
Fort aux gens laiz a descriue
Et qui vuldroit la chose eprendre
Trop leur seroit fort a lentendre
Qui leur auroit mesmes solues
Les raysons alencontre meues
Mais il est vray quoy quil leur seble
Quilz sentreseuffrent bie ensemble
Aultrement ceulx qui bien feroyent
Ia louyer auoir nen deuroient
Ne cil qui de pecher se peine
Iamais nen deuroit auoir peine
Se telle estoit la verite
Que tout fust la necessite
Car cil qui bien faire vourroit
Aultrement faire pourroit
Ne cestluy qui mal vouldroit faire
Ne sen pourroit mie retraire
Voulsist ou non il le feroit
Puis que destine luy seroit
Et si pourroit bie aulcun dire
Pour disputer de la matiere
Que dieu nest pas en riens deceuz
Des fais quil a par deuant sceuz
Donc aduiendront ilz sans doubtace

A complection rasonnable
Pour former en la meilleur forme
Toutes les choses que ie forme
Et cil aduient quilz soyent pires
Cest du deffault de leurs matires
Mais qui bien garder y scaura
Ja si bonne paix ny aura
Que sa chaleur lumeur ne succe
Et sans cesser gaste et mengusse
De iour en iour tant q̃ venue
Soit la mort qui luy en est deue
Par mon droit establissement
Si la mort y vient aultrement
Qui soit par aultre cas hastee
Ains que lumeur soit degastee
Que ia soit ce que nul ne puisse
Par medicine que len truisse
Ne par riens que len sache dengier
La vie du corps alongier
Si scay ie bien que de legier
La se peut chascun abregier
Car maint acourtent bien leur vie
Ains que lumeur soit deffaillie
Par eulx faire noyer ou pendre
Ou par quelque peril emprendre
Dont ains quilz sen puisse fouir
Se font ardoir ou enfouir
Ou par quelque meschief destruire
Par leurs fais follement conduire
Ou par leurs priuez ennemis
Qui maintz en ont en coulpe mis
A glaiues mort ou par venins
Tãt ont les cueurs faulx et chenins
Ou par cheoir en maladies
Par maulx gouuernemens de vies
Par trop dormir par trop veiller
Trop reposer trop trauailler
Trop engresser et trop seicher
Car en tout ce peut len pecher
Et par trop longuement iuner
Par trop de delitz a suer

Par trop de mestusses vouloir
Trop esiouir et trop douloir
Par trop boire et par trop mengier
Par trop leurs qualitez changier
Si come il appert mesmement
Quant ilz se font soudainement
Trot chault auoir trop froit sentir
Dont trop tart sont au repentir
Ou par leurs coussumes muer
Qui font beaucop de gens tuer
Quant soudainement les remuent
maintz sengriefuẽt et maintz sen tuent
Car les mutaciõs soudaines
Sont trop a nature greuaines
Si quilz ne font en vain pener
Deulx a naturel mort mener
Et ia soit ce que moult mesfacent
Quãt cõtre moy tel mort puchassent
Si me poise molt toutesuoyes
Quant ilz demeurent entre voyes
Comme chetif et recreans
Vaincuz par mors ses mescheans
Dont moult se pense bien garder
En eulx voulans contregarder
Des oultrages et des folies
Qui leur font acourter leurs vies
Ains quilz ayent atainte et prinse
La bourne que ie leur ay mise

Comment nature se plaint cy
Des de duei quil firent contre luy

Empedodes mal se garda
Qui tant en liures regarda
Et tant ayma philosophie
Plein espoir de melancolie
Quonques la mort ne redoubta
Mais tout vif ou feu se bouta
Et iointz piedz ens ou feu sailly
Pour monstrer que cueur ont failly
Ceulx q̃ mort sueillent redoubter

Pource se vult de gre bouter
Ne print pas ne miel ne sucre
Mais esseut illec son sepulcre
Entre les sulphureux bouillons
Origenes qui les couillons *Orygene*
Se coppa peu me reprisa
Quant a ses mains les encisa
Pour seruir en deuocion
Les dames de religion
Si que nulluy suspection neust
Que desir auec elles peust
 Si dit len que les destinees
Leur eurent telz mors destinees
Et que bel eur leur ont ce meuz
Des le iour quilz furent conceuz
Et quilz prinrent leurs nacions
En telles constellacions
Que par droicte necessite
Sans aultre possibilite
Cest sans pouoir de lechiuer
Combien quil leur en deust greuer
Leur conuient tel mort receuoir
Mais ie suis certaine de voir
Combien que les cielz y trauaillent
Que les meurs naturelz leur baillet
Qui les encline a ce faire
Et les font a ceste fin traire
Par la matiere obeissant
Qui leur cueur leur va flechissant
 Si peuent ilz bien par doctrine
Par nourriture necte et fine
Par suiuir bonnes compaignies
De sens et de vertuz garnies
Ou par aulcunes medicines
Qui soyent tresbonnes et fines
Et par bonte denseignement
Procurer quil soit aultrement
Mais quilz ayent comme sauez
Leurs meurs naturelz refrenez
Car quant de sa propre nature
Contre bien et contre droicture

Se vult homme ou feme atourner
Rayson len peut bien destourner
Mais quil la croye seullement
Lors yra la chose aultrement
Car aultrement peut il bien estre
Quoy que face le cours celestre
Qui molt a grāt pouoir sās faille
Mais que rayson encontre naille
Car nont pouoir contre rayson
Comme scet chascun sages hom
Et si ne sont ilz mie maistre
Nilz ne la firent mie naistre
Mais de souldre la question *de la*
Comment predestinacion *pdestina*
Et la diuine prescience
Pleine de toute pouruéance
Peut estre a voulente deliure
Fort aux gens latz a descriue
Et qui vuldroit la chose eprendre
Trop leur seroit fort a sentendre
Qui leur auroit mesmes solues
Les raysons alencontre meues
Mais il est vray quoy ql leur seble
Quilz sentreseuffrent bie ensemble
Aultrement ceulx qui bien feroyent
Ia louyer auoir ne deuroient
Ne cil qui de pecher se peine
Iamais nen deuroit auoir peine
Se telle estoit la verite
Que tout fust la necessite
Car cil qui bien faire vourroit
Aultrement faire pourroit
Ne celluy qui mal vouldroit faire
Ne sen pourroit mie retraire
Voulsist ou non il le feroit
Puis que destine luy seroit
 Et si pourroit bie aulcun dire
Pour disputer de la matiere
Que dieu nest pas en riens deceuz
Des fais quil a par deuant sceuz
Donc aduiendront ilz sans doubtāce

Si comme ilz sont en sa science
Mais ilz scet cõme ilz aduiendront
Comment et quelz chief ilz tiendrõt
Car saultrement estre ce peust
Que dieu par auant ne le seeust
Il ne seroit pas tout puissant
Ne tout bon ne tout cognoissant
Nil ne seroit pas souuerain
Le bel le bon le premerain
Nil nen scauroit ne q̃ nous fõmes
Ou cuideroit auec les hommes
Qui sont en doubteuse creance
  Sans certainete de science
Mais tel erreur en dieu retraire
Et seroit dyablerie a faire
Nul homs ne le veuroit ouyr
Qui de rayson voulsist iouir
Donc conuient il a diure force
Quant vouloir donne a riés sefforce
De ce quil fait quainsi le face
Pense die veille ou prouchasse
Donc est sa chose destinee
Qui ne peut estre destournee
Donc se doit il ce semble ensuyure
Que riens nait voulente deliure
¶ Se les destinees tiennent
Toutes les choses q̃ aduiennent
Comme cest argument le preuue
Par lapparence quil y trouue
Cil qui bien oeuure ou mallemẽt
Quant ne le peut faire aultrement
Quel gre luy en doit dieu scauoir
Ne quel peine en doit il auoir
  Sil auoit iure le contraire
Ne peut il aultre chose faire
Donc ne feroit pas bien iustice
De bien rendre et pugnir le vice
Car comment faire le pouroit
Qui bien regarder y vouroit
Il ne seroit vertu ne vice
Ne sacrifice ne calice

Ne dieu prier riens ne vauldroit
Quant vice et vertu fauldroit
Ou se dieu iustice faisoit
Comme vice et vertu ne soit
Il ne seroit pas droicturiers
Ains clameroit les vsuriers
Les larrons et les murtriers quites
Et les bons et les ypocrites
Tout y seroit a pois vnis
Ainsi seroient bien honnis
Ceulx q̃ daymer dieu se trauaillent
Silz a samour a la fin faillent
Et faillir les y conuiendroit
Puis que la chose ainsi tiendroit
Que nul ne pourroit recouurer
La grace dieu pour bien oeuurer
Mais il est droicturier sans doubte
Car bonte refuit en luy toute
Aultrement seroit en deffault
Cil a qui nulle riens ne fault
Doncqs rent il soit gaing ou perte
A chascun selon sa desserte
Donc sont toutes oeuures nieries
Et les destinees peries
Aumoins cõme gens laiz en sentẽt
Qui toutes choses leurs presentent
Bonnes malles faulses et vires
Par auenances necessaires
Et franc vouloir et en estant
Que telz gens vont si mal traictant
Mais qui se vouldroit opposer
Pour destinees aloser
Et casser franche voulente
Car maint en a este tempte
Et diroit de chose possible
Combien quil puisse estre faillible
Aumoins quantelle est auenue
  Sauleuns lauoyent deuant veue
Et deissent telle chose sera
Ne riens ne sen destournera
Nauroyent ilz pas dit vrité

Donc seroit ce necessite
Car il sensuit se chose est voire
Doncques est elle necessayre
Par la conuertibilite
De voir et de neccessite
Donc conuient il ql soit a force
Quant necessite sen efforce
Qui sur ce respondre vourroit
Eschapper comment en pourroit
Certes Il diroit chose voyre
Mais non pas pource neccessaire
Car comment quil fait deuant veue
La chose nest pas auenue
Par neccessaire auenement
Mais par possible seulement
Car sil est qui bien y regard
Cest necessite en regard
Et non pas necessite simple
Si que ce ne fault vne guimple
Et se chose aduenir est voyre
Donc est ce chose necessayre
Car telle verite possible
Ne peut pas telle conuertible
Auec simple necessite
Sicomme simple verite
Si ne peut tel raison passer
Sans franche voulente casser
Daultre part q̃ garde y prẽdroit
Iamais aux gens ne conuẽdroit
De nulle chose conseil querre
Ne faire besongnes en terre
Car pourquoy se conseilleroyent
Ne besongne pourquoy feroyent
Se tout fut auant destine
Et par force determine
Pour conseil pour oeure de mains
Ia nen seroit ne plus ne moins
Ne mieulx ne pis ne pourroit estre
Fust chose nee ou chose a naistre
Fust chose faite ou chose a faire
Fust chose a dire ou chose a traire

Nul saprendre besoing nauroit
Sans estude des ars sauroit
Ce quil saura sil estudie
Par grant trauail toute sa vie
Mais ce nest pas a octroyer
Donc doit len plainement nier
Que les oeuures dumanite
Aduiennent par necessite
Ains font bien ou mal franchemẽt
Par leur vouloir tant seulement
Quil nest riens fors eulx a voir dire
Qui tel vouloir leur face eslire
Que prendre ou laisser ne puissent
Se de raison vser voulsissent
Mais ce seroit fort a respondre
our tous les argumẽs cõfon
Que lon peut encontre amener dre
Mais se voulurent a ce tenir
Et dirent par sentence fine
Que la prescience diuine
Ne met point de neccessite
Sur les poures dumanite
Car bien sen vont apperceuant
Pource que dieu les scet deuant
Ne sensuit il pas quilz aduiennent
Par force que telz fins tiennent
Mais pource quelles aduiendront
Et tel chief et tel fin tiendront
Pource les scet ains dieu ce dient
Mais ceulx maluaisemẽt desliet
Le neu de ceste question
Car qui voit leur entencion
Et ce veult a raison tenir
Les fais qui sont auenir
Se ceulx donnent vraye sentence
Causent de dieu sa prescience
Et la font estre neccessaire
Mais moult grant folie a croire
Que dieu si foiblement entendent
Que son sẽs dautruy fait deppẽde
Et ceulx qui telz sententes suiuent

Contre dieu mallement estriuent
Quant vuellent par si fabloyer
Sa prescience affoibloyer
Ne rayson ne peut pas entendre
Que l'en puisse riens aprendre
Nil ne pourroit certainement
Estre saige parfaictement
S'il fust en tel default trouue
Que ce eust fust sur luy prouue
Donc ne vault riens ceste responce
Qui la dieu prescience esconse
Et musse sa grant pourueance
Soubz les tenebres d'ignorance
Qui na pouoir tant est certaine
D'aprendre riens de vie humaine
Et se le pouuoit sans doubtance
Cestuy tiendroit de non puissance
Qui est douleur du recenser
Et moult grant pechie du penser
Les aultres aultrement sentirent
Et selon leur sens respondirent
Et s'accorderent bien sans faille
Que des choses comment qu'il aille
Qui sont par vulente deliure
Sicomme election les liure
Scet dieu ce qu'il en aduiendra
Et quel fin chascune tiendra
Par une addicion legiere
C'est assauoir en tel maniere
Comme elles sont a aduenir
Et vueillent par ce soustenir
Qu'il ny a pas necessite
Ains sont par possibilite
Si qu'il scet quel fin ilz feront
Et s'ilz seront ou ne seront
Tout ce scet il bien de chascune
Que de deux voyes tiendra lune
Ceste yra par negacion
Celle par affirmacion
Non pas si termineement
Qu'il soit espoir aultrement

Car bien peut aultrement venir
Se franc vouloir se veult tenir
Mais comment osa nul ce dire
Comment osa dieu tant despire
Qui luy donna tel prescience
Qu'il n'en scet riens fors en doubtance
Quant il n'en peut apperceuoir
Determinablement veoir
Car quant du fait la fin saura
Ja si bien sceue ne laura
Quant autrement peut aduenir
Si luy doyt autre fin tenir
Que celle que ia aura sceue
Sa prescience est deceue
Comme mal certaine et semblable
A oppinion deceuable
Sicomme auant monstre l'auoye
Aultres asserent aultre voye
Et maintes encor a ce tiennent
Qui dient des faitz qui aduiennent
Car tus par possibilite
Qu'ilz sont tous par necessite
Auant a dieu non pas aultrement
Car il scet termineement
De tousiours et sans nulle faille
Comment que de franc vouloir aille
Les choses ains que faictes soient
Quelconqs fins q celles ayent
Et par science necessaire
Sans faille ilz dient chose voire
De tant que tous a ce s'accordent
Et pour escrire bien recordent
Que la necessaire science
Est de tousiours sans ignorance
Scet il comment yra le fait
Mays contraignace pas ny fait
Ne quant a soy ne quant aux hommes
Car sauoir des choses les sommes
Et les particularitez
De toutes possibilitez
Ce luy vient de la grant puissance

De la bonte de sa science
Vers qui riens ne se peut esconbre
Et qui vouldroit pource respondre
Quil mette es fais necessite
Il ne diroit pas verite
Car pource quil les scet deuant
Ne sont ilpas de ce mie sant
Ne pource quilz sont puis la voir
Ne luy feront deuant sauoir
Mais pource quil est tout puissāt
Et tout bon et tout congnoissant
Pource scet il de tout le voir
Si quon ne le peut deceuoir
Riens ne peut estre qui ne soye
Et pour tenir la droicte voye
Qui bien vouldroit la chose eprendre
Qui nest pas legiere a entendre
Ung gros epeeple en pourroye mettre
Aux gens laiz qui nentendent lettre
Car telz gēs veullent grosses choses
Sans grant subtilite de gloses
Sung homme de grāt cueur faisoit   exemple
Vne chose quelle que soit
Ou du faire se retardast
Pource que son le regardast
Il en auroit honte et vergongne
Tel pourroit estre la besongne
Et ung aultre honte nen sceust
Deuant que cestuy faite leust
Ou quil leust laissee a faire
Si se veult mieulx du fait retraire
Cil qui la chose apres scauroit
Ja pource mise ny auroit
Necessite ne contraignance
Et sil en eust eu la science
Aussi bien par le temps deuant
Mais que plus ne la last greuāt
Mais quil le sceust tant seullemēt
Cela nest pas empeschement
Que celluy nait fait ou ne feist
Ce qui bien luy pleust ou seist

Ou que du faire ne cessast
Se la voulente ja laissast
Quil a si franche et si deliure
Quil peut le fait fuyr ou suiure
Aussi dieu et plus noblement
Et toutes determinablement
Scet les choses aduenir
Et quelles ilz ont a tenir
Comment que la chose puist estre
Par la voulente de son maistre
Qui tient en sa subiection
Le pouoyr de dilection
Et sencline a lune partie
Par son sens et par sa folye
Et scet les choses trespassees
Comme faictes et compassees
Et de ceulx qui les fais cesserent
Scet se a faire les laisserent
Pour hōte ou pour aultre achoisō
Soit raisonnable ou sans raison
Comme leur volente les maine
Car ie suis bien seure et certaine
Quilz sont de gens a grant plante
Qui de mal faire sont tempte
Touteffois a faire le laissent
Dont aulcuns en y a qui cessent
Pour viure vertueusement
Et pour lamour dieu seullement
Quilz sont de meurs bien acesmez
Mais iceulx sont bien cler semez
Laultre qui de pecher sapense
Sil ny cuidoit trouer deffense
Touteffois son couraige dompte
Pour paour de paine ou de honte
Tout ce voit dieu tres clerement
Deuant ses yeulx appertement
Et toutes les condicions
Des fais et des intencions
Riens ne se peut de luy garder
Ja tant ne scaura retarder
Car ja chose nest si loingtaine

q ii

Que dieu deuant soy ne la tienne
Ainsique celle fust presente
Garde dix ans ou xx. ou trente
Voire cincq cens voire cent mille
Soit a faire en champ ou en ville
Soit honneste ou desauenant
Si la voit dieu des maintenant
Ainsi que ce fust aduenue
Et des deuant la if bien veut
Par remonstrance veritable
En son mirouer pardurable
Que nul fors luy ne scet poser
Sans riens a franc vouloir tollir

¶E mirouer cest il luy meismes
De qui commacemēt prenismes
En ce bel mirouer poly
Quil tint et tient tousiours oly
Ou tout voit ce quil auiendra
Et tousiours present le tiendra
Voit il ou les ames yront
Qui loyaulment se seruiront
Et de ceulx aussi qui nont cure
De loyaulte ne de droicture
Et leur promect a ses ydees
Des oeures quilz auront oeurees
Saulvement ou dampnation
Cest la predestinacion   Nō
Et la prescience diuine
Qui tout scet et riens ne diuine
Qui scait aux gens sa grace estādre
Quant il les voit bien entēdu Nō
Ne na pas pource supplante
Paour de franche volente
Tout homme euure de franc vouloir
Soit pour iouer ou pour douloir
Cest la presente vision
Car qui la diffinicion
De pardurablete deslie
Cest la possession de vie

Qui par fin ne peut estre prinse
Trestoute ensemble sans diuise

¶Ais de ce monde lordonnāce
Que dieu par sa grāt prouēāce
Voult establir et ordonner
Ce contient il a fin mener
Quant aux causes vniuerselles
Celles seront par forces telles
Come viuet tō temps estre
Tousiours feront le cours celestre
Selon leurs reuolucions
Toutes leurs transmutacions
Et vseront de leurs puyssances
Par necessaires influances
Sur les particulieres choses
Qui sont es elemens encloses
Quāt sur eulx leurs rays receuront
Comme receuoir les deuront
Car tousiours choses engēdrables
Engendreront choses semblables
Ou feront leurs commistions
Par naturelz complexions
Selon ce quilz aront chacunes
En eulx proprietez communes
Et qui deura mourir mourra
Et viura tant comme il pourra
Et par leur naturel desir
Souldroit les cueurs des vngs gesir
En oyseuses et en delices
Vngs en vertus aultres en vices
Mais par auenture les fais
Ne feront tousiours ainsi fais
Comme les corps du ciel entendent
Se les choses deulx se deffendent
Qui tousiours leurs obeiroyent
Se destournees nen estoyent
Ou par cas ou par voulentez
Tousiours feront ilz tous temptez
De ce faire ou le cueur sencline

Nul de traire a tel fin ne fine
Si comme a chose destinee
Ainsi octroy Je destinee
Pource soit disposicion
Soubz la predestinacion
Adioustee aux choses mouuables
Selon ce quilz sont inclinables

Ainsi peut estre homs fortune
Pour estre des lors qil fut ne
Preux et hardy en ses affaires
Saige et large et debonnaires
Dauis garny et de richesses
Et renomme de grans prouesses
Ou pour fortune auoir peruerse
Mais bien regarde ou il conuerse
Car tout peult bien estre empeche
Ou par vertu ou par peche
Sil sent quil soit auers et chiches
Car tel homs ne peut estre riches
Contre ses meurs a rayson vienne
Et souffisance a soy retienne   Nō
Prenne bon cueur donne et despense
Deniers et robes et viande
Mais que ce son nom ne charge
Quon ne le tienne pour fol large
Si naura garde dauarice
Qui dentasser les gens atice
Et les fait viure a tel martire
Quil nest riens qui leur peust suffire
Et si les aueugle et compresse
Que nul bien faire ne leur laisse
Et leur fait toutes vertus perdre
Quant a luy se veullent a herdre
Ainsi peut homs se moult nest nice
Soy garder de tous aultres vices
Ou soy de vertus destourner
Si se veult a mal atourner
Car franc vouloir est si puissant

Sil est de soy si congnoissant
Quil se peut tousioures garantir
Sil peut dedans son cueur sentir
Que pechie vueille estre son maistre
Comment qui soit du corps celestre
Car qui deuant sauoir pourroit
Quelz fais le ciel faire pourroit
Bien les pourroit il empescher
Car sil vouloit si lair secher
Que toutes gēs de chault mourussēt
Et les gens par auant le sceussent
Ilz forgeroyent maisons neufues
En moystes lieux et pres des fleuues
Ou grans cauernes creuseroyent
Et soubz terre se musseroyent
Si que de chault nauroyent garde
Ou sil aduenoit quoy quil tarde
Que par eaues sordit deluges
Ceulx qui sauroyent les refuges
Laisseroyent tantost les plaines
Et sen fuiroyent en montaignes
Ou feroient si fors nauies
Quilz y saulueroyent leurs vies
Par la grant inundacion
Ainsi que fit deucalion
Et pirra qui sen eschapperent
Par la nasselle ou ilz entrent
Quilz ne fussent de floz happez
Et quant ilz furent eschappez
Quilz vindrent au port de salus
Et virent plaines de palus
Par my le monde les valees
Quant les mers sen furent allees
Et quil ny eust sire ne dame
Fors deucalion et sa femme
Si sen allerent a confesse
Ou temple themis la deesse
Qui jugeoit sur les destinees
De toutes choses destinees

Comment par le conseil themis
Deucalion tous ses amys
Luy et pirra la bonne dame
Fit reuenir en corps et ame

A genoillons illec se mirent
Et conseil a themis requirent
Cõmet ilz pourroyent ouurer
Pour leur lygnaige recouurer
Quant themis ouyt la requeste
Qui moult estoit bonne et honneste
Leur conseilla qlz sen allassent
Et quil apres leur dos gettassent
Tantost les os de la grant mere
Tant fust ceste responce amere
A pirra qui la reffusoit
Et contre se fort se peusoit
Quelle ne seuroit despicier
Les os de sa mere et blecier
Jusque a tant que deucalion
Luy en dit sa pposicion
Ne fault dit il aultre sens querre
Nostre grant mere cest la terre
Les pierres se nomment les os
Certainement ce sont les os

Apres nous les conuient getter
Pour noz lygnaiges susciter
Comme dit leust ainsi le firent
Et maintenant hommes saillirent
Des pierres que deucalion
Gettoit par bonne entencion
Et des pierres pirra les femmes
Saillirent en corps et en ames
Tout ainsi que dame themis
Leur auoit en loreille mys
Oncques ny quirent aultre pere
Jamais ne sera quil nen pere
La darte en tout leurs lygnages
Ainsi oauuerent comme saiges
Ceulx qui garantirent leur vie
Du grant deluge par nauie
Ainsi ceulx eschapper pourroyent
Qui tel deluge auant sauroyent
Vse herbout deuoit saillir   Janu
Qui si fit les biens deffaillir
Que les gens de fain mourir deussent
pource quug seul grai de ble neussẽt
Tant en pourroit on retenir
Auant que ce deust aduenir
Par .ii. ans par .iii. ou par .iiii.
Qui bien pourroit la fin abatre
Au peuple tant gros que menu
Quant au herbout seroit venu
Comme fit Joseph en egipte   Joseph
Par son sens et par sa merite
Et faire si grant garnison
Quilz en pourroyent garison
Sans fin et sans mesaise auoir
Ou sil pouuoient ains sauoir
Quil deust faire oultre mesure
En yuer estrange froidure   froid
Il mettroyent auant leur cure
En eulx bien garnyr de vesture
Et de busches a grant chartees

Pour faire feu en cheminees
Et ioncheroient leurs maisons
Quant seroient froides saisons
De belle paille nette et blanche
Quilz pourroiet prēdre ē leur gārche
Et cloroient huis et fenestre
Bien seroit plus hault leur estre
Ou seroient estuues chaudes
Parquoy leur balleries baudes
Tout nudz pourroient demener
Quant lair verroient forcener
Et getter pierres et tempestes
Et tuassent aux champs les bestes
Et grans fleuues prēdre et glacier
Ia tant ne scauroit menacer
Lair de tempestes ne de glaces
Quilz ne risissent des menasses
Et caroleroient leans
Des perilz quittes et rians
Bien pourroient lair escarnir
Et se pourroient bien garnir
Mais se dieu ny faisoit miracle
Par vision ou par oracle
Il nest nul ie nen doubte mye
Sil ne scauoit dastronomye
Les estranges complexions
Les diuerses posicions
Des cours du ciel et quel regard
Sur quel climat ilz ont regard
Qui puisse ce deuant scauoir
Par science ne par auoir
Et quant le cours a tel puissāce
Quil fait des cieulx la destrāpāce
Et leur destourbe ainsi leur oeuure
Quāt encontre eulx si biē se coeuure
Et plus puissant bien le recorz
Est force dame que de corps
Car elle meut le corps et porte
Selle ne fut chose fut morte

Mieulx donc et plus legierement
Par gs de bon entendement
Pourroit eschiuer franc vouloir
Quanquelle peut faire douloir
Ne garde que de riens se deusse
Pourquoy consentir ne se deusse
Et sache par cueur ceste clause
Quil est de sa mesaise cause
Fontaine de tribulacion
Ne peut fors estre occasion
Nil na des destinees garde
Se sa natiuite regarde
Et congnoist sa condicion
Que vault tel predicacion
Il est sur toutes destinees
Ia si ne seront destinees
Des destinees plus parlasse
Fortune et cas determinasse
Et bien vulsist tout espondre
Plus opposer et plus respondre
Et moult dexemples en diroye
Mais trop longuement y mectroye
Ains que ie leusse tout fine
Bien est ailleurs determine
Qui nen scet a clerc se demande
Qui luy en lyse et quil lentende

Neqre se taire men deusse
Ia certes mot parle ne deusse
Mais il affiert a ma matiere
Car mon ennemy pourroit dire
Quāt ainsi mourroit de luy plaidre
Pour ses desloyaultez estaindre
Et pour son createur blasmer
Que le vueille a tort diffamer
Car luy mesmes souuent seult dire
Quil na pas franc vouloir deslire
Car dieu par sa prouision
Si le tient en subiection

q iiii

Qui tout par destinee maine
Et leuure et la pensee humaine
Si que cil veult a vertu traire
Ce luy fait Dieu a force fayre
Et sil de mal faire sefforce
Ce luy fait Dieu fayre par force
Qui mieulx se tient que par le soit
Si quil scet ce que faire doit
De tout peche & toute aumosne
De bel parler et de ramposne
De loz et de detraction
De larrecin & occision
Et de paix et de mariages
Soit par raiso soit par oultraiges
Ainsi dit il conuenoit estre
Ceste fit Dieu pour cestuy naistre
Ne cil ne pourroit aultre auoir
Par nul sens ne pour nul auoir
Destinee luy estoit ceste
Et puis ce la chose est mal faicte
Que cil soit fol ou ceste folle
Quāt auleung en touche et parolle
Et mauldit ceulx qui consentirent
Au mariage et qui le firent
Il respont lors le mal tenez
A dieu dit il vous en prenez
Qui veult que la chose ainsi aille
Tout ce fit il faire sans faille
Lors conferme par serment
Quil ne peut aller aultrement
Non non ceste responce est faulse
Ne sers plus les gens de tel saulse
Le vray dieu que ne peut mentir
Ne les fait a mal consentir
Deulx vient le fol apensement
Dont naist le mal consentement
Qui les esmeut aux choses faire
Dont ilz se deussent retraire
Car moult bien retraire sen peussēt

Mais q̄ sās plus biē se cōgneussēt
Leur createur lors reclamassent
Qui bien les aimast silz laimassēt
Car celluy aime saigement
Qui se cognoist entierement

Ans faille toutes bestes mues
Dentēdement duides et mues
Se mescognoissent par nature
Car silz eussent en eulx parleure
Et la rayson pour eulx entēdre
Et quilz sentrepeussent aprendre
Mal fust aux hommes aduenu
Jamais si bel destrier crenu
Ne laisseroit sur luy monter
Ne par nul cheualiers dompter
Jamais buef sa teste cornue
Ne mettroit en ionc de charrue
Asnes muletz chamieaulx pour hōme
Jamais ne porteroyent somme
Oliphant sur sa haulte eschine
Qui de son nez trompe et buffine
Et sen paist au soir et matin
Comme ung homme fait de sa mai
Ja chien ne chat ne seruiroient
Sās hōme bien se cheuiroient
Ours loupz liepars et sangler
Tout dien droient homme estrāgler
Les ratz mesmes estrangleroient
Quant ou berseau les trouueroiēt
Jamais oysel pour mal appel
Ne mettroit en peril sa pel
Ains pourroit moult hōme greuer
Et en dormant les yeulx creuer
Et sil voulsdroit a ce respondre
Qui les cuideroit tous confondre
Pource quil fait faire darmeures
Heaulmes haubers espees dures
Et scet faire arez arbelestres

Aussi feroient aultres bestes
Nont ilz les cinges et marmottes
Qui leur feroient bonnes cottes
De cuir de fer vire pourpoins
Il ne demourroit ja pourpoins
Car ceulx ouureroient de mains
Si nen vauldroyent ja mains
Et pourroient estre escripuains
Ilz ne seroient ja si sains
Que tous ne se subtiliassent
Comment aux armes contretassēt
Et puis aulcuns engins feroient
Dōt moult aux hōmes greueroyent
Mesmes puces et oreilles
Selles fussent entortillees
En dormant dedans leurs oreilles
Les guerroyent amerueilles
Les poux aussi sirons et lentes
Tous leur liurent souuent ententes
Qui leur font leur oeuures laisser
Et ceulx flechir et abaisser
Guenchir tourner saillir triper
Et de grater et de frotter
Et despouiller et de chausser
Tant ne les sceuent enchasser
Mouches aussi a leur mangier
Leur mainent souuent grāt dāgier
Et les assaillent es visaiges
ne leur chault silz sōt rois ou paiges
fremis et petites vermines
Leur feroyent moult grās ataynes
Silz auoyent culx congnoissance
Mais vray est que ceste Ignorance
Leur vient de leur propre nature
Mais raisonnable creature
Soit homs more soit diuers āges
Qui tous doiuent a Dieu louenges
Sel se mescongnoist comme nice
Ce deffault luy vient de son vice

Qui les sens luy trouble et enyure
Car il peut bien rayson ensuiure
Et veut de franc vouloir vser
Nest riens quil len puist excuser
Et pource tant dit vus en ay
Et telz raysons y amenay
Que leurs langles vueil estanchier
Riens ne les en peut reuancher

Mais pour metēciō poursuite
Dōt je vuldroye estre deliure
Pour ma douleur que cy recors
Qui me trouble lame et le corps
Nen vueil je plus dire a ce tour
Vers les cieulx arrier men retour
Qui bien font ce que faire doiuent
Aux creatures qui recoiuent
Les celestiaux influances
Selon leurs diuerses substances
Les vens sont il contrarier
Lair inflammer bruire et crier
Et esclarcir en maintes pars
Par tonnerres et par espars
Qui tabourent timbrent et trompēt
Tant que les nues se destompent
Par les vapeurs quilz font leuer
Si leur fait leurs ventres creuer
La chaleur et les mouuemens
Par horribles tournoyemens
Et tempester et getter fouldres
Et par terre esleuer les pouldres
Voire tours et clochiers abatre
Et maintz vielz arbres si debatre
Que de terre en sont arrachees
Ja si fort my sont atachees
Que les racines riens leur vaillent
Que tous e nuers en terre naillent
Ou que des branches nayēt rouptes
Au moins vne partie ou toutes

Si dit len que ce sont les dyables
A tout leurs crocz et leurs chables
A leurs ongles a leurs hauetz
Mais tel dit ne vault deux nauetz
Ilz en sont a grant tort mescreu
Car nulle rien ony a eu
Fors les tempestes et le vent
Qui si les vont aconsuyuant
Ce sont les choses que leur nuysent
Ceulx ursent blez et vignes cuisent
Et fleurs et fruitz darbres abatent
Tant les tempestent et debatent
Ques branches ne peuent durer
Tant que bien se puisse meurer
Voyre plourer a grosses larmes
Refont ilz faire en diuers termes
Si ont grant pitie les nues
Quilz sen despoillent toutes nues
Ne ne prisent lors ung festu
Le noir mantel quilz ont vestu
Car a tel dueil faire satirent
Que tous par piesces la destirent
Et luy aydent a plourer
Comme son les ueust acueurer
Et pleurent si parfondement
Si fort et si espessement
Quilz font les fleuues desriuer
Et contre les champs estriuer
Et contre les forestz voysines
Par leurs oultraigeuses cretines
Dont il conuient souuent perir
Les blez et le temps encherir
Dont les poures qui les labourent
Esperance perdue plourent
Et quant les fleuues se desriuent
Les poissons qui les fleuues suiuent
Sicomme est droit et raisons
Car ce sont leurs propres maisons

Sen vont come seigneur et maistre
Par prez par champs par vignes pais:
Et sacourcent contre les chenes   stre
Contre les puis contre les fresnes
Et tollent aux bestes sauluaiges
Leurs manoirs et leurs heritaiges
Et vont ainsi par tout nagant
Dont tous vifz sen vont enragant
Bacus seres pancibele
Quant si sen vont attrubele
Les poissons par leurs gras noeus
Par les delectables pastures res
Aussi satirieret les fees
Sont molt dulens en leurs pensees
Quant ilz perdent par tel cretines
Leurs delicieuses gaudines
Les nymphes pleurent les fontaines
quant des fleuues les trouuent plaines
Et surhabondans et couuertes
Comme dolentes de leurs pertes
Et le folet et les dryades
Ont les cueurs de dueil si malades
Quilz se tiennent trestous pour pe
Quant ilz voient leurs bois pourpris
Et se plaignent des dieux des fleuues
Qui leur font villenies neufues
Tout sans desserte et sans forfait
Comme riens ne leur ont forfait
Et des prochaines basses villes
Quilz tiennent chetiues et viles
Refont les poissons hosteliers
Ny remaint granches ne celiers.
Ne lieu si vaillant ne si chier
Que partout ne saillent fichier
Vont aux temples et en les glises
Et tollent au dieux leurs seruises
Et chassent des chambres obscures
Les dieux priuez et leur figures

Et quant ce vient au chief de piece
Que le bel temps le lait despiece
Quant aux cieulx desplait et ennuye
Temps de tempeste et temps de pluye
Lair oste de toute son Ire
Et le fait resbaudir et rire
Et quant les nues appercoiuent
Que lair si resbaudy recoiuent
Adonc se resioissent elles
Et pour estre auenãs et belles
Font robbes apres leurs couleurs
De toutes leurs belles couleurs
Et mettent leurs toysons secher
Au bel soleil plaisant et cler
Et les sont par lair charpissant
Au temps cler et resplandissant
Puis filent et quant ont file
Si sont woulen de leur fille
En esguillees de fil blanches
Ainsi q pour couldre leur manches
Et quant il leur reprent couraige
Daler loing en pelerinaige
Si sont aceler leurs cheuaulx
Montent et passent mons et vaulx
Et sen fuyent comme desuans
Car eolus le dieu des vens
Ainsi est ce dieu appellez   vents
Quant ilz les a bien attelez
Car il nont nul aultre chartier
Qui saiche leurs cheuaulx traittier
Leur met aux piez si bonnes esles
Que nul oyseau neust oncques telles
Adonc prent lair son mantel ynde
Quil vest trop woulentiers en ynde
Si sen affuble puis sapreste
De soy cointir et faire feste
Et datendre en ce point les nues
Tant quelles soyent reuenues
Qui pour le monde solasser

Ainsi que pour aller chasser
Ung arc en leur poing prẽdre seulẽt
Ou deulx ou trois quat elles vullet
Qui sont apellez arcs celestres
Dõt nul ne scait sil nest bõ maistres
Pour tenir des regars escolle
Comme le soleil leg piolle
Quantes couleurs ilz ont ne quelles
Ne pourquoy tãt ne pourquoy telles
Ne la cause de leur figure
Et luy conuiendroit prendre cure
Destre disciple daristote
Qui mieulx mist nature a note
Que nul homs puis le temps caym
Alhetam le neueu huchaym
Qui ne fut pas ne fol ne gars
Cil fit le liure des regars
De ce doit cil science auoir
Qui veult de lart du ciel sauoir
Car de ce doit estre Jugeur
Clerc naturel et regardeur
Et saiche de geometrye
Dont necessaire est la maistrie
Au liure des regars prouuer   dioptrique
Lors pourra les causes trouuer
Et les forces des miroirs
Qui tant ont merueilleux pouuoirs   lunett
Qui toutes choses trespetites   de long
Lettres gresles tresloing escriptes   ueue
Et pouldre de sablon menues
Si grans et si grosses sont veues
Et si apparans aux mirans
Que chascun les peut chosir ens
Que len les peut lire et compter
De si loing que qui racompter
Le wouldroit et qui lauroit veu
Sil ne pourroit il estre creu
Domme qui point veu ne lauroit
Ou qui les causes nen scauroit

Si ne seroit pas creance
Puis quil en auroit la science
Mars et Venus lesqlz prins furent
Ensemble ou lit ou ilz se geurent
Silz ains que sur le lit montassent
En tel mirouer se mirassent
Mais que le mirouer tenissent
Si que le lit ou dedans feissent
Ja ne fussent prins ne liez
Es lacz subtilz et deliez
Que Vulcanus mis y auoit
De quoy nul deulx riens ne sauoit
Car cil les eust fait douure araigne
Plus subtille que fil daraigne
Eussent ilz bien les lacz veus
Et fut Vulcanus fort deceuz
Car ilz ny fussent pas entre
Car chascun lacz pl' dung gra ttre
Leur parut estre gros et longs
Si que Vulcanus le felons
Ardant de ialousie et dire
Ja ne prouuast leur adultire
Ne ia les dieux riens nen sceussent
Se reaulx de telz mirouers eussent
Car de la place sen fuyssent
Quat les lacz tous tendus y veissent
Et courussent ailleurs gesir
Ou mieulx celassent leur desir
Quilz fissent quelques cheuances
Pour eschiuer les mescheances
Sans estre honnis ne greuez
Dis Je vray soy que me deuez
De ce que vous auez ouy

Genyus

Certes cedit le prestre ouy
Ces mirouers cest chose voire
Leur fussent adonc neccessaire

Car ailleurs assembles se fussent
Quant le grant peril y cogneussent
Ou a lespee qui bien taille
Espoir mars le dieu de bataille
Se fust si du Jaloux vengie
Que ses lacz eust moult dommagie
Adoncques se peust en honneur
Esbatre auec sa femme asseur
Ou lit sans aultre place querre
Ou pres du lit dessus la terre
Et se par aulcune auenture
Qui moult fut felonneuse et dure
Damp Vulcanus y suruenist
A leure que mars le tenist
Venus qui moult est saige dame
Car trop de barat a en femme   Non
Se quant luys luy ouist ouurir
Peust bien a temps ses rains couurir
Moult eust eu excusacions
Pour quelques cauillacions
Et controuuast aultre achoison
Pourquoy mars vint en sa maison
Et Jurast tant que len vulsist
Tant que ces preuues luy toulsist
Et lors luy fist a force acroire
Quoncques la chose ne fut voire
Car ia fut ce quil leust bien veue
Si eust elle dit que la veue
Luy fust obscursie et troublee
Tant eust sa langue bien doublee
En diuerses plicacions
A trouuer excusacions
Car riens ne Jure ne ne ment
De femme plus hardyement
Si q mars sen allast tout quittes
Nature
Certes sire prestre bien dites
Come preux et courtois et saiges
Trop ont femes en leurs couraiges

Et subtilitez et malices
Qui ce ne scet est fol et nices   *nays*
None de ce ne les epcusons
Plus hardiment que nul homs
Certainement Jurent et mentent
Mesmement quant elles se sentent
De quelque fais encoulpees
Ja si ne seront atrappees
En ce cas especiallement
Dont bien puis dire loyaulment
Qui cueur de femme apperceuroit
Jamais sier ne si seuroit   *Nō*
Non seroit il certainement
Quil nen mescherroit aultrement

Lacteur
Ainsi laccordent ce me semble
Nature et genius ensemble
Et dit salomon toutenoyes
Puis que par la verite voyes
Que bienneure homme seroit
Qui bonne femme trouueroit   *Nō*

Nature
Encores ont mirouers dit elle
Mainte aultre force grande et belle
Car choses grans et grosses mises
Tres pres semblet loing estre assises
Et fut ce la plus grand montaigne
Qui soit entre france et sardaigne
Quilz y peuent bien estre veues
Si petites et si menues
Quenuis les pourroit on choysir
Tant regardast len par loysir

Aultres mirouers pour veritez
Moustret les ppres qūatitez
Des choses que len y regarde
Sil est que bien y prengne garde
Aultres mirouers sont qui atsent

Les choses quant ilz les regardent
Qui les scet adroit compasser
Pour les raiz ensemble amasser
Et sur les mirouers royent
Quant le soleil reflamboyent
Aultres font diuerses ymages
Apparoir en diuers estages   *de duelles figures*
Droictes belongues et enuerses
Par composicions diuerses
Et dune en sot ilz plusieurs naistre
Ceulx q̄ des mirouers sont maistre
Et font quatre yeulx en une teste   *concaues*
Silz a cela forme preste
Si font fantosmes apparans
A ceulx qui regardent par ens   *conuexes*
Et les font dehors apparoir
Tout dit soit par eaue ou par air
Et les peut len veoir iouer
Entre loeil et le mirouer
Par les diuersitez des angles
Sont le moyen compost ou sangles
Dune nature ou de diuerse
En quoy la forme se reuerse
Quittant se va multipliant
Par le moyen obediant
Qui dient aux yeulx apparoissans
Selon les rais ressortissans
Que si diuersement recoit
Que les regardeurs en decoit

Aristottes aussi tesmoygne
Qui bien sceust de ceste besogne
Car toute science auoit chiere
Ung homs dist il malades yere
Si luy aduint la maladie
Sa veue moult fort affoyblie
Et lair estoit obscur et troubles
Et dit que par ces raysons dubles
Veit il en lair de place en place
Aler par deuant soy sa face

Briefmēt mirouers silz nōt ostacles
Font apparoir trop de miracles
Si font bien diuerses distances
Sās mirouers grant deceuances
Sēbler choses estre eulx loigtaines
Estre coniointes et prouchaines
Et sembler dune chose deux
Selon la diuersite deulx
Ou six de trois ou huit de quatre
Qui se veult au veoir esbatre
Ou plus ou moins en peut veoir
Si peut il les yeulx asseoir
En plusieurs choses sembler vne
Qui bien les ordonne et a vne
Mesmes dung si tres petit homme
Que chacun a nayn se renomme
Font eulx paroir aux yeulx voiās
Quil soit plus grans q̄ nul geans
Et pert par sur les bois passer
Sās brāche ployer ne quasser
Si que tous de paour en tremblēt
Et le geant nayn ilz ressemblent
Par les yeulx que si les desuoient
Quant si diuersement les voyent
Et quant ainsi sont deceuz
Ceulx q̄ telles choses ont veuz
Par mirouer ou par distances
Qui leur ont fait telles monstrāces
Si vōt puis au peuple et sen vātēt
Et ne dient pas vray mais mātēt
Quilz ont les geans dyables veuz
Tant sont en leur regars deceuz
Si font bien oeil eserme et trouble
De chose sangle sembler double
Et paroir ou ciel double lune
Deux chandelles on nen a qunne
Si nest nul qui si bien regard
Que souuant ne faille en regars
Dont maintes choses iugees ont
Destre tout aultres que ne sont
Mais ie ne vueil or mettre cure

A en declarer la figure
Des mirouers ne ne diray
Comment sont reflati liray
Ne leurs angles ne vueil descrire
Tout est ailleurs escript en liure
Ne pourquoy des choses mirees
Sont les ymages remirees
Aux yeulx de ceulx qui la se mirent
Quant vers les mirouers se virent
Ne les lieux de leurs apparances
Ne les causes des deceuances
Ne vous vueil dire biau prestre
Ou telz ydosses ont leur estre
Oues mirouers ou de fores
Ne ne recenceray pas ores
Daultres visions merueilleuses
Soient plaisās ou douloureuses
Que len voit aduenir soudaynes
Scauoir mont selles sont foraines
Ou sans plus en la fantaisie
Ce ne declareray ie mye
Nil ne conuient ores pas
Aincois le laisse et le trespas
Auec les choses deuant dites
Qui le seront par moy descriptes
Car trop y a longue matiere
Et seroit grefue chose a dire
Et aussi moult fort a entendre
Sil est qui le vousist aprandre
Aux gens laitz specialement
Qui ne diroit generalement
Si ne pourroient ilz pas croire
Que la chose fust ainsi voire
De ces mirouers mesmement
Qui tant oeuurēt diuersement
Se par iustrumens ne soient
Se cler luyre ne leur vouloient
Qui le sceussent par demonstrance
Cest merueilleuse science
Ne des visions les manieres
Tant sont merueilleuses et fieres

Ne pourroyent Ilz octroyer
Qui les leur vuldroit desployer
Ne quelz sont les exceptions
Qui viennent par telz divisions
Soit en veillant soit en dormant
Dont maintz sesbaissent forment
Pource les vueil cy trespasser
Ne si ne vueil or plus laisser
Moy de parler ne vous douye
Bon fait prolixite fuyr
Il sont femmes molt envieuses
Et de parler contrarieuses
Si vous prie quil ne vous desplaise
Pource que du tout ne men taise
Se bien par la verite dys
Tant en vueil dire toutesfoys
Que plusieurs en sont si deceuz
Que hors de leurs litz se sont meuz
Et se chauffent et si se vestent
Et de tout leurs harnoys saprestent
Si com les sens commus someillent
Et tous les particuliers veillent
Prenent bourdons viennet escharpes
Ou piez ou faulcilles ou sarpes
Et vont cheminant longues voyes
Et ne sceuent ou toutesvoyes
Et aussi montent sur cheuaulx
Et passent ainsi monts et vaulx
Par seiches voyes et par fanges
Tant quilz viennet en lieux estranges
Et quat ces sens commus seuueillent
Moult esbahyssent et merueillent
Quant puis en leur droit sens reuie-
Et quat auecc les gens se tienet net
Si tesmoingnet nó pas par fables
Que ia les ont portes les dyables
Qui de leurs ostelz les osterent
Et par eulx mesmes si porterent
Il est bien souuenent auenuz
Quat aulcúns sont pris et tenuz
Par aulcune grant malice

Si comme il pert par franchise
Quant ilz nont gardes suffisans
Ou sont ceulx en lostel gisans
Quilz saillent sus et puis cheminet
Et de tant cheminer ne finent
Quilz trouuet qlq̃s lieux sauluages
Ou prez ou vignes ou boscaiges
Et se laissent illecc cheoir
Za les veut len aller voyr
Se len le veult combien que tarde
Pource quilz neurét point de garde
Fors gens espoir folle et mauluaise
Tout mort de fain et de mesaise
Ou quant sont en bonne sante
Voit len des gens a grant plante
Qui maintesfois sans ordonnáce
Par naturelle coustumance
De trop penser sont curieulx
Quant trop sont mellencolieux
Ou paoureux oultre mesure
Qui mainte diuerse figure
Se font apparoir en eulx mesmes
Aultrement que nous veismes
Quant nous des mirouers partions
Dont si briefment nous passions
Et de tout ce leur sembloit lors
Qui soit ainsi pour vray de hors
Eulx qui par grant deuotion
En trop grant contemplació
Font apparoir en leurs pensees
Les choses quilz ont pourpensees
Et les cuident tout proprement
Veoir dehors appertement
Et ce nest fors truffe et mensonge
Ainsi que de lomme qui songe
Qui voit ce cuide en sa presence
Lespirituelle substance
Comme fit cipion iadis
Qui vit enfer et paradis
Et ciel et ayr et mer et terre
Et tout ce que len y peut querre

Il voit estoilles apparoir
Et voit oyseaulx voler par air
Et voit poyssons par mer noer
Et voit bestes par boys jouer
Et faire tours et beaulx et gens
Et voit diuersitez de gens
Les vngs en chambre soulasser
Les aultres sont par boys chasser
Par montaignes et par riuieres
Par prez par vignes et par iachieres
Et songe plaintz et iugemens
Et guerres et tournoiemens
Et baisseries et carolles
Et oyt vielles et cytolles
Et flaire despices doulcereuses
Et toutes choses sauoureuses
Et sent entre ses bras samye
Iasoyt ce quelle ny soyt mye
Et voyt ialousie tenant
Vng pestel a son col tenant
Qui prouuez ensemble les treuue
Par masse bouche qui contreuue
Les choses ains que faites soyent
Dōt tous amās par iour seffroyēt
Car ceulx q̄ vrays amās se clament
Quāt damours ardēmēt se traimēt
Dont molt ont trauail et ennuys
Quant se sont endormis de nuys
En leur lit ou moult ont pense
Car les proprietez en sce
Si songent les choses aymees
Que tant ont par iour reclamees
Ou songe de leurs aduersayres
Qui leur font ennuys et contraires
Ceulx qui sont en mortes haynes
Courroux songent et les ataynes
Et contens a leurs ennemys
Qui ses ont en la hayne mys
Et choses a guerre ensuiuables
Par contraires ou par semblables
Ou silz sont boutes en prison

Par aulcune grant mesprison
Songent ilz de leur deliurance
Silz ont en eulx bonne esperance
Ou songent ou gibet ou corde
Que le cueur par iour leur recorde
Ou quelque songe desplaisans
Qui ne sont mye hors mais ens
Si cuident ilz pour vray des lors
Que ces choses soyent dehors
Et font de ce ou dueil ou feste
Et portent dedans leur teste
Qui les cinq sens ainsi recoit
Par les fantosmes quil recoit
Dont maītes gēs par leurs folies
Cuident voir par nuyt estries
Errans auecques dame habonde
Et dient que par tout le monde
Les tiers enfans de nacion
Sont en ceste condicion
Quilz vōt troys fois en la sepmaine
Sicomme destinee les maine
Et par tous les hostelz se boutent
Ne clef ne barre ne redoubtent
Mais sen entrent par les fendaces
Par archieres et par creuaces
Et se partent les corps des ames
Et vont aueques les bōnes dames
Par lieux forains et par maysons
Et le preuuent par telz raisons
Car ces diuersitez quont veues
Ne sont pas en leur litz venues
Mais sont leurs ames q̄ labeurent
Et parmy le monde sen queurent
Et tant comme ilz sont en tel erre
Sicomme ilz font aux gēs acroire
Qui leur corps restourne auroit
Iamais lame entrer ny sauroit
Mais trop a ey folie horrible
Et chose qui nest pas possible
Car corps humain est chose morte
Tantost que lame en soy ne porte

Doncques est ce chose certaine
Que ceulx q̃ troys foys la sepmaine
Ceste maniere darer suiuent
troys foys meurēt et troys foys viuēt
Dedans vne sepmaine meismes
Et cil est ainsi que nous deismes
Donc resussitent moult souuent
Les disciples de tel conuent
　Ais cest bien terminee chose
Que iose reciter sans glose
Que nul qui doye a mort courir
Na que dune mort a mourir
Ne ia ne ressuscitera
Tant que son iugement sera
Se nest miracle special
De par le dieu celestial
Comme de sainct ladre lysons
Car ce point ne contredisons
Et quant len dit daultre partie
Que quant lame cest departie
Ainsi du corps de saourne
Se trouue le corps vstourne
Elle ne peut en lieu venir
Qui veut tel fable soustenir
Il est voir et bien le recors
Ame desseuree du corps
Plus apperte est sage et cointe
Que quāt elle est au corps conioynte
Dont el suit la complexion
Qui luy trouble lentencion
Donc est mieulx lors par elle sceue
Lentree que ne fut lyssue
Pourquoy plus tost la trouueroit
Ia si destourne ne seroit
　Aultre part q̃ le tiers du mōde
Aille ainsi auec dame habonde
Comme folles vielles le preuuent
Par les visions quilz y trouuēt
Dont conuient il sans nulle faille
Aussi que tout le monde y aille
Quil nest nul soit voir ou māsonge
Qui maintes visions ne songe
Non pas troys foys en la sepmaine
Mais .xv. foys en la quinzaine
Ou plus ou moins par auenture
Comme la fentasie dure
　Si ne vueil ie dire des songes
Silz sot vrayz ou silz sōt māsōges
Se len les doit du tout eslire
Ou silz sont du tout a despire
Pourquoy les vngz sōt pl' horribles
Les aultres plus beaulx et paisibles
Selon leur apparitions
Aux diuerses complexions
Et selon les diuers courages
Des meurs diuers et des eages
Ou se dieu par telz visions
Enuoye reuelacions
Ou les malignes esperitz
Pour mectre les gens en perilz
De tout ce ne mentremetray
Mais a mon propos me mettray
Ie vous dy doncques q̃ les nues
Quant lassees sont et recreues
De traire par lair de leurs fleches
Et plus de moistes q̃ de seiches
Car de pluies et de rousees
Les ont trestoutes arrousees
Se chaleur aulcune ney seiche
Pour traict aulcune chose seiche
Si destendent leurs arcs ensemble
Quāt ont trait tāt q̃ bon leur semble
Mais trop ont estrangiers ameres
Ces arcs donc traient ces archieres
Car toutes leurs couleurs sen fuiēt
Quant en destendant les enuyent
ne iamais puis de ceulx la meismes
Ne retrairont nōc ne le vismes
Mais se veullent aultre foys traire
Nouueaulx arcs leur cōuiēt refaire
Que le soleil puist pioler
Quil conuient aultrement doler

Encor oeuure plus l'influance
Des cieulx q͂ tãt ont grãt puissance
Par mer et par terre et par air
Les commettes font apparoir
Qui ne sont pas aux cieulx posees
Ains sont parmy lair embrasees
Et pou durent puis que sont faites
Dont maintes fables sont retraites
Les mors aux princes en deuinent
Ceulx qui de deuiner ne finent
Mais les cōmettes plus nagettent
Ne plus espessement ne gettent
Leurs influances ne leurs rays
Sur pouures hōmes que sur roys
Ne sur roys q͂ sur pouures hommes
Aincois oeuurẽt certains en sōmes
Ou monde sur les regions
Selon les disposicions
Des climatz des hōmes des bestes
Qui sont aux influances prestes
Des planetes et des estoilles
Qui plus grant pouoir ont sur elles
Si portent les signifiances
Des celestiaux influances
Et les conplexions esmeuuent
Si comme obeissans les trouuent
Ie ne dis ie pas ne nafiche
Que Roys doyent estre si riche
Plus que les personnes menures
Qui vont a pie par my les rues
Car souffisance fait richesse
Et conuoitise fait pouresse
Nō soit roy ou naist saillãt deux chiches
q͂ pl⁹ conuoite mois est riches Nō
Et qui vouldroit croire escriptures
Les roys resẽblent les paintures
Dont tel exemple nous apreste
Cil qui nous escript la maieste
Se bien y scauoit prendre garde
Cil que les paintures regarde
Qui plaisent qui ne sen apresse

Mais de pres la plaisance cesse
De loing semblent delicieuses
De pres ne sont point delicieuses
Ainsi ia des amis puissans
Doulx sōt a leurs mescōgnoissans
Leurs seruice et leur acointance
Par le deffault dexperience
Mais qui bien les esprouueroit
Tant damertume y trouueroit
Quil si craindroit moult a bouter
Tant fait leur grace a redoubter
Ainsi nous en asseure Orace
De leur amour et de leur grace
Ne les princes ne sont pas signes
Que les cours du ciel donnẽt signes
De leur mort pl⁹ q͂ dūg aultre hōe
Et leur corps ne vault vne pome
Oultre le corps dung charruier
Ou dung clerc ou dung escuier
Car ie les fais semblables estre
Si comme il appert a leur maistre
Par moy naissãt sẽblables nudz
Fors et foibles gros et menuz
Tous les metz en equalite
Quant a lestat dumanite
Fortune y meet le remanant
Qui ne peut estre permanant
Qui ses biens a son plaisir donne
Ne ne prent garde a quel personne
Et tout retourne et retoulrra
Toutes les foys quelle vouldra
Car elle est trop fort variable
Que dung varlet curant estable
Fait a la foys aussi grant compte
Comme dūg roy dūg duc dūg conte
Ainsi quil est monstre dessus
Du grant neron et de crossus

Comment nature proprement
Deuise bien certainement
La Verite dont gentillesse

Vient et en nenseigne ladresse

Se nul contredire mose
Qui de gentilesse salose
Et die que le gentil homme
Comme le peuple se renomme
Est de meilleur condicion
Par noblesse de nacion
Que ceulx qui la terre exerciuent
Ou qui de leur labour viuent
Je respons que nul nest gentilz
Silz nest aux vertuz ententilz
Nul nest villain que par ces vices
Dont il pert oultrageux et nices
Noblesse vient de bon courage
Car gentillesse de lignage
Nest pas gentillesse qui faille
Pourquoy bonte de cueur y faille
Parquoy doit estre en luy parans
La prouesse de ces parans
Qui la gentillesse conquirent
Par les grans trauaux qlz y mirent
Et quant du siecle trespasserent
Toutes leurs vertuz emporterent
Et laisserent aux hoirs lauoir
Car plus nen peurent ilz auoir
Lauoir ont ne plus ny a leur

Ne gentillesse ne valeur
Silz ne sont tant q̄ gentilz soient
Par sens ou par vertuz quilz aient
Ont clercs plus grās auātaige
Destre gētilz courtois et sages
Et la rayson vous en diray
Que nont les princes ne le roy
Qui ne sceuent de la lecture
Mais le clerc voit en lescripture
Auec les sciences prouuees
Raisonnables et demonstrees
Tous maulx dont len ce doit retraire
Et tous les biens que len peut faire
Les choses voit du monde escriptes
Comme elles sont faites et dites
Il voit es anciennes vies
De tous villains les villenies
Et toꝰ les fais des courtois hōmes
Et des courtoisies les sommes
Briefuement il voit escript en liure
Ce que len doit fuir ou suiure
Par quoy tout clerc disciple et mai
Sont gentilz et le doiuent estre
Et sachiez ceulx qui ne le sont
Cest par le cueur que mauluais ont
Quilz en ont trop plus sauuantages
Que ceulx q̄ sōt aux cerfz sauluages
Si vallent pis q̄ nulle gēt
Clercs q̄ nont le cueur noble et gēt
Quāt les biens cōgneuz eschiuent
Et les vices veux ensuiuent
Et plus pugniz deuroient estre
Par deuant lempereur celestre
Clercs qui sabandonnent a vices
Que les gens lais simples et nices
Qui nont pas les vertuz escriptes
Que ceulx retiennent silz et despites
Et se princes sceussent de lectre
Ne sen peuent ilz entremectre
De tant lire et de tant aprendre
Quilz ont trop ailleurs a entendre

Parquoy pour gentillesse auoir
Ont les clerez ce pouez sauoir
Plus auantages et greigneurs
Que nont les terriens seigneurs
Et pour gentillesse conquerre
Qui moult est honnourable en terre
Tous ceulx qui la vuellent auoir
Doyuent ceste regle sauoir
Quiconeques tend a gentillesse
Dorguteil se gard et de paresse
Aille aux armes ou a lestude
Et de villennie se vuide
Humble cueur ait courtois et gens
En tous lieux et vers toutes gens
Fors sans plus vers ses ennemis
Quant acors ny peut estre mis
Dames honnoure et damoiselles
Mais ne se fie trop en elles
Bien luy en pourroit mescheoir
Car nul nest trop bon a croir.
Tel homs soit auoir loz et pris
Sans estre blasme ne repris
Et de gentillesse le nom
Doit receuoir les aultres non
Cheualiers aux armes hardiz
Preux en fais et couars en diz
Comme fut messire gauuain
Qui ne fut paoureux en vain
Et le conte dartoys robers
Qui des ce quil yssirt du vers
Hanta tous les iours de sa vie
Largesse honneur cheualerie
None ne luy pleut oyseux seiours
Ains deuint homs auit ses iours
Tel cheualier preux et vaillant
Large hardy bien bataillant
Doit par tout estre bien venu
Loue ame et chier tenu
Moult dit len se clerc honnourer
Qui bien veult a sens labourer
Et pense des vertuz ensuiure

Qui dit escriptes en son liure
Et si fit len certes iadiz
Bien en nommeroie ia dix
Voire tant que se ie les nombre
Ennuyt sera douir le nombre
Iadiz tout vaillant gentil homme
Comme le peuple les renomme
Empereurs duc côtes et roys
Dont ia cy plus ne compteroys
Les philozopes honnorerent
Aux poetes mesmes donnerent
Villes iardins lieux honnourables
Et maintes choses delectables
Naples fut donnee a virgille
Qui plus est honnourable ville
Que nest amiens ne lauardins
En calabre reust beaux iardins
Aminus qui donnez luy furent
Des anciens qui le congneurent
Mais pourquoy plus en nomeroye
Par plusieurs le vous prouueroie
Qui furent nez de bas lignages
Et plus eurent nobles courages
Que iamais filz de roys et de contes
Dont ia cy ne vous feray comptes
Et pour gentilz furent tenuz
Or est le temps a ce venuz
Qui les bons qui toute leur vie
Trauaillent en philozosophie
Et sen vont en estrange terre
Pour sens et pour honneur coquerre
Et souffrent les grans poruretes
Coms mandians et endebtez
Et vont espoir deschaux et nudz
Ne sont aymez ne chier tenuz
Princes ne les prisent deux pômes
Et si sont ilz plus vaillans hômes
Se dieu me gard sauoir les sieures
Que ceulx q̃ vont chasser aux lieures
Et q̃ ceulx qui sont coustumiers
De prendre oseaux aux esparuiers

Ceil qui daultruy gentillesse
Sans sa valeur et sa prouesse
Veult emporter los et renom
Est il gentil ie dy que non
Mais dit estre villain clame
Et vil tenu et moins ame
Que silestoit filz dung truant
Ie nen iray nulluy huant
Et fut ores filz Alexandre
Qui tant osa darmes emprendre
Et tant continua les guerres
Quil fut sire de toutes terres
Et puis que ceulx luy obeirent
Qui contre luy se combatirent
Et que ceulx se furent renduz
Qui ne sestoient deffenduz
Dist il tant fut dorgueil destrois
Que ce monde estoit si estrois
Quil si pouoit enuis tourner
Ne plus ny vouloit seiourner
Mais pensoit daultre monde querre
Pour commancer nouuelle guerre
Et sen aloit en fer brisier
Pour soy faire par tout prisier
Dont tous de grant paour treblerēt
Les dieux denfer car il cuiderent
Quant ie leur comptay q ce fust
Cil qui par le bourdon de fust
Deuoit denfer brise les portes
Pour les ames de pechie mortes
Et leur grant orgueil atacher
Pour ses amis denfer charsser
Mais posons ce q ne peut estre
Que ie face aulcun gētil naistre
Et que des aultres ne me chaille
Quilz sont appellans villenaille
Que bien a il en gentillesse
Certes qui sont engin adresse
A bien la verite comprendre
Il ny peut aultre chose entendre
Fors quil semble que la prouesse

De ses parens formant le blesse
Sen telle facon ne veult viure
Qui vueille tous leurs fais ensuiure
Qui gentil homs veult ressembler
Sil ne veult gentillesse embler
Et sans desserte los auoir
Car ie fais a tous assauoir
Que gentillesse point ne donne
Nulle chose qui ne soit bonne
Fors q les fais tant seulement
Et sachiez bien certainement
Que nul ne doit auoir louenge
Par vertu de personne estrange
Aussi nest pas droit que ie blasme
Nulle personne daultruy blasme
Cil soit loue qui le dessert
Mais cil qui de nul bien ne sert
En qui lon trouue mauluaistiez
Villenies et engretiez
Et vanteries et coubans
Ou cil est double et lobans
Dorguteil farcy et de ramponnes
Sans charite et sans aumosnes
Et negligent et paresseux
Car len en trouue peu de ceulx
Tant soit il nez de telz pgrens
Ou toutes vertuz sont parens
Il nest pas droit bien dire los
Quil ait de ses parens le los
Mais dit estre plus vil tenu
Que sil fut de chetif venu
Sache tout homme entendable
Quil nest mie chose semblable
Dacquerre sens et gentillesse
Et renommee par prouesse
Et dacquerre grans tenemens
Grans deniers et grans aornemens
Quant pour faire a leur volentez
Car ceulx qui sont entalentez
Deux trauailler pour moult acqrre
Deniers aornemens ou terre

e iii

Bien aient ilz dor amasses
Cent mille marcs ou plus asses
Tant pour laisser a leurs amis
Mais ceulx q̃ leur trauail ont mis
Es aultres choses dessus dites
Tont qlz les ont par leurs merites
Amours ne les peuent plaissier
Quilz leur en puissent riẽs laisser
Peuent ilz laisser science non
Ne gentillesse ne renom
Mais ilz leur en peuent aprendre
Silz y veullent exemple prendre
Aultre chose nen peuent faire
Ne ceulx nen peuent riẽs plꝰ traire
Sil nen refont il pas grant force
Ne nen donroient vne escorce
Mais ne pensent fors que sauoir
Les possessions et lauoir
Et dient quilz sont gentil homme
Pource que len les y renomme
Et que leurs bons parens le furent
Quilz furẽt telz cõme estre deurent
Et quilz ont les chiẽs et oyseaux
Pour sembler gentilz sa moyseaux
Et quilz vont chatans par riuieres
Par champs par bois et par iachieres
Et quilz se vont oyseux esbatre
mais ceulx sõt mauluais vil lenastre
Qui daultruy noblesse se vantent
Il ne dient pas vray mais mantent
Car le nom de gẽtillesse ẽblent Nõ
Quãt leurs bõs parẽs ne ressembẽt
Et en leurs fais semblables estre
Ceulx veullent donc q̃ gẽtilz estre
Daultre noblesse que de celle
Que leur donne qui moult est belle
Qui a nom naturel franchise
Que iay sur tous egalement mise
Auec rayson que dieu leur donne
Qui leur fait la volente bonne
Samblables a dieu et aux anges

Se mort ne les en fit estranges
Qui par sa mortel differance
Des hommes fait la desseruance
Et querent neufues gentillesses
Silz ont en eulx tant de prouesse
Car ce par eulx ne les acquierent
Jamais gentilz par aultruy nierent
Je nen metz hors ne duc ne conte
Daultre part est ce plus grãt hõte
Dung filz de roy sil estoit nices
Et plein doultrages et de vices
Que sil estoit filz dung chartier
Dung porchier ou dung sauatier
Certes seroit plus honnourable
A gauuain le bien combatable
Quil fut dung truant engendre
De feu de charbon encendre
Quil ne seroit destre couart
Et son pere fut renouart
Mais sais faille ce nest pas fable
La mort dung prince est plꝰ notable
Que nest la mort dung paisant
Quant on le trouue mort gisant
Et plus loing en vont les paroles
Et pource cuident les gens folles
Quant il ont veues le commectes
Quilz soyẽt pour les princes faites
Mais se iamais nest roy ne prince
Par royaulme ne par prouince
Et fussent tous par cilz en terre
Fussent en paix fussent en guerre
Si feroient les cours celestre
En leurs temps les cõmectes naistre
Quant es regardz se receuroyent
Ou ceulx oeuure faire deuroient
Mais quil y eust en lair matire
Qui leur puist bien a ce suffire
Dragons volans et estincelles
Font ilz par lair sembler chã deses
Qui des cieulx en cheant descendent
Come les simples gẽs entendẽt

Mais rayson ne peut pas bien veoir
Que riens puisse des cieulx cheoir
Quāt en eulx na riēs corrompables
Tant sont netz fins fors et estables
Nilz ne recoiuent pas empraintes
Pour qlz soient dehors empraintes
Ne riens ne les pourroit casser
Nilz ne lairroient riens passer
Tant soit subtille ne passable
Sel nest espoir spirituable
Leurs rays sans faille biē y passent
Mais ne sempirent ne ne cassent
Les chaulx estez les froys yuers
Font ilz par leurs regars diuers
Et font les noifz et font les gresles
Vne heure grosses lautre gresles
Et noz aultres impressions
Selon leurs composicions
Et selon ce quilz sentresloignent
Ou saprochent ou se cōtoygnent
Dout plusieurs souuent sesmaient
Quant es cieulx les esclipses vient
Et cuidēt estre mal nienez *Eclipse*
Des regars qui leur sont finez
Des planettes quilz auoient veues
Dont si tost dependent les veues
Mais se les causes bien en sceussent
Ja de riens ne sen esmeussent
Ne pour les bouhondiz des gens
Les ondes de mer esleuans
Et les floz aux nues baisier *fluz*
Puis apres la mer apaisier *& rufluz*
Tant quelle nose plus grondir
Ne ses floz faire rebondir
Fors cestuy qui par son scauoir
Luy fait a ses leaue mouuoir
Et la fait aler et venir
Nest riens qui sen peut detenir
Et qui vouldroit plus bas enqrre
Des merueilles q sont en terre
Du cours du ciel et des estoilles

Tant y en trouueroit de belles
Qui iamais nauroit tout escript
Qui mectre vouldroit en escript
Ainsi le ciel vers moy saquite
Qui par sa bonte tant proffite
Que bien me puis apperceuoir
Que tous sont tresbiē leur deuoir
Ne ne me plains des elemens
Bien gardēt mes commandemens
Bien font entre eulx leurs mixtions
Tournēt en reuolucions
Car quanque la lune a soubz soy
Est corruptible bien le scay
Riens ne se peut si bien nourrir
Que tout ne couienne pourrir
Tous ont de leur complexion
Par naturelle ētencion
Regle qui ne fault ne ne ment
Tout a en son commandement
Si generalle est ceste regle
Quen eulx ne deffault ne desregle
Ne me plains mie des planettes *planetz*
Qui dobeir ne sont pas lentes
Bien sont a mes loys ententiues
Et font bien tant quelles sont viues
Leurs racines et leurs fueillettes
Trōcs et brāches fruitz et fleurettes
Chascune chascun en aporte
Tant cōme peut tant qlle est morte
Comme herbes arbres et buissons
Les oyseaux aussi les poissons
Qui moult sont beaux a regarder
Bien sceuent mes regles garder
Et les fais si bien esueiller
Quilz traient tous a mon colier
Tous saonnent a leurs vsages
Et font honneur a leurs lignaiges
Ne ne se laissent decheoir
Dont cest grant soulas a veoir
Ne ne me plaintz des aultres bestes
A qui fais encliner les testes

r iiii

Qui regardent toutes vers terre
Ceulx ne me firent oncques guerre
Toutes a ma cordelle tirent
Et font comme leur pere firent
Le masle va a la femelle
S'il a couple auenant et belle
Tous engendrent et vont ensemble
Toutes les foys q̃ bon leur semble
N'eia nul marchie ny feront
Quant ensemble s'acorderont
Ains plaist a lung pour lautre faire
Par courtoisie de bon aire
Et tous a bien paiez se tiennent
Des biens q̃ de par moy leur viennent
Si sont mes belles vermïnetes
Formis papillons et mouchetes
Vers qui de pourriture naissent
De mes commans garder ne cessent
Et mes serpens et mes colenures
Tous estudient en mes oeuures
Mais seul hõme a qui fait auoye
Trestous les biens q̃ te sauoye
Seul hõme que ie fais et diz
Hault vers le ciel porte le vis
Seul hõs q̃ ie forme et fais naistre
En la propre forme son maistre
Seul hõms pour q̃ peine et labour
C'est la fin de tout mon labour
Nil n'a pas se ie ne luy donne
Quant a sa corporel personne
Ne de par corps ne de par membre
Qui vaille vne pommette d'ambre
Ne quant a l'ame vrayement
Fors vne chose seulement
Il tient de moy qui suis sa dame
Troys forces q̃ de corps que d'ame
Car bien puet dire sans mentir
Ie fais estre viure et sentir
Moult a ce chetif dauantage
S'il voulsist estre preux et sage
De toutes vertuz surhabonde

Que dieu a mise en ce monde
Compains est a toutes les choses
Qui sont par tout le monde encloses
Et de leur bonte parsonnieres
Il a son estre auec les pierres
Et vit auec les herbes drues
Et sent auec les bestes mues
Encor puet il trop plus en tant
Q'auec les anges est hantant
Que vous puis ie plus recenser
Il a quanque l'en peut penser
C'est vng petit monde nouueaux   *microcosme*
C'il me fait pis que nulz louueaux
Sans faille de l'entendement
Congnois ie bien que vrayement
Cestuy ne luy donnay ie mie
La ne s'estent pas ma baillie
Ne suis pas sage ne puissant
De faire riens si congnoissant
Oncques ne fiz riens par durable
Tout ce q̃ fais est corrompable
Platon moult bien si le tesmougne
Quant il parle de ma besongne
Et des dieux q̃ de mort n'ont garde
Leur createur ce dit les garde
Et soustient par durablement
Par son vouloir tant seulement
Et se son vouloir ny tenist
Trestous mourir leur conuenist
Mon fait ce dit est tout soluble
Tant ay pouuoir pouure et obnuble
Au regard de la grant puissance
De dieu qui vit en sa presence
La triple temporalite   *trinite*
Soubz vng moment de trinite
C'est le roy et c'est l'emperiere
Qui dit aux dieux quil est leur pere
Et seuent ceulx qui platon lisent
Car telles parolles y visent
Au moins en est ce la sentence
Selon le langage de france

Dieu des dieux qui est mon faiseur
Vostre pere vostre creeur
Et vous estes mes creatures
Et mes oeuures et mes figures
Par nature estes corrompables
Par mes volentes pardurables
Car riens si nest fait par nature
Combien quelle y meete sa cure
Qui ne faille en quelque saison
Mais quanque par bonne raison
Veult dieu conioindre et atremper
Fors et feybles sages sans per
Ja ne vouldra ne ne vueil
Que riens il y ayt dissolu
Ja ny viendra corrupcion
Dont ie fais tel conclusion
Puis q̄ vous com̄ a sastes estre
Par la volente vostre maistre
Dont vous estes tous engendre
Parquoy ie vous tiens et tendre
Nestes pas de mortalitez
Ne de corrupcion quietez
De que tant tous ie vous veisse
Mourir se ie ne vous tenisse
Par nature mourir pourrez
Mais par mon vueil ia ne mourrez
Car mon vouloir a seigneurie
Sur les liens de vostre vie
Qui les composicions tiennent
Dont pardubletez vous viennēt
Cest la sentence de la lectre
Que platon voult en liure mectre
Qui mieulx de dieu parler osa
Plus le prisa plus la losa
Quonc ques ne fit nulz terriens
Des philosophes anciens
Sil nen peust il pas assez dire
Car il ne peust pas bien suffire
A bien parfaitement entendre
Ce que onc ques hōs ne peust cōprēdre
Fors le ventre dune pucelle

Mais il est vray q̄ cesse ancelle
Son tres saint ventre estendit
Plus que platon ny entendit
Car elle sceut des quel portoit
Dont au porter se deportoit
Quil est le pere merueillable
Qui ne peut estre corrompable
Qui par tous lieup son ses trāslīee
Nen luy na point de transferance
Qui est le merueilleup triangles
Dont lunite fait les troys angles
Ne les troys tout entierement
Ne font que lung tant seulement
Cest le cercle triangulier
Et le triangle cerculier
Qui en la vierge sostella
Ne sceut pas platon iusque la
Ne leust par trine vnite
En cesse simple trinite
Ne la vite souueraine
Affublee de pel humaine
LE dieu q̄ createur se nomme
Qui fit sentēdemēt de lomme
Et en le faisant luy donna
Et cil si luy guerre donna
Comme maluais a dire loie
Qui cuyda puis dieu deceupuir
Mais de luy mesmes se deceut
Dont messire la mort receut
Quāt il sus moy prit char humaine
Pour les chetifz oster de peine
Sans moy car ie ne scay comment
Fors quil peut tout par son cōment
Ains suis trop forment esbahye
Quant en cesse vierge marie
Fut pour le chetif encharne
Et puis pendu tout enchaine
Car par moy ne peut ce pas estre
Que riens puisse de vierge naistre
Si fut iadis par maint prophete
Ceste incarnacion retraite

Et par les iuifz et par payens
Que mieulx noz cueurs en appaiés
Et mieulx nous efforcions de croire
Que la prophetie soit vire
Car es bucoliques Virgille
Lisons ceste dit de cibille
Du sainct esperit enseignee
Ja nous est nouuelle signee
Du hault ciel cy ius enuoyee
Pour auoir la gent desuoyee
Dont les siecles de fer fauldront
Et ceulx dez ou monde sauldront
Albumasar aussi tesmoigne
Commet ql sceust ceste besongne
Que dedans le virginal signe
Naistroit vne pucelle signe
Qui sera dit il vierge et mere
Et si alectera son pere
Et son mary les luy sera
Qui ia point ne la touchera
Ceste sentence peut sauoir
Qui veult albumazar auoir
Elle est ou liure toute preste
Dont chascun en fait vne feste
Des gens cristies en septembre
Qui tel natiuite remembre
Mais tout ce que iay dit dessus
Et scet nostre seigneur ihesus
Ay ie pour homme laboure
Pour le chetif ce labour ay
Cil est la fin de toute meure
Cil seul contre mes regietz oeuure
Ne se tient de riens appaye
Le desloyal le renoye
Nest riens qui luy puisse souffire
Quelque chose quon luy puet dire
Les honneurs que ie luy ay faittes
Ne pourroient estre retraittes
Et il me refait tant de honte
Que ce nest mesure ne compte
Beaux doulx frere beau chappelain

Est il doncques droit que ie laim
Ne que plus luy port reuerance
Quant il est de tel pourueance
Ainsi ma dit dieu le crucifis
Moult me repens quant ie le fis
Mais pour la mort que cil souffrit
A qui iudas baisier ouffrit
Et que longis fiert de sa lance
Je luy copperay bien sa chance
Deuant dieu qui le me bailla
Quant a simage le tailla
Puis quil my fait tant de contraire
Femme suis que ne me puis taire
Ains vueil ie son fait reueler
Car femme ne scet riens celer
Oncques ne fut mieulx le sangie
Quant de moy cest tant estrangie
Ses vices seront recitez
Jen diray toutes veritez
Orguilleux est murtrier et lierre
Fel couuoiteux auuer tricherre
Desespere glout mesdisant
Et haineux aultruy mesprisant
Mescreant enuieux menteur
Pariure tres mauluais hanteur
Inconstant folet variable
Ydolatre desagreable
Traite desloyal ypocrite
Et paresseux et sodomite
Briefuement trop est chetif et nices
Quant il est serf a tous ces vices
Et tous dedans soy les heberge
Voyez de quelz fers il senferge
Va il bien pourchassant sa mort
Quant a tel mauluaistie samort
Et puis q toutes choses doiuent
Retourner la sont ilz recoyuent
Le commancement de leur estre
Quak hos sieder a deuāt son maistre
Qui tousiours et tant come il peust
Seruir craindre et honourer deust

Et foy de mauluaiſtie garder
Comment ſoſera regarder
Et celluy qui iuge ſera
De quel oeil le regardera
Quant vers luy ſeſt ſi mal porte
Quen tous deffaulx ceſt comporte
Et quil a eu le cueur ſi lent
Quil na de bien faire talent
Ains ſont du pis grant et mineur
Quilz puent ſauluer leur honneur
Et ſont ainſi iure ſe ſemble
Par ung acord treſtous enſemble
Si ny eſt elle pas ſouuent
A chaſcun ſaulue par conuent
Ains en recoiuent mainte peine
Ou mort ou grant honte villaine
Mais le las que peut il penſer
Sil veult ſes peches recenſer
Quant il viendra deuant le iuge
Qui toutes choſes poiſe et iuge
Et tout a droit ſans faire tort
Que riens ny guenchit ne eſtort
Quel guerdon peut il atendre
Fors la hart a le mener pendre
Au douloureux gibet denfer
Ou prins ſera et mis en fer
Riue en anneaux pardurables
Auecques les princes des dyables
Ou ſera bouly en chaudiere   Enfl'
Ou rouſty deuant et derriere
Ou ſur charbons ou ſur greziles
Ou tournoye a grans cheuilles   Ixion
Comme ypion a tranchans roes
Que mauffez tournet a leur poes
Ou moura de ſoifes palus
Ou de faim auec tantalus   tantale
Qui touſiours en leaue ſe baigne
Et combien que ſoif le deſtraigne
Ja na proucera de ſa touche
Leaue qui au menton luy touche
Quant plus la ſuit et plus ſabeſſe

Et puis faim ſi fort le compreſſe
Quil nen peut eſtre aſſouage
Ains meurt de faim tout enrage
Et ſi ne peut la pomme prendre
Quil voit touſiours a ſon nez pendre
Car de tant plus la veult mengier
Plus de luy ſe veult eſlongier
Ou roſſera la meuſle a terre   ſiſyphe
De la roche et puis lira querre
Et derechief la roſſera
Ne iamais iour ne ceſſera
Comme fit le las ſichiſſus
Qui pource faire fut mis ſus
Ung tonnel ſans fons et lira
Emplir ne ia ne ſemplira
Comme font les belles dyantes   danaides
Par leurs folies anciennes
Si ſauez vous beau genius
Comme le tuſier ticius
Sefforcent hanteurs de mangier
Riens ne les en peut eſtrangier
Moult y a daultres grandes peines
Et felonneuſes et villaines
Ou ſera mis eſpoir le homs
Pour ſouffrir tribulacions
A grant douleur et a grant rage
Vengee ſeray de louſtraige
Certes le iuge deuant dit
Qui tout iuge en fait et en dit
Sil fut tant ſeullement piteux
Bon fut eſpoir et deliteux
Le preſt que aura fait luſurier
Mais il eſt touſiours doictarter
Parquoy fait moult a redoubter
Mal ſe fait en pechie bouter
Sans faille de tous les pechiez
Dont le chetif eſt entachez
A dieu les laiſſe et ſen cheuiſſe
Quant luy plaira ſi len pugniſſe
Mais de ceulx dont amours ſe plait
Car ien ay bien ouy le plaint   la natu
                                  re ſe plain

Je mesmes tant comme ie puis
Me plains et me doy plaidre puis
Que de ce me reuient le treu
Que trestous les hommes mont deu
Et tousiours doiuent et deuront
Tant que mes houtilz receuront

C'est cy comment dame nature
Enuoye a amours par grant cure
Genius pour le saluer
Et pour mains courages muer

Genius le bien emparlez
En l'ost du dieu damours alez
Qui moult de me seruir se peine
Et tant mainte ien suis certaine
Que par son franc cueur debonnaire
Plus voulentiers mes oeuures se traire
Que ne fait ser uers ayment
Dites luy que salu luy mans
Et a dame Venus ma mie
Puis a toute la baronnie
Fors seullement a faulx semblant
Affin que mieulx faille a semblant
Auec les felons orgueilleux
Les ypocrites perilleux
Desquelz lescripture repetes
Que ce sont les tres faulx prophettes

Et puis est moult souspeconneuse
Abstinence destre orgueilleuse
Et destre a faulx semblant semblable
Combien que semble charitable
Se faulx semblant est plus trouuez
Auec ces faulx traitres prouuez
Ia ne soit mis en ma saluance
Ne sa mie aussi abstinence
Trop sont telz gens a redoubter
Bien les deuroit amours bouter
Hors de son ost se bien luy pleust
Et que certainement ne sceust
Que bien luy fussent necessaire
Et quil ne peust sans eulx riens faire
Mais sil sont aduocaz pour eulx
En la cause des fins amoureux
Dont leur mal leur soit alege
Le barat leur pardonne ie
Amis allez au dieu damours
portez mes plains et mes clamours
Non pas pource que droit m'en face
Mais quil se conforte et soulace
Quant il orra cest' nouuelle
Qui moult luy deura estre belle
Et a noz ennemis greua ine
Et trespasse ne luy soit peine
Le soucy que mener l'en voy
Dites luy que la lui ennoy
Pour tous ceulx ex communier
Qui le veulent contrarier
Et pour assouldre les vaillans
Qui sont de bon cueur trauaillans
Aux regles droictement ensuiure
Qui sont escriptes en mon liure
Et formement ce sestudient
Que leur lignage multiplient
Et quilz pensent de bien aimer
Car tous les doys amis clamer
Pour leurs amies mettre en delices
Mais qlz se gardent tous des vices
Que iay cy deuant racomptez

Et ensuiuent toutes bontez
Pardon qui soit bien souffisans
Leur donnez non pas de dix ans
Ne le priseroient ung denier
Mais a tousiours pardon planier
De trestout ce que fait auront
Quant bien confesser se scauront
Et quant en loz serez tenuz
Ou tous serez moult chier tenuz
Puis que saluez les maurez
Comme saluer les scaurez
Publiez leur en audience
Ce pardon et ceste sentence
Que ie vueil que cy soit escripte
Lors escript cil et celle dite
Puis la sceelle et le luy baille
Et luy prie que tost sen aille
Mais quelle soit auant asolte
De ce que son penser luy oste
Si tost quelle eust este confesse
Dame nature la deesse
Comme la loy le veult et le do
Le vaillant prestre genius
Tantost labsoult et si luy donne
Penitance auenant et bonne
Selon la grandeur du meffait
Quil pourpensoit quelle eust forfait
Enioint luy quelle demourast
Dedans sa forge et labourast
Si comme labourer souloit
Puis que de riens ne se douloit
Et son seruice adez feist
Tant que ung aultre remede y mist
Le roy que tout peut adresser
Et tout faire et tout despecier
Si luy dit a donc genius
Tout ce que iay dit cy dessus
Pensez de faire et de retenir
Tantqua vous puisse reuenir
Nature
Sire dit elle voulentiers

Genius
Et ie men vois endementiers
En lost damours plus q̃ le cours
Pour faire auly fins amans secours
Mais que desafuble me soye
De ceste chasuble de soye
De ceste aube et de ce rochet
Lacteur
Lors va tout pendre a ung crochet
Et vest sa robe seculiere
Qui estoit honneste et legiere
Comme cil allast caroller
Et prent ces esles pour voler

Comment damoiselle nature
Se mist pour forgier a grant cure
En sa forge presentement
Car cestoit son entendement

Lors remaint nature en sa forge
Prent ses marteaulx et fiert et forge
Tout ainsi comme elle fit deuant
Et genius plus tost que vent
Ses esles bat que plus natent
En lost sen est venuz a tant
Mais faulx semblant ne trouua pas
Alle sen fut plus que le pas
Des lors que la vielle fut prinse
Qui mourist luys de la pourprise
Et tant meust fait auant aller
Qua bel acueil meust fait parler
Il ny voulut pas plus atendre
Mais sen fuit sans congie prendre
Ains sans faille cest chose atainte
Il trouue abstinance contrainte
Qui de tout son pouoir sapreste
De courre aps a moult grant haste
Quant el vit le prestre venir
Quenuis la peut len retenir
Car au prestre ia ne se mist
Pour que nul aultre ne la veist

Qui luy donnast dor Sng besant
Se fauly semblant nestoit present
Genius sans plus de demeure
Et en ycelle mesmes heure
Si comme il deust si les salue
A la choison de sa venue
Sans oublier nul mot leur cõpte
Je ne vous quier ia faire compte
De la grant ioye que tous firent
Quant ces nouuelles entendirent
Mais vueil ma parolle abregier
Pour voz oreilles alegier
Car maintesfoys celluy qui presche
Quant briefuement ne se despesche
En fait les auditeurs aller
Par trop prolipement parler

Et ceuly qui les parolles plaisent
Sentreguignent et sentreboutent
A tant se taisent et escoutent
Par telles parolles commance
La difinitiue sentence

Comment presche par grande cure
Les commandemens de nature
Le vaillant prestre genius
En lost damours present venus
Et leur fait a chascun entendre
Tout ce que nature veult tendre

cõmēt le dieu damours bailla a geniꝰ
Tantost le dieu damours affuble
A genius vne chasuble
Anneil luy baille et crosse et mictre
Plus cler assez que nul berile
Ne quierent aultre parement
Tant ont grant entalentement
Doit ceste sentence lire
Venus qui ne cessoit de rire
Ne ne se pouoit tenir coye
Tant par estoit iolie et gaye
Pour plus efforcer la mathiesme
Quant il aura fine son theisme
Luy met au poing vng ardãt cierge
Qui ne fut pas de cire vierge
Genius sans plus terme mettre
sest lors pour mieuly lire en sa lettre
Selon les fais deuant comptez
Sur vng grãt eschaffault montez
Et les barons seirent par terre
Ny souldrent aultre chose querre
Et cil sa chartre leur desploye
De sa main entour soy tournoye
Et fait signe que tous se taisent

De lautorite de nature
Qui de tout le mõde a la cure
Comme vicaire et connestable
De par lempereur pardurable
Qui siet en la tour souteraine
De la noble cite mondaine
Dont il fit nature ministre
Qui tous les biens y administre
Par linfluance des estoilles
Car tout est ordonne par elles
Selon les droitz imperiauly
Dont nature est officiauly
Qui toutes choses a fait naistre
Puis que ce monde vint en estre
Et leur donna terme ensement

De grandeur et sacroissemēt
Uoncques ne fist riens pour neant
Soubz le ciel qui sa tournoyant
Entour la terre sans demeure
Si hault dessoubz comme desseure
Ne ne cesse ne nuit ne iour
Mais tousiours tourne sās seiour
Soient tous ex communiez
Les desloyaulx les reniez
Et condampnez sans nul respit
Qui les oeuures ont a despit
Soit de grant gent soit de menue
Par qui nature est soustenue
Et cil qui de toute sa force
De garder nature sefforce
Et qui de bien aimer se peine
Sans nulle pensee villaine
Mais que loyaulment y traua ille
Flory en paradis sans aille
Mais quil se face bien confez
Jen prens sur moy trestout le faiz
De tel pouoir que ie puis prendre
Ja pardon nen porteray mendre
Mal leur ait nature donne
Aux folz dont iay cy sermonne
Greffes marteaux tables éclumes
Selon ses loyx et ses coustumes
Et socz et pointes bien agues
A lusage de ces charrues
Es iachieres non pas pierreuses
Mais bien plantiues et herbeuses
Qui sarer et de serfouir
Ont besoing qui en vult fouir
Quant ilz nen veullent labourer
Pour luy seruir et honnourer
Mais veullent nature destruire
Quant ses enclumes veullent fuyre
Et ses tables et ses iachieres
Quelle fit precieuses et chieres
Pour ces choses continuer
Que mort ne les puisse tuer

Bien deussent auoir tres grant hōte
Ces desloyaulx dont ie vous cōpte
Quant ilz daignent la main mectre
Es tables pour escripre lectre
Ne pour faire emprainte qui pere
Moult sont dentencion amere
Quilz deuiendront toutes moffues
Se sont en oyseuse tenues
Quant sans copz de martel ferir
Laissent les enclumes perir
Or si peut le roi embatre
Sans ouyr marteler ne batre
Les iachieres son ny refiche
Le soc se demourroit en friche
Vifz les puisse len enfouir
Quant les oustilz osent fouir
Que dieu de ses mains entailla
Quant a madame les bailla
Qui pource les luy voult bailler
Quant elles les sceust bien tailler
Pour donner estre pardurables
Aux creatures corrompables
Moult oeuure mal et biē lescemble
Car se tous les hōmes ensemble
Soyxante ans si fouir les vouloient
Jamais hōmes nengendreroient
Et se ce plaist a dieu sans faille
Dont seult il que le monde faille
Et les terres demeurent nues
A peupler aux bestes mues
Se nouueaux hōmes ne faisoit
Sa refaire les luy plaisoit
Ou que ceulx fist ressusciter
Pour la terre arriere habiter
Et se ceulx vierges se tenoyent
Soyxante ans de rechief faulx toiēt
Si que se ce luy deuoit plaire
Tousiours les auroit a refaire
Et sil est qui dire vousist
Que dieu le vouloir toussist
A lung par grace a laustre non

Pource quil a si bon regnon
Noncques ne cessa de bien faire
Donecques luy deuroit il bien plaire
Que chascun aultre ainsi le feist
  Si quant elle grace en luy meist
Si rauray ma conclusion
Que tout aille en perdicion
Je ne scay pas a ce respondre
Se foy ny vult creance espondre
Car dieu a leur commancement
Les ayma tous vniement
Et donna raysonnables ames
Aussi aux hommes cõe aux fēmes
  Si croit quil vauldroit a chascūe
Et non pas seulement a vne
Que le meilleur chemin tenist
Pour que plus tost a luy venist
  Si veult oncques q̄ vierges viuēt
Aulcūs pource q̄ nul eulx le suiuent
Des aultres pourquoy ne vourra
Quelle raison sen destourra
Donc semble il q̄l ne luy chaulsist
  Se generacion faulsist
Qui vouldra respondre respongne
Je ne scay plus de la besongne
Viennent deuin qui le deuinent
Qui de ce deuiner ne finent
  Mais ceulx q̄ des greffes escriuēt
Par q̄ les mortelz hões viuent
Es belles tables precieuses
Que nature pour estre oyseuses
Ne leur auoit pas aprestees
Ains leur auoit pource prestees
Que tous y fussent escriuains
Comme tous et toutes en viuains
ceulx q̄ les deux marteaux recoiuent
Et ne forgent si comme ilz doyuent
Droictement sur la droite enclume
Ceux qui si leurs pechiez enfume
Par leur orgueil qui les desuoye
Quilz desprisent la droicte voye

Du champ tres belet plantureux
Et sont comme folz malserenp
Arer en la terre deserte
Ou leur semance va a perte
Ne ia ny tiendront droicte rue
Mais sont bestournant la charrue
Et consermēt leurs regles masles
Par exceptiōs anormalles
Quant orpheus deussent ensuire
Qui ne scet arer ne escrire
Ne forgier en la droicte forge
Pendu soit il par my la gorge
Quant telles regles leur trouua
Vers nature mal se prouua
Ceulx qui tel matiere desprisent
Quãt a rebours leurs lectres lisent
Et qui pour le droit sens entendre
Par le bon chief ne vueillent prendre
Ains paruertissent lescripture
Quant ilz viennent a la lecture
Ou tous les communement
Qui tous les met a dampnement
Puis que la se veullent aherdre
Ains q̄ meurēt puissent ilz perdre
Et laumosniere et les estalles
Don ilz ont signes destre masles
Perte leur vienne des pendens
A quoy laumosniere est pendens
Les marteaux dedans ataches
Puissent ilz auoir arrachies
Les greffes leur soient tollu
Quant escripre nen ont voulu
Dedans les precieuses tables
Qui leur estoient conuenables
Et des charrues et des ocs
Silz nen arent a droit les os
Puissent ilz auoir despeciez
Sans iamais estre radrẽsiez
Tous ceulx q̄ telz vouldrõt ensuire
A grant honte puissent ilz viure
Et leur pechie ort et terrible

Leur soit douloureux et pēnible
Qui par tous lieux fuster les face
Si que len les voye en la face
Pour dieu seigneurs vo⁹ qui dixtes
Gardes que telz gens nensuiuez
Soyez aux oeuures natureulx
Plus vistes que nulz escureulx
Et plus legiers et plus mouuans
Que nest ung oyselet volans
Ne perdez pas ce bon pardon
Trestous voz pechez vous pardon
Mais que bien vous y trauaillez
Remuez vous trippes saillez
Ne vo⁹ laissiez pas refroidir
Ne trop voz membres enroidir
Mettez tous voz outilz en oeuure
Assez se chauffe qui bien oeuure

¶ Ce fort en communiement
Met genius sur toute gent
Qui ne se veullent remuer
Pour lespece continuer

¶ Arez pour dieu barons arez
Et voz lygnaiges reparez
Se ne penses formant darer
Nest riens qui les peust reparer
pour la reperation de
ghere humaine

Se courciez vous tous par deuant
Ainsi que pour cueillir le vent
Ou sil vous plaist tous nudz soyes
mais trop chault ne trop froit nayez
Tenez a deux mains toutes nues
Les mancherons de voz charrues
Forment aux bras les soustenes
Et du fer bouter vous pnes
Droitement en la droicte voye
Pour mieulx enfonder en la raye
Et les cheuaulx deuant alans
Pour dieu ne les laissiez ja sans
Asprement les esprouuez
Et les plus grās copz leur donez
Que vous onques donner pourres
Quant plus parfont arer vouldres
Et les beufz aux testes cornues
A couples au long des charrues
Et reueillez aux aguillons
A noz bien fais vous acueillons
Se bien les picques et souuent
Mieulx en areres par couuent
¶ Et quant are aures asses
Tant que darer seres lasses
Que la besongne a ce vieffdra
Que reposer vo⁹ conuiendra
Car trauail sans reposement
Ne peut pas durer longuement
Ne ne pourres recommancer
Tantost pour loeuure rauancer
Du vouloir ne soyes pas las
Cadmus au dit dame palas
De terre ara plus dung arpent
Et sema les dens dung serpent
Dont cheualiers armez saillirent
Qui tant entre eulx se combatirent
Que tous a la place moururent
Fois .v. qui ces compaignōs furēt
Et luy vouldrent secours donner
Quant il veust les murs massonner
De thebes dont il fut fondierres

continuat
lallegorie

Cadmus

Ceulx aßirent o luy les pierres
Et luy peuplerent sa cite
Qui est de grant antiquite
Moult fit cadmus bonne sentence
Qui tout son peuple ainsi auance
Que vous aussi bien commanciez
Et voz lignages auanciez
Si auez vous deux auantaiges
Molt grans a sauluer voz lignages
Se le tiers estre ne voulez
Moult auez le sens affollez
Si nauez que vng nuysement
Deffendes vous legierement
Dune part estes assaillys
Troys champiõs sont mõlt faillys
Et bien ont desserui a batre
Silz ne doyuent le quart abatre
Trois secours sont si les sauez
Dont les deux a secoyrs auez
La tierce seulement vous griefue
Qui toutes les vies a briefue
Sachiez que moult me reconforte
Cloco qui la quenouille porte
Et lathesis qui les filz porte
Mais atropos rompt et dessire
Ce que ces deux peuent filer
Atropos vous lee a guiller
Celle qui par sont ne fourra
Tous voz lignaiges enfourra
Et sen va espiant vous meismes
Onc telle beste ne vismes
Naues nul ennemy greigneur
Seigneur mercy mercy seigneur
Souuienne vous de voz bõs peres
Et de voz anciennes meres
Selon leurs fais les vous signez
Gardes que vous ne forligneȝ
En ce quilz ont fait prenes garde
Sil est qui leur prouesse esgarde
Ilz se sont si bien deffendus
Quilz vous ont les estres vendus

Se ne fust leur cheualerie
Vous ne fussies pas or en vie
Moult eurẽt de vous grant pitie
Par amours et par amittie
Pensez des aultres qui vien dront
Qui voz lignaiges maintiendront
Ne vous laissiez pas desconfire
Greffes auez penses descripre
Nayes pas les bras emmouffes
Martelez forges et souffles
Aydes cloco et latesis
Si que de ses filz coppe sip
Atropos qui tant est villaine
Quilen ressaille vne douzaine
Pensez de vous multiplier
Si pourres vous ainsi conchier
La felonnesse la reueseche
Atropos qui la vie empesche
Ceste lasse ceste chetiue
Qui contre les vies estriue
Et des mors a le cueur si haut
Nourrist cerberus le ribaut
Qui tant desire leur mourir   mort
Que toute en fritte lecherie
Et de faim enrage mouruft
Se grace ne la secouruft
Car celle ne fust il ne peuft
Jamais trouuer qui le repuft
Ceste de luy paistre ne cesse
Et pource que soif le compresse
Ce mastin luy pent aux mamelles
Quelle a triples non pas iumelles
Ses trois grois en sõ sai luy mus
Et tire et groignoie et suffe   se
Aonc ne fut ne sera seurez
Si ne quiert il estre abuurez
Daultre laiet ne ne demande
Estre repeu daultre viande
Fors seullement de corps et dame
Et luy gette homme et femme
Paonceaulx en triple gueulle

Ceste la paist toute seulle
Et tousiours emplir la luy cuide
Puis tousiours la trouue esse vuyde
Combien que de emplir se pime
De son relief sonten grief pime
Les troys ribauldes felonnesses
Des felonnies vengeresses
Aleto et thesiphone
Car de chascune le nomme
La tierce aura nom megera
Qui tous sel peut nous mengera
Ces troys en enfer nous attendent
Ceulx surient batet fyent et pedent
Hurtent bercent escorchent foulent
Nayent ardent greillent et Boullent
Deuant les troys preuostz leans
En plain concistoire seans
Ceulx qui firent les felonnies
Quant il eurent es corps les vies
Ceulx par leurs tribulacions
Escoutans les confessions
De tous les maulx qlz oncques firet
Des telle heure quilz nasquirent
Deuāt eulx tout le peuple tremble
Si suis te trop couart ce semble
Se ces preuostz nommer ey nos
Cest raclamencus et mynos
Le tiers cacus q est leur frere
Jupiter a ces troys fut pere
Ces troys comme Je les vus nōme
Furent au ciecle si preudomme
Et iustice si bien maintindrent
Que iuges denfer en deuindrent
Tel guerdon si leur en rendit
Pluto qni tant les attendit
Que leur ames du corps partirent
Et telz offices desseruirent
Pour dieu seigneurs q la naistez
Contre les vices Batailliez
Que nature destre maistresse
De vint h yer compter a ma messe

Tous les me dit ont puis ne sis
Vous en trouuerez vingt et six
Plus nuysans que vous ny cuydez
Et se vous estes bien vuydez
De lordure de tous ces vices
Vous nentrerez Jamais es lices
Qui tant ont malles renommees
Des troys gardes deuāt nommees
Des puostz plais de dapnement
Ne ne craindrez leurs Jugemens
Ses vices en vous ne vouldroye
Car doultraige men tremetroye
Assez briefment les vus expose
Le Jolys rommant de la rose
Sil vous plait la se regardez
Pource q deulx mieulx vous gardez
Pensez de mener bonne vie
Voit eschacū embrasser samie
Et son amy chascune embrasse
Et baise et festoye et solasse
Se loyaulment vous entreaymez
Ja nen debuez estre blasmez
Et quant assez aurez Joue
Comme Je vous ay cy loue
Pensez de vous bien confesser
Pour bien faire et pour mal laisser
Et reclamer la dieu celestre
Que nature reclame a maistre
Cil en la fin vous secourra
Quant atropos vous enfornia
Cil est salut de corps et dame
Cest le bel mirouer ma dame
Jamais ma dame riens ne sceust
Si ce tres bel mirouer neust
Cil la gouuerne cil la regle
Ma dame na point daultre regle
Ce quelle sceust il luy aprint
Quant a chambertere la print
Si vueil seigneurs que ce sermon
Mot a mot comme le sermon
Et ma dame aussi le vous mande

ſ ii

Que chascun si bien y entende
par bourcz par chasteaulx par citez
Et par villes le recitez
Et par yuer et par este
A ceulx qui point not cy este
Bon fait reciter la parolle
Quant elle vient de bonne escolle
Et meilleur la fait racompter
Moult en veut len apris monter
Ma parolle est moult vertueuse
Elle est cent foys plus precieuse
Que saphirs rubis ne baloy
Beaulx seigneurs madame en sa loy
A moult grãt se soig des pscheurs
Pour chastier tous les pecheurs
Qui de ses regles se desuoyent
Que tenir et garder deuroyent
Et se vous ainsi le preschiez
Ja nen serez vous empeschiez
Selon mon dit et mon acord
Mais que le fait au dit sacord
Dentrer ou parc du champ joly
Ou laignel les brebis oly
Conduit saillant par les herbis
Le filz de la vierge brebis
Auec sa tres blanche toyson
Empres qui non pas a foyson
Mais acompagnie escherie
Par lestroicte sente serie
Qui toute est fleurie et herbue
Tant est pou marchee et batue
Sen vont les brebietes blanches
Bestes debonnaires et franches
Qui lherbete broutent et paissent
Et les flourettes qui tant naissent
Mais saichiez quilz ont la pasture
De si vertueuse nature
Que les delectables fleurettes
Qui la naissent fresches et nettes
Que cueillent au prin temps pucelles
Tãt sont fresches tãt sont nouuelles

Comme estoilles reflam boyans
Par les herbetes verdoyans
Au matinet a la rousee
Tant ont toute iour a iournee
De leurs propres beaultes nayues
Fines couleurs fresches et viues
Ny sont point au soir enuieillies
Ains y peuent estre cueillies
Telles le soir que le matin
Qut vult au cueillir mettre main
Mais ne sont pas sachiez a certes
Ne trop closes ne trop ouuertes
Ains flamboiet par les herbages
Ou meilleur point de leurs eages
Car le soleil leuant luysant
Qui ne leur est mye nuysant
Ne ne degaste les rousees
Dont ilz sont toutes arousees
Les tient adez en beaulte fines
Tant leur adolcist leurs racines
Jl vous dy que les brebiettes
Ne des herbes ne des florettes
Jamais tant brouter ne pourront
Comme plus brouter en vourront
Tant ne seeuent brouter ne paistre
Que tousiours nen voent renaistre
Plus vous dy ne tenez a fables
Qui ne sont mye corrumpables
Combien que les brebis les broutet
Cui les pastures rien ne coustent
Car les peaux ne sont pas vendues
Au derrenier ne despendues
Leurs toisõs pour faire draps lũges
Ne couuertures a gens estranges
Ja nen seront veup estrangees
Ne les chairs en la fin mengees
Ne corrompues ne mal mises
Ne de maladies surprises
Mais sans faille quoy que ie die
Du bon pasteur ne dis ie mie
Qui auant soy paistre les maine

Qu'il ne soit vestu de leur laine
S'il ne les despouille ne plume
Ne leur toult le poys d'une plume
Mais il luy plaist et bon luy semble
Que sa robbe la leur ressemble
　Plus diray et ne vous ennuye
qu'oncques ny virent naistre nuyt
Si n'ont il q'ung iour seullement
Mais il n'a point d'auespreument
Ny matin ny peut commancer
Tant si saiche l'aube auancer
Car le soir au matin s'assemble
Et le matin le soir ressemble
Autant vous dy de chascune heure
Tousiours en ung estat demeure
Ce iour qui ne peut anuyter
Tant saiche a luy la nuyt suyter
Qu'il n'a pas temporel mesure
Ce iour tant bel qui tousiours dure
Et de clarter presente rit
Il n'a present ne preterit
Car qui bien la verite sent
Tous les trois temps y sont present
Le quel present le iour compasse
Mais ce n'est pas present qui passe
En partie pour desseruir
Ne dont soit partie a venir
N'one preterit present ny fu
Et aussi vous dy que le fu
Tur. ny aura iamais presence
Tant est destable permanance
Car le soleil resplandissant
Qui tousiours leur est paroissant
Fait le iour en ung point estable
Ceulx sont en prin temps pardurable
Si tel ne veyt ne si pur nulz
Mesmes quant viuoit saturnus
Qui tenoit les ores eages
Cui iupiter fit tant d'oultraiges
Son filz et tant le tormenta
Que les coillons luy suplanta

Mais certes qui le fait en compte
Moult fut il preudome a grant honte
Et grant dommaige q'l'escoille
Car qui des coillons le despoille
Ia soit ce que ie cele et taise
Sa grant honte et sa mesaise
Au moins de ce ne doubte mye
Luy toult il l'amour de sa mye
Ia n'est si bien a luy lye
Ou est espoir est marye
Puis q' si mal sont ses affaires
Pert il la tant n'est debonnaires
L'amour de sa loyal moullier
Grant peche est d'omme escoillier
Car mesmement cil qui l'escoille
Ne luy toult pas sans plus la coille
Ne sa mye que tant l'a chiere
Dont iamais n'aura belle chiere
Ne sa moullier qui est du mains
Mais hardement et meurs humains
Qui doiuent estre en vaillans hommes
Car escoillez certains en sommes
Sont paruers couars et chenins
Pource qu'ilz ont meurs femenins
Nul escoille certainement
N'a point en luy de hardement
Se n'est espoir en aulcun vice
Pour faire aulcune grant malice
Car a faire grandes dyableries
Sont toutes femmes trop hardies
Escoilliez en ce les ressemblent
Pource q' leurs meurs s'entresemblent
Et par dessus tout l'escoillie
D'aultres vices tout despoillie
Aussi de tout mortel pechie
Au moins a il de tant pechie
Qu'il a fait grant tort a nature
De luy toullir son engendreure
Nul'penser ne le en sauroit
Ia si bien penser ny sauroit
Aumoing moy car se ie y pensoye

f iii

Et la verite recensoye
Ains pourroye m'a langue vser
Que le seoiffeur en excuser
De tel pechie de tel forfait
Tant a vers nature meffait
Mais quelque pechie que ce soit
Jupiter conte n'en faisoit
Fors que sans plus a ce venist
Que le regne en sa main tenist
Et quant il fut roy deuenu
Et sire du monde tenu
Il bailla ses commandemens
Ses loyx ses establissemens
Et fit tantost tout a deliure
Pour les gens enseigner a viure
Son ban crier en audience
Dont ie vous diray la sentence

¶ Comment Jupiter fit prescher
Que chascun ce qu'auoit plus cher
Prenist et en fist a son gre
Du tout et a sa voulente

Jupiter qui le monde regle
Commande et establit et regle
Que chascun pense d'estre a ayse
Et cil sect chose qui luy plaise
Qui le face sil le peut faire
Pour soulas a son cueur atraire
Onc aultrement ne sermonna
Communement habandonna
Que chascun en son droit feist
Tout ce que delectable veist
Car delict comme il pensoit
Est la meilleur chose qui soit
Et le souuerain bien en vie
Dont chascun doit auoit enuie
Et pource que tous l'ensuiuissent
Et qu'ilz a ses oeuures prenissent
Exemple de viure faisoit
A son corps ce qui luy plaisoit
Damp Jupiter se renuoisie

Par qui delict fut tant prisie
Et comme dit en georgiques
Celluy qui escript bucoliques
Car es liures gregoys trouua
Comment Jupiter se prouua
Auant que Jupiter venist
N'estoit nul qui charrue tenist
Nul n'auoit onceques champ are
Ne serfouy ne repare
None n'auoient assises bournes
Les simples gens paisibles et bonnes
Communement entre eulx croyent
Les biens qui de leur gre venoyent
Cil commanda partir la terre
Dont nul ne sauoit sa part querre
Et la diuisa par arpens
Et mist le venin es serpens
Cil apprint les loupz a rauir
Tant fit malice en hault grauir
Celluy les chesnes mieulx trencha
Les ruisseaux courans estancha
Cil fit par tout le feu estaindre
Tant se sueilla pour gens destraindre
Et leur fit querir en la pierre
Tant fut subtil le Baretierre
Cil fit diuerses ars nouuelles
Cil myst noms et nombre en estoilles
Cil laez et retz et glutz fit tendre
Pour les saulu aiges bestes prendre
Et leur liura les chiens premier
Dont nul deuant fut coustumier
Cil dompta les oyseaulx de proye
Par malice qui gens asproye
Assaulx mist en lieu de batailles
Entre esparuiers perdris et cailles
Et fit tournoyement es nues
D'autours de faucons et de grues
Et ses fit au loirre venir
Et pour leur grace maintenir
Qu'ilz retournassent a la main
Les peust il au soir et au main

Ainsi fit tant le damoyseaulx
que homs est serf aux felōs oyseaulx
Et cest a leur seruage mis
Qui deuant estoit ennemys
Et comme rauisseur horribles
Aux aultres oysillons paisibles
Qui ne peust par lair a consuiure
mais sans leur char ne vuloit viure
Ains en vouloit estre mengeur
Tant fut delicieux lecheur
Tant eust les volatilles chieres
Cil mist furetz es tanieres
Et fit les conninis assaillir
Pour eulx faire es raiseux saillir
Celluy fit tant eust son corps chier
Eschauder rostir escorchier
Les poyssons de mer et de fleuues
Et fit les saulses toutes neufues
Despices de diuerses guises
Ou il a maintes berbis mises

Jnsi sont arts auant venues
Car toutes choses sōt vaicues
Par trauail car poureté dure
Par quoy les gens sont en grāt cure
Car les maulx des engis esmeuuēt
Par les angoisses quilz y treuuent
Ainsi le dit ouide qui
Eust assez tāns comme il t'esqui
De biē de mal ennuye de honte
Comme luy mesmes le racompte
Briefment Jupiter nentendit
Quant a terre tenir tendit
Fors muer sestat de lempire   Nō
De bien en mal de mal en pire
Moult eut en luy mol iusticier
Il fit prin temps aptticier
Et mist lan en quatre parties
Comme de present sont parties
Esté aupton printemps yuers
Ce sont les quatre temps diuers

Que tous printemps tenir souloit
Mais iupiter plus nen vouloit
Qui quant au regne sadressa
Les eages dor Il trespassa
Et fit les eages dargent
Qui puis furent darain car gent
Ne finerent puis, dempirer
Tant le vueillent a mal tirer
Si sont darain en fer changiez
Tant ont leurs estas estrangiez
Dōt sōt ioieux les dieux des salles
Tousiours tenebreuses et salles
Qui sur les hommes ont enuye
Tant cōme ilz les voient en vie
Ceulx ont en leurs raitz atachees
Dont Jamais ne sont arrachees
Les noires brebis douloureuses
Lassées chetiues mouriteuses   Moribondes
Qui ne voulurent aller la sante
Quele bel aignelet presente
Parquoy ilz fusseut toutes fraches
Et leurs noires toysōs tres blāches
Quāt le grant chemin emple tīdrēt
Parquoy la herbergier se vindrent
A compagnie si planiere
Qui tenoit toute la charriere

Mais la beste qui leans aille
Ny portera toyson qui vaille
Ne dont on puisse nul drap faire
Ce nest aulcune horrible baire
Qui plus est ague et poignant
Quant elle est aux costes ioignant
Que ne seroit ung pelisson
De peaulx de velu herisson
Mais q̄ vouldroyt charpir la laine
Qui est molle soefue et plaine
Pour ueu quil en eust tel foyson
Pour faire drap de tel toyson
Qui seroit prinse es blanche bestes
Bien sen vestiroient aux festes

f iiii

Empereurs et roys sire et anges
Silz se vestoyent de draps langes
Pourquoy bien le pouez scauoir
Qui tel robbe pourroit auoir
Moult seroit vestu noblement
Et pour la cause mesmement
Les deuroit il tenir plus chiers
Car de telz bestes nest il gaires
Ne le pasteur qui nest pas nices
Qui le bestial garde et les lices
En ce beau parc cest chose sire
Ni lairroit entrer beste noire
Pour riens que lon luy sceust crier
Tant luy plaist les blanches trier
Pource sont o luy herbergier
Car bien congnoissent le bergier
Et sont tresbien par luy congnues
Parquoy de mieulx en sont receues
Je vous dy que le plus piteux
Le plus belle plus delicteux
De toutes les bestes saillans
Cest le baignelet saillans
Qui les brebis ou parc amaine
Par son trauail et par sa peine
Car bien scet se nulle en desuoye
Que le loup seulement la voye
Que nulle aultre chose trace
Ne mais quelle ysse de la trace
A laignel qui mener la pense
Quil lemportera sans deffence
Et la mangera toute viue
Ne sen peut garder riens qui viue
Seigneurs cest aignel nous atens
Mais de luy nous tairons a tant
Fors que nous prirons dieu le pere
Que par la requeste sa mere
Luy doit si les brebis conduire
Que les loupz ne leur puissent nuire
Et que par peche ne failles
Que iouer en ce parc nalles
Qui tant est bel et delectable

Derbes de fleurs tant bien flairable
Des violettes et des roses
Et de trestoutes bonnes choses
Que qui du beau Iardin quarre
Clos au petit guichet barre
Ou cil auant dit la carolle
Ou deduyt et sa gent carolle
A ce beau parc que Ie deuise
Tant precieux a grant deuise
Faire vouldroit comparoison
Il seroit trop grant mesprison
Sil ne la fait telle ou semblable
Comme il seroit de vray a fable
Car qui dedans ce parc seroit
Seurement iurer oseroit
Ou qui mist sans plus loeil leans
Que le Iardin seroit neans
Au regart de ceste closture
Qui nest pas faite par quarreure
Mais est si ronde et si subtille
Quoncques ne fut beril ne bille
De forme si bien arrondie
Que vulez vous que ie vous die
Parlons des choses quil dist hors
Et par dedans et par dehors
Et par briefz motz nous en passons
Affin que trop ne nous lassons
Il dist dix laides ymagettes
Hors du Iardin mur pourtraittes
Mais qui dehors ce parc queroit
Tout figure y trouueroit
Enfer auecques tous les dyables
Moult laitz et moult escouetables
Et tous deffaulx et tous oultraiges
Qui font en enfer leurs hostages
Et cerberus qui tout enferre
Et trouueroit toute la terre
Et ses richesses anciennes
Et toutes choses terriennes
Et seroit proprement la mer
Et tous poissons qui ont amer

Et trestoutes choses marines
Eaues doulces troubles et fines
Et les choses grães et menues
Toutes en eaues contenues
Et l'air et tous les oysillons
Et mouchettes et papillons
Et tout ce qui par l'air raisonne
Et le feu qui tout enuironne
Les meubles et les tenemens
De tous les aultres elemens
Si verroit toutes les estoilles
Cleres resplandissans et belles
Soient errans soient fichees
En leurs especes atachees
Qui la seroit toutes ces choses
Verroit de ce bel parc fort closes
Aussi appertement pourtraites
Que proprement aparent faictes
Or ou iardin nous en allons
Et des choses dedans parlons
Il sit ce dit sur l'erbe fresche
Deduit qui demenoit sa tresche
Et ses gens o luy carolans
Sur les florettes bien olans
Et sist ce dit les damoyseaux
Herbes arbres bestes et damoiseaux
Et ruisseletz et fontenelles
Bruire et fremir sur les grauelles
Et la fontaine soubz le pin
Et se santa que puis pepin
Ne fut tel pin et la fontaine
Estoit de trop grant beaulte plaine

Pour dieu seigneurs p̃nez y garde
Qui bien la escrite regarde
Les choses dedans contenues
Sont friuolles et faselues
Ny a chose qui soit establz
Tout ce quil escrit est corrompable
Il escrit carolles qui faillirent
Et fauldront tous ceulx q̃ les firent

Ainsi feront toutes les choses
Quil escrit par tout leans encloses
Car la nourrisse cerberus
A qui ne peut eschapper nulz
Humains quel ne face finer
Quant de sa force veult v̄ser
Et sans cesser tousiours en vse
Atropos qui riens ne refuse
Par derrier vous les espyoit
Fors les dieux se nulz en y ot
Car sans faille choses diuines
Ne sont pas a la mort enclines

Mais or parlõs des belles choses
Qui sont en ce beau parc escloses
Je vous en dit generallement
Car taire men vueil errãment
Ne scay ie proprement parler
Mais quil vouldroit leans aler
Nul homme ne pourroit penser
Ne nulle bouche recenser
Les grãs beaultes les grãs salues
Des choses dedans contenues
Ne les beaulx ieux ne les grãs ioyes
Qui sont pardurables et vrayes
Que les caroleurs y demainent
Et dedans la pourprise mainent
Et sont les choses delectables
Toutes vrayes et pardurables
Quont ceulx qui leans se deduisent
Et bien est droit car tous biens puiset
A mesmes vne grant fontaine
Qui moult est precieuse et saine
Et belle et clere et nette et pure
Qui toute arrouse la cloture
Du quel ruyssel les bestes boyuent
Qui la veulent entrer et doyuent
Quant des noires sont desseurees
Car puis quilen sont abuurees
Jamais soif auoir ne pourront
Et viuront tant comme ilz vourrõt

Sans estre malades ne mortes
De bõne heure entreret aux portes
De bõne heure saignelet veirent
Que par estroit sentier suyuirent
En la garde au saige bergier
Qui les voult o luy herbergier
Ne iamais nulz hoins ne mourroit
Qui vne fois boire en pourroit
Ce nest pas celle desoubz larbre
Quil dit en la pierre de marbre
Len luy deuroit faire la moe
Quant il celle fontaine loe
Cest la fontaine perilleuse
Tant amere et tant venimeuse
Qui tua le beau narcisus
Quant il se mira par dessus
Et luy mesmes na pas vergongne
Du recognoistre ains le tesmõgne
Et sa cruaulte pas ne celle
Quant perilleux miracle lappelle
Et dit que quant il se mira
Maintesfois puis en souspira
Tant si trouua grief et pesant
Telle odeur sa celle eaue faisant
Dieux comme est la fontaine sade
Ou le sain tost deuient malade
Comment si fait il bon virer
Pour soy dedans leaue mirer
Elle sourt ce dit a grans vndes
Par deux doitz grandes eoparfõdes
Mais elle na pas bien le scay
Ses ioys et ses eaues dessay
Nest nulle chose quelle tienne
Que trestout daultruy ne luy vienne
Puis si redit que cest sans fin
Quelle est plus clere quargent fin
Voiez de quelz truffes il plaise
Elle est si tres trouble et si laide
Que chacun qui sa teste y boute
Pour soy mirer il ny voit goute
Tous si forcenent et sangoissent

Pource que point ne si cognoissent
Au fons ce dit a cristaux doubles
Que le soleil q̃ nest pas troubles
Fait luyre quant ces rays y gette
Si cler que cil qui les agaitte
Voit tousiours la moytie des choses
Qui sont en ce vergier encloses
Et pour le demoustrant veoir
Sil se veult daultre part seoir
Tant sont cleres et lumineuses
Mais troubles sont et tenebreuses
Pourquoy ne sont pas demõstrace
Quant le soleil ses rays y lance
De toutes les choses ensemble
Car ilz ne peuẽt pas ce me semble
Pour loscurte qui les obnuble
Qui sont si trouble et obnuble
A cesluy qui dedans se mire
Quilz ne peuent pareulx suffire
Quãt leur clarte dailleurs aquerent
Se les rays du soleil ny fierent
Si quilz les puissent encontrer
Ilz nont pouuoir de riens monstrer
Mais celle que ie vous deuise
Ceste fontaine belle a deuise

Or leuez vng peu les oreilles
Si men orrez dire merueilles
Celle fontaine que iay ditte
Qui tant est belle et tant proffite
Et garist tant est sauoree
Trestoute beste enlangoree
Rẽt tousiours par troys doitz souti
Les eaues soulces cleres viues
Si sont si tres aspres chascune
Que toutes sassemblent a vne
Si que quant toutes les terres
Et vne et troys y trouueres
Se voulez au veoir em batre
Vous ny en trouueres ia quatre
mays tousiours .iii. et tousiours vne

Cest leur prosperite commune
Onc telle fontaine ne veismes
Car elle ne sourt de soy meismes
Ce ne font pas aultres fontaines
Qui sourdent par estranges vaines
Ceste tout par soy se conduit
Na besoing destrange conduit
Et se tient en soy toute vive
Plus ferme que roche naive
Na mestier de pierre de marbre
Ne davoir couuerture darbre
Car dune sourse vient si haulte
Leaue qui ne peut faire faulte
Que arbre ne peut si hault attaindre
Que sa haultesse ne soit graindre
Fors que sans faille en appendant
Comme elle sen vient descendant
La trouue une oliuete basse
Soubz qui toute leaue sen passe
Et quant loliuete petite
Sent la fontaine que lay ditte
Qui luy tempere ses racines
Par ses eaues doulces et fines
Si en prent tel nourrissement
Quelle en recoit acroissement
Et de fueille et de fruit se charge
Si deuient si haulte et si large
Quoncques le pin quil vous compta
Si hault de terre ne monta
Ne ses rains si bien nestendit
Ne si belle umbre ne rendit
Ceste oliue tant est estant
Ses rains sur la fontaine estant
Ainsi la fontaine se umbre
Et par le raisant de tel umbre
Les bestelettes la se mussent
Qui les doulces rousees sussent
Que le doulx russeau fait estandre
Par les fleurs et par lerbe tendre
Si pendent a loliue escriptes
En ung rolet lettres petites

Qui dient a ceulx qui les lisent
Qui soubz loliue en lombre gisent
Cy court la fontaine de vie
Par dessoubz loliue fueillie
Qui porte le fruit de salut
Qui fut le pin qui la salut

Vous dy que en celle fontaine
Ne croyront folles gens a peine
Et se tiendront plusieurs a fable
Luyt ung charboncle merueillable
Sur toutes merueilleusses pierres
Trestout rayant a quatre quierres
Et siet enmy si haultement
Que len le voit appertement
Par tout le parc reflamboyer
Ne ses rays ne peut desuoyer
Ne vent ne pluye ne noblesse
Tant est belet de grant noblesse
Et saichiez que chascune quierre
Telle est la vertu de la pierre
Vault autant que les aultres deulx
Telz sont entreulx les forces deux
Ne les deux ne vaillent que celle
Combien que chascune soit belle
Ne nul ne les peut diuiser
Tant les sache bien adviser
Ne si ioindre par aduisees
Qui ne les trouue diuisees
Mais ung soleil il si lenlumine
Qui est de clarte si fine
Si belet si resplandissant
Que le soleil esclarsissant
En laultre eaue les cristaulx doubles
Les luy seroit obscur et doubles
Briefment que vous en compteroie
Aultre soleil dedans ne roye
Que ce charboncle flamboyans
Cest le bel soleil quilz ont leans
Qui plus de resplandeur habonde
Que nul soleil qui soit au monde

Cil la nuyt en epil enuoye
Cil fait le iour que dit auoye
Qui dure par durablement
Sans fin et sans commancement
Et se tient en vng point de gre
Sans passer signe ne degre
Sans amendrir nulle partie
Par quoy puisse estre entre partie
Cil a si merueilleux pouoir
Que ceulx qui la le vont veoir
Si tost que celle part se virent
Et leur vis en celle eaue mirent
Tousiours de quelque part qlz soiēt
Toutes les choses du parc voyent
Et les congnoissent proprement
Et eulx mesmes pareillement
Et puis que dedans ce sont veuz
Iamais ne seront plus deceuz
De nulle chose qui puist estre
Tant y deuiennent sage maistre

Aultre merueille vous diray
Que de cestuy soleil liray
Ne trouble pas ne ne retarde
Les yeulx de cil qui le regarde
Ne ne les fait pas esbloyr
Mais reēforcer et resieuyr
Et reuigorer leur veue
Par la belle clarte et veue
Plaine datrampee chaleur
Qui par merueilleuse valeur
Tout le pre dedans resplandist
Par la grant doulceur quil en yst
Et pource que trop ne vous tienne
Dug brief mot vueil ql vo[us] soutiēne
Que qui la forme et la matiere
Du parc verroit bien pourroit dire
Quonecques en si bel paradis
Ne fut forme adam iadis
Pour dieu seigneurs dōc q vo[us] sēble
Du parc et du Iardin ensemble

Donnez en la vraye sentence
Et d accident et de substance
Dites par vostre loyaulte
Lequel est de plus grant beaulte
Et regardez des deux fontaines
La quelle rent les eaues plus saines
Plus vertueuses et plus pures
Et des drotz iugiez les natures
Iugiez des pierres precieuses
Lesquelles sont plus vertueuses
Et puis du pain et de loliue
Qui coeuure la fontaine viue
Ie men tiens a voz iugemens
Se vous selon les erremens
Que dit vue ay cy en arriere
Donnez sentence droicturiere
Car bien vous dy sans flaterie
Hault et bas de ce ne mens mye
Que si aulcung tort y voulez faire
Dictes luy et vrite tayre
Tantost ne se vous quier celer
Ailleurs en yroye parler
Mais pour vo[us] plus tost accorder
Ie vous vueil briefment recorder
Selon ce que vous ay compte
Leur grant valeur et leur bonte
Celle les vifz de mort enuyure
Et ceste fait de mort enuiure
Seigneurs sachiez certainement
Se vous vous menez saigement
Et faites ce que vous deuez
De ceste fontaine buurez
Et pour tout mon enseignement
Retenir plus legierement
Car la lecon a briefz motz leue
Plus est de legier retenue
Pource vous vueil briefmēt retraire
Tout cela que vous deuez faire

Penses de nature honnourer
Seruez la par bien labourer

Et se de lauftruy riens auez
Rendes le se vous le sauez
Et se rendre ne le pouez
Et les biens despenduz ayez
Ayez du rendre volunte
Se biens vous viennent a plante
Doccision nul ne saprouche
Nettes ayes et mains et bouche
Soyez loyaulx soyez piteulx
Lors prez au champ deliteulx
Par trace la ignele ensuiuant
En pardurablete viuant
Voire de la belle fontaine
Qui tant est pure clere et saine
Car Jamais mort ne receutes
Si tost que leaue feu autes
Ains prez par solivette
Chantans en pardurablete
Mottetz rondeaulx et chansonnettes
Par lerbe vert sur les fleurettes
Soubz solivette carolant
Que vous iray ie flatolant
Droit est que mon fretel estuye
Car beau chanter souuent ennuie Non
Trop vous pourroye huy mes tenir
Si vous vueil mon sermon finir
Or y perra que vous seres
Quant en hault encores seres
Pour bien prescher sur la brete schz

Lacteur
Genyus tout ainsi leur presche
Et gette en la place le cierge
Qui ne fut pas de cire vierge
Dont la flamme toute enfumee
Par tout le monde est alumee
Nest dame qui sen sceust deffendre
Tant le sceut bien venus espandre
Elle a cueilly si hault les vns

Que toutes les femmes viuans
Leurs corps leurs cueurs et leurs pē
Sōt de celle odeur encēsees sees
Amours de la chartre ainsi leue
A si la nouuelle espandue
Que iamais nest hors de vaillance
Qui ne sacorde a la sentence
Quant genyus eut trestout leuz
Les barons de grant ioye esmeuz
Furent trestous communement
Chascung se maintint liement
Cardneqs mais cōme ilz disoyent
Si bon sermon ouy nauoyent
Noncqs puis quilz furēt cōceuz
Si grant pardon neurent eulx
Ne noyrent pareissement
Si droit ey communement
Afin que le pardon ne perdent
Tous a la sentence sacherdent
Et respondent si tost et fiat
Amen Amen fiat fiat
Comme la chose est en ce point
Ny eut de demouree point
Chascun le sermon mot a mot
La bien note comme il lamot
Car illeur sembla moult saluable
Par le bon pardon charitable
Et moult lont voulentiers ouy
Et genyus se suanouy
Quil ne seurent oncques quil deuint
Dont entrent en lost plus de vingt
Or lassault sans plus atendre
Qui bien sceit la sentence entendre
Moult sont nous ennemis greuez
Lors se sont tous en piez leuez
Prest de continuer la guerre
Pour tout prēdre et mettre par terre

Genyus se recoursa deuant
Ainsi que pour cueillir le vent

Et alla plus tost que le pas
Au chastel mais ny entra pas
Venus qui dassaillir est preste
Premierement leur admonneste
Quilz se rendent et ilz que firent
Honte et paour luy respondirent
Certes Venus cest pour neans
Ja ne mettres les piez ceans
Non voir sil ny auoit que moy
Dit hote point ne men esmay
Quant la deesse entendit honte
Ville orde grace a vous monte
Dit elle de moy contrester
Vous verrez ia tout tempester
Se le chasteau ne mest rendu
Par vous ne sera deffendu
Contre moy ne le deffendres
Certainement vous le rendres
Ou ie vous ardray toute viue
Comme douloureuse et chetiue
Tout le pourpris vueil embraser
Tours et tourelles arraser
Je vous eschaufferay les maches
Jardray pilliers murs et estaches
Vostres fosses seront complis
Je les feray combles et emplis
Voz barbacanes adressees
Ja si hault ne seront dressees
Que ne les face a terre estendre
A ket acueillairray tout prendre
Boutons et roses abandon
Vne heure en vente et lautre en don
Ne vous ne feres ia si fiere
Que tout le monde ne si fiere
Tous yront a procession
Sans point faire dexcepcion
Par les rosiers et par les roses
Quant iauray les lices descloses
T pour Jalousie bouter
seray ie par tout deffoler
Et les preaux et les herbages

Tant eslargiray les passages
Tous y cueilleront sans delay
Boutons roses cleres et lay
Religieux et seculer
Nest nul qui sen puist reculer
Tous y feront leur penitence
Mais ne sera sans differance
Les vngz y viendront musseement
Et les aultres appertement
Mais les musseement Venus
Seront a preudommes tenus
Les aultres seront diffamez
Et ribaux bourdeliers clamez
Tant soit ce quilz nen ayent coulpe
Comme ont aulcuns q nul ne coulpe
Sil aduiet quauleug mauluais home
Que dieu et sainct pere de romme
Confonde et eulx et leur afaire
Laissent les choses pour pis faire
Et leur donra chappeau dortie
Le dyable qui les enortie
Car genyus de par nature
Pour leur vice pour leur ordure
Les a tous en sentence mys
Auec noz aultres ennemys
Honte se Je ne vous engin
Pou prise mon art et engin
Ouailleurs ia ne men clameray
Certes ia ne vous aymeray
Ne vous ne rayson vostre mere
Qui tant est aux amans amere
Qui vostre mere et vous croiroit
Jamais ce croy Joye nauroit
Venus a plus dire ne tens
Qui luy soufisoit bien a tant
Ors cest Venus hault secourcee
Bie sembla femme couroucee
Latetens et le branson encoche
Quant la corde fut mise en coche
Jusque a loreille larc entoise
Qui nest pas plus long dune toise

Puis ainsi comme bonne archiere
Par une petite archiere
Quelle uit en la tour reposte
Par devant non pas par de coste
Que nature eust par grant maistrise
Entre deux beaux pilliers assise
Les pilliers divoire estoyent
Moult gens et dargent soustenoiet
Ung bel ymage en lieu de chasse
Qui nestoit trop haulte ne basse
Trop grosse trop gresle non pas
Mais toute taillee par compas
De bras despaulles et de mains
Quil ny failloit ne plus ne mains
Mot furet gés les aultres mébres
Et mieulx flairás q pómes dembres
Dedans auoit ung saintuaire
Couuert dung precieulx suaire
Le plus gentil et le plus noble
Qui fut iusque a constantinoble
Et se nulx vsant de rayson
Vouloit faire comparoyson
Dymage a aultre bien pourtraire
Autel se peut de ceste faire
A lymage pymalion
Comme de souris a lyon
Cy commance la fiction
De lymage pymalion

Pymalion fut entailleres
Pourtraiãt en fer et en pierres
En metaulx en os et en cyres
Et en toutes aultres matires
Quon peut en tel oeuure trouuer
Et pour son engin esprouuer
Et aussi pour son corps deduire
Il fit une ymage diuyre
Et mist au faire telle entente
Quelle fut si plaisant et gente
Quelle sembloit estre aussi viue
Que la plus belle riens qui viue
Quoncques helaine ne lauine
Ne furent de couleur si fine
Ne de si belle facon nees
Tant fussent ilz bien faconnees
Ne de beaulte neurent la disme
Tant sesbahit en luy meismes
Pymalion quant la regarde
Et luy qui ne sen donnoit garde
Amours en ses roseaux lenlace
Si quil ne scet comme il en face
Et a soy mesmes se complaint
Mais ne peut estancher son plait
Las que fais ie dist il dois ie
Maint ymage ay fait et forge
Quon nen sauoit dire leur pris
None deux aymer ne fuz surpris
Or suis pour ceste mal bailly
Par luy mest tout le sens failly
Las dont me vient ceste pensee
Ou fut prinse ne pourpensee
Iayme une ymage sourde et mute
Qui ne se crosse ne remue
Ne ia de moy mercy naura
Telle amour comment me naura
Qui nest nul qui parler en oye
Qui tout esbahir ne sen doye
Or suis ie le plus fol du ciecle
Que puis ie faire a ceste article
Car saulcune royne iaymasse

Mercy toutesfoys esperasse
Pource que cest chose possible
Mais ceste amour est si horrible
Car elle ne vient de nature
Trop maulnaisement me nature
Nature en moy maulnais filz a
Quant me fit forment sauilla
Si ne la dois Je pas blasmer
Se Je vueil follement aymer
Ne men doys prendre sa moy non
Puis que pymalion ay nom
Ne que veulx sur mes piez aller
De telle amour noy parler
Si nayme Je trop follement
Car se lescripture ne ment
Maints ont plus follement ayme
Nayma Jadis au boys rayme
A la fontaine clere et pure
Narcisus sa propre figure
Quant cuida sa soif estancher
Nonecques ne sen peut reuancher
Qui nen mourust selon lystoire
Qui encore est de grant memoire
Dont suis Je moins fol touteffois
Car quant Je vueil a elle doys
Et la viens et la colle et baise
Sot puis mieulx souffrir ma mesaise
Mais cil ne pouoit auoir celle
Quil veoit en la fontenelle
Daultre part en maintes contrees
Ont mains amas dames aimees
Et les seruirent comme ilz peurent
Quonecques vng seul baiser neurent
Si sen sont ilz forment penez
Donc ma amours mieulx assenez
Non a car a quelque doubtance
Ont ilz toutesfois esperance
Et de baisier et daultre chose
Dont lesperance mest forclose
Quant au delict que ceulx atendent
Qui les deduitz damours demandent

Car quant Je me vueil a aiser
Et dacoller et de baiser
Je trouue mamye aussi royde
Come est vng paler aussi froyde
Car quant pour le baiser y touche
Toute me refroide la bouche
Haa trop ay parle follement
Mercy doulce dame en demans
Et pry que lamande en prenez
Car de tant que vous me daignez
Doulcement regarder et rire
Ce me soit asses bien souffire
Car doulx regars et riz piteux
Sont aux amans moult deliteux

Comment pymalion demande
Pardon en presentent lamande
A son ymage des parolles
Qui dit de luy qui sont trop folles

Pymalion lors sa genoille
Qui de larmes sa face moille
Son gaige tet si luy amede
Mais elle na cure de lamende
Car elle nentent riens ne sent
De luy ne de tout son present
Si que cil craint perdre sa peine
Qui de tel chose aymer se peyne

Nil nen scet pas son cueur rauoir
Car amours toult sens et sauoir
Si que trestout sen desconforte
Nil ne scet celle est viue ou morte
Souuent sa a luy si la taste
Et croist ainsi que ce fust paste
Que ce soit sa chair qui luy fuye
Mais cest sa main qui luy apuye
Ainsi pymalion estriue
Et son estrif na paix ne triue
En vng estat point ne demeure
Or layme or hait or rit or pleure
Or est Joyeulx or a mesaise
Or se tourmente or se rapaise
Puis luy reuest en maintes guises
Robbes faictes par grans deuises
De beaulx draps de soye et de laine
Descarlate de tiretaine
De verd de pers et de Brunette
De couleur fresche fine et nette
Ou molt a riches pennes mises
Hermines vairees et grises
Puis les luy oste et si ressaye
Comme luy sier robbe de soye
Censaulx mallequins mallebruns
Indes vermeilz taulnes et bruns
Satins dyapres camelotz
Bien semble estre vng angelotz
Tant est de contenance simple
Aultressois luy met vne guimple
Et par dessus vng couurechief
Qui coeuure le guimple et le chief
Mais ne coeuure pas le visaige
Qui ne veult pas tenir lusaige
Des sarrasins qui destamines
Coeuurent les viz des sarrasines
Quant ilz trespassent par la voye
Que nul trespassant ne les voye
Tant sont plains de Jalousieraige
Aultressoys luy reprent couraige
Doster tout et se mettre guindes

Jaulnes vermeilles vert ou indes
Et les tressouz gentilz et gresles
De soye dor a menues perles
Et dessus la crestine atache
Vne moult precieuse atache
Et par dessus la crestinete
Vne couronne dor greslete
Ou moult a precieuses pierres
Et beaulx chatons a quatre quierres
Et a quatre demis compas
Sans ce que ne vous compte pas
Laultre pierrerie menue
Qui siet entour espesse et drue
Et met a ses deux oreillettes
Deux belles verges dor greslettes
Et pour tenir sa cheuessaill
Deux fermeaulx dor au col luy baille
Emmy le pis vng en remet
Et de luy saindre sentremet
Mais cest dung si tres riche saint
Quoncques pucelles tel ne saint
Et pend au saint vne aumosniere
Qui moult est precieuse et chiere
Et cinq pierres y niet petites
Dung ruage de mer eslites
Dot pucelles aux marteaux gieuet
Quant il leur plaist et elle peuent
Et par grant entente luy chausse
En chascun pie soulier et chausse
Et a deux dois du pauement
Entailliez Jolietement
De hoseaux nest pas estrenee
Car pas nestoit de saison nee
Ce fut trop rude chaussement
A pucelle de tel Jouuent
Dune aguille bien affilee
Dor fin gentement enfilee
Luy a pour mieulx estre vestues
Ses deux manches estrait cousues
Et luy portoit fleurs nouuelettes
Dont ces Jolies pucellettes

t

Font en printẽps leurs chappeletz
Et pommettes et oyseletz
Et diuerses choses nouuelles
Delectables aux damoyselles
Puis chappelet de fleurs luy fait
Oncques nen feistes nul mieulx fait
Car il met sentente toute
Anneletz oz es doys luy boute
Et dit comme loyaulx espoux
Doulce amye Je vous espoux
Et veuies ey vostre et vous moye
ymeneus et Juno moye
Qui veullent a nous nopces estre
Je ny quiers plus ne clerc ne prestre
Ne des prelatz mitres ne crocees
Car ceulx sont les dieux de nopces
Ors chante a haulte voix serie
Chãs plais de grãt reuoiserie
En lieu de messes chanconnettes
Des jolis secretz damourettes
Et fait ses Justrumens sonner
Quon ny oyt pas dieu tonner
Quil en eut de trop de manieres
Et meilleures et plus entieres
Quoncques neust amphio de thebes
Harpes bien sonnans et reberbes
Il a aussi quiternes leuz
Quil a pour son deport esleuz
Et puis fait sonner ses orloges
Par ses sales et par ses loges
A roes trop subtillement
De pardurable mouuement
Orgues auoit bien maniables
A vne seulle main portables
Ou il mesmes souffle et touche
Et chante hault a plaine bouche
Mottetz de trebles ou de teneure
Puis met en cymbaler sa cure
Puis prent freteaulx et refretelle
Et chelameaux et chalemelle
Et tabours et fleutes et tymbre

Pour neãt fut le tabour sur tymbre
Et citole et trompeet cheurie
Sicomme on fait en surie
Et psalterion et bielle
Dune Joliete bielle
Puis prent sa muse et se trauaille
Aux instrumens de cornouaille
Et espringue sautelle et bale
Et fiert du pie enmy la sale
Puis la prent par la main et dance
Mais molt a au cueur grãt pesãce
Quelle veult chanter ne respondre
Ne pour prier ne pour semondre
Puis la rembrasse si la couche
Entre ses bras dedans la couche
Et puis la baise et puis lacolle
Mais ce nest pas de bonne escolle
quãt deux persones sẽtrebaisẽt Nõ
Et les baisiers aux deux ne plaisẽt
Ainsi soceit ainsi sa folle
Surpris en sa pensee folle
Pymalion le bien receu
Et pour sa sourde ymage esmeu
Tant quil veut la pare et a tourne
Et tout a la seruir satourne
Nelle napert quant elle est nue
Moins belle que quant est vestue
Ors aduint quen celle contree
Eust vne feste celebree
Ou moult aduenoit de merueilles
Si y vint tout le peuple aux vielles
Au temple que venus auoit
Le varlet qui moult si fioit
Pour soy de samour conseiller
Vint a ceste feste viller
Lors se plaint aux dieux et demẽte
De lamour qui si le tormente
Et leur dit en ceste maniere
A genoulz faisant sa priere
Beaux dieux dit il se tout pouez
Silvous plaist ma requeste oyez

Et tu qui dame es de ce temple
Sainte Venus de grace memple
Quaussi es tu moult courroucee
Quant chastete est essaucee
Si ay grant peine deseruie
De ce que ie lay tant seruie
Or men repens de cueur tres bon
Et te prie men donner pardon
Si motroye par amitie
Par ta doulceur par ta pitie
Par conuenant que mal moppresse
Se chastete du tout ne laisse
Que la belle qui mon cueur emble
Qui si bien yuoyre ressemble
Deuienne ma loyalle amie
Et de gem mie eut corps amie et vie
Et se de ce faire te haste
Se ie suis iamais trouue chaste
Iotroy que ie soye pendu
Ou a grans haches pourfendu
Ou que dedans sa gueulle trible
Trestout vif megloutisse et trible
Ou me tire en corde en enfer
Cerberus le portier denfer
Venus qui la priere ouyt
Du varlet forment seiouit
Pource que chastete laissoit
Et de luy seruir sauanceoit
Comme de bonne repentence
Prest den faire la penitence
Tout nu entre les bras samie
Se la peut tenir en sa vie
Lymage enuoya lors ame
Si deuint si tres belle dame
Quoncques en toutes la contree
Nauoit nul si belle encontree
Na plus au temple seiourne
A son ymage est retourne
Pymalion a moult grant haste
Puis quil eust faite sa requeste
Car plus ne se peut retarder

De la voir ne sen garder
A luy sen court les saulz menuz
Tant quil est iusques la venuz
Du miracle riens ne sauoit
Mais es dieux grant fiance auoit
Et quant de plus pres la regarde
Plus art son cueur et frit et larde
Lors voit quelle est viue et charnue
Si luy manie sa char nue
Et voyt ses beaulx crains blondoians
Comme vndes ensemble ondoians
Et sent les os et sent les vaines
Qui de sang furent toutes plaines
Et le poulx debatre et mouuoir
Ne scet se cest mensonge ou voir
Arrier se trait ne scet que faire
Ne sose plus pres delle traire
Car il a paour destre enchante
Quest ce dit il suisie tempte
Veille ie pas nenny ie songe
Mais onc ne vy si appert songe
Songier certes non fais ie veille
Dont vient doncques ceste merueille
Esse fantosme ou ennemis
Qui est en mon ymage mis
Lors luy respondit la pucelle
Qui tant fut auenant et belle
Et tant auoit blonde sa cosme
Ce nest ennemy ne fantosme
Doulx amy ains suis vostre amie
Preste de vostre compaignie
Receuoir et mamour vous offre
Sil vous plaist receuoir tel offre
Si voit que la chose est a certes
Et voit les miracles appertes
Si se trait pres et sasseure
Pource que cest chose seure
A elle sotroit volentiers
Comme cil qui sien est entiers
A ces parolles sentretient
De leur amour sentremercient

t ii

Nest ioye quilz ne sentrefacent
Par grāt amour fors sētrebrassent
Comme deux coulons sentrebaiset
Moult sentraimēt mõlt sētreplaiset
Aux dieux to⁹ deux graces rendirēt
Qui tel courtoisie leur firent
Especialement a Venus
Que leur a ayde mieulx que nulz
Or est pymalion a ayse
Or nest il riens q̄ luy desplaise
Car riens qui vueille ne refuse
Sil oppose el se rent confuse
Selle commande il obeist
Pour chose ne la contredist
De luy acomplir son desir
Or peut auec samour gesir
Car el ney fait dāgier ne plainte
Tant ont ioue quelle est ensainte
De espafus dont fu nommee
Lisle paphos et renommee
Dont le roy cynaras nasqui
Preudoms fut fors en vng cas qui
Tous les bons eurs eut bien eu
Sil neust iamais este deceuz
Par mirra sa fille la blonde
Que la vielle que dieu confonde
Qui de pechie doubtance na
La nuit en son lict le mena
La royne estoit a vne feste
La pucelle saisir en haste
Le roy sans ce que mot en sceut
Quauec sa fille gesir deust
Ey eut trop estrange semille
Le roy la laisse auec sa fille
Quant les eut ensemble amenez
Le bel adonis en fut nez
Puis fut elle en arbre muee
Mais son pere leust lors tuee
Quāt il apperceut le tripot
Mais onques aduenir ny pot
Quant eut fait aporter le cierge

Car celle qui nestoit pas vierge
Eschappa par ysnelle fuite
Aultrement leutt toute destruite
Mais cest trop loing de ma matiere
Pource est bien droit quarrier mē tyre
Bien orrez que ce signifie
Ains que cest oeuure soit finie
Ne vous vueil or plus cy tenir
A mon propos vueil reuenir
Aultre champ me conuient a rer
Qui vouldroit donques comparer
De ces deux ymages ensemble
Les beaultes si côme il me semble
Tel similitude il peut prendre
Ouautant que la souris est mendre
Que le lyon est moins tenue
De force de corps de value
Autant sachiez en loyaulte
A celle ymage moins beaulte
Que na celle que ie tant pris
Bien aduisa dame de pris
Celle ymage que ie ey prise
Dessus les pilleretz assise
Dedans la tour droit ou millieu
Onques encores ne vy lieu
Que si voulentiere regardasse
Voire a genoullons la bozasse
Et le sainctuaire et larchiere
Ia ne laissasse pour larchiere
Ne pour lare ne pour le brandon
Que ie ny entrasse abandon
Mon pouoir aumoins en feisse
A quelque chief que ien venisse
Se trouuasse qui le moffrist
Ou sans plus qui le me souffrist
Si me suis ie par dieu vouez
Aux reliques que vous ouez
Que se dieu plaist les requerray
Si tost que temps et lieu verray
Descharpe et de bourdon garny
Que dieu me gard destre escharny

Et destourbe par nulle chose
Que ne iouisse de la rose
Venus ny va plus attendant
Le brandon plain de feu ardant
Tout empenne laissa voler
Pour ceulx du chastel affoller
Mais sachiez quonc nulle ne nulz
Tant le trait subtilement venuz
Ne leurent pouoir de choisir
Tant regardassent a loisir

Comment ceulx du chastel yssirent
Hors si tost comme ilz sentirent
La chaleur du brandon venus
Dont aulcuns iousterent tous nudz

Quant le brandon sen fut vollez
Ceulx de leans furent folez
Le feu emprent tout le pourpris
Bien se doyuent tenir pour pris
Tous se scrient trahy trahy
Tous sommes mors ay ay
Fuions nous en hors du pais
Gettons noz clefz comme esbahyz
Dangier cest horrible mauffe
Quant il se sentit eschauffe
Sen fuit plus fort q cerf de lanse
Nya nul deulx qui laultre attanse
Chascun les mains a la sainture

Met a fuir toute sa cure
Paour sen fuit honte les laisse
Embrase le chastel delaisse
None puis ne voult riés mettre a pe
Ce que rayson luy eut apris
Apres arriua courtoisie
La preux la sage la prisie
Quant el voit la desconfiture
Pour son filz oster de laidure
Aue luy pitie et franchise
Saillirent dedans la pourprise
Nonesques pour lardure ne laisserent
Jusque a bel acueil senlasserent
Courtoisie prent la parolle
Premier a bel acueil parolle
Car de bien dire nest pas lente
Beau filz moult ay este dolente
Moult ay tristesse au cueur eue
Dont tant auez prison tenue
Mal feu et masse flamme la rde
Qui vous auoit mis en tel garde
Or estes dieu mercy delivres
Car la hors a ses normans yures
En ces fossez est mort gisant
Malle bouche le mesdisant
Veoir ne peut ne escouter
Jalousie ne fault doubter
Len ne doit pas pour ialousie
Laisser a mener bonne vie   Nō
Ne soy solassier priuement
Auec son amy mesmement
Quant a ce vient quil ya pouoir
De la chose ouye ne voir
Nil nest qui dire la luy puisse
Ne na pouoir que cy nous cruisse
Et les aultres desconseillez
Fuiz sen sont tous epilles
Les felons et oultrecuides
Ont trestous leur porpris vuydez
Beau tres doulx filz pour dieu mer-
Ne vous laissiez pas bruler cy   .cy
                                 t iii

Nous vous prions par amitie
Et ie franchise et pitie
Que vous a ce loyal amant
Octroyez ce quil vous demant
Qui pour vous a lōg tēps mal trait
Nonchs ne vous fit vng faulx trait
Le franc qui oncques ne guilla
Receuez le et tout ce quil a
Voire lame mesmes vous offre
Pour dieu ne reffusez tel offre
Beau dulx filz ains le receputz
Par la foy que vous me deuez
Et par amours qui sen efforce
Qui monlt y a mise grāt force
Beau filz amour faict toutes choses
Toutes sont soubz la clef encloses
Virgille mesmes le conferme
Par sentence esprouuee et ferme
Quant Bucoliques bien lerres
Amour vainct tout y trouuerez
Et nous la deuons receuoir
Certes il dit et bien est voir
Et en vng seul lerres tout nous cōpte
Nul ne peut ouyr meilleur compte
Beau filz secourez tel amant
Que dieu ambedeux vous amant
Octroyez luy la rose en don
Dame te la luy habandon
Dit tel acueil moult voulentiers
Encueillir la peut endementiers
Que seulz sommes en ceste voye
Piesca receuoir le deuoye
Car bien voy quil ayme sans guille
Je q̄ luy rens merceys cent mille
Tantost comme bon pellerin
Hastif feruant et enterin
De cueur comme fin amoureux
Apres cest octroy sauoreux
Vers larchiere acueil mon voyage
Pour fournir mon pellerinage
Et porte a moy par grant effort

Escharpe et bourdon grant et fort
Tel quil na mestier de ferrer
Pour iournoier ne pour errer
Lescharpe est de bonne festure
Dune xl souple sans cousture
Mais sachiez quelle nestoit vuide
Deux marteletz par grant estuide
Que mis y eust cōme il me semble
Diligemment tous deux ensemble
Nature qui les me baille
Quant premierement les tailla
Subtilement forgez les auoit
Com celle qui forgier sauoit
Mieulx quoncqs de dalus ne sceust
Si croy que pource fait les eust
En pensant que ien serreroye
Mes palefroyz quant ierreroye
Si feray ie certainement
Se ie puis auoir aisement
Car dieu mercy bien forgier scay
Si vous dy bien que plus chier ay
Mes deux marteletz et mescharpe
Que ma citolle ne ma harpe
Moult me fit grāt honneur nature
Quant marnia dune telle armure
Et men enseigna si lusage
Que men fit bon ouurier et sage
Car elle mesmes le bourdon
Mauoit appareille pour don
Et voult ou voler la main meettre
Ains que ie fusse mis a lettre
Mais du ferrer ne luy chaloit
Pource que riens mains nen sauoit
Et depuis que ie leuz receu
Pres de moy lay tousiours eu
Je ne le perdis oncques puis
Ne ne perdray pas se ie puis
Car nen vouldroye estre deliures
Pour cinc cent foys cēt mille liures
Beau don me fit pource le garde
Moult suis ioyeux quāt le regarde

Je la mercy de son present
Content suis de lauoir present
Maintesfoys ma puis conforte
En maintz lieux ou ie lay porte
Bien me sert et sauez de quoy
Quant ie suis en vng seul requoy
Et ie chemine ie le boute
Es fosses ou ie ne voy goutte
Ainsi que pour les guez tempter
Si que ie me puis bien tanter
Que ny ay garde de nayer
Tant seet bien le gue essaier
Et fiert par riues et par fons
Mais ien trouue de si parfons
Et ta nt ont larges les riues
Quil ne greueroit mois deux liures
Sur la marine esbanoier
Que telz riuages costoier
Et moins my pourroye lasser
Que si perilleux gue passer
Car trop les ay grans essaiez
Et si ny suis ie pas noyez
Car si tost que ie les trouuoye
Et dentrer ens mentremectoye
Et telz les auoye esprouuez
Que iamais fons ny fut trouuez
Par perche ne par auiron
Je men alloye a lenuiron
Et pres des riues me tenoye
Tant que lors en la fin vnoye
Mais iamais yssir ie nen peusse
Se les armeures ie neusse
Que nature mauoit donnees
Mais or laissons ces vices lees
A ceulx qui la sont volentiers
Et nous les deduisans sentiers
Non pas le chemin aux charrettes
Mais les iolies sentellettes
Belles et ioyeuses tenons
Qui les ioliuetes menons
 Si rest plus de gaigne rentier

Vielz chemins q̃ nouueau sentier
Et plus y trouue son sauoir
Dont len peut grant proffit auoir
Et iuuenal mesmes affiche
Que qui se met en vielle riche
Sil veult a grant estat venir
Ne peut plus brief chemin tenir
Selle prent son seruice en gre
Tantost le met en hault degre
Touide mesmes afferme
Par setece esprouuee et ferme
Que qui se veult a vielle prendre
Moult en peut grant loyer attendre
Tantost a grant richesse acquise
Pour mener telle marchandise
Mais bien se gard qui vielle prie
Quil ne face riens ne ne die
Qui puisse barat ressembler
Quant il luy veult samour embler
Ou loyaulment mesmes aquerre
Quant amours en ses lacz lenserre
Car les dures vielles chanues
Cuent de ieunesse sont venues
Ou iadiz ont este flatees
Et surprises et baratees
De tant plus quont este deceues
Et plus tost se sont apparceues
Des barateresses flauelles
Que ne sont les tendres pucelles
Qui des agaitz point ne se doubtent
Quant les flateries escoutent
Ains cuident que barat et guille
Soit aussi vray que leuuangille
Car onc nen furent eschaudees
Mais les dures vielles risees
Malicieuses et recuictes
Sont en lart de barat si duites
Quelles ont toutes la science
Par temps et par experience
Que quant les flaioleurs la viennet
Qui par flauelle les detiennent
Et aux oreilles leur tabourent

Quant de leur grace auoir labouret
Et sousptrent et se humilient
Ioignent les mains et mercy crient
Et senclinent et sagenoussent
Et pleurent si que tous se moussent
Et deuant eulx se crucifient
Pource q̃ plus en eulx se fient
Et leur promectent par faintise
Cueur et corps auoir et seruise
Et leur fiancent et leur iurent
Les faitz qui sont seront et furent
Et les vont aussi deceuant
Par parolles ou na que vent
Tout ainsi que fait loyseleur
Prent loyset comme cauteleur
Et lappelle par dulx sonnetz
Mussie dedans les buissonnetz
Pour le faire a son bray venir
Tant que prins le puisse tenir
Le fol oysel de luy sapitune
Qui ne scet respondre au sophime
Qui la mis en decepcion
Par figure de diction
Comme fait le caisseur la caisse
Pource que dedans la rayz aisse
Et la caisse le son escoute
Si sen aproche et puis se boute
Soubz la rayz que cil a tendue
Sur lerbe en prin tẽps fresche et drue
Se nest aulcune vielle crille
Qui na garde quau caisser aille
Tant est eschaudee et batue
Quelle a sa rayz aultres foys veue
Dont elle cest bien eschappee
Quant elle y deust estre happee
Par entre les herbes petites
Ainsi les vielles deuant dites
Qui ia diz ont este requises
Et des requereurs fort surprises
Par les parolles quelles oyent
Et les contenances quilz voient

De loing leurs aguetz appercoiuẽt
Par quoy pl̃ enuis les decoiuent
Ou silz leur sont ainsi a certes
Pour auoir damours le dessertes
Cõme ceulx qui sont prins aux laz
Donttant plaisans sont les solas
Et les trauaulx si delectables
Que riens ne leur est si greuables
Comme est ceste esperance griefue
Qui tãt leur plaist et tãt leur griefue
Sont elles en grant suspesson
Destre prinses a la messon
Et oreillent et estudient
Se ceulx vir ou fables leur dient
Et vont parolles souspesant
Tant redoubtent barat pesant
Pour ceulx quilz ont ia diz passes
Dont leur remembre encores asses
Tousiours cuide chascune vielle
Que chascun decepuoir la veuille
Et sil vous plaist a ce flechir
Voz cueurs pour plus tost enrichir
Ou vous qui de delict saues
Se regard au delict auez
Bien pouez ce chemin tracier
Pour vous deduire et solacier
Et vous qui les ieunes voulez
Que par moy ne soyez foulez
Quoy q̃ mon maistre me cõmant
Si est bel son commandement
Bien vous dis et pour chose voire
Croye mẽ q̃ men vouzra croire
Quil fait bon de tout essaier   Nõ
Pour soy mieulx es biens esgaier
Ainsi que fait le bon lecheur
Qui des morceaulx est congnoisseur
Et de plusieurs viandes taste
En poten rost en saulse en paste
En friture et en galatine
Quant entrer peut en la cuisine
Et scet louer et scet blasmer

Lesquelz sont doulx lesquelz amer
Car de plusieurs en ay gouste̅z
Ainsi sachiez et nen doubtez
Qui de mal essaye naura
Ja du bien gaires ne scaura
Et qui ne sceit donner que monte
Ja ne scaura congnoistre honte
Donc nul ne sceut q̅l chose est aise
Sil na deuant apris mesaise   Nõ
Ne nest pas signe daise auoir
Cil qui ne veult meschief sauoir
Et qui bien ne la sceit souffrir
Nul ne luy deuroit aise offrir
Ainsi ha des contraires choses
Les vnes sõt des aultres gloses
Et qui lune en veult desseruir
De laultre luy doit souuenir
Qui ia par nulle entencion
Ny mectra diffinicion
Car qui des deux na congnoissance
Ja il ny mectra differance
  Sans quoy ne peut venir en place
Diffinicion que len face
Tout mon harnois tel que le port
Se porter le puis a bon port
Vouldray aux reliques toucher
Se ie men puis tant aprouscher
Lors ay tant fait et tant erre
A tout mon bourdon de ferre
Quentre les deux beaux pilleres
Tom̅ vigoreux et le legerez
Magenoulloy sans demourer
Car moult ay grant faim dadorer
Le bel sainctuaire honnourable
De cueur deuot et piteable
Car tout estoit tombe a terre
Que cõtre seu ries ne peut guerre
Que tout par terre tost mis neust
Pource que riens la ne me nust
Retiray vng peut la courtine
Qui les reliques encourtine

De lymage lors maprochay
Quant ie fuz pres ie me baissay
Et la baisay deuotement
Et pour estiuer sauluement
Voꝰ mõ bourdõ mectre en la chirre
Ou lescharpe pendoit derriere
Bien luy cuiday la nicter le bout
Mais il ressort et ie rebout
Ce riens ny vault tousiours recule
Ny veult entrer pour chose nulle
Car vng paly deuant trouuay   hymen
Que ie sens bien pas ne le vy
Dont larchiere fut enbourdee
Des lors que premier fut fondee
Qui estoit pres de la bourdure
Bien fut plus forte et plus seure
Souuent my conuient assaillir
Souuent hurter souuent faillir
Se la bouhourder my veissiez
Pourueu que bien garde y prissiez
Hercules vus peut remembrer
Quant il vult cacus desmembrer
Troys foys sa porte assaillit
Troys foys hurta troys foys faillit
Troys foys sassit en la salee
Tout las pour auoir sa leuee
Tant eust souffert peine et trauail
Et ie qui cy tant me trauail
Qui trestout tressue dangoisse
Quant ce palays tantost ne froisse
Si suis bien autant lassez
Comme hercules et plus assez
Tant ay hurte que toute voye
Maperceuz dune estroicte voye
Par ou cuiday oultre passer
Mais conuint le palys casser
Par la sentelle que iay dite
Qui tant fut estroicte et petite
Par ou le passage puis ay
Le palys au bourdon brisay
Si lay dedans larchiere mis

Mais ie ny entray pas demy
Pesoit moy que plus ny entroye
Mais aultre chose ny pouuoye
Mais pour riens nulle ne laissasse
Que le bourdon tout ny passasse
Oultre le passage sans demeure
Mais lescharpe dehors demeure
Ou les martelletz rebellans
Qui dehors furent pendellans
Et si men mis en grant destroit
Tant trouuay le passage estroit
Car largement ne fut ce pas
Que ie trespassasse le pas
Et si bien lestre du pas scay
Nul y auoit oncques passay
Car ie y passay tout le premier
Nencores nestoit coustumier
Le lieu de receuoir passage
Ne scay cil puis fist quantaige
Autant aux aultres comme amoy
Mais bien vous dy q tant laymay
Que ie ne le peuz oncques croire
Non pas se ce fust chose voire
Car nul de legier chose amee
Ne mescroit tãt soit diffamee Nõ
Ie si ne le croy pas encor
Mais ie scay bien au moins q lor
Nestoit ne frait ne batu
Et pource my suis embatu
Que daultre entree ny a point
Pour le bourdon cueillir a point
Si sauez comme my contins
Quant a mon gre le bouton tins
Le fait orrez et la maniere
Pource quau besoing vous quiere
Quant la dulce saison viendra
 Seigneurs galans qui conuiendra
Que vous allez cueillir les roses
Et les ouuertes et les closes
Que si sagement y allez
Que vous au cueillir ne faillez

Faites comme morrez retraire
Se mieulx ney sauez a chief traire
Car se vous plus legierement
Ou mieulx ou plus subtilement
Pouez le passage passer
Sans v? destraindre ne lasser
Si le passez a vostre guise
Quant vous aurez la moye aprise
Tant auez au moins dauantage
Que ie vous aprins mon vsage
 Sans riens predre de vostre auoir
Si men deuez bon gre sauoir
Quant ie fuz illec empechie
Tant suis du rosier aproche
Qua mõ vouloir peuz la main tēdre
Au rainseau pour le boutõ prendre
Bel acueil moult fort me prioit
Que nul oustrage fait ny ait
Et ie luy mis bien en conuent
Pource quil men prioit souuent
Que ia nulle riens ny feroye
Fors sa voulente et la mioye

La conclusion du rommant
Est que voyez cy lamant
Qui prent la rose a son plaisir
En qui estoit tout son desir

Par les rains sailly le rosier
Qu plus est franc q̃ nul osier
Et quãt a eulx ma ie ny peut ioindre
Tout souefment sans moy poindre
Le bouton prins a esclochrr
Car enuis leusse sans hocher
Toutes en fis par escouuoir
Les branches crosler et mouuoir
Sans ia nul ceains despecier
Car ny vouloye riens blecier
Et sil men conuint il a force
Entamer ung pou de lescorce
Aultrement auoir ne sauoye
Ce dont si grant desir auoye
En la fin fis tant tous en dy
Qung peu de graine espandy
Quant ieup le bouton esclochie
Ce fut quãt dedans leuz touchie
Pour les feullettes reuercher
Car ie vouloye tout sercher
Iusques au fons du boutonnet
Comme il me semble que bon est
Si fis lors si mesler les graines
Quilz se desmeslassent a paines
Et tant q̃ tout le bouton tendre
En fis eslargir et estandre
Ce fut tout ce que ie forfiz
Mais de tant fus ie bien lors fiz
Quonques nul mal gre ne me sceut
Le doulx qui nul mal nen conceut
Mais se consent et seuffre faire
Tout ce quil sceet q̃ me doit plaire
Si mappelle il de conuenant
Que luy fais grant desauenant
Et su's trop oultrageux ce dit
Mais il ny met nul contredit
Que ne preuue manye et cueille
Rosiers branches et fleurs et fueille
Quãten si hault degre me dy
Que Ieuz si noblement cheuy
Que mesperance nestoit fable

Pource que bon et agreable
Fusse vers tous mes biẽ faiteurs
Comme faire diuent debteurs
Car moult estoye a eulx tenuz
Car par eulx estoye deuenuz
Si riche que pour vir la fiche
Richesse nestoit pas si riche
Ou dieu damoursiet a venus
Qui meussẽt aidie mieulx q̃ nulz
Puis a tous les barons delost
Lesquelz Iamais dieu ne forclost
Des secours des fins amoureux
Entre les baisiers sauoureux
Rendy graces dix fois ou vingt
Mais de rayson ne me souuĩt
Qui tant en moy gasta de peine
Malgre richesse la villaine
Qui onques de pitie nusa
Quant lentree me reffusa
Du sentier et quelle gardoit
De cestuy pas ne se gardoit
Par ou ie suis ceans venus
Repostement les faulx menus
Malgre mes mortelz ennemis
Qui tant meurent arriere mis
Especiallement ialousie
A tout son chappel de soucie
Qui des amans les roses garde
Moult en fait ores bonne garde
Ains que dillec me remuasse
Ou mon dueil encor de mourasse
Par grant Ioliuete cueilly
La fleur du beau rosier fleury
Ainsi euz la rose vermeille
A tant fut Iour et ie mesueille

¶ Cest la fin du rõmant de la rose
Ou tout lart damours est enclose